艾思奇哲学思想研究

顾问：王伟光　王丹一
主编：王立民　崔唯航

中国社会科学出版社

图书在版编目（CIP）数据

艾思奇哲学思想研究／王立民，崔唯航主编 . —北京：中国社会科学
出版社，2016.6
 ISBN 978 - 7 - 5161 - 8387 - 8

Ⅰ.①艾… Ⅱ.①王…②崔… Ⅲ.①艾思奇（1910—1966）—
哲学思想—思想评论 Ⅳ.①B261.5

中国版本图书馆 CIP 数据核字（2016）第 133330 号

出 版 人	赵剑英
责任编辑	孙 萍
责任校对	董晓月
责任印制	王 超

出　　版	中国社会科学出版社
社　　址	北京鼓楼西大街甲 158 号
邮　　编	100720
网　　址	http://www.csspw.cn
发 行 部	010 - 84083685
门 市 部	010 - 84029450
经　　销	新华书店及其他书店

印刷装订	北京君升印刷有限公司
版　　次	2016 年 6 月第 1 版
印　　次	2016 年 6 月第 1 次印刷

开　　本	710 × 1000　1/16
印　　张	32.5
字　　数	468 千字
定　　价	116.00 元

艾思奇同志

思奇同志：

你的《哲学与生活》一书，我读了，受益很
多。现在转回，耑送请你再讲一二个月，我
还想读。我没有抄录一些，是请你再
考虑一下，看我抄的是否有不妥。

"绝对的统一，相对的斗争"，这一点
我还有不同意见，详见另纸。另有不
少意见，详另纸。

……（图），请你再考虑一下，详指
出我的错误，以便改正。

此致
敬礼！

毛泽东

毛泽东同志给艾思奇同志的信（一）

思奇兄：

我没有鲁迅全集，有一些搜的，朝华夕拾也没有，这些都不见了。

...代看，以研究，他写文章较快也可了帐。

把手书多研究一会再写也次好些，何不急促服利发天。

果我觉到此，他们衔接这个理论，有许多性的理论，乃未找他读。

有空乃未续，他情况要一定几乃交以外之虑上。

此心！

毛泽东　一月十二日夜

毛泽东同志给艾思奇同志的信（二）

艾思奇是我国杰出的哲学家，在传播和研究马克思主义哲学中，善于结合实际、富于创造精神，为马克思主义哲学的大众化和中国化做出了重要贡献。

宋平 二〇〇八年

宋平题字

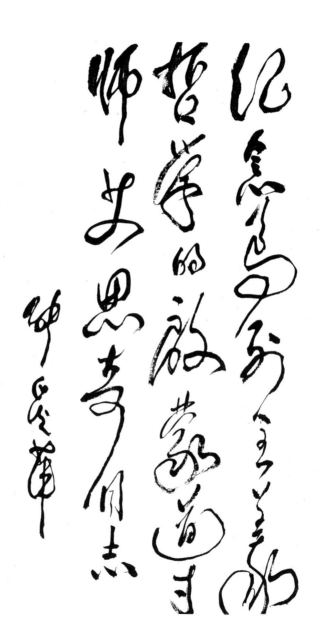

师以思考
哲学的放飞梦想
记怀念为学与弟

张爱萍题字

目　录

上　篇

下 篇

附　录

习近平在中共中央政治局第二十次集体学习时强调坚持运用辩证唯物主义世界观方法论，提高解决我国改革发展基本问题的本领（代序）

新华网北京 1 月 24 日电 中共中央政治局 1 月 23 日下午就辩证唯物主义基本原理和方法论进行第二十次集体学习。中共中央总书记习近平在主持学习时强调，辩证唯物主义是中国共产党人的世界观和方法论，我们党要团结带领人民协调推进全面建成小康社会、全面深化改革、全面依法治国、全面从严治党，实现"两个一百年"奋斗目标、实现中华民族伟大复兴的中国梦，必须不断接受马克思主义哲学智慧的滋养，更加自觉地坚持和运用辩证唯物主义世界观和方法论，增强辩证思维、战略思维能力，努力提高解决我国改革发展基本问题的本领。

吉林大学孙正聿教授就这个问题进行讲解，并谈了意见和建议。

中共中央政治局各位同志认真听取了他的讲解，并就有关问题进行了讨论。

习近平在主持学习时发表了讲话。他指出，今天，十八届中央政治局进行 2015 年第一次集体学习，学习内容是辩证唯物主义基本原理和方法论。2013 年，我们进行第十一次集体学习时安排了历史唯物主义基本原理和方法论。安排这两次学习，目的是推动我们对马克思主义哲学有更全面、更完整的了解。

习近平强调，要学习掌握世界统一于物质、物质决定意识的原理，坚持从客观实际出发制定政策、推动工作。当代中国最大的客观实际，就是我国仍处于并将长期处于社会主义初级阶段，这是我们认识当下、规划未来、制定政策、推进事业的客观基点，不能脱离这个基点。既要看到社会主义初级阶段基本国情没有变，也要看到我国经济社会发展每个阶段呈现出来的新特点。经过 30 多年改革开放，我国社会生产力、综合国力、人民生活水平实现了历史性跨越，我国基本国情的内涵不断发生变化，我们面临的国际国内风险、面临的难题也发生了重要变化。我们提出要准确把握、主动适应经济发展新常态，就是适应国际国内环境变化、辩证分析我国经济发展阶段性特征作出的判断。准确把握我国不同发展阶段的新变化新特点，使主观世界更好符合客观实际，按照实际决定工作方针，这是我们必须牢牢记住的工作方法。辩证唯物主义并不否认意识对物质的反作用，而是认为这种反作用有时是十分巨大的。我们党始终把思想建设放在党的建设第一位，强调"革命理想高于天"，就是精神变物质、物质变精神的辩证法。我们必须毫不放松理想信念教育、思想道德建设、意识形态工作，大力培育和弘扬社会主义核心价值观，用富有时代气息的中国精神凝聚中国力量。

习近平指出，要学习掌握事物矛盾运动的基本原理，不断强化问题意识，积极面对和化解前进中遇到的矛盾。问题是事物矛盾的表现形式，我们强调增强问题意识、坚持问题导向，就是承认矛盾的普遍性、客观性，就是要善于把认识和化解矛盾作为打开工作局面的突破口。我们党领导人民干革命、搞建设、抓改革，从来都是为了解决中国的现实问题。对待矛盾的正确态度，应该是直面矛盾，并运用矛盾相辅相成的特性，在解决矛盾的过程中推动事物发展。我们强调不能简单以国内生产总值增长率论英雄，提出加快转变经济发展方式、调整经济结构，提出化解产能过剩，提出加强生态文明建设，等等，都是针对一些牵动面广、耦合性强的深层次矛盾的。面对复杂形势和繁重任务，首先要有全局观，对各种矛盾做到心中有数，同时又要优先解决主要矛盾和矛盾的主要方面，以此带动其他矛盾的解决。我们提出要协调推进全面建成小康社会、全面深化改革、全面依法治国、全面从严治党，是当前党和国家事业发展中必须解决好的主要矛盾。我们既要注重总体谋划，又要注重牵住"牛鼻子"。在任何工作中，我们既要讲两点论，又要讲重点论，没有主次，不加区别，眉毛胡子一把抓，是做不好工作的。

习近平强调，要学习掌握唯物辩证法的根本方法，不断增强辩证思维能力，提高驾驭复杂局面、处理复杂问题的本领。我们的事业越是向纵深发展，就越要不断增强辩证思维能力。当前，我国社会各种利益关系十分复杂，这就要求我们善于处理局部和全局、当前和长远、重点和非重点的关系，在权衡利弊中趋利避害、作出最为有利的战略抉择。全面深化改革，要突出改革的系统性、整体性、协同性，使改革成果更多更公平惠及全体人民。要反对形而上学的思想方法，看形势做工作不能盲人摸象、坐井观天、揠苗助长、削足适履、画蛇添足。要加强调查研究，坚持发展地而不是静止地、全面地而不是片面地、系统地而不是零散地、普遍联系地而不是单一孤立地观察事物，准确把握客观实际，真正掌握规律，妥善处理各种重大关系。

习近平指出，要学习掌握认识和实践辩证关系的原理，坚持实践第一的观点，不断推进实践基础上的理论创新。我们推进各项工作，要靠实践出真知。理论必须同实践相统一。必须高度重视理论的作用，增强理论自信和战略定力，对经过反复实践和比较得出的正确理论，要坚定不移坚持。要根据时代变化和实践发展，不断深化认识，不断总结经验，不断实现理论创新和实践创新良性互动，在这种统一和互动中发展21世纪中国的马克思主义。

（来源：新华网）

上　篇

极其可贵的精神

——在艾思奇哲学思想研讨会上的讲话

宋 平

今天，我们在这里举行艾思奇哲学思想研讨会，纪念艾思奇同志逝世 30 周年，缅怀他对研究、宣传、普及马克思主义哲学所作出的突出贡献，很有意义。

我最早接触艾思奇同志的著作，是 60 年前开始走上革命道路的时候。当时，读了艾思奇的《大众哲学》。这本书将深刻的哲理寓于生动的事例之中，通俗易懂，使我从中受到了马克思主义哲学的启蒙教育。1938 年，延安成立马列学院，艾思奇同志在那里讲授哲学。我听过他的课，得益很多，为以后自学打下了基础。

1987 年，我从国家计委调中央组织部工作。陈云同志特地让秘书送给我两本哲学书，其中一本就是艾思奇主编的《辩证唯物主义 历史唯物主义》。我体会，陈云同志的用意是要我多懂一点唯物辩证法，在工作中能从实际出发，实事求是，少犯主观主义一类的错误。艾思奇同志主编的这本书，是他多年的研究和教学经验的积累，也集中了国内马克思主义哲学研究的成果，简明扼要，是一本很好的马克思主义哲学教科书。这本书以前也读过，这次系统地重读一遍，联系自己正反两方面的经验认真地想一想，深切感到在实践中要经常学点哲学，学会运用辩证唯物主义和历史唯物主义的思想武器，提高思想和工作水平。

哲学是自然科学和社会科学的概括和总结。马克思主义哲学是马克思主义全部理论的基础，是指导人们正确认识世界、改造世界的锐利思想武器。毛泽东同志一贯教导全党、特别是党的领导干部学哲学。在我们党的历史上，每一次全党范围的哲学学习运动，都促进了全党思想的解放和马克思主义理论水平的提高，促进了革命和建设事业的发展。抗日战争时期延安的整风运动，就是一次全党的马克思主义学习运动。整风最主要的任务，是反对主观主义，消除党内反复出现的"左"倾和右倾机会主义错误的思想根源，解决如何将马克思主义的基本原理同中国革命的实际相结合的问题。通过整风学习，实现了党在思想上、政治上的更加统一和行动上的更加一致，终于取得了抗日战争和新民主主义革命的胜利。1978 年，在邓小平同志支持下开展的"实践是检验真理的唯一标准"的讨论，又一次极大地推动了全党的思想解放和各条战线的拨乱反正，为党的十一届三中全会的召开和改革开放做了思想准备。邓小平同志建设有中国特色社会主义的理论，就是人民群众社会主义现代化建设伟大实践的科学总结。

当前，我们国家正处在一个新的历史发展时期。江泽民同志多次强调领导干部一定要讲政治，讲学习，讲正气。面对种种复杂的社会矛盾和理论、思想问题，特别要求领导干部和理论工作者要用马克思主义理论做指导，站在无产阶级的立场、人民大众的立场、党的立场上来认识和处理问题，这就要学习马克思主义哲学。

建设有中国特色的社会主义，是一项前无古人的伟大事业。对于领导干部来说，光有专业知识是不够的，必须树立正确的世界观，掌握科学的方法论。因此，一定要坚持一切从实际出发，实事求是，尊重客观规律，反对主观主义和形式主义；一定要坚持用全面的、发展的观点分析形势，看待问题，善于透过现象看本质，善于在众多复杂矛盾中抓住主要矛盾，反对形而上学，注意防止和克服认识上与工作中的片面性；一定要坚持人民群众是历史创造者的观点，切实解决好对人民群众的态度、同人民群众的关系问题，坚定地相信和依靠群众，全心全意为人民服务，反对脱离群众、轻视群众的官僚主义作风。这对于坚定共产主义信念，加强党的建设，提高各级领导干部的思想水平和处理复杂矛盾的能力，是非常重要的。

艾思奇同志作为一个具有深厚理论功底的著名哲学家，始终坚持深入实际，面向群众，毕生致力于马克思主义哲学的研究、宣传和教育工作，这种精神是极其可贵的，值得我们好好学习。

〔本文选自《缅怀与探索——纪念艾思奇文选（1981—2008）》，
中共中央党校出版社 2010 年版〕

让哲学成为"解放的头脑"

——写在《大众哲学》重新出版之际

李铁映

摆在面前的这本著作，使我们仿佛又回到了 60 多年前那段风雨如磐的岁月。当时，正值"九·一八"事变后不久，国民党反动势力对内残酷镇压革命、镇压人民，对外投降日本帝国主义，民族危机空前严重。"中国向何处去"这一问题以无比尖锐与急迫的形式提到每一个有良知的中国人面前。

正是在这样一个历史背景下，针对人民大众，特别是广大青年在思想深处产生的种种疑惑和问题，时任《读书生活》杂志编辑的艾思奇同志，1934 年 11 月至 1935 年 10 月的一年时间里，连续发表了 24 篇有现实针对性、发人深省的哲学论文。这就是后来结集出版的《大众哲学》。这本书并无高深莫测的道理、艰涩难懂的词句，但却以平凡的真理和朴实无华的文字赢得了无数的读者，在新中国成立前就印行了 32 版。这本看似平淡的小书在当时所起到的振聋发聩的作用，只有亲身经历过的人才能深切地体会到。不少在黑暗中徘徊、摸索的青年，正是读了它，看到了希望，看到了光明；不少青年正是在《大众哲学》的启发和影响下，奔向革命，奔向抗日前线，奔向革命圣地延安。著名的民主斗士、学者、《读书生活》杂志的主编李公朴先生热情地赞扬了它的开拓性价值："这本书是用最通俗的笔法，日常谈话的体裁，深化专门的理论，使大众的读者不必费很大的气力就能够接受。这种写法，在目前出版界中还是仅有的贡献。"我本人时至今日仍能清晰地回味起最初阅读它时，在心灵深处所迸发出的那种愉悦和激动。艾思奇同志在他 24—26 岁写就的《大众哲学》,是中国学者把马克思主义哲学大众化、通俗化的开山之作,曾长期地影响了我国的哲学界。就是今天,人们读它,仍能获得莫大的教益。《大众哲学》的成功,雄辩地说明:哲学,特别是马克思主义哲学,是能够对社会变革、对人民大众的社会生活产生重大影响的。哲学,是普遍之至道,是人类文明的一道亮丽的彩虹。

哲学,作为系统化、理论化的世界观和方法论,历来被看作最高意义上的"智慧之学"。马克思主义创始人则进一步揭示了哲学与社会变革、哲学与历史进步之间的内在联系。他们把哲学称为"时代精神的精华"和"文明的活的灵魂"。在他们看来,不同时代的真正哲学,是每个时代最精深的思想成果,是每种社会文明的精神实质的集中体现。

马克思在谈到德国人民的解放时,曾用非常明确的语言指出:"这个解放的头脑是哲学。"这个比喻非常精辟地说明了先进哲学的巨大社会功能。从历史上看,哲学首先是"头脑的解放",即解放思想的科学;而思想解放,又从来是启动和引导整个解放事业的中枢,从而成为"解放的头脑"。从社会变革的意义上看,任何一次巨大的社会变革总是以理论变革为先导,理论变革无不以思想观念的空前解放作为前提,而吹响人类思想解放的第一声号角的,往往就是代表时代精神的哲学。社会越是向前发展,人们的社会实践越是复杂,社会生活越是丰富多彩,就越是需要哲学,越是需要我们重视哲学,学好哲学,运用哲学,发展并创新哲学。人们头脑中的哲学无时不在起作用。问题是要清醒地意识到那是一种什么样的哲学。真正的哲学不是贵族或有闲阶级的奢侈品,不是装饰门面的彩旗,不是单纯谋生的手段,不是追名逐利的敲门砖。一句话,真正的哲学不是僵死的教条,而是思想解放的强大武器。

马克思主义哲学是整个马克思主义思想体系的基础和灵魂,是无产阶级政党和广大劳动人民认识世界、改造世界的强大思想武器,是哲学迄今为止所取得的最高成果。正是由于马克思主义哲学科学地揭示了人类社会历史发展的客观规律,人们对自身的历史发展的认识才打破了长时期受唯心主义历史观束缚的局面，由此踏上了科学的大道。马克思主义哲学的诞生，是人类文明史上空前的思想大解放。从诞生之日起，它就是一个不断开放着的体系。它不是教义，而是方法，不是教条，而是人们活的行动指南，它为后人不断地丰富它、发展它留下了无比广阔的空间，并不断地吸纳着人类创造的一切科学成就，发展和丰富着自己。不断地解放思想，研究新情况，解决新问题，是马克思主义哲学的天职和生命力所在；马克思主义哲学一旦被教条化，凝固化，立刻就会走向它的反面。

马克思主义哲学从来不故作神秘。把理论神秘化与把理论教条化，是一对孪生兄弟，二者都是为马克思主义所反对的。在马克思主义经典作家看来，哲学要真正成为"解放的头脑"，就必须紧紧把握时代脉搏，为人民大众所掌握。正因为"人民最精致、最珍贵和看不见的精髓都集中在哲学思想里"，所以，哲学本质上是属于全体人民的智慧，而不是少数人的专利。它产生于实践，也应该而且必须由广大人民来掌握。也只有为人民大众所掌握，哲学的生命力才是持久的，才能变成指导社会变革的巨大的物质力量。不能设想，哲学，特别是马克思主义哲学，只是停留在书斋和头脑里、只是少数专业哲学家才有权或有能力染指的一门学问。

我们的事业需要一大批马克思主义哲学的专门理论家、思想家（从目前来看，这样的人才不是太多而是太少了），但同样、甚至更加需要把马克思主义哲学通俗化、大众化的专门人才，而且二者并不矛盾。难道深刻的思想只有通过艰涩的语言才能表达？隽永的哲理和通俗化根本绝缘吗？我看未必。哲学的通俗化是一个表达形式问题，无论内容深浅，其表达都应明白易懂。"生造一些除自己以外没人看得懂"的概念、词句，只能说明思想的贫乏。哲学的通俗化说到底是一个哲学大众化的问题，不能理解为哲学的庸俗化。哲学的庸俗化我们要反对，哲学的大众化我们要提倡。"真佛只说家常"嘛！

艾思奇同志作为一名爱国知识分子，从走向社会的第一天起，就自觉地选择了用马克思主义哲学作武器批判旧世界、开创新时代的道路，并且在这条道路上工作了一生，战斗了一生。他为传播马克思主义真理、为学习马克思主义哲学做出了卓越的历史性贡献，赢得了党和人民的赞誉。毛泽东同志曾高度评价他的著作"相当深刻"。他是毛泽东同志所倡导的让哲学走出课堂的杰出实践者。艾思奇同志所走过的道路不是平坦的，不是没有坎坷和风险的，在这条道路上他也不是没有闪失的。用今天的眼光来看，《大众哲学》也许不是很完美的著作，而它的作者生前也从未把它看作一个高不可及的范本。艾思奇同志曾经形象地把《大众哲学》比作"干烧的大饼"而非"装潢美丽的西点"。我们也不应苛求它完美，毕竟，我们今天对马克思主义哲学的理解比起 20 世纪 30 年代的人们来说是大大地深化了。但是，《大众哲学》所体现的思想与时代相结合、理论与实际相结合、哲学与人民相结合的精神，永远值得我们肯定并发扬光大。艾思奇同志终其一生所体现出的对马克思主义哲学的坚定信念和科学精神，永远值得我们学习。

我们即将推开 21 世纪的大门。中国人民正在中国共产党的领导下，高举邓小平理论的伟大旗帜，满怀信心地把建设有中国特色社会主义的伟大事业全面推向新世纪。今天的中国已不再是 20 世纪 30 年代贫弱的、四分五裂的中国。中国已开始步入小康，中国人民也不再只满足于"干烧的大饼"，而不去追求漂亮的"西点"了。时代变了，历史使命变了。为了实现 21 世纪中华民族的伟大复兴，抓住各种机遇，迎接各种挑战，战胜各种风险，我们更加需要哲学，需要哲学的大发展、大普及，需要在理论上进行更深的开拓，需要进一步解放思想，敢于和善于创新，不断开创马克思主义哲学的新境界。一句话：需要理论的创新和精神动力。从这个意义上说，《大众哲学》虽然已经成为历史的一部分，但是《大众哲学》所体现出的，为马克思主义经典作家所倡导的，让哲学成为"解放的头脑"、让哲学掌握群众的精神并没有过时，而且永远不会过时。我们相信，迈向 21 世纪的我国哲学界，必将进一步弘扬这种精神，创造出更多更新更好的哲学成果，开辟出一个大众哲学的新时代。

（本文选自《纪念〈大众哲学〉出版 66 周年学术研讨会及再版发行式》文集）

《大众哲学》的写作及其历史作用

胡 绳

艾思奇同志一生从事马列主义的宣传教育事业。在纪念他逝世 20 周年之际，使我想起周扬同志在《艾思奇文集》的序言中所说的一段话："艾思奇同志作为一个初步接受了马克思主义的爱国知识分子，从走进社会第一天起，就选择了用马克思主义哲学作武器，批判旧世界，开创新时代的道路，并且在这条道路上奋斗了终身。"我认为这是对艾思奇同志的真实写照。

艾思奇同志 1932 年春到上海，1933 年开始发表哲学论文。他一生的革命活动可以说主要是哲学活动，其中大致可分为三个时期：第一个时期是抗日战争以前在上海，第二个时期是到延安以后，第三个时期是 1949 年新中国成立以后。

我认识艾思奇同志是他在上海的时期，抗日战争中没有接触。新中国成立以后，在北京则有不少工作上的联系。艾思奇同志到延安后，思想与各方面都逐步成熟起来。但是我总是容易回忆起他在上海的时期，也就是他写《大众哲学》的时期。现在看来，这本书有些地方未免显得幼稚，连他本人后来也不够满意。在这本书出版后三年他曾写道："当时我所写的这本《大众哲学》和我现在所理想的《大众哲学》已经远离了不知多少里程了。"他写这本书时才 24 岁。这本书 1934 年在《读书生活》上逐期刊载。1935 年以《哲学讲话》的书名出书，后来改书名为《大众哲学》。这本书虽然遭到国民党当局查禁，但到 1938 年已出了 10 版，共两万多册，以后还陆续在各地再版。在一个相当长的时期内产生了很大的影响，确实有不少青年受到

《大众哲学》的影响而走上革命道路，有不少青年通过《大众哲学》开始懂得马克思主义哲学的一些基本道理。

艾思奇的《大众哲学》写作的历史背景是在 20 世纪 30 年代的国民党统治地区。当时，在我们党内，继"立三路线"之后，以王明为代表的"左"倾错误路线对党在国民党统治区的工作起了严重的破坏作用。在上海，党领导下的文化、文艺运动虽然不可避免地受到"左"的指导思想的影响，但是仍然能进行得很有生气。这些党的领导人较早地看出了在文艺工作中应该纠正"左"的错误。1932年张闻天以歌特的笔名写了《文艺战线上的关门主义》一文，指出使左翼文艺运动停留在狭窄范围内的最大障碍物是"左"的关门主义。瞿秋白曾一度在上海领导文化、文艺工作，他注意纠正左联忽视文艺创作的倾向，要求团结一切有革命倾向的作家。参加左联工作的党内外的同志鲁迅、冯雪峰、茅盾、夏衍等都对"左"的教条主义的组织方法和工作方法有所抵制。由于执行"左"倾冒险主义、教条主义的临时党中央迁入苏区，留在上海的中央派出机关又屡遭破坏，在上海的文化界、文艺界的党员实际上处于孤立作战的地位。因此，他们不可能继续执行"左"的那一套做法，不能不从实际情况出发，从广大读者的需要和接受能力出发来进行工作，并且注意团结各方面的进步力量。这一时期除文艺方面以外，社会科学和一般政治宣传方面也出现新气象。例如，邹韬奋主办的《生活周刊》和"生活书店"由于有党员作家参加，而在广大读者包括大量处于中间思想状态的读者中起了积极的影响。陈翰生、薛暮桥等进行中国农村调查和研究，成立中国农村经济研究会，出版刊物和书籍。胡愈之、钱亦石等主办《世界知识》，向读者分析说明中国所处的世界环境。这些出版物都是实实在在地摆事实说道理，而不采用那种盛气凌人、空喊革命口号、脱离群众的做法。因此，受其影响的，就不仅限于本来已有革命要求的读者，而是大大地扩充了。在 1935 年党提出建立抗日民族统一战线的主张时，上海以共产党人为核心的进步的文化、文艺界更加生机勃勃地展开工作，为迎接中国革命的新时期做出了重大的贡献。

艾思奇就是在这个时期开始工作的。他最初是在《申报》流动图书馆工作。那时在《申报》这个中间性的销路很广的报纸上辟了一个由民主人士李公朴主持的读书问答专栏，艾思奇和柳湜是这个专栏的主要写稿人。他们在这个专栏里以答复读者来信的形式和读者谈心，谈他们所关心的各种问题。那时有无数青年，既对国家和社会的状况感到不满，又在个人生活中感到种种苦恼，苦于找不到出路。为了和这些青年讨论问题，打动他们的心，靠教条主义的说教显然是不行的。读书问答之所以受到欢迎，是因为那些答复总是从读者的思想状况出发，从现实的社会状况出发，而又能启发人考虑更远大的问题。看来，担负读书问答这一工作，对于年轻的艾思奇，是一个很好的锻炼。不久，在这个读书问答栏的基础上，柳湜、艾思奇办了《读书生活》这个杂志，又进一步办成出版社。也就是在这时候，艾思奇写出《大众哲学》。

毛主席说过，那时上海的革命文化工作者在国民党反动统治下处于毫无抵抗力的地位，但是国民党的文化围剿完全失败了。这究竟是什么原因呢？这当然主要是马克思主义的威力在起作用。那时在上海的党的文化理论战线的同志，努力掌握马克思主义，运用马克思主义的思想武器，这是他们能够做出成绩的根本原因。但是，如果他们按"左"倾冒险主义、教条主义的指导思想来做工作，来宣传马克思主义，那么他们就只会脱离群众，而不可能进行有效的斗争。在相当大的程度上摆脱"左"倾指导思想的束缚，摆脱教条主义的束缚，这是 20 世纪 30 年代中叶上海的理论宣传的一个特点。除了上海，在国民党统治地区的其他地方，如北平的党的文化工作者及其同盟者也做着同样的努力。这时候产生的许多通俗的宣传马克思主义的著作，或者虽然不是很通俗但能够联系实际、联系读者群众的思想状况的著作，尽管有这样那样的缺点，但能够在反动统治的严格禁令下争取得大量的读者，就在于他们较少教条主义的习气。艾思奇的《大众哲学》是代表性的著作之一。艾思奇在 1936 年还编了《认识》月刊，这是一个比较大型的理论性的刊物，也表现了较少教条主义习气的特色，可惜只出了两期就停刊了。

也许有人会说，反对教条主义是毛主席在 1942 年整风运动开始时才提出来的，怎么 30 年代党在上海的文化理论工作已经能克服教条主义的弊病呢？我这样说，是否夸大了 30 年代国民党统治区的理论工作呢？我认为，并没有夸大。党中央的一个新的正确思想决不是凭空地突然产生的，总是对许多已有的经验的总结。往往是人们在实际生活中已经对这样做不利，那样做才行有所感，但还不能明确地、系统地说出来。因此，当党中央概括这些经验，提出一个新的正确思想时，立刻得到全党的响应，人们感到这是把自己原来说不清楚的问题一下子说清楚了。30 年代国民党统治区的党的文化工作者并没有明确地提出反对教条主义的宗旨，但是这时他们对教条主义已经感到厌恶，对"左"的教条主义、冒险主义、关门主义是行不通的已经有所察觉，已经在实际工作中开始突破教条主义的藩篱，这并不是奇怪的事情。

我想，这样来估价 30 年代的上海文化、文艺工作，是比较符合实际的。不然不能解释，为什么在严重的白色恐怖下，而且党又在以王明为首的"左"倾指导思想统治下，上海的文化、文艺能取得那样大的成绩。30 年代上海的文化、文艺工作之所以特别遭到"四人帮"的仇恨，也从反面说明它在一定程度上摆脱了"左"的束缚。

《大众哲学》是艾思奇理论工作中走出的第一步。这第一步的确带有幼稚的痕迹，但从当时的历史背景来看，应该认为这是很坚实的第一步。当然他没有停步不前，由此他一步步踏实地走了下去。在纪念艾思奇同志一生业绩的时候，我想，说一下他在什么情况下走出第一步，也许不是没有意义的。

（本文选自《马克思主义哲学家艾思奇——纪念艾思奇同志
逝世二十周年》，中共中央党校出版社 1987 年版）

至今不可缺须臾，奇葩怒放色更鲜

张全景

艾思奇同志，我虽然没有见过他，但是他是我心目中非常敬重的一位师长，这是从学《大众哲学》开始的。我是 1946 年参加工作的。那个时候在地方上也看不到多少理论著作，1948 年我到山东分局教育研究会去学习，买了三本书，一本就是《大众哲学》，一本就是当时出版的《毛泽东选集》，还有一本就是《上饶集中营》。当时我把《大众哲学》翻开一看，深入浅出，通俗易懂，很强的哲理性、故事性的统一，深深吸引了我。一口气把它读完。读完这本书以后，深深受到了教育。艾思奇同志的哲学思想对于我树立正确的世界观，学习领导方法、工作方法都发挥了巨大的作用，我非常喜爱这本书。"文化大革命"前夕，还组织学习《辩证唯物主义历史唯物主义》，也是艾思奇同志编的，更进一步受到了教育。

刚参加工作的时候，一说哲学，什么是哲学啊，根本就不懂什么是哲学，通过学习知道了，哲学就在我们身边，就在我们的生活当中、工作当中、学习当中、一切的实践活动当中。也就是打破了对哲学的神秘看法，也初步了解了哲学的一些基本问题。特别是《大众哲学》里那些深入浅出的东西，到现在，快 60 年了，还深深地记在脑子里，好多故事都可以记得住。

对艾思奇同志我虽然不认识，但可以说我是他的私淑弟子，我一直是把他当成老师来看待的，当成长者来对待的。艾思奇同志的著作，新中国成立以后很长时间没有再出版。2001 年出的时候，我一次就买了 10 本。身边的工作人员还有我的孩子每人都送一本，我说你们也要好好学，学习《大众哲学》可以奠定一个哲学的基本思想，打下一个基础。

我有一个机会去了云南的腾冲。我说我要到艾思奇同志的故居去看看。参观以后又增加了新的知识。当时纪念馆的人给我介绍，说艾思奇为什么要叫艾思奇。我看我们这里的介绍，和他们馆里的介绍不一样。他们说艾思奇从年轻的时候就热爱马克思，热爱列宁。他就改成了艾思奇。列宁不就是弗拉基米尔·伊里奇·列宁吗？到底是怎么起的这个名字，反正他热爱马列主义，这个是肯定的。

艾思奇同志的《大众哲学》虽然已出版 70 年了，但是到现在它仍然是一株盛开的鲜艳的奇葩。离开艾思奇同志故居的时候，他们请我题词。我写了 8 个字：一代宗师，学习楷模。这是出自我自己内心的。我经常想，我们整个中国革命的胜利，不管哪个时期取得的胜利，都是马克思主义在中国的胜利，也是马克思主义哲学在中国的胜利。我们所遇到的一些失误、挫折也都是违背马克思主义哲学造成的恶果，特别是不讲辩证法，一弄就是形而上学，都是绝对化，这个带来的危害可以说是太大了。我们现在想一想我们多么需要马克思主义哲学的指导啊，进一步地组织干部、特别是青年干部、领导干部学哲学，非常的必要。我今年虽然 75 岁了，但是我还是要继续努力地学，发愤忘食，乐以忘忧吧。

［本文选自《缅怀与探索——纪念艾思奇文选（1981—2008）》，

中共中央党校出版社 2010 年版］

以艾思奇同志为榜样　更好地用中国特色社会主义理论体系武装全党、教育人民

李景田

艾思奇同志是著名的马克思主义哲学家。他一生披肝沥胆、矢志不渝，为研究传播马克思主义做出了卓越的贡献。艾思奇同志从1948 年10 月调入中央党校的前身马列学院，直至1966 年逝世，在党校工作、生活了18 年。他担任过哲学教研室主任，后来担任副校长，但他自始至终没有离开过哲学理论研究和教学岗位，直接听过他授课的高中级干部及工人、农民、大学生、知识分子、科学家和党外人士有数十万之多，并影响和培养了一大批马克思主义优秀理论人才。他不仅是一位优秀的党的领导干部，更是人们仰慕的一位大师和名家。今天我们纪念他，缅怀他的光辉一生，学习他的宝贵精神，对于推进马克思主义中国化、时代化、大众化，更好地用中国特色社会主义理论体系武装全党、教育人民，具有重要意义。

一　艾思奇同志是马克思主义大众化的自觉实践者

党的十七大提出要"推动当代中国马克思主义大众化"，党的十七届四中全会进一步提出了"推进马克思主义中国化、时代化、大众化"的重大任务。回顾艾思奇同志一生的理论研究和教学实践，我们可以清楚地看到他在推进马克思主义大众化方面做出过开创性的探索，并且取得了不可磨灭的成就。艾思奇同志从走上哲学道路的第一天起，就没有打算躲在象牙塔里过闲适派哲学家的生活，而是立志

使哲学面向大众、面向生活，使哲学与人民相结合，成为人民大众改造世界的有力武器。早在 1938 年 4 月，他就提出了马克思主义哲学中国化、现实化和通俗化相结合的主张。他指出，马克思主义哲学的中国化、现实化和通俗化是紧密相连的，通俗化是中国化、现实化的初步，只有做到中国化、现实化，才能做到更好的充分的通俗化。

艾思奇同志是马克思主义哲学中国化、现实化、通俗化的积极倡导者，也是躬身实践者。他早年写的《大众哲学》开马克思主义哲学通俗化、大众化的先河。正是这本通俗化的哲学著作，在社会上曾经产生巨大的震撼力和影响力，使不少在黑暗中徘徊、在痛苦中思索的年轻人，接受了马克思主义，走上了革命道路。他到延安后，更加自觉地追求马克思主义哲学中国化、现实化、通俗化，卓有成效地开展了马克思主义哲学的研究、教学和宣传工作。新中国成立后，他编写的《辩证唯物主义讲课提纲》和主编的《辩证唯物主义历史唯物主义》等著作，注重联系中国革命和建设的实际，注重联系干部和群众的思想实际，注重用毛泽东哲学思想丰富和发展马克思主义哲学，成为马克思主义哲学中国化、现实化、通俗化的精品和典范。可以说，艾思奇同志在一生中，始终满腔热情地为大众写哲学、为大众讲哲学、帮助大众掌握哲学和运用哲学，为研究宣传马克思列宁主义、毛泽东思想付出了巨大努力、做出了重要贡献，为我们留下了一笔宝贵的精神财富。

二　像艾思奇同志那样担当起党的理论　工作者的光荣使命

马克思主义大众化是随着历史条件的变化和社会实践的发展与时俱进、不断深化的。中国特色社会主义理论体系是马克思主义在中国发展的最新成果，在中国特色社会主义理论体系的指引下，我国的改革和发展取得了举世公认的成就。中国特色社会主义理论体系不但得到中国人民衷心拥护，也受到世界上越来越多人的重视、理解和赞赏。但是，要让中国特色社会主义理论体系更加深入人心，继续巩固和发展全党全国人民团结奋斗的共同思想基础，必须进一步推进马克思主义大众化，这是我们党的理论工作者义不容辞的崇高责任和神圣使命。

艾思奇同志写作《大众哲学》的时候，辩证唯物论在中国知识界已成为一种时尚。但对于广大民众，乃至于许多革命者而言，都还把它当作高不可攀的哲学理论。艾思奇同志带着时代的责任感和推进事业发展的使命感写出了《大众哲学》，以大众乐于接受的方式把大众急需的精神武器送到大众手中，从而产生了难以估量的作用，以至蒋介石在反思失败的教训时对部下感叹：我们和共产党的较量，不仅是军事上的失败，也是人心上的失败，比如共产党有艾思奇的《大众哲学》，你们怎么就拿不出来！今天，我们以艾思奇同志为榜样，最重要的就是像他那样，自觉地承担起推进和发展中国特色社会主义事业赋予我们的责任和使命，在新的历史条件下，进一步推进当代中国马克思主义大众化，更有效地用中国特色社会主义理论体系武装全党、教育人民，使这一理论发挥巨大的威力。

三　像艾思奇同志那样坚持和弘扬理论联系实际的学风

推进当代中国马克思主义大众化，更好地用中国特色社会主义理论体系武装全党、教育人民，最大的障碍是主观主义。主观主义包括教条主义和经验主义。教条主义忽视理论联系实际，把马克思主义经典作家的个别词句当作灵丹妙药。经验主义忽视理论，甚至否定马克思主义对中国的指导作用。在今天的马克思主义理论研究、教育和宣传中依然要注意克服这两种倾向。我们纪念艾思奇同志，应该认真学习他对待马克思主义的科学态度和治学精神，尤其要像他那样始终坚持理论联系实际的学风。

艾思奇同志在学风上堪称楷模、可为世范。他反对治学上的教条主义，也反对经验主义，主张研究问题、写文章一定要有求实精神，走理论和实际相结合的道路。他从各个角度反复强调，要像毛泽东同志那样，用马克思列宁主义之"矢"，去射中国革命和建设实际之"的"，不断研究新情况，解决新问题。他在研究、宣传和教学工作中，从来不搞主观臆断，从来不生搬硬套现成的原理、原则。无论发表文章，还是登台演讲，他始终做到论据充分可信，始终把人民的解放、人民的实践、人民的幸福作为自己理论思考的主题，始终注意用理论剖析时代性重大问题，研究和解决认识上、战略上的实际问题。正是他所具有的这样一种科学严谨的学风，使他的研究成果令人心悦诚服，经得起历史和实践检验，并为广大干部群众乐于接受。

今天，我们纪念艾思奇同志，就要学习艾思奇同志，自觉坚持和弘扬理论联系实际的学风，为继续推进当代中国马克思主义大众化，更好地用中国特色社会主义理论体系武装全党、教育人民，为建设中国特色社会主义、实现中华民族伟大复兴做出新的贡献。

（本文选自《大众哲学家——纪念艾思奇诞辰百年论集》，
中共党史出版社 2011 年版）

努力开创马克思主义哲学
中国化的新局面

冷 溶

今天我们在这里召开题为"艾思奇与马克思主义哲学中国化"的理论研讨会。一方面是要认真研讨、充分肯定中国马克思主义哲学运动的领军人物、中国杰出的马克思主义哲学家艾思奇对马克思主义哲学中国化的独特理论贡献；另一方面，也是最重要的，就是要继承老一辈无产阶级革命家、马克思主义理论家所开创的马克思主义哲学中国化事业，并在新的时代和新的社会实践中把这项伟大的事业向前推进，努力开创马克思主义哲学中国化的新局面，创造马克思主义哲学中国化的新理论、新形态，从而为建设有中国特色的社会主义现代化强大国家提供必要的理论支持。

马克思主义哲学作为一种认识世界、改造世界的伟大工具，是适应近代中国人民救亡图存、实现国家现代化的实际需要而传入中国的。它和中国历史上一切外来思想文化的传入一样，从传入中国的那时起，就开始了与中国历史和现实相结合、在中国社会变革中发挥作用的"中国化"的过程。然而马克思主义哲学中国化在符合人类思想文化交流发展的一般规律、遵循人类思想文化交流发展的一般程序、具有人类思想文化交流发展的共同特征的同时，更有着自己的鲜明特点。在马克思主义哲学中国化的历史过程中起重要作用的，不仅有毛泽东那样的无产阶级政党的领袖人物，而且也有艾思奇这样的杰出的马克思主义哲学家。马克思主义哲学的中国化，不仅彻底改变中国的历史命运和社会面貌，而且推动了中国传统思想文化的现代转型

· 20 ·

和中国人思维方式的革命。马克思主义哲学中国化，不仅丰富了马克思主义哲学的理解和表现形态，而且也使马克思主义哲学突破了欧洲范围，成功地在东方殖民地半殖民地国家的民族民主革命中发挥作用。

在马克思主义哲学中国化运动中，艾思奇的身份是独特的，贡献也是独特的。作为学者的艾思奇，通过《大众哲学》——《历史唯物论—社会发展史》《辩证唯物主义历史唯物主义》等一批大众化、中国化的马克思主义哲学著作，空前广泛地扩大了马克思主义哲学在中国的影响，由此而奠定他在中国马克思主义哲学传播史上的特殊地位和巨大影响，成为这方面的领军人物。与此同时，他也以自己独特的理论著述对党的领袖的理论活动以深刻的影响，毛泽东就曾多次谈到自己从艾思奇的著作中"得益很多"；作为战士的艾思奇，则时刻把党的利益、阶级的利益摆在首位，始终站在理论斗争的前沿，并在与论敌的斗争中把马克思主义中国化问题的探讨进一步深化。学者和战士的双重身份在艾思奇身上是统一的，这是一定时代的产物，是他那个时代知识分子服务国家、报效国家的时代特色。独特的身份决定了他对马克思主义哲学中国化的独特贡献。艾思奇对马克思主义哲学中国化的独特贡献主要是在两个方面：

一是通过马克思主义哲学大众化、通俗化的成功实践，实现了马克思主义哲学中国化的"初步"。众所周知，艾思奇的《大众哲学》是把马克思主义哲学大众化、通俗化的典范。在《大众哲学》中，艾思奇运用人民大众熟悉、易懂的语言文字来宣讲马克思主义哲学，紧密联系人民大众的思想实际和所面临的各种现实的社会问题来深入浅出地阐述辩证唯物论的基本原理，从而成功地实现了马克思主义哲学的大众化、通俗化，创造出了一种独具特色的大众化形态的马克思主义哲学，空前扩大了马克思主义哲学在中国的传播领域和影响范围。艾思奇曾把自己所做的马克思主义哲学大众化、通俗化工作称为马克思主义哲学中国化、现实化的"初步"。其实这不仅仅是"初步"，同时也是马克思主义哲学中国化、现实化的应有之义。因为任何一种外来哲学文化，要想让本土的广大民众接受，就首先要在内容和形式上做大众化、通俗化的工作，否则很难达到目的。大众化、通俗化是一切外来哲学文化本土化的必要前提和基础，是第一步的工作，意义非常重大。

二是在大众化、通俗化基础上，明确提出要来一个马克思主义哲学的"中国化、现实化"运动，并进一步扩大范围，对整个马克思主义中国化、现实化的方法和原则，马克思主义中国化、现实化的历史必然性和现实必然性，马克思主义中国化、现实化的深刻内涵、表现形式和理论成果做了系统阐述。

在 1938 年写的《哲学的现状和任务》这篇文章中，艾思奇着重说明马克思主义哲学中国化不仅是抗战形势发展的需要，而且也是中国马克思主义哲学运动自身发展的必然结果。同时特别强调："马克思主义哲学中国化，不是滥用哲学公式，而是要从抗战的经验中吸取哲学养料，发展哲学理论，然后把发展的哲学理论拿来应用，指导我们的行动，并根据每一时期的经验，不断地来丰富和发展我们的理论。"有关马克思主义哲学中国化的深刻内涵，即实际应用和创造发展的思想在这里已初见端倪。而在 1940 年发表的《论中国的特殊性》一文中，艾思奇则进一步从马克思主义自身特点和中国社会现实条件出发，探讨马克思主义中国化问题，非常明确地从"应用"和"创造"的角度，深刻阐述了马克思主义中国化的那个"化"字的两层含义：一是从"应用"的角度，说明在中国应用马克思主义，或使马克思主义中国化，就是要坚决地站在马克思主义的观点上，在马克思主义基本原则和基本精神上，用辩证唯物论和政治经济学的科学方法，来具体地客观地研究中国社会关系，来决定中国无产阶级在中国民族革命斗争中的具体任务及战略策略。也就是说，马克思主义中国化不仅仅是个理论问题，更为重要的是个实践问题。二是从"创造"的角度，说明马克思主义者所谓精通马克思主义，不仅是指马克思主义的理论研究，而同时是指要能在一定的具体环境之下实践马克思主义，在一定国家的特殊条件下来进行创造马克思主义的事业。这种创造，就是在不变的正确原则上的新的理论和事业的创造，是给马克思主义总宝库放进一些新贡献。在艾思奇看来，马克思主义中国化，就是马克思主义在中国具体环境中的应用和创新，就是在中国的现实的地盘上来把马克思主义加以具体化，加以发展，艾思奇这里特别强调"在一定的具体环境之下实践马克思主义"，"在一定国家的特殊条件下来进行创造马克思主义的事业"，就是马克思主义中国化，就是发展马克思主义。这就点明了马克思主义中国化的关键——"具体环境"和"特殊条件"。这里讲的"具体环境"和"特殊条件"是事物矛盾特殊性的表现，是相对于马克思主义的一般原理、一般规律而言的。中国共产党人如何把马克思主义的一般原理、一般规律运用于"特殊条件"的"具体环境"，在"特殊条件"的"具体环境"中创造性地运用一般原理、一般规律，正是中国化的关键所在。也就是说，只有在中国这个"具体环境"和"特殊条件"下，实践或应用马克思主义的一般原理、一般规律，这些一般原理、一般规律才能因适应中国"具体环境"和"特殊条件"的需要而发生内容和形态的改变，形成适应中国实际需要的、具有中国内容和表现形态的中国化的马克思主义。离开中国这个"具体环境"和"特殊条件"，马克思主义中国化就无从谈起。

艾思奇对包括马克思主义哲学在内的整个马克思主义学说中国化问题的一系列论述，有的被吸收融入以毛泽东为代表的中国共产党人对马克思主义中国化的经典论述中，有的则是对毛泽东关于马克思主义中国化经典论述的进一步发挥。毛泽东在 1938 年 10 月中共六届六中全会的报告中，对马克思主义中国化做了最为经典的论述："共产党员是国际主义的马克思主义者，但马克思主义必须通过民族形式才能实现。没有抽象的马克思主义，只有具体的马克思主义。所谓具体的马克思主义，就是通过民族形式的马克思主义，就是把马克思主义应用到中国具体环境的具体斗争中去，而不是抽象地应用它。成为伟大中华民族之一部分而与这个民族血肉相连的共产党员，离开中国特点来谈马克思主义，只是抽象空洞的马克思主义。因此，马克思主义的中国化，使之在其每一个表现中带着中国的特性，即是说，按照中国的特点去应用它，成为全党亟待了解并亟须解决的问题。"以毛泽东为代表的党的领导人所主张和倡导的马克思主义中国化，其实质就是将马克思主义普遍原理和中国实际相结合，就是为了解决中国革命和建设中的实际问题而去学习、研究、应用和发展马克思主义。

毛泽东、艾思奇等人的论述，集中展现了老一辈无产阶级革命家和老一辈马克思主义理论家对马克思主义中国化基本规律的理解和历史经验的总结，至今仍有重大的现实指导意义。因为今天中国正在进行中的建设有中国特色社会主义的伟大实践，正是把马克思主义的一般原则和一般规律具体应用于21世纪的中国"具体环境"和"特殊条件"的一次新尝试。我们今天高举中国特色社会主义的大旗，进行建设有中国特色社会主义的伟大实践，既反映了中国人民对马克思主义科学理论的坚守，又体现了中国共产党几代领导人从中国实际出发，在中国的具体环境中，根据中国的特殊情况对马克思主义所做的创造性的发展。正如胡锦涛同志2007年6月25日在中央党校讲话中所说，改革开放以来我们党带领人民开辟了中国特色社会主义道路，这条道路之所以正确、之所以能够引领中国发展进步，关键在于我们既坚持了科学社会主义的基本原则，又根据我国实际赋予其鲜明的中国特色。我们要继续深化对中国特色社会主义的研究和探索，努力使中国特色社会主义道路越走越宽广。从毛泽东的新民主主义论，到邓小平的建设有中国特色社会主义的理论，再到"三个代表"重要思想、科学发展观等一系列重要思想理论的提出，马克思主义中国化运动在不断向前推进，不断丰富发展。

在当代中国，马克思主义哲学中国化正面临着理论创新、形态创新的历史重任，这是新时代、新实践的客观要求。如何完成这个历史重任？我们需要借鉴前人的思想和实践，需要认真地科学地回顾和总结马克思主义中国化的历史过程，揭示和概括马克思主义中国化的基本经验和基本规律，使我们今天更自觉、更顺利地推进马克思主义中国化事业。这其中最为重要的就是，当代中国马克思主义者要从我们自己所处的这个时代、这个社会的现实实际出发，立足现实，在回答和解决我们所面临的各种重大实际问题的过程中，应用马克思主义，创新发展马克思主义。正确地解决现实问题，是马克思主义中国化的出发点和目的，是马克思主义中国化的实质所在。尤其是在我们发现前人已有的理论与今天的现实实际发生矛盾、已有的理论不能完全解释当今现实实际问题时，就更需要我们有足够的理论勇气和理论自觉，去根据变化了的新情况和正在进行中的新实践，应用马克思主义最基本的立场、观点、方法，批判地继承古今中外人类在发展中积累起来的优秀的文明成果，提出解决问题的新思路和新理论。这是马克思主义哲学中国化实现理论创新、形态创新的正确途径，当代中国马克思主义者应该在这方面努力实践，大胆探索。要突破马克思主义无所不包、无所不能的传统教条主义观念，敢于根据新情况、新实践说新话，得出新结论。在今天的中国，马克思主义哲学中国化的理论创新、形态创新显得尤其迫切，因为我们正在从事的有中国特色的社会主义建设实践、市场经济的社会主义以及构建和谐社会等都是全新的，是马克思那个时代所没有、也无法预见的东西。对这些新实践的理论指导，只能靠中国马克思主义者在自己的社会实践中探索、总结，创造出能够解决中国现实问题的中国化的马克思主义新理论。新的社会实践呼唤新的理论，新的社会实践也必然产生新的理论，只要我们充满信心、大胆探索，马克思主义哲学中国化就一定能够实现理论创新、形态创新。马克思主义学说的生命力就一定能够在中国化的马克思主义哲学新理论、新形态中得到充分的证明和展示。

［本文选自《缅怀与探索——纪念艾思奇文选（1981—2008）》，
中共中央党校出版社 2010 年版］

《大众哲学》再版的意义

雒树刚

中国社会科学院哲学所、中国马克思主义哲学史学会、中国社会出版社，在这里举行《大众哲学》出版 66 周年再版发行式。这是一件很有意义的事情。我代表中共中央宣传部表示热烈祝贺。

艾思奇同志是我们党卓越的理论工作者，著名的马克思主义哲学家。他毕生致力于马克思主义的研究、宣传和教育工作，为传播普及马克思主义哲学做出了重要贡献。《大众哲学》就是他的代表性著作之一。这本书出版后，多次再版发行，在几代人中产生了很大影响，对引导无数青年掌握马克思主义，树立正确的世界观、人生观、价值观，选择正确的人生道路，对促进全党的理论学习，提高党的马克思主义理论水平，发挥了积极作用。

马克思主义哲学是无产阶级和人民大众的哲学，它与以往的哲学的区别就在于具有鲜明的阶级性和实践性，进而决定了它必须从理论走向实践，从书斋走向生活，同实践、同群众、同生活有机地结合起来。正如毛泽东同志所说："让哲学从哲学家的书本里和课堂上解放出来，变成群众手中的锐利武器。"艾思奇同志是实践毛泽东同志这句名言的模范。他的《大众哲学》之所以影响了那样多的读者，发挥了那样大的作用，就在于他适应了时代要求，着眼于人民群众的理论需要，科学生动地宣传马克思主义，很好地做了这种哲学解放的工作。

《大众哲学》通俗易懂、深入浅出，通过饶有兴味地宣传辩证唯物主义、历史唯物主义，使哲学以全新的姿态展现在读者面前，走到人民大众中去，武装了一批又一批的革命者和建设者。真理是朴实的，《大众哲学》就是在朴实中见深刻，在通俗中有启迪，在生动中寓教于乐，这也正是《大众哲学》至今仍具有影响的原因所在。一本书的生命力，往往是和时代、实践紧密地联系在一起的。66年前《大众哲学》问世的时候，正值民主革命时期，它是推动马克思主义与中国革命实践相结合这一历史需要的产物。66年后的今天，用邓小平理论武装全党，教育干部和人民的学习高潮方兴未艾，再版《大众哲学》说明我们仍然需要它，群众仍然需要它。《大众哲学》再版，不仅再次唤起我们对这位已故哲学家的崇敬，而且再次加深了我们对新形势下学好哲学重要意义的认识。

陈云同志讲"学好哲学，终身受益"。我想这种受益越是在重大变革时期，越会更加明显。面对新的形势，我们只有加强学习，掌握马克思主义哲学这个伟大的认识工具，才能提高理论思维能力，顺应时代发展要求，不断增强工作的原则性、系统性、预见性和创造性。我们正在走向新的世纪，我们正在进入新的发展阶段。伟大的时代，呼唤理论巨著，生动的实践孕育着丰富的理论素材，广大的人民群众，热切地企盼更多精品力作。我们理论工作者，任重道远，大有可为，一定要以马列主义、毛泽东思想、邓小平理论为指导，高举邓小平理论伟大旗帜，坚持"二为"方向，贯彻"双百"方针，解放思想，实事求是，深入群众，深入生活，勇于理论创新，增强针对性、实效性，增强说服力、战斗力，努力研究、回答改革开放和现代化建设中新的重大战略问题，努力研究、回答实践提出的群众关心的重大思想理论问题，为改革开放和现代化建设，提供有力的思想保证和理论支持，更好地为人民服务，为社会主义服务，为全党、全国大局服务。衷心希望更多的像《大众哲学》这样的理论著作问世！

（本文选自《常青的〈大众哲学〉》，红旗出版社2002年版）

论艾思奇对马克思主义哲学
中国化的重要贡献*

王伟光

　　马克思主义哲学的中国化，就是把马克思主义哲学原理与中国实践相结合，坚持、继承、丰富和发展马克思主义哲学，吸收中国和外国哲学的精华，用中国气派、中国特色的哲学语言、哲学范畴术语所建构的马克思主义哲学中国化的创新体系。中国化的马克思主义哲学是中国化的马克思主义的哲学基础和思想保证，而不断创新的中国化的马克思主义则是我们党领导人民取得新民主主义革命和社会主义革命胜利、推进社会主义建设、实现改革开放、开拓中国特色社会主义新局面的理论基础和指导思想。

　　艾思奇是我国杰出的马克思主义哲学家、教育家，也是党在理论战线上的忠诚战士，马克思主义哲学中国化的领军人物。在其短暂的一生中，他为实现马克思主义哲学的中国化、大众化和不断创新，付出了极大的努力和智慧，做出了重要的理论贡献，为我们留下了宝贵的精神财富。纪念和缅怀艾思奇，学习和研究艾思奇哲学思想，对于继续艾思奇的事业，不断推进马克思主义哲学中国化的创新，不断推进马克思主义中国化的创新，都具有重要意义。

---

　　* 此文系作者 2008 年 5 月 10 日在云南腾冲召开的"艾思奇哲学思想与马克思主义中国化最新理论成果研讨会"上讲话的修改稿。

一 毕生献身马克思主义中国化事业，为马克思主义哲学中国化做出重要贡献

马克思主义哲学是工人阶级的科学世界观和方法论，它揭示了自然、社会和人类思维发展的最一般规律，既是工人阶级锐利的思想武器，又是人类认识世界、改造世界的伟大思想工具。20世纪初，马克思主义哲学作为人类最先进的思想，在中华民族优秀儿女寻找救国图强的真理和道路的过程中传到中国。马克思主义哲学是放之四海而皆准的普遍真理，但是作为外来的先进思想，它要真正转变成中国人民改造旧中国的巨大的精神力量，发挥科学理论的指导作用，必须与中国国情、与中国传统文化相结合，必须为中国人民所接受，成为中国化的马克思主义哲学。马克思主义哲学中国化的过程，一开始就是中国共产党人运用马克思主义哲学武装头脑、指导中国实践的过程，就是与中国国情、中国先进思想文化相结合的过程，就是为中国人民逐渐接受的过程。马克思主义哲学中国化符合人类思想文化世界性交融的规律，它在坚持马克思主义的普遍原理、继承人类社会最先进思想的同时，又具有中国鲜明的民族形式和特征，富有中国传统文化的精华和中国共产党人的创新内容，是中国共产党人对于马克思主义哲学所做出的具有中国特色的特殊贡献。

从哲学意义上来说，马克思主义哲学中国化问题，实质上就是马克思主义哲学原理的"一般性"与"特殊性"的辩证关系问题。只有从思想路线上解决了马克思主义哲学的这个关键问题，才能解决好马克思主义哲学中国化的问题。也只有解决了马克思主义哲学中国化的问题，才能解决指导马克思主义中国化的世界观和方法论问题。早在井冈山斗争时期，毛泽东就已经从思想路线的高度论及马克思主义哲学中国化问题，实际上也论及了马克思主义中国化问题。他在1930年写的《反对本本主义》一文中提出："马克思主义的'本本'

是要学习的，但是必须同我国实际情况相结合。"① 在 1936 年《中国革命战争的战略问题》一文中，他从哲学高度明确阐述了一般战争规律与革命战争规律的关系问题，科学地阐明了"一般性"与"特殊性"的辩证关系问题。在 1937 年的《实践论》《矛盾论》这两部马克思主义哲学中国化的经典论著中，他科学地论证了矛盾的"一般性"和"特殊性"这个马克思主义哲学的普遍原理，形成了马克思主义哲学与中国具体实践相结合的马克思主义哲学中国化的基本思想，奠定了马克思主义中国化的哲学基础。在这一哲学基础和前提下，毛泽东在 1938 年 10 月中共六届六中全会的报告中，对马克思主义中国化作了最为经典的论述："共产党员是国际主义的马克思主义者，但马克思主义必须通过民族的形式才能实现。没有抽象的马克思主义，只有具体的马克思主义。所谓具体的马克思主义，就是通过民族形式的马克思主义，就是把马克思主义应用到中国具体环境的具体斗争中去，而不是抽象地应用它。成为伟大中华民族之一部分而与这个民族血肉相连的共产党员，离开中国特点来谈马克思主义，只是抽象空洞的马克思主义。因此，马克思主义的中国化，使之在其每一个表现中带着中国的特性，即是说，按照中国的特点去应用它，成为全党亟待了解并亟须解决的问题。"② 毛泽东关于马克思主义中国化的经典论述，既内在地包含了马克思主义中国化的真谛，同样又适用于马克思主义哲学的中国化。毛泽东开创了马克思主义哲学和马克思主义中国化的新境界：毛泽东哲学思想实现了马克思主义哲学的中国化，毛泽东思想实现了马克思主义的中国化。中国共产党建党 80 多年来，经过几代中国共产党人和理论工作者的共同努力，不断地推进和创新马克思主义哲学中国化和马克思主义中国化。马克思主义哲学中国化的理论成果丰富了马克思主义哲学的理论内容和表现形式，使马克思主义哲学在东方的中国扎下根来，发展起来。正是在中国化的马克思主义哲学的思想指导下，一代又一代中国共产党人推进了马克

① 《毛泽东选集》第 1 卷，人民出版社 1991 年版，第 111—112 页。
② 《毛泽东选集》第 2 卷，人民出版社 1991 年版，第 534 页。

思主义中国化的不断创新，使马克思主义理论既一脉相承，又不断创新，从而指导中国共产党人领导中国人民成功地进行革命、建设和改革，彻底改变了中国人民的历史命运和中国的社会面貌。

毛泽东关于马克思主义哲学中国化和马克思主义中国化的基本思想影响了艾思奇的哲学之路。艾思奇一生的哲学成就，集中体现在对马克思主义哲学中国化的实现所做出的重要贡献上。他明确提出开展马克思主义哲学"中国化、现实化"①运动，阐明了马克思主义哲学中国化的历史必然性和现实必然性，论述了马克思主义哲学中国化的科学内涵、表现形式和理论成果，也为马克思主义哲学中国化的典范——毛泽东哲学思想的确立做了舆论上理论上的积极准备。

首先，艾思奇提出了马克思主义哲学"中国化"的概念。1938年4月在《哲学的现状和任务》一文中，针对抗战以来中国哲学界理论脱离实际和滥用哲学公式的观念论倾向，艾思奇明确提出，"现在需要来一个哲学研究的中国化、现实化的运动"②。他认为，过去的哲学只进行了一个通俗化的运动，把高深的哲学用通俗的词句加以解释，打破了哲学神秘的观念，使哲学和人们的日常生活接近。这诚然具有重要意义，但还不是哲学中国化、现实化的全部内容，而只是它的初步工作。必须以通俗化、大众化为出发点，进一步实现哲学的中国化、现实化。那么，究竟什么是哲学的中国化、现实化运动呢？艾思奇指出：哲学的中国化、现实化"不是书斋课堂里的运动，不是滥用公式的运动，是要从各部门的抗战动员的经验中吸取哲学的养料，发展哲学的理论，然后才把这发展的哲学理论拿来应用，指示我们的思想行动，我们要根据每一时期的经验，不断地来丰富和发展我们的理论，而不是要把固定了的哲学理论，当作支配一切的死公式"③。他还指出：这个运动的中心，"就是对新哲学、辩证法唯物论的研究"；当然，以辩证法唯物论为中心，并不意味着对其他种类哲学的排斥，并不排斥关于各种意见的争论，但最重要的是实践，今日

① 卢国英：《智慧之路——一代哲人艾思奇》，人民出版社2006年版，第232页。
② 《艾思奇文集》第1卷，人民出版社1981年版，第387页。
③ 同上书，第387页。

的中国"一切以抗战的实践为依归"①。由此可见，艾思奇提出的"哲学中国化、现实化"，就是要求把辩证法唯物论即马克思主义哲学应用于中国的抗战实践，总结抗战的经验，发展哲学的理论，指导人们的思想和行动，为夺取抗日战争的胜利服务。因此，我们可以把它看作是"马克思主义哲学中国化"概念的提出和论证。这和革命初期毛泽东"同我国实际情况相结合"思想的提出，和稍前毛泽东对"一般性"与"特殊性"辩证关系的科学论述，及稍后毛泽东在中共六届六中全会上提出的"马克思主义中国化"的总体性概括是完全一致的。

其次，艾思奇阐明了马克思主义哲学中国化的科学含义、历史必然性和具体的方法论原则。1940年2月在《论中国的特殊性》一文中，艾思奇从"应用"和"创造"两个角度，论述了马克思主义（包括哲学在内）中国化的科学内涵，指出马克思主义中国化一方面就是要坚决站在马克思主义的立场上，坚持马克思主义的基本原则和基本精神，运用辩证唯物论和政治经济学的科学方法，具体地、客观地研究中国社会关系，决定中国无产阶级在中国民族革命斗争中的具体任务及战略策略；另一方面就是要精通马克思主义，在中国的具体环境下实践马克思主义，回答中国的现实问题，在中国的特殊条件之下创造马克思主义。这种创造是在不变的正确基础原则上的新的理论和事业的创造，是对马克思主义总宝库的新贡献。总之，马克思主义中国化，就是马克思主义在中国具体环境中的应用和创新，就是在中国现实的地盘上来把马克思主义加以具体化、加以发展。艾思奇强调"在一定的具体环境下实践马克思主义"，"在一定国家的特殊条件下来进行创造马克思主义的事业"②，这是对马克思主义中国化科学内涵的最好解说。这里所谓"具体环境"和"特殊条件"，从哲学上讲就是事物矛盾的特殊性，是相对于事物矛盾的普遍性、事物发展的一般规律而言的。马克思主义中国化就是马克思主义的普遍原理同中国

① 《艾思奇文集》第1卷，人民出版社1981年版，第388页。
② 同上书，第481页。

具体实践相结合，其哲学根据就是矛盾的普遍性和特殊性相结合、共性和个性相结合。脱离中国的"具体环境"和"特殊条件"，马克思主义中国化无从谈起。艾思奇从哲学的"一般性"和"特殊性"的辩证关系角度，说明了马克思主义中国化的哲学精髓和前提。

中国共产党人创造性地把马克思主义揭示事物一般规律的一般原理，与中国的"具体环境"和"特殊条件"相结合，这就是马克思主义中国化，也是马克思主义哲学的中国化。也就是说，把马克思主义的一般原理应用于中国的"具体环境"和"特殊条件"，使之发生内容和形态的改变，形成适应中国实际需要的、具有中国内容和表现形态的中国化的马克思主义和中国化的马克思主义哲学。实现马克思主义中国化，必须从哲学高度理解"一般"与"特殊"的辩证关系：既要肯定"一般性"，坚持马克思主义的普遍原理，又要肯定"特殊性"，坚持马克思主义的中国化；不能因为强调"特殊性"而否定"一般性"，从而否定马克思主义和马克思主义哲学的一般指导原则；也不能因为强调"一般性"而否定"特殊性"，从而否定马克思主义和马克思主义哲学与中国国情相结合的必要性。不能因为强调中国的"特殊性"而否定马克思主义的普遍指导意义，也不能因为强调马克思主义的"普遍性"而否定中国国情的"特殊性"。因为强调"特殊性"而否定"一般性"，是拒绝和否定马克思主义世界观、方法论的指导作用；因为强调"普遍性"而否定"特殊性"，不是经验主义，就是教条主义，就会拒绝马克思主义指导，离开马克思主义的正确指南，迷失方向。总而言之，把马克思主义哲学的一般原理与中国特殊国情相结合，这是马克思主义哲学中国化的真谛所在；把马克思主义与中国特殊国情相结合，这是马克思主义中国化的真谛所在。

正是根据一般和特殊关系的哲学原理，艾思奇从马克思主义是科学的理论、科学的方法、无产阶级的行动指南三个方面，具体而系统地论述了马克思主义中国化的历史必然性。他指出，因为马克思主义是科学的理论，它具有"一般的正确性"，因而对于任何国家、任何民族都是适用的；因为马克思主义是科学的方法，它具有普遍的方法论意义，因而能够指导我们客观地、具体地研究每个国家、民族的实际情况；因为马克思主义是革命行动的指南，是无产阶级斗争的理论策略，具有一定的普遍性，因而凡是有了无产阶级运动的国家和民族，也就有了接受和发展马克思主义的可能性和必然性。马克思主义之所以能够中国化，是因为中国自己本身早就产生了马克思主义的实际运动（具有高度组织性和觉悟性的中国无产阶级已登上历史的舞台，并且有它的强大的政党共产党领导，有 20 年来领导民族民主革命的经验等），中国自身的经济社会发展为马克思主义在中国的传播和发展提供了社会基础和内部根源，所以马克思主义中国化具有历史的必然性。①

对于如何具体地从事哲学研究的中国化工作，艾思奇首先提出了具体的途径。在他看来，那就是要精通马克思主义哲学理论，并做到两点："第一要能控制中国传统的哲学思想，熟悉其表现形式；第二要消化今天的抗战实践的经验与教训。"② 也就是说，要运用马克思主义哲学来总结当前的实践经验，并使之与中国传统结合起来，取得民族的形式。

第三，艾思奇还初步总结了抗战以来马克思主义中国化或辩证法唯物论在中国的实际应用所取得的理论成果，为马克思主义哲学中国化的典范——毛泽东哲学思想的确立做了舆论上、理论上的重要准备。1941 年 9 月，艾思奇在《抗战以来的几种主要哲学思想评述》一文中指出，抗战以来马克思主义中国化或辩证法唯物论的实际应用已经取得了不少成果。"首先我们在解决中国的抗战的实际问题上有了许多辉煌的范例。而在这中间毛泽东同志的《论持久战》《论新阶段》《新民主主义论》，以及毛泽东同志及朱德同志的关于游击战争问题的著作，就是马克思主义中国化和辩证法唯物论应用的最大的历史收获。在这些著作里，我们可以看到中国无产阶级政党的领袖，是怎样依据他们无比的实际斗争经验，运用了辩证法的方法，把中国社会的具体特点，中国革命的历史经验以及当前抗战中的国内国际的情

---

① 《艾思奇文集》第 1 卷，人民出版社 1981 年版，第 482—484 页。
② 同上书，第 623 页。

况，加以科学的分析总结，而把握了抗战发展的规律，把握了关于中国革命和中国革命战争的科学理论，并指出了政治、军事、文化等各方面的斗争的前途和方法。……这些著作，证明了马克思主义的中国化和辩证法唯物论的应用，是能够最正确地解决中国的革命问题的，马克思主义和辩证法唯物论是完全符合于中国的国情的。"①

1943 年 8 月，艾思奇在《中国之命运——极端唯心论的愚民哲学》中批判了蒋介石的"诚"的思想和"力行"哲学之后，还向全国人民积极宣传了毛泽东思想及其哲学。他指出：中国共产党人在民主革命中把马克思主义的普遍真理与中国革命的具体实践相结合，产生了正确地指导中国革命的理论和哲学，正确地处理了领导和群众、理论和实践的关系，开展了惊天动地的革命事业，取得了伟大的成绩。"这一切事业和思想，都和中国共产党的领袖——毛泽东同志的名字分不开的。到了今天，铁的事实已证明，只有毛泽东同志根据中国的实际情况发展了和具体化了的辩证法唯物论与历史唯物论，才是能够把中国之命运行到光明前途去的科学的哲学，才是人民的革命哲学。"②

艾思奇在各个时期的一些哲学论著，如《大众哲学》《哲学与生活》《历史唯物论—社会发展史》《毛泽东同志四篇哲学著作辅导提纲》以及《辩证唯物主义讲课提纲》《辩证唯物主义　历史唯物主义》等，对于毛泽东哲学思想的形成和发展都产生了一定的影响，因此也应看作马克思主义哲学中国化的重要理论成果。韩树英教授指出："中国共产党人坚持把马克思主义哲学与中国革命的实际与探索社会主义建设道路的实践相结合，确立了实事求是的思想路线，指引了中国革命的成功实践和探索社会主义建设道路的实践，并在此过程中形成和发展了毛泽东哲学思想，这一思想集中体现在毛泽东写的《矛盾论》《实践论》《关于正确处理人民内部矛盾的问题》等 5 篇哲学著作中。而这一时期，把马克思主义哲学中国化、大众化的领军人

---

① 《艾思奇文集》第 1 卷，人民出版社 1981 年版，第 555—556 页。

② 同上书，第 698 页。

物就是艾思奇、李达等人。沿用至今的马克思主义哲学原理教科书的体系框架也是他们在这一时期构建并完善的。"① 在这里，艾思奇在马克思主义中国化和马克思主义哲学中国化的事业中做出的理论贡献，得到了高度评价与充分肯定。

二 开马克思主义哲学中国化通俗读物先河，倾其心血从事马克思主义哲学中国化普及工作

马克思主义哲学中国化实际上是由两方面的任务所组成的：一方面是把马克思主义哲学和中国实际相结合，创造马克思主义哲学中国化的理论成果；另一方面是让马克思主义哲学原理和马克思主义哲学中国化的理论成果为广大群众所接受。无疑，马克思主义哲学的通俗化、大众化属于后一种任务，它不仅是马克思主义哲学中国化的前提和基础，也是马克思主义哲学中国化的第一步重要工作。艾思奇曾经把自己所做的马克思主义哲学通俗化、大众化的工作称之为马克思主义哲学中国化的"初步"。他还强调指出，通俗化的成功，正说明已有"几分（虽然很少），做到了中国化现实化"②。纵观艾思奇的一生，运用人民大众熟悉的、通俗易懂的、喜闻乐见的、中国式的语言文字和哲学表述方式传播马克思主义哲学，努力推进马克思主义哲学的中国化，为实现马克思主义哲学的通俗化、大众化贡献自己的全部心智，是贯穿于其中的主线。

1936 年，年仅 26 岁的艾思奇出版了中国第一部马克思主义哲学通俗读物《大众哲学》，开创了马克思主义哲学大众化的先河。当年李公朴在为该书写的序言中指出："这本书是用最通俗的笔法，日常谈话的体裁，融化专门的理论，使大众的读者不必费很大的气力就能接受。这种写法，在日前出版界中还是仅有的贡献。""尤其值得一提的是这本书的内容，全是站在目前新哲学（指马克思主义哲

---

① 秦廷国：《马克思主义哲学中国化的理论之镜与实践创新——"艾思奇与马克思主义哲学中国化"学术研讨会侧记》，《哲学动态》2008 年第 2 期。
② 《艾思奇文集》第 1 卷，人民出版社 1981 年版，第 387 页。

学——引者注）的观点上写成的，新哲学本来是大众的哲学，然而过去却没有一本专为大众而写的新哲学著作。这书给新哲学做了一个完整的大纲，从世界观、认识论到方法论，都有浅明的解说。"①《大众哲学》一书无论在当时的国民党统治区，还是在抗日根据地，都产生了极大的影响。《大众哲学》以通俗易懂的中国化的马克思主义哲学道理唤醒了人、说服了人、激励了人。在黑暗的旧中国，许多追求进步的年轻人在苦闷彷徨中读到此书，从而看到了希望，振奋了精神。他们中不少人由于阅读此书，才接受了马克思主义，才去延安投身革命洪流，走上了革命道路。例如，一位当年的青年读者后来给艾思奇写信说，30 年代，他正是一个满怀热情的青年，由于国家满目疮痍，民族处于危亡关头，个人出路渺茫，精神上极端迷惘、苦闷、悲观，曾想自杀了此一生。一个偶然的机会他读了《大众哲学》，精神为之一振，仿佛在黑暗中看见了曙光，觉悟到国家民族、个人的前途要靠自己奋起斗争。于是，他毅然投身到革命的行列。毛泽东在写作《实践论》《矛盾论》的过程中，也曾受到《大众哲学》的一些影响。他多次说，自己从艾思奇著作中"得益很多"②。新中国成立前，《大众哲学》印发了 32 版，供不应求；1979 年又重印了 35 万册，仍销售一空，可见其影响之深远。

《大众哲学》之所以开马克思主义哲学通俗读物的先河，产生如此巨大的思想威力，除了历史时代舞台和已有的思想材料为艾思奇的成功提供主客观条件外，与艾思奇本人刻苦钻研马克思主义、广泛吸收中外哲学的精华、坚持理论联系实际的学风是分不开的。他一是心系国家大事、天下大事，关心大众关心的事情，抓住了哲学所要回答的时代课题；二是真正接受并理解吃透了马克思主义哲学真理，并把它与中国实际相结合，运用到回答中国实际问题的过程中，概括为中国化的马克思主义哲学道理；三是综合中外哲学的思想精华，丰富和充实了马克思主义哲学理论，推进了马克思主义哲学的中国化。艾思

---

① 《艾思奇全书》第 2 卷，人民出版社 2007 年版，第 1—2 页。
② 《毛泽东书信选集》第 1 卷，人民出版社 1983 年版，第 112 页。

奇两次远赴日本留学及在昆明逗留期间，都十分刻苦地攻读马克思主义哲学著作，带着哲学的时代课题，思索人们共同关心的问题，广泛吸收中外哲学的精华，从中寻找解决问题的真理方法。艾思奇对哲学的涉猎是很广泛的。他说，在年轻时为了解决宇宙观人生观问题曾经试图从古代哲学中寻找答案。在日本及昆明期间，除了大量阅读马克思主义哲学著作外，还认真阅读、研究了培根、斯宾诺莎、康德、黑格尔等人的西方哲学著作。此外，他在评述和批判近代哲学思潮的过程中，对近现代中国各派哲学也有深入的了解与研究。后来他在谈起这段经历时说："我总想从哲学中找出一种对宇宙人生的科学真理，但古代哲学都说不清楚，很玄妙，最后读到马克思恩格斯著作，才豁然开朗，对整个宇宙和世界的发生发展，有了一个比较明确的认识、合理的解释。"[①] 我们读他的书，也有类似的感觉。黄楠森教授曾经回忆说："我初读这本书至今已有 40 多年了，但它使我茅塞顿开、豁然开朗的情景犹历历如在目前。"[②] 可见，把马克思主义哲学普遍真理吃透，用以回答中国的实际问题，在与实际的结合中升华为马克思主义中国化的哲学成果，并使之通俗化、大众化，为群众所接受，这是《大众哲学》成功的最重要的内在原因。

毛泽东曾经要求，"让哲学从哲学家的课堂上和书本里解放出来，变为群众手里的尖锐武器"[③]。正确的思想一旦被群众掌握就会转变为巨大的物质力量。为了实现中国化的马克思主义哲学的大众化、通俗化和普及化，艾思奇倾注了自己的全部心血。在上海工作期间，艾思奇除了撰写《大众哲学》之外，还出版了《哲学与生活》《新哲学论集》《思想方法论》等著作，并且翻译了苏联学者编写的《新哲学大纲》。1937 年 10 月到延安之后，他任抗日军政大学、陕北公学、马列学院教员，主持延安"新哲学会"，参加毛泽东组织的六

---

① 王丹一、卢国英、叶佐英：《艾思奇年谱》，载《一个哲学家的道路》，云南人民出版社 1985 年版，第 32 页。

② 黄楠森：《哲学通俗化的榜样》，载《马克思主义哲学家艾思奇》，中共中央党校出版社 1987 年版，第 382 页。

③ 《毛泽东文集》第 8 卷，人民出版社 1999 年版，第 323 页。

人哲学小组和中宣部的哲学学习小组，编选《哲学选辑》，撰写《哲学研究提纲》，并为干部和学员做哲学辅导报告；他在延安整风期间受毛泽东的委托主编《马克思、恩格斯、列宁、斯大林思想方法论》，一直从事马克思主义哲学的宣传教育和普及工作。

新中国成立后，艾思奇为中国化的马克思主义哲学进一步走出书斋走向社会，发挥了重要作用。艾思奇曾在中共中央直属高级党校担任过副校长，同时兼任哲学教研室主任，全校师生一致习惯地称呼他为"艾教员"。除了在校内讲课以外，艾思奇以满腔热情在社会上许多单位讲授马克思主义哲学。特别是在北京大学、清华大学这两所高等学府讲授马克思主义哲学取得的成效，至今仍能给我们以许多重要的启示。任继愈先生曾经说过："艾思奇同志向广大社会、向群众普及哲学，人们早已熟知。他在新中国成立之后，把马克思主义普及到大学、高等研究机构，与知识分子交朋友，似未引起注意。当时形势下的哲学普及工作，十分艰巨。把本来站在唯心主义阵营的大批旧知识分子引导到马克思主义一边来，固然由于整个革命形势决定的，但他的功绩是卓越的。"[①]

20世纪50—60年代广大干部和群众掀起了学习毛泽东哲学思想的热潮。艾思奇写了大量文章，作了许多辅导报告，他一方面从理论上阐明毛泽东是怎样把马克思主义哲学同中国革命和建设实践结合起来，丰富和发展马克思主义认识论、辩证法和历史唯物论的；另一方面告诉广大干部和群众学习毛泽东哲学思想要掌握正确的思想方法、工作方法和领导方法，理论联系实际，解决具体实践中遇到的各种问题。对于工农兵学习过程中出现的一些简单化、庸俗化和形式主义的倾向，他保持了比较清醒的头脑，给予正确的引导。

从艾思奇将马克思主义哲学普及化的一生可以看到，只要真正把马克思主义哲学与中国实际相结合，把马克思主义哲学的真理用中国气派、中国风格、中国特色的哲学话语和思维形式加以表达，回答相

---

① 任继愈：《艾思奇在旧大学普及新哲学的功绩》，载《人民哲学家——艾思奇纪念文集》，云南人民出版社1997年版，第34页。

应时代中国人民普遍关心而又百思不得其解的问题，就一定会引起民众的强烈共鸣，受到普遍欢迎。这也正是《大众哲学》作为马克思主义哲学与中国实际相结合的产物，作为马克思主义哲学普及化的结果，获得巨大成功的秘诀所在。

三 主编马克思主义哲学中国化教科书，积极探索中国化的马克思主义哲学表述体系

中国化的马克思主义哲学教科书，可以说是马克思主义哲学在中国扎根的结果，是马克思主义哲学的一种中国化的内容表述体系，是马克思主义哲学的一种新形态。

苏联在 20 世纪 30 年代初期，批判了德波林的孟什维克唯心主义以后，米丁等人编写了哲学教科书，传到中国，影响很大。当时艾思奇也十分重视马克思主义哲学教科书的研究和编写。他一生编写过多部各种类型的马克思主义哲学教科书，对中国化的马克思主义哲学的表述体系做了积极的探索。《大众哲学》本身就具有教科书的性质。在延安时期，为了给干部学习提供教材，艾思奇还编写过《哲学研究提纲》，它可以被视作马克思主义哲学中国化教科书的雏形。新中国成立后，他编写过《历史唯物论——社会发展史讲义》和《辩证唯物主义纲要》等教材。

新中国成立后，在各级党校和高等学校的哲学教学中，我们一直使用苏联教材进行大规模的马克思主义教育。中央认为，苏联教材不能反映中国共产党的经验。1960 年，中共中央书记处委托中宣部和教育部，决定组织力量编写两本体现中国共产党经验的教材，一本是马克思主义哲学教科书，另一本是马克思主义政治经济学教科书。中央委托胡绳、艾思奇负责哲学教科书的编写工作。在艾思奇具体主持下，《辩证唯物主义历史唯物主义》教科书于 1961 年 11 月正式出版，产生了极大的影响。20 世纪 60—70 年代乃至 80 年代，该书曾经是各级党校、干校、高等院校普遍使用的教材，"文化大革命"后还不止一次再版，受到高度重视和普遍欢迎。这本书用中国化的马克

思主义哲学培养了整整一代人。

编写《辩证唯物主义历史唯物主义》是一项庞大的工程。对于这本影响巨大的教科书，艾思奇发挥了重要作用。从提出编写原则、拟定写作提纲、反复修改书稿到最后定稿，他都付出了极大的心血。该书编写的全过程、特别是所提出的编写原则，充分体现了艾思奇对马克思主义哲学中国化创新事业的不懈追求和艰辛努力。

在编写《辩证唯物主义历史唯物主义》教科书时，艾思奇提出了编写马克思主义哲学教科书的四条原则。这四条原则阐述的实际上都是如何实现马克思主义哲学中国化的问题。第一条是力求内容的相对稳定性，既要反映理论的进展和中国共产党的经验，又要体现教科书的特点；第二条是把阐述马克思主义哲学的一般原理与阐述毛泽东哲学思想适当地结合起来，既反对忽视毛泽东对马克思主义哲学基本原理的发展，又反对乱贴标签、空谈发展；第三条是适应教科书的使用对象，便于我国高校师生及干部使用；第四条是贯彻学术百家争鸣的方针，既不轻易写不同意见，又为进一步的研究和讨论留有余地。①《辩证唯物主义历史唯物主义》教科书中使用了许多中外哲学史的相关思想材料和自然科学的最新研究成果，阐述了中国共产党对马克思主义哲学的运用和发展，突出阐发了哲学的方法论功能。所有这些，都是马克思主义哲学中国化的可贵探索和发展创新，其中的许多思想和做法，对马克思主义哲学中国化和马克思主义中国化的创新发展，至今仍具有启发和借鉴价值。

历史证明，《辩证唯物主义历史唯物主义》是马克思主义哲学中国化的教科书的成功范本。它的特点，一是比较准确简练地阐述了马克思主义哲学的基本原理，同时体现了以毛泽东为代表的中国共产党人对马克思主义哲学的运用和发展，克服了只谈马克思主义哲学的一般原理，忽视毛泽东哲学思想对马克思主义哲学的贡献，或脱离马克思主义哲学一般原理，任意用贴标签的方式空谈毛泽东哲学思想对它

---

① 卢国英：《智慧之路——一代哲人艾思奇》，人民出版社 2006 年版，第 691—697 页。

的发展的倾向。二是体系结构和内容形式都带有中国化的特点，其体系内容既体现了马克思主义哲学经典文本的思路和观点，按绪论、唯物论、辩证法、认识论、历史唯物论的结构来加以编写，又体现了毛泽东哲学思想的体系内容，如《矛盾论》《实践论》的内容，还充实联系了中国的历史实际（包括中国哲学史的思想材料）、中国革命和建设的实际，说明了马克思主义哲学基本原理，强调并体现了马克思主义哲学世界观和方法论的一致性，在阐述每个哲学原理时都力求说明它作为思想方法、工作方法、领导方法的意义何在，使之成为行动的指南。三是具有相对稳定性和留有余地，适应学习者的具体需要，有利于百家争鸣。①

《辩证唯物主义历史唯物主义》的编撰过程，本身就是马克思主义哲学中国化的创新过程。它的编撰出版对于人们系统地准确地学习马克思主义哲学原理和马克思主义哲学中国化的理论成果，推进马克思主义哲学中国化的不断创新，发挥了独特作用。作为马克思主义哲学中国化的经典教科书，它的意义在于，通过艰苦探索和反复打磨，探索出了中国化的马克思主义哲学表述体系，建构了一个普及用的中国化的马克思主义哲学体系，为以后探索、创新马克思主义哲学，建构马克思主义哲学新形态打下了坚实的基础。

四 端正对待马克思主义哲学中国化的学风，以科学的精神创新发展中国化的马克思主义哲学

马克思主义哲学中国化的创新绝不仅仅是技巧问题，也不只是学术问题，而是对待马克思主义哲学的根本态度问题，即坚持理论联系实际的学风，以解放思想、实事求是、与时俱进的科学态度对待马克思主义哲学的学风问题。艾思奇正是以这样一种科学精神，学习、研究、传播马克思主义哲学，致力于马克思主义哲学中国化的创新。他坚信马克思主义哲学是真理，努力吃透马克思主义哲学，把握好中国

---

① 《艾思奇文集》第 1 卷，人民出版社 1981 年版，第 823—827 页。

实际问题，力求把马克思主义哲学与中国实际相结合，赋予群众能够接受的形式，使之走出书斋，与群众真正产生精神层面的沟通与共鸣，让马克思主义哲学中国化的理论成果在大众心中、特别是青年人心中扎下根来，变成人民群众改造客观世界的真实的实践力量。

艾思奇涉猎、研究的哲学领域很广、问题很多，但他能够融会贯通，把它们聚焦于中国紧迫的现实问题的哲学解决。在延安《新哲学会缘起》中，他集中表述了这一思想。1938 年 9 月，为了更好地用马克思主义哲学武装党员干部，毛泽东倡议成立"新哲学会"，并把这个任务交给艾思奇和何思敬负责。艾思奇在他起草的《新哲学会缘起》中，提出了马克思主义哲学中国化过程中需要注意的两个重要问题："我们反对脱离实践的人贫乏空洞的'纯理论'的研究，但这不是说我们不需要更专门更深化的研究。相反的，正是为着要使理论更有着实际的指导力量，在研究上就不仅仅要综合眼前抗战的实际经验和教训，而且要接受一切中外最好的理论成果，要发扬中国民族传统中最优秀的东西。一个有力量的理论不是单单靠着眼前的狭隘经验就可以完成的。这里就有着比较专门化的理论工作者的任务。"①这就是说，在马克思主义中国化的过程中，既要反对脱离实际和空洞的"纯理论"研究的教条主义倾向，又要反对浅尝辄止、满足于狭隘经验的经验主义倾向；既要反对强调中国特殊性而拒绝一切外来文化的闭关自守主义，又要反对崇洋媚外的"全盘西化"论。这对于我们今天马克思主义哲学中国化的创新研究，仍有重要的启示作用。要完成马克思主义哲学中国化的任务，脱离实际，轻视实践，认为研究实际问题不是学术、没学问，是不行的。反之，满足于简单的结论，不能广泛研究和吸取人类文明创造的一切成果来深化理论研究，不断实现马克思主义哲学中国化的创新，也不可能完成好马克思主义哲学中国化的使命。

艾思奇在从事马克思主义哲学中国化的创新研究中，充分体现了

---

① 参见黄楠森、庄福龄主编《马克思主义哲学史教学资料选编》下册，北京大学出版社 1984 年版，第 1224 页。

解放思想、实事求是、治学严谨、坚持真理、乐于接受不同意见乃至批评的科学态度，并以这种科学精神推进马克思主义哲学中国化的不断创新。

首先，他采取了实事求是的科学态度，即以马克思主义哲学世界观、方法论之矢，去射中国实际之的，在理论与实际的结合过程中，将马克思主义哲学世界观方法论升华为中国化的马克思主义哲学。在研究过程中，他注重针对中国的实际，总结中国共产党革命和建设的经验。

其次，他采取了解放思想、勇于探讨的科学态度。1950 年，一次在清华大学讲对立统一规律时，艾思奇提出基本粒子不基本、仍然可分的观点。物理学教授们依据自己当时所掌握的专业知识，坚持认为基本粒子是不可分的；有人甚至认为"艾思奇不懂自然科学"。[①]后来的发展证明，艾思奇当时的观点是正确的。何祚庥研究员因此曾撰文写道："作为新中国的粒子物理学工作者，当然不会忘记在1964—1965 年间，毛泽东同志和艾思奇、于光远，还有周培源教授等人所做的一系列有益的讨论和谈话。但是，同样需要纪念的事情是，早在 1950 年，艾思奇就将列宁的'电子也是不可穷尽的'这一经典式的论断告诉了我们，并做了他自己的理解和论述。"[②]

再次，他采取了平等讨论、善于听取不同意见的科学态度。艾思奇在讲授马克思主义哲学的过程中，始终是以平等讨论问题、乐于接受正确意见的态度来对待不同的看法和观点。一次，他在北京大学讲授社会发展史，指定大家阅读恩格斯的《劳动在从猿到人转变过程中的作用》一文。讨论中，地质系研究古生物的教授们提出，恩格斯在这篇文章中说人类是从"类人猿"演化而来，这是以达尔文等人的研究资料为依据的。现代科学研究的成果认为，人类并不是从"类人猿"演化来的，而是从古猿演化来的。当时有人认为这是违反经典著作的错误观点，是某些教授资产阶级世界观的表现，甚至主张

① 卢国英：《智慧之路——一代哲人艾思奇》，人民出版社 2006 年版，第 458 页。
② 《人民哲学家——艾思奇纪念文集》，云南人民出版社 1997 年版，第 91 页。

加以批判。艾思奇不同意这种看法，不但不认为那些教授们提出的观点是错误的，而且十分虚心地尊重和接受了意见，并在以后的讲授中对原来的观点加以纠正。还有一次，在北京大学的学习讨论中，发生了关于形式逻辑是不是形而上学的争论。艾思奇开始时主张形式逻辑是形而上学，金岳霖等学者认为二者不是一回事。经过反复辩论，取得共识，艾思奇也认为形式逻辑不是形而上学。艾思奇这种虚怀若谷的品格深为哲学界所称道。

由此可见，艾思奇以自己的学识和精神风貌体现了马克思主义哲学的科学精神，这也是马克思主义哲学原理、马克思主义哲学中国化的理论成果能够深入人心、为人们所接受的重要条件。只有彻底的、科学的真理，才能真正大众化、通俗化、普及化，才能真正掌握群众。不能不看到，对马克思主义的某些误解，与个别宣传者的误解、误传和简单化有密切的关系。实现马克思主义中国化，必须使对马克思主义理论的宣传和研究科学化，以科学的精神来普及、宣传、研究和创新马克思主义。

总之，艾思奇是马克思主义哲学中国化的探索者、实践者与开创者。他笃信力行，研究和传播马克思主义哲学，坚持并运用马克思主义哲学的一般原理，说明中国的实际问题，创造了一系列马克思主义哲学中国化的研究成果，奠定了他在中国马克思主义哲学传播史和发展史上的地位。在大力推进马克思主义哲学和马克思主义中国化的今天，纪念和研究艾思奇，最重要的就是学习他、继承他为马克思主义哲学中国化和马克思主义中国化事业奉献一生的精神；最重要的是付诸行动，切实做好理论联系实际的工作，努力推进马克思主义哲学中国化和马克思主义中国化的不断创新，为发展中国特色社会主义理论体系和中国特色社会主义事业，不断提供马克思主义哲学中国化和马克思主义中国化的创新理论成果。这是摆在我们哲学工作者和理论工作者面前的神圣而伟大的历史任务。

（原载《哲学研究》2008 年第 7 期）

加强理论武装，推动科学发展

李纪恒

艾思奇同志是党的理论工作者的光辉榜样和学习楷模，是云南人民的光荣和骄傲。他以学习研究、宣传普及马克思主义哲学为己任，撰写过大量理论文章、讲稿，出版过大量专著。特别是他的《大众哲学》一书以浅显语言阐述深奥道理，用生动事例解释抽象理论，开创了马克思主义哲学大众化、通俗化之先河，他因而被誉为"人民的哲学家"。多年来，云南省认真学习、继承艾思奇同志的宝贵精神，深入开展理论宣传普及活动，党的理论创新成果犹如无声的春雨，洒进干部群众心田，转化为推动七彩云南改革发展的巨大物质力量。主要做法是：

第一，强化学习，武装头脑。省委始终坚持把抓好党员干部的理论学习作为永恒课题，先后组织开展科学发展观、正确政绩观、马克思主义群众观、中国特色社会主义理论体系学习教育活动，"解放思想、深化改革、扩大开放、科学发展"大讨论活动和深入学习实践科学发展观活动，在全省党员干部中不断兴起学习党的理论创新成果，特别是科学发展观的热潮，马克思主义中国化最新成果进一步深入党员干部头脑。坚持每年下发《县以上党委（党组）中心组理论学习指导意见》和《全省在职干部理论学习安排意见》，对党员干部理论学习的内容、时间做出具体安排。紧扣经济社会发展实际，突出本地特色，办好各级各类党校（行政学院），大规模轮训干部，提高各级领导干部综合素质和履职能力。从 2007 年起，坚持对新提拔的省管干部进行履职能力和党风廉政建设专题培训。2006 年 12 月以来，每月举办一期"领导干部时代前沿知识讲座"，邀请中央部委领导和国内著名专家学者，就党的重大理论、中央的重大方针政策进行讲解，组织省直部门、州市、县区和有条件的乡镇领导干部同步学习，已举办 37 讲，听众超过 40 万人次。成立云南农村干部学院，强化对县乡村干部的教育培训。建立云南领导干部学习网，采取菜单式、点题式、互动式等形式，组织各级领导干部在线学习。各地各部门扎实开展创建"学习型领导班子"，"学习型党组织"，争当"学习型党员干部"活动，建立干部理论学习日，开展"爱读书、读好书、善读书"学习竞赛活动，抓好党员干部的理论学习。

第二，分类指导，因人施教。充分考虑基层群众知识水平、理解能力、文化习俗及生活方式的差别，区分层次、因人施教。每年组织面向基层的理论宣讲 5000 多场次，直接听众 100 多万人，推动党的理论创新成果下基层、进乡村、进社区、进高校、进企业、进边寨，传播到社会的每个角落、每个社会群体。比如，我们把科学发展观、社会主义核心价值体系、党的十七大报告内容编成山歌、快板、小品、花灯、民间戏、大摆曲等，用民族歌舞形式进行宣传；充分利用文化大篷车送戏下乡、农村电影放映、文化卫生科技"三下乡"等平台，把理论宣传与基层文化活动结合起来；在民族聚居地区，制作少数民族语言理论音像读物，组织民族语小分队进村入户，联系群众身边的变化进行宣传；在高校大力开展"精彩一课"评比活动，建立大学生形势政策报告会制度；在社区和新经济组织，通过办黑板报、墙报和文艺演出、演讲、论坛等多种形式，对广大居民和职工开展党的理论创新成果教育，这些实实在在的举措收到了非常好的理论普及效果。我们还先后组织编写《党的十七大通俗读本》《新时期农村改革发展的行动纲要通俗读本》等理论通俗读物和理论学习乡土教材 20 多种，印发基层干部群众学习，深受他们的喜爱。

第三，创新形式，丰富载体。省委理论学习中心组率先垂范，围绕全省经济社会发展的重大问题公开征集选题，运用科学发展观认真"解剖麻雀"，做到"依理说事，就事明理，解决问题"。一些地方则把中心组学习放到生产一线，放到矛盾较多的地方，放到重大项目建设的现场，边开展学习边解决实际问题。坚持每年开展"社科专家基层行"活动，组织大批专家学者走出书斋、走出高楼深院，深入基层调查研究，为地方经济社会发展把脉支招，拓宽理论工作服务经济社会发展的渠道。举办"云岭大讲堂"，面对面回答干部群众关心的理论和实际问题，及时引导社会热点难点问题，已成为我省面向社会的公益性理论宣讲、科普宣传示范品牌。我们还举办"科学发展论坛"，组织开展 100 个科学发展先进典型案例教育，组织省委表彰的优秀基层党组织书记组成报告团到 16 个州市和省级机关作巡回报告，组织开展"科学发展大家谈"活动，以党员自身实践谈认识、谈体会，用身边的人和身边的事来说服人、教育人、感染人，不断增强理论宣传普及的说服力和渗透力。另外，我省党报党刊在理论宣传通俗化和大众化上下工夫，通过一个个生动典型、说服力强的事例或故事，深刻剖析一个个大问题，深入浅出地阐述一个个大道理，让理论亲切自然地走进群众、渗透人心。各地各部门还借助大众传媒，特别是运用电视和互联网进行系统的理论宣传，开创理论宣传普及工作的新局面。

第四，完善机制，建好队伍。这些年来，我们一手抓理论宣传普及、一手抓机制和队伍建设，推动理论宣传普及工作科学化、制度化、常态化。建立理论宣传普及责任制，形成党委"一把手"负总责，宣传部门组织协调，相关部门具体负责，各有关部门通力协作、齐抓共管的领导体制和工作机制。建立和完善理论学习考核评价机制，量化、细化各层次领导班子和党员干部理论学习的考核标准和考核办法，并将其纳入各级领导班子建设目标管理体系和领导干部综合评价体系。建立理论宣传普及经费投入保障机制，将理论宣传普及经费纳入财政预算。建立和完善理论宣传普及队伍培养机制，形成以哲学社会科学工作者、教育工作者、理论宣传工作者为主体，离退休老干部、老教授、老工人以及其他社会各界理论宣传人才为补充，老、中、青相结合，专兼职人员共同参与的理论宣传普及人才队伍。特别是每年下派的 13000 多名新农村建设指导员和驻村的 12000 多名大学生"村干部"，是党的理论路线方针政策宣传普及的新生力量和新鲜血液，有力地推动了理论宣传普及工作深入开展。

最后，我们将认真贯彻落实好这次座谈会精神，学习借鉴各地各部门的经验，继续秉承和发扬艾思奇同志的精神，把党的理论创新成果宣传普及活动引向深入，为建设绿色经济强省、民族文化强省和中国面向西南开放桥头堡提供强有力的思想保证、精神动力和智力支持。

（本文选自《大众哲学家——纪念艾思奇诞辰百年论集》，
中共党史出版社 2011 年版）

哲学要走向大众，走向实践

——纪念艾思奇同志逝世 30 周年

韩树英

我国著名的马克思主义哲学家艾思奇同志，到今年 3 月 22 日离开我们整整 30 年了。

艾思奇同志把毕生的精力都贡献给了中国人民的革命和建设事业。从 20 世纪 30 年代起他就在上海参加革命活动，发表文章批判旧世界，批判各种反动思潮，宣传马克思主义的真理。抗战开始他到了延安，在长达十年的时间里，他在党的理论、宣传、教育以及文艺、新闻等各个部门都从事过工作，致力于马列主义、毛泽东思想的宣传和研究。从 1948 年起直到逝世，他一直在中共中央马克思列宁学院和后来更名为中共中央高级党校（即现在的中共中央党校）里从事教学和领导工作，其间并进行了大量的社会活动。从 1950 年起他是我的老师，以后又是我的领导。在 30 多年的奋斗中，艾思奇同志在思想理论战线上做出的多方面重大贡献，是永远不会磨灭，永远值得后人纪念的。

艾思奇同志作为国内外知名的哲学家，他的理论学术活动涉及的方面和产生的影响是非常广泛的。他给我们留下了各种内容和各种形式的重要论著，其中的许多著作，如 30 年代的《大众哲学》，抗战时期 1943 年在延安《解放日报》头版发表的《〈中国之命运〉——极端唯心论的愚民哲学》，解放战争时期 1948 年由新华社向全党播发的《反对经验主义》，新中国成立初期发表的《历史唯物论——社会发展史》和其后的几部系统的马克思主义哲学教科书等，都在广大干部和群众中起到了重大的思想理论教育作用，产生了重要的影响。他身后留下的《艾思奇文集》集中了他的宝贵哲学遗产。

毛泽东同志号召：让哲学从哲学家的课堂上和书本里解放出来，变为群众手里的尖锐武器。在这方面，艾思奇同志是当之无愧的先驱者。他的《大众哲学》所体现的就是哲学的大众化、通俗化、现实化方向。历史和现实都证明，《大众哲学》开创的这条道路和方向，永远闪耀着璀璨夺目的光辉。

《大众哲学》这本著作正像艾思奇同志自己说的，是马克思主义哲学的"入门的读物"，是为大众写的书，并不是他最深刻的著作，也不是他最成熟的著作。毛泽东同志在1937年10月间就曾经写信给艾思奇同志，对在《大众哲学》出版两年后在上海出版的《哲学与生活》一书作了这样的评价，说"你的《哲学与生活》是你的著作中更深刻的书，我读了得益很多"①，并作了长篇摘录送给艾思奇同志看。随着时间和研究工作的进展，后来他的哲学思想也越来越深刻了。但是，《大众哲学》这本书出版后引起的震动，其影响的持久和深远，以及它所开辟的道路的意义，在今天也值得我们深刻思索，其写作经验也值得我们努力汲取，其榜样的作用将永远不会过时。

这本著作是1935年年底艾思奇同志将报刊上连载的他的哲学讲话结集成册出版的，名为《哲学讲话》。《哲学讲话》以人们身边生活为例，用人们易懂的语言和生动活泼的形式，简明地阐述了马克思主义哲学的基本原理。这本书，很快就在国民党统治区的广大青年中引起了强烈的反响；出至第三版，即遭到国民党政府书报审查机关的查禁。不久从形式上稍加修改后，更名为《大众哲学》再版，到新中国成立时该书一共印了32版。从抗战前直到新中国成立前，在这本书的影响下一批又一批青年走上了革命的道路。一些人就是由此入门，登堂入室，深入到更广阔的马克思主义理论宝库的。时至今日，在报刊上仍然可以常常看到一些人的回忆文字，在垂暮之年，这些同志回首往事时仍在念念不忘《大众哲学》对他们走上革命道路的思

---

① 《毛泽东书信选集》，人民出版社1983年版，第112页。

想影响。这本书当时对求知若渴的青年的思想解放和理论启蒙作用，一似围困于广袤无垠的沙漠之中突然遇到清冽无比的甘泉，那种茅塞顿开、醍醐灌顶似的接触到真理的喜悦，不是亲身经历过的人是很难想象的。一本马克思主义哲学入门的书，能够产生这样大的影响，决不是偶然的。这可以从两个方面来看。

一方面，当时的形势是中华民族正处在严重的民族危亡关头。在"九·一八"事变之后，日本帝国主义不满足于对我东北三省的侵占，铁蹄正践踏关内，步步蚕食华北，并妄图把侵略魔爪伸向全中国。而国民党反动派在敌人进逼面前却步步退让，一意扩大反共反人民的内战战火，在其统治区内则实行"文化围剿"，残酷镇压人民大众的抗日民主要求，社会动荡不安，失学失业，民不聊生。在这种险恶的社会环境里，人民大众特别是青年学生迫切要求找寻救亡图存、改变社会生存环境的出路，在彷徨苦闷中热切渴望那种能揭示事物的本质、阐明问题的根本、指向光明真理的书籍。一句话，为了启迪智慧、找到出路，群众要求掌握科学理论。

另一方面，艾思奇同志从 1932 年开始便在报刊上发表哲学短文，并着手翻译苏联米丁的《新哲学大纲》，介绍马克思主义哲学，决心用科学的世界观、人生观武装广大群众，指引走向光明的根本道路，推动群众沿着正确的方向进行斗争。理论一经掌握群众就能变成物质力量，能动地去改造世界。马克思主义哲学必须成为广大群众手中的思想武器，才能发挥这种改造世界的力量，逐步完成自己的使命，这是由这种哲学的本性所决定的。也就是说，理论需要掌握群众。马克思说："哲学把无产阶级当作自己的物质武器，同样，无产阶级也把哲学当作自己的精神武器。"① 马克思主义哲学同无产阶级以及广大人民群众紧密结合，密不可分，这是它的一个根本特点。

要满足群众掌握理论和理论掌握群众的需要，必须找到一条恰当的正确的把两者结合起来的路子。有志于把两者结合起来的革命的青年哲学家艾思奇同志，既掌握了马克思主义哲学基本理论，又经历了

① 《马克思恩格斯选集》第 1 卷，人民出版社 1995 年版，第 15 页。

主持报刊问答栏的工作，了解群众的要求，熟悉群众的呼声，经过一番探索和实践，他切实开创了一条哲学大众化、通俗化、现实化的道路。

马克思主义哲学是用最普遍的概念、范畴和规律来反映和概括自然界、人类社会和思维的本质和运动发展的，它的内容要使得广大群众便于接受，就必须和群众所了解所熟悉的事实相结合，这就需要大众化、通俗化；要使得哲学的抽象的一般原理能够触动群众的思想，震动群众的心灵，又必须和对群众所关心的现实问题的解答相结合，即把理论和实践结合起来，这可以称作理论的现实化。哲学的大众化、通俗化和现实化又是互相联系，互相贯通的。《大众哲学》作为最初的开创性的尝试做到了这一步，从而获得了巨大的成功。

今天，我们回顾艾思奇同志走过的道路，研究《大众哲学》成功的经验和它的意义时，不能不认真想一想当今我们哲学工作者面临的任务和我们应当做什么样的努力。

党的十一届三中全会以来，在贯彻邓小平建设有中国特色社会主义理论和党在新时期的基本路线所取得巨大成就的过程中，哲学起着光辉的作用。历史表明，政治的重大变革通常总是以哲学观念的变革为先导的。众所周知，以真理标准的全国大讨论为基础，党的十一届三中全会重新确立了党的实事求是的思想路线，十几年来我国的社会主义建设和改革事业取得的巨大成就，是和这种哲学思想方面的变革的先导作用相联系的，这是我们亲身经历过的有目共睹的事实。建设有中国特色社会主义的道路，是前人没有走过的，是一场革命性的变革。随着我们建设和改革事业的发展和新情况新问题的不断出现，邓小平同志总要不断强调学习理论的任务，其中最重要的就是学习哲学。1981 年，邓小平同志表示赞同陈云同志的建议：要提倡学习，主要学哲学，学习毛泽东同志的哲学著作，从根本上而不是从枝节上解决问题。1985 年在全国党代表会议上，他要求新老干部都要针对新的实际，学习马克思主义理论，加强工作中的原则性、系统性、预见性和创造性，防止在日益复杂的斗争中迷失方向。与此同时，他又不断地向理论工作者郑重地提出任务，要求他们深入实际，加强对各种问题的研究，按照实践的发展不断推动马克思主义前进，写出有新内容、新思想、新语言的有分量的论著，以满足广大干部和群众的需要。

党的十三届四中全会以来，以江泽民同志为核心的党中央，在苏联解体、东欧剧变、国际形势和各种力量组合发生重大变化的情况下，在我国从过去的社会主义计划经济体制转向新的社会主义市场经济体制的情况下，要求我们的理论工作进一步适应新的实际，发挥更大的作用。江泽民同志强调广大干部特别是中高级领导干部要提高马克思主义理论水平和驾驭全局的工作能力，要保持清醒头脑，反对国内外敌对势力的"西化""分化"阴谋，抵御资产阶级的以及其他各种腐朽思想和生活方式的侵蚀，要树立正确的世界观、人生观、价值观，旗帜鲜明地同错误的世界观、人生观、价值观划清界限。这是新时期、新形势下的重大课题，也是向理论思想战线工作者提出的具有重大意义的任务。树立和坚持正确的世界观、人生观、价值观，首先要以马克思主义的世界观即辩证唯物主义和历史唯物主义的基本原理结合新的实际来教育和武装广大干部和群众，就是说，要在新的历史条件下把哲学理论和当今的实践结合起来。在这方面，我们要借鉴和学习艾思奇同志写作《大众哲学》的经验，用发展了的马克思主义世界观理论武装当代的干部和群众。

理论的生命力在实践，其根本作用也在于为群众服务，为实践服务。干部和群众在实践中对哲学理论的要求是有不同方面和不同层次的，理论对实践的服务有直接的也有间接的，即也是有层次的。尽管如此，但归根到底，我们的理论、我们的哲学，要与实践相结合，要为广大群众服务，这是不可移易的真理。哲学普及要走这条道路，哲学提高也要走这条道路。如果哲学工作者置广大干部和群众的要求于不顾，远离实践的迫切需要，囿于本行业的狭小圈子里，热衷于名词、概念的争论，或者闭门造车，一心撰写自鸣为"阳春白雪"式的"传世"之作，这是有悖于理论的任务和要求的。"问渠那得清如许，为有源头活水来。"广大群众的实践是哲学（以及整个理论）取之不尽、用之不竭的源泉。我们哲学工作者只有永远面向这个源泉，不断地从这个源泉汲取智慧和力量，才能做出有意义的成绩，才能成为大有作为的人。

实践呼唤理论，群众呼唤理论。借纪念艾思奇同志忌辰的机会，让我们像他那样具有坚定的马克思主义哲学信念，并重温他的成功经验，使哲学走向广大群众，走向波澜壮阔的实践，从而使马克思主义哲学真正大放其"时代的精神上的精华"的壮丽光彩。

（原载《求是》1996 年第 6 期）

马克思主义哲学大众化的先行者

——纪念艾思奇诞辰 100 周年

邢贲思

今年是艾思奇同志诞辰 100 周年。这位在 20 世纪的中国产生过重大影响的哲学家给我们留下了十分宝贵的精神财富，值得后人学习、继承，并加以发扬光大。

艾思奇同志留给我们的，不只是 600 多万字的文字成果，更重要的是留给了我们一种精神，一种把传播马克思主义真理作为自己的使命并为之奋斗终生的精神。像艾思奇这样著作等身的学者无论过去还是现在都并非罕见，但是具有他这种以天下为己任的历史责任感和革命家气质的哲学家却是凤毛麟角。这正是他的难能可贵之处。

一

真正的哲学是时代精神的精华。一种哲学是否有生命力，能否成为一个时代的智慧的象征，不仅在于理论上是否完善和体系上是否严密，更重要的在于是否把握了时代的脉搏，揭示了历史的规律，从而给人们指出前进的方向。马克思主义哲学就是这样一种能够体现时代精神的哲学，因此它在十月革命后在中国得到了广泛的传播，影响了整整一代追求真理的年轻知识分子。艾思奇就是其中的一个。

艾思奇在 20 世纪 30 年代初刚走上哲学道路时，就把马克思主义哲学作为自己学习、研究、信奉、宣传的对象绝非偶然，这是他在比较了辛亥革命以来的多种哲学思潮之后所做出的一种自觉选择。他在

1933 年发表的《二十二年来之中国哲学思潮》一文很能说明这一点。文章分析了辛亥革命以来在中国这块土地上许多哲学思潮竞相表现、相互角逐的情况，指出在这段时期内，一方面封建的哲学传统不断复归，另一方面"种种输入的资本主义型哲学"广为流行，这两大股哲学潮流的并存、交叉，形成了当时一种特殊的文化格局。在复古还是西化这场关于中国文化去向的争论中，一些学者各执一端，自立门户；而有的学者则左右逢源，在高调宣扬了一通"西化"思想后，躲进了故纸堆里，一门心思地整理起国故来了。在当时复古、西化两大思潮的喧嚣中，艾思奇没有迷失方向，这位虽涉世未深但颇有主见的青年始终保持着清醒的头脑，在这个决定他今后一生道路的关键时刻，做出了重要的抉择。他既没有拜倒于即使在 20 世纪 30 年代初仍有很大影响的封建哲学思想面前，也没有追随在名噪一时的实用主义以及其他西方哲学的后面，唯独选中了马克思主义哲学作为自己信仰的对象。正是在这一为当时很多人瞧不起，被认为玄学味太少、道理太浅显的哲学身上，艾思奇看到了它的强大生命力。这位当时只有 23 岁的年轻人，以超出常人的观察力深刻地指出，马克思主义哲学之所以在中国有着无限光明的前途，因为它代表了创造未来的先进阶级的精神诉求。从此，艾思奇把自己的命运同马克思主义哲学的命运联系在了一起。

自从 20 世纪 30 年代初选定马克思主义哲学作为自己毕生的信念后，艾思奇从未动摇过，无论是在上海、在延安，还是在新中国成立后的北京，他都为传播马克思主义哲学尽了自己最大的努力，几十年如一日，忘我工作，笔耕不辍，直至生命的最后。

二

艾思奇同志不仅对马克思主义哲学有坚定的信念，而且对马克思主义哲学有深刻的认识。我们阅读艾思奇的著作有一个突出的印象，就是始终和中国的现实、和人民群众的生活紧密结合在一起，这说明他真正理解了马克思主义哲学的本质。他深深懂得，马克思主义哲学和以往的旧哲学不同，它是无产阶级认识世界和改造世界的思想武器。因此，对待马克思主义哲学的正确态度，不是把它当作必须背得烂熟的教条，而是当作指导无产阶级革命实践的根本指针。艾思奇对马克思主义哲学本质的这一认识，在 20 世纪 30 年代上海工作、学习时就已基本形成，后来到了延安，特别是经过了整风运动，这一认识就更加深化，其自觉性有了进一步的提高。看一看艾思奇 20 世纪 30 年代在上海时期的文章、著作，就可以知道，那时他就已经打下了一个良好的理论联系实际的马克思主义学风的基础。从 1933 年到 1937 年在延安的 4 年时间里，他发表了大量文章，分别收集在《大众哲学》（初名《哲学讲话》）《新哲学论集》和《哲学与生活》等集子里，其中的几乎每篇文章都密切联系人民群众关注的现实问题，试图以马克思主义哲学的睿智，解开人民群众心中的困惑。在这些著作中，影响最大的自然要算《大众哲学》，这是由一系列通俗哲学论文结集出版的小册子，是这一时期艾思奇的代表作。写《大众哲学》不是艾思奇一时的心血来潮，而是有很强的现实针对性。当时的历史背景是，日本帝国主义占领了我国东北全境，国民党反动派对内镇压革命，对外屈从日帝，民族危机空前严重。广大人民群众特别是青年对国家前途十分担心，对蒋介石的反动统治极度失望，他们头脑中有不少疑问期望得到解答。回答种种疑问，不能就事论事，而是应当给人们提供一种世界观、方法论的指导，使他们通过自己的思考和理解，得出"中国向何处去"的结论。当时人们最需要的是开启思想之锁的钥匙。而《大众哲学》正是这样一把钥匙。《大众哲学》并没写多少深奥的道理，它所讲的都只是平凡的真理，但因为它有针对性地回答了人们头脑中存在的问题，使不少在黑暗中徘徊、在痛苦中思索的年轻人，看到了光明，看到了希望，因而引起了很大的反响。不少青年正是在《大众哲学》的影响下，参加革命，奔赴延安的。用今天的眼光来看，《大众哲学》当然不是一部很完美的著作，但是它所体现的哲学和人民相结合、理论和实际相结合的精神，仍然值得我们肯定。《大众哲学》的道路，对我们今天从事哲学工作的人仍有借鉴意义。现在我们经常谈论的一个问题是，哲学应当怎样面向实际、面向群众、面向生活。当我们进行这种思索的时候，不可忘记有一位先行者，虽没有发表过磅礴一时的宏论，却一直默默耕耘，以自己的毕生努力，写出了一份答卷。这就是艾思奇同志。有一位哲学界的前辈说得好："哲学要把握时代脉搏。艾思奇的《大众哲学》就是在当时抓住了这一点，所以才赢得如此众多的读者。搞哲学的人如果不能把握时代的脉搏，不懂得这一点，所谓联系实际就会浮在面上。把握时代脉搏是理论联系实际的最根本点，理论联系实际就要从这根本点上来考虑。"①

　　艾思奇的理论联系实际的学风通过在延安的工作和学习，特别是经过延安整风，得到了进一步的发扬。当时正处于抗日战争时期，我们党既要抗击日寇的侵略，又要同国民党进行有理、有利、有节的斗争。文化战线是我们党同国民党进行斗争的重要阵地，艾思奇到延安不久，就投身到了这场斗争中去。他写了不少关于文化问题的文章，特别是 1940 年 8 月发表的《当前文化运动的任务》一文，锋芒直接指向国民党反动派的文化政策。文章提出，要战胜日本帝国主义，必须建筑全民族团结的精神堡垒。抗战是全民的抗战，只要不违反抗日的立场，就应该使中国的言论思想界和文艺界有合法的自由权，企图用独断统制的方法来钳制自由，只能导致抗日队伍的分裂和抗日战争的失败。这是一篇声讨国民党文化专制主义的檄文，在根据地内外引起了不小的反响。在整风运动前，针对国民党的几种反动哲学，艾思奇撰写了《抗战以来几种重要思想评述》一文，对以陈立夫为代表的"唯生论"、以蒋介石为代表的"力行哲学"和以阎锡山为代表的"中的哲学"展开了批判。文章指出，这三种哲学并非个别人的哲学，而是大地主、大资产阶级的反动哲学，早在抗战以前就已经产生，目的是为了对抗革命、对抗马克思主义，它们的反动影响一日不清除，思想文化战线就一日不能实现团结御侮。这些文章连同他稍后发表的《〈中国之命运〉——极端唯心主义的愚民哲学》一道，成为

---

　　① 冯契：《哲学要把握时代脉搏》，《一个哲学家的道路》，云南人民出版社 1981 年版，第 281 页。

我们党从政治上、思想上揭露和批判国民党反动派的重要思想武器。这一时期，艾思奇发表的《哲学的现状与任务》一文，也是理论联系实际的好文章。文章提出，要开展一个哲学研究的中国化、现实化的运动。从这里可以看出，艾思奇不仅是我国马克思主义哲学通俗化、大众化的先驱，而且在推动马克思主义哲学中国化方面，也发挥了重要作用。

延安整风既使艾思奇受到了一次马克思主义思想的洗礼，又为他提供了一个展示哲学才能的机会。整风运动要分清的首先是思想路线的是非，但对改造全党的学习，整顿党风、学风、文风，也起到了重要作用。艾思奇一方面积极投身整风运动，在运动中接受教育；另一方面写了不少文章，为推动运动的深入发展做出了贡献。这一时期他发表的《谈主观主义及其来源》《不要误解实事求是》《"有的放矢"及其他》和《怎样改造了我们的学习》等文章，从哲学的层面上对主观主义特别是教条主义进行了批评，收到了很好的效果。其中，《"有的放矢"及其他》一文内容尤为深刻。文章一开始首先分析了理论和实际的关系，指出理论和实际的结合，不只是要以中国的事例来解释理论原则，而且必须是以理论原则为指南，来解决中国革命的实际问题。不能解决中国革命问题的理论，即使用极其丰富的例子来说明，仍然是死教条，而死教条是产生不了活理论的。他引用毛泽东关于"矢"和"的"关系的比喻，指出"矢"的作用是为了射"的"，没有"的"，也就没有"矢"可言。教条主义者恰恰不懂得这个道理，以为没有"的"，"矢"照样还是"矢"，脱离实际的理论，依旧是理论。他还讲到中国民间有关于"五通神"的传说，谁要是得罪了这个神灵，它就会捣乱，就会把你手里握有的金子变成粪土。他说，有人把理论当作真金子，常扬扬得意，以为他掌握了这些财宝，却不知什么时候，他的手里就只有一把毫无用处的粪土，这不是因为他得罪了五通神，而是因为他违背了实际精神。在这里，艾思奇用生动的笔法把教条主义的本质和危害揭露得淋漓尽致。

艾思奇曾经说过，学习、研究马克思主义哲学的目的，"并不在读通几种艰难的书本，而在打通一切艰难的实际"。他不但这样说，而且这样做，并把这种科学的精神和学风，贯穿到他的整个研究和写作中去。

三

艾思奇同志不仅是一位热心为大众写哲学的哲学家，而且是一位热心让大众掌握哲学的哲学家。如果没有后一种热心，前一种热心就会落空。艾思奇所从事的哲学通俗化工作，随着时间的推移，其意义可以看得更加清楚。说到通俗化，人们会立刻想到《大众哲学》。这本书确实是哲学通俗化的典范，为广大读者所喜爱，在新中国成立前后，它一共出了 32 版，在传播马克思主义哲学方面起到了很大作用。但艾思奇在哲学大众化、通俗化方面所做的努力，不仅体现在《大众哲学》这一本书中，而是贯穿于他的几乎所有著作中，不仅在革命取得胜利前他是这样做的，在革命取得胜利后他同样也是这样做的。新中国成立后，艾思奇在哲学方面做的第一项工作就是向广大干部和知识分子讲授社会发展史。那时新中国刚成立，一大批青年知识分子新参加革命，不少旧机构的人员被留用，我们的干部队伍虽扩大了，政治思想情况却变得更为复杂。从根据地来的和在白区坚持斗争的干部，虽然政治上经过一定锻炼，但不少人对马克思主义理论缺乏系统的学习。因此，当时摆在全党面前的一项重要而紧迫的任务就是学习。在这一学习运动中，艾思奇站到了最前列，他选择讲授社会发展史作为这一学习的重要内容，因为在国民党的长期统治下，不少人在许多问题上认识模糊，甚至观点错误，其根源就是历史观有问题。为了正本清源，艾思奇从社会发展史这个历史观的基本问题讲起。在讲授社会发展史时，他延续了《大众哲学》发表以来所走的哲学通俗化的路子。他删繁就简、突出重点、深入浅出，用通俗的语言帮助干部和知识分子树立起若干马克思主义历史观的基本观点，这就是：劳动创造人类世界的观点，阶级斗争的观点，马克思主义关于国家和无产阶级专政的观点等。这种少而求精、学以致用、通俗易懂的教学方法，对于初学马克思主义的人来说非常有效。艾思奇对社会发展史的宣传教育，在新中国成立初期整整影响了一代人。我本人也是这种教育的受益者，对于他那种作风平实、观点鲜明、语言通俗的宣讲风格，至今记忆犹新。

对于哲学的通俗化，不同人有不同的看法，在有的人看来，哲学是智慧的结晶，是最抽象、最概括的学问，因此，思想的严密、语言的凝重是它的特点，这种认识无疑有其合理性。但如果由此得出结论，认为深刻的思想只有通过艰深晦涩的语言才能表达，深邃的哲理和通俗化根本绝缘，这就与真理大相径庭了。可惜我们的一些同志恰恰就是这样看问题的。不顾时代和地域的差别，不顾现实和群众的需要，或模仿西方古典哲学家艰涩的语言，或追随西方现代哲学家新奇的概念，故弄玄虚，故作高深，这样的哲学文章近年来我们见得还少吗？哲学的通俗化是一个表达方式问题，无论内容深浅，其表达都应通俗易懂。哲学的通俗化不能理解为哲学的浅薄化，更不能理解为哲学的庸俗化，说到底这是一个哲学要不要为大众的问题。哲学的浅薄化、庸俗化我们要反对，哲学的通俗化、大众化我们要提倡。这涉及是让哲学掌握大众，使之成为大众认识世界和改造世界的武器，还是使哲学成为庙堂之上、书斋之内少数人自我欣赏、自我陶醉的精神点缀的问题。在这一点上，艾思奇同志为我们做了榜样。认识艾思奇的人都知道，他在哲学上有很深的造诣和渊博的知识，无论是在马克思主义哲学原理方面，还是在中国哲学史、西方哲学史、逻辑学、自然辩证法等方面，他都有深厚的学养，因此，他的通俗化、大众化的哲学著作，绝非浅薄化、庸俗化的作品。

马克思主义哲学是真理，真理只有掌握在大众的手里，才能发挥出巨大的力量。马克思早在160多年前就说过，理论一旦掌握群众，就会变成物质的力量。艾思奇是一位把马克思主义哲学真理传播给广大群众的播火者，也是一位使哲学大众化的开拓者。在党中央强调要推进马克思主义的中国化、时代化、大众化的今天，艾思奇一生在哲学上做出的贡献尤其值得我们尊敬。

（原载《马克思主义哲学论丛》2010 年秋季号）

与人民同呼吸、共命运

杨春贵

　　艾思奇被誉为"人民的哲学家"，他当之无愧。一本《大众哲学》，在白色恐怖中虽屡受查禁，却在 10 余年间连续出版 30 多次，其影响之广泛、流传之久远，堪称马克思主义哲学传播史上的奇观。这其中的奥秘，就在于艾思奇与人民同呼吸、共命运，把人民的实践、人民的解放、人民的幸福作为自己哲学思考的主题。同时，对于这种哲学思考的理论成果，他又总是力求以人民群众喜闻乐见的形式，深入浅出、通俗易懂地传达给人民群众，使之成为人们手中的锐利思想武器。今天，我们纪念艾思奇、学习艾思奇，最根本的就是要积极促进马克思主义同人民群众相结合。这是马克思主义中国化、时代化、大众化的精神实质所在。

《人民日报》记者彭国华　杨学博采访整理

（原载 2011 年 3 月 2 日《人民日报》第 7 版）

艾思奇：毕生推动马克思主义
中国化和大众化的典范

李 捷

随着马克思主义与中国革命运动的结合，随着中国共产党的诞生，在古老的中华大地上出现了两个紧密联系着的思想实践运动，这就是马克思主义中国化和马克思主义大众化。

马克思主义中国化，就是立足本国国情，遵循实事求是的思想路线，把马克思列宁主义同中国实际相结合，紧密围绕中国革命、建设、改革的基本问题，在中国运用、发展马克思主义。马克思主义大众化，就是在全体党员和人民群众中间深入持久地进行辩证唯物主义和历史唯物主义的普及宣传、普及教育，用马克思主义中国化的最新成果武装全党、教育人民，巩固全党全国各族人民团结奋斗的共同思想基础，把由此焕发出来的精神力量转化为改造客观世界的物质力量。

马克思主义中国化是主体，是主导。没有马克思主义中国化，便不可能有马克思主义大众化。在此基础上产生的马克思主义大众化，则可以使马克思主义中国化的最新成果传播得更快、更远，实现理论掌握群众、指导实践的目的。在这一过程中，艾思奇同志对于马克思主义中国化，尤其是对于马克思主义大众化，做出了卓越贡献。

先说艾思奇同志对马克思主义中国化的贡献。

毛泽东成功地开辟了马克思主义中国化的正确道路，并成为毛泽东思想的主要创立者。毛泽东对艾思奇的著作十分重视，并从中受到一些理论创作的重要启发。

红军长征到达陕北以后，获得了一个相对稳定的环境。毛泽东多次到红军抗日军政大学讲课，总结土地革命战争的经验教训，进行理论创作。1936 年 10 月，毛泽东在写给正在西安同张学良谈判的叶剑英、刘鼎的信中，提出："要买一批通俗的社会科学自然科学及哲学书，大约共买十种至十五种左右。"他特别要求，"要经过选择真正是通俗的而又有价值的"，举的例子中便有艾思奇的《大众哲学》。从中可以感受到毛泽东对理论书籍的强烈渴求。

实际上，每当中国社会处于大变动时期，都会产生对科学理论的强烈渴求。大革命的兴起时期是如此，大革命失败后创建井冈山革命根据地时期也是如此，长征胜利后中国社会处于民族矛盾与阶级矛盾交替转换的时期更是如此。在这种对理论著作的强烈渴求的背后，反映了对掌握马克思主义的思想方法，并运用它分析解决现实问题的急切感、紧迫感。正是在这一时期，毛泽东形成了《中国革命战争的战略问题》《实践论》《矛盾论》等名篇，为毛泽东思想的体系化打下了坚实基础。艾思奇的《大众哲学》对此做出了重要贡献。

《哲学生活》是艾思奇同志的哲学论文集，1937 年 4 月由上海读书生活出版社出版。毛泽东在当年 9 月便认真研读了这部书，做了 4000 多字的摘录，并写信给艾思奇，称赞这部书"是你的著作中更深刻的书，我读了得益很多"。

毛泽东摘录的艾思奇关于内因与外因的论述，应当是他所说"得益很多"的那部分之一。艾思奇提出：外因不可忽视，却不能决定事物的必然性，决定必然性的是内因。辩证唯物论并不简单地否定外因的作用，然而必须同时承认事物变化本身的能动性。决定事物变化的必然性的，不是外因而是内因。[①] 我们虽然没有找到直接的文献根据．但从文本的比较看，这些观点，对于毛泽东写作"两论"，都有直接的影响和启发。

毛泽东在同一封信里还说："其中有一个问题略有疑点（不是基

[①] 《毛泽东哲学批注集》，中央文献出版社 1988 年版，第 202 页。

本的不同），请你再考虑一下，详情当面告诉。"① 这是指艾思奇同志
在《哲学生活》里论述差别与矛盾的关系时，谈到这样一个观点：
"差别的东西不是矛盾，例如笔，墨，椅子不是矛盾。但如果懂得推
移和变化的原理，就知差别的东西在一定条件下也可以转化为矛盾，
倘若某两件差别东西同时同地在一起且发生互相排斥的作用时，就成
为矛盾了。例如店员与作家本无矛盾的，如果某店员有了写作兴趣而
想成为作家时，二者就在统一体里互相排斥，也就成为矛盾了。"毛
泽东在摘录艾思奇这个论点后，写了一段议论："根本道理是对的，
但'差别不是矛盾'的说法不对。应说一切差别的东西在一定条件
下都是矛盾。一个人坐椅摇笔濡墨以从事作文，是因人与作文这两个
一定的条件把矛盾的东西暂时的统一了，不能说这些差别不是矛盾。
大师傅煮饭，把柴米油盐酱醋茶在一定的条件下统一起来。店员与作
家也可以在一定条件下统一起来。半工半读，可以把工读统一起来。
差别是世上一切事物，在一定条件下都是矛盾，故差别就是矛盾；这
就是所谓具体的矛盾。"艾思奇同志还编过哲学资料集，其中一本是
1939 年出版的《哲学选辑》。毛泽东在出版不久便认真读了这本书，
引发了他对一些问题的思考，做了重要批注。其中附录二是艾思奇本
人撰写的《研究提纲》，毛泽东批注最多。这里仅举两例。

在读了有关唯物论和唯心论产生的基础的内容后，毛泽东批注：
"抗日阵线中唯心论与机械唯物论的两面性，在其向日本帝国主义斗
争时是进步的，在其向辩证唯物论斗争上与向辩证唯物论斗争时是反
动的。这种同时存在的两面性，规定了辩证唯物论应该联合唯心论与
机械唯物论，同时又批判之。"② 这一思想一直贯穿到新中国成立以
后。包括毛泽东在社会主义建设时期提出著名的"双百"方针，提
出解决思想问题要实行团结——批评——团结的方针，无疑都受了这
一思想的深刻影响。

《研究提纲》中有一段论及矛盾的基本方面和主导方面，认为：

---

① 《毛泽东书信选集》，中央文献出版社 2003 年版，第 102 页。
② 《毛泽东哲学批注集》，中央文献出版社 1988 年版，第 362 页。

"基本的方面不一定就是发展的主导方面。"还拿文化运动作例子，认为一般情况下是物质决定精神，但在文化运动中则是"精神的作用有主导地推动发展的力量"。毛泽东不赞成这个观点，写批注表示："这是不对的，基本方面就是主导方面。物质对精神主导，它就包括了精神对物质的反作用。"但由此启发他思考另外一个问题，指出："五四运动之成为新文化运动是为中国资本主义发展所决定，它反过来又推动中国资本主义的发展，这原是中国资本主义本身的要求。"① 当时，毛泽东正在酝酿写作《新民主主义论》。在《新民主主义论》一文里，为说明新文化"是在观念形态上反映新政治和新经济的东西，是替新政治新经济服务的"，毛泽东专门举例指出："在观念形态上作为这种新的经济力量和新的政治力量之反映并为它们服务的东西，就是新文化。没有资本主义经济，没有资产阶级、小资产阶级和无产阶级，没有这些阶级的政治力量，所谓新的观念形态，所谓新文化，是无从发生的。"② 正是由此出发，毛泽东把中国民主革命以五四运动为界，划分为新旧两个时期。他后来回忆说："《新民主主义论》初稿写到一半时，中国近百年历史前八十年是一阶段、后二十年是一阶段的看法，才逐渐明确起来，因此重新写起，经过反复修改才定了稿。"

艾思奇同志对马克思主义中国化的理论贡献是巨大的，特别是在马克思主义哲学中国化方面。由上面的例子，可见一斑。

相辅相成，相反相生。毛泽东与艾思奇的思想关系就是这样。毛泽东对艾思奇的思想，既有认同吸收的时候，也有保留的时候。通过认同吸收，转化为自己的思想认识，表现为艾思奇对毛泽东思想的贡献。有所保留，则引发毛泽东的进一步思考，提出自己的意见，共同切磋，由片面的认识变为完整的认识，这同样是艾思奇对毛泽东思想的贡献。这也说明，一个完整认识的产生，一个正确思想的完成，往往不是个人所能独立完成的，即便是个人独立完成的著作，也需要吸

① 《毛泽东哲学批注集》，中央文献出版社1988年版，第377页。
② 《毛泽东选集》第2卷，人民出版社1991年第2版，第695页。

收借鉴他人的思想论点，包括前人的思想在内。正因为如此，毛泽东也反对把毛泽东著作和毛泽东思想当作他个人的。他曾经说过，毛选四卷不是他个人的，是多少先烈流血牺牲换来的，是集体智慧的结果。中共十一届三中全会以后，党中央在第二个历史决议中，恢复并重申了这一观点。我们现在仍然要坚持用这一观点看待马克思主义中国化的最新成果。

再说艾思奇同志对马克思主义大众化的贡献。

说到艾思奇同志在这方面的贡献，脑海里立即会浮现出一批书单，如《大众哲学》《思想方法论》《哲学与生活》《从猿到人——劳动创造人类世界》《历史唯物论——社会发展史讲授提纲》《辩证唯物主义讲课提纲》等。在马克思主义大众化方面的贡献，除了李达之外，恐怕无人能比。

刘白羽同志在《一个哲学家的道路》一书的序言中说得好："对《大众哲学》的评价，不能只限于它把哲学通俗化，而更为重要的是，它是把哲学推向人民中间去的一个重大突破。《大众哲学》点燃了无数人心灵的火花，引导无数人走上革命道路。"① 毛泽东在《延安文艺座谈会上的讲话》中，大力倡导甘为"下里巴人"的精神。新中国成立以后，他又多次提出"让哲学从哲学家的课堂上和书本里解放出来，变为群众手里的尖锐武器"。而艾思奇同志毕生为之奋斗的一个目标，就是要让真理掌握群众，并让群众掌握真理。

照常理来说，哲学是自然科学与社会科学的总汇，是圣洁高雅的学术殿堂，作为完全有天分当大哲学家的艾思奇同志，为什么会甘当学术上的"下里巴人"呢？这就不能不说到当时社会的基本特征。艾思奇同志所处的时代，正是中国进行新民主主义革命伟大斗争的年代，正是从政治专制和文化专制、思想专制中求解放的年代。无数仁人志士都在为寻求救国救民的真理而苦苦求索着。"十月革命一声炮响，给我们送来了马克思列宁主义。"艾思奇同志正是从探求真理的过程中，深切地认识到了真理的力量，并立志帮助那些为寻求救国救

---

① 《一个哲学家的道路》，云南人民出版社 1981 年版，第 1 页。

民真理而苦苦求索的青年人。于是，他选择了马克思主义大众化之路。这一选择，不仅使一个年仅 25 岁的青年人一跃成为著名的马克思主义哲学家，使一部《大众哲学》在新中国成立前先后印行了 32版，更使一批又一批的青年知识分子走上了革命道路。由此可见，艾思奇所选择的马克思主义大众化之路，正好适应了中国当时社会大变革的迫切需要。掌握了青年，便掌握了未来。掌握了理论的制高点，便掌握了未来发展的方向。

有人分析《大众哲学》为什么会在大学生中流行时这样写道：那些正在读书的大学生们"在皇宫里的金色梦被打断了。不愿睡下去再做梦，而跑出去冒刀枪、水火和风雪"。最初是少数分子，"顷刻间大多数的学生都相当的觉醒了。醒了过来便发觉教科书对于生活上急待解决的问题毫不中用，他们要求开一开眼光的理论知识。这本书恰好遇着这机会，就大为学生所欢迎"。写这番话的人，未必心存善意，但的确反映出了马克思主义大众化及其代表作在当时的巨大影响力。

为了实现马克思主义大众化，艾思奇同志吃了不少苦头，也受了不少委屈。苦头之一，便是要向自我挑战。接触过他的人，一致反映他是一个敦厚而不善辞令的人，是一个专注学问淡于生活的人。然而，"通俗的文章却要求我们写得具体、轻松，要和生活打成一片"。这对他是一个巨大的挑战。他坦言："我掮着这个担子是极不胜任愉快的，因为真能当这重担的人，应该对于生活有充分的经验，而我缺少的却正是这一个东西。"[①]

但他毫不退缩，一边向马克思主义书本学习，一边向实际生活学习，终于获得了成功。在这一过程中，不仅打开了马克思主义中国化的天地，也打开了理论联系实际、理论掌握群众的天地。

艾思奇同志受到的委屈之一，便是随着《大众哲学》等书的大受欢迎、广为流传，各种批评也随之而来。这里面，有善意的，也有妒意的，更有敌意的。艾思奇同志总能区别对待，处之泰然，但始终

---

① 艾思奇：《大众哲学》，生活·读书·新知三联书店 1979 年版，第 278 页。

认准了马克思主义大众化之路坚定地走下去，不为所惑，不为所动。称艾思奇同志为自己"哲学方面的启蒙老师"的林默涵同志这样说："只有他第一个用那样通俗而饶有兴味的形式去宣传和讲解辩证唯物主义的思想，适应了时代的需要，吸引了广大青年接近马克思主义以至走上革命的道路，这个功绩却是谁也抹杀不了的。"①

由此说明，马克思主义中国化是一条艰辛的道路，马克思主义大众化同样也是一条艰辛的道路。"无限风光在险峰。"只有勇于攀登、永不止步的人，才能获取马克思主义的真理之火，让真理的光芒普照在实现中华民族伟大复兴的征程之上。

时代呼唤艾思奇精神。党的十七大在高举中国特色社会主义伟大旗帜的同时，提出了"开展中国特色社会主义理论体系宣传普及活动，推动当代中国马克思主义大众化"的重要任务。中央马克思主义理论研究和建设工程工作会议上，提出要培养造就一批善于运用通俗语言解疑释惑的理论宣传名家。艾思奇同志为我们树立了马克思主义大众化的典范。艾思奇精神不朽！

（原载《新湘评论》2008 年第 7 期）

---

① 《一个哲学家的道路》，云南人民出版社 1981 年版，第 73 页。

学习艾思奇同志　促进马克思主义哲学的创新发展

贾高建

今天，我们在这里举行活动，纪念艾思奇同志诞辰 100 周年。面对前辈的英灵，我们心中充满了敬仰和怀念。

作为我们党在理论战线上的忠诚战士和杰出的哲学家，艾思奇同志对马克思主义哲学在中国的传播和发展做出了不可磨灭的贡献。他从青年时代就开始研究和宣传马克思主义哲学，并在上海出版了《大众哲学》一书。这本书在当年曾产生过巨大的影响，它以通俗的形式介绍和阐述了马克思主义哲学的基本原理，受到广大群众特别是青年的热烈欢迎，以至于一版再版，畅销不衰；一批又一批的进步青年在它的启发下走上了革命的道路。除此之外，艾思奇同志还发表了《思想方法论》《哲学与生活》等其他许多有影响的著作和文章。后来艾思奇同志到了延安，更为直接地参与到党的思想理论工作中来；他在多个学校任教，并得以和毛泽东等老一辈革命家密切交往，共同研究和讨论哲学问题。他这一时期的著作和文章，更加注重将马克思主义哲学的学习和研究与中国革命的具体实际相结合，并明确提出了马克思主义哲学的中国化、现实化、通俗化问题。新中国成立以后，艾思奇同志到中央党校（包括其前身马列学院）工作，先后担任哲学教研室主任和副校长，在承担了大量教学工作的同时，又发表了许多新的论著。特别是他根据中央的决定，主持编写了我国第一部系统的马克思主义哲学教科书——《辩证唯物主义历史唯物主义》。该书概括和总结了当时中国哲学界对马克思主义哲学的研究成果，体现了马克思主义哲学中国化的鲜明特色，突出了毛泽东哲学思想的重要内容。1961 年正式出版后，在党校、干校和高等院校普遍使用，整整教育和影响了一代人。10 年"文革"结束后，这部教科书又修改再版，再次成为党校、干校和高等院校的基本教材，对哲学领域的教学和科研重新走上正轨发挥了重要的作用，并为马克思主义哲学研究在新的历史条件下进一步深入展开提供了必要基础。

缅怀艾思奇同志的一生，使我们感到特别亲切的是，他曾长期在中央党校工作，是我们的老领导、老前辈。在担任哲学教研室主任时，他带领全室同志努力工作，出色地完成了哲学教学和研究的各项任务；担任副校长后，更是殚精竭虑，为党的干部教育事业奉献才智。他重视人才，提掣后学，培养了一大批理论骨干，带出了一支优秀的队伍。艾思奇同志以自己的亲身实践为我们树立了楷模，他的精神永远值得我们学习，也永远激励着我们前进。

从 1965 年到今天，艾思奇同志逝世已经 40 多年了。在这些年间，中国发生了许多重大的事件，经历了各种风风雨雨。所谓"文化大革命"给中国社会带来一场浩劫，也促使我们在痛苦中进行反思，包括哲学上的反思。邓小平带领全党拨乱反正，重新恢复和确立了"解放思想、实事求是"的思想路线，实现了党和国家工作重点的转移，并全面实行改革开放，从而使中国社会发展进入了一个全新的历史时期。经过 30 多年的探索和努力，我们终于走出了一条有中国特色的社会主义道路，并取得了举世瞩目的成就。而这些成就的取得，正如胡锦涛总书记《在纪念党的十一届三中全会召开 30 周年大会上的讲话》中所指出的，"是辩证唯物主义和历史唯物主义的胜利"。当代中国社会发展的实践充分表明，马克思主义哲学是指导我们事业发展的科学世界观和方法论，只有坚持这个世界观和方法论，我们才能不断前进，反之就会遭受挫折。而另一方面，新的实践也对马克思主义哲学提出了新的要求，只有将我们的理论在以往成果的基础上不断推向前进，才能更好地发挥其指导作用。作为新时期的马克思主义哲学理论工作者，我们应该以艾思奇同志为榜样，深入研究当代实践中的重大问题，促进马克思主义哲学的创新和发展。党的十七届四中全会强调，要"推进马克思主义中国化、时代化、大众化"。在这方面，马克思主义哲学的研究应该走在前头，因为我们有着一个为老一代所培育出来的好的传统。

中央党校是我们党培训轮训党员领导干部的最高学府，也是党的哲学社会科学研究机构。在全校的学科体系中，哲学一直具有重要的地位。我们应该以高度的责任感承担起自己的职责，从党校的实际出发，认真搞好哲学教学和研究工作，特别是马克思主义哲学的教学和研究。我们一定不辜负前辈们的期望和嘱托，努力将已有传统进一步发扬光大，为党的事业发展做出应有的贡献。

艾思奇同志的精神永存。

（本文选自《大众哲学家——纪念艾思奇诞辰百年论集》，
中共党史出版社 2011 年版）

艾思奇在旧大学普及新哲学的功绩

任继愈

1949 年，艾思奇同志受聘为北京大学哲学系教授。艾思奇同志是中国最早的马克思主义哲学家之一，在青年中有广泛影响。不少知识青年读了他的《大众哲学》，投奔了延安。新中国成立后，他又是与旧大学哲学界广交朋友，普及马克思主义哲学的功臣。

记得北平解放后，北京大学定期举行哲学双周座谈会，参加者有两部分学者：一部分是较早接受马克思主义思想的学者，其中有侯外庐、何思敬、徐特立、艾思奇和胡绳。另一部分学者是当时北京大学和清华大学哲学系教师。北京大学有汤用彤、朱光潜、贺麟、郑昕、胡世华、齐良骥、任继愈，清华大学哲学系有冯友兰、金岳霖、邓以蛰、任华、王宪钧、张岱年。座谈地点在北大孑民堂。这是北大最大的一个会议室和对外接待室。时间定在隔周的星期日上午。每次座谈会，推一位主讲人，大家提问题讨论，不拘形式，交换意见，会场气氛生动活泼。清华大学远在城外，交通虽不便，但清华大学的教授们都按时参加，风雨无阻。因为大家在新中国成立后对马克思主义哲学很感兴趣，新旧哲学工作者互相交流，获益很多。

讨论的题目，记得有西方美学思想、黑格尔哲学、康德哲学、罗素哲学、杜威哲学、形式逻辑、数理逻辑、中国近代思想。记得关于形式逻辑是不是形而上学，当时有过争议，艾思奇同志主张形式逻辑即形而上学，金岳霖及清华、北大的学者都认为这两者不是一回事。经过反复辩论，后来取得共识，认为形式逻辑不是形而上学。金岳霖为形式逻辑正名，坚持真理，艾思奇虚怀若谷的风格深为哲学界称道。时隔几十年，当时争辩的问题早已不成问题，这次争辩已被遗忘。但在当时，却被看作一件大事。

旧中国有一个"中国哲学会"，完全由会员交纳的会费维持，是一个纯粹民间的学术团体。这个学会不是专门研究"中国哲学"而是在中国全国范围内研究哲学的学会，中外哲学史、逻辑及其他属于哲学的领域都包括在内。新中国成立后，这个学会自动停止了活动。原来在延安成立的"新哲学会"在北京成立，重新选举了会长和副会长，会长是李达，副会长由艾思奇和郑昕两人担任。李达当时任湖南大学校长，常住南方，实际负责人是艾思奇同志。

新哲学会成立后，吸收了社会上更多有造诣的哲学爱好者，记得当时佛教界巨赞法师也申请加入了中国新哲学会。按照学会章程，新会员入会要有两位会员介绍，会长批准才能入会。郑昕和我充当了巨赞法师的入会介绍人。中国新哲学会会址在北京南河沿金钩胡同19号一所两进院的平房内。下设中国哲学史、外国哲学史、逻辑、中国近代思想史、辩证唯物主义与历史唯物主义5个组，各组分别为大学哲学系编写教学大纲及有关资料，也在这里举行过多次学术讨论会。新哲学会成立后，孑民堂的双周座谈停止了活动，中国新哲学会的活动吸收了更多人参加。

当时新中国成立不久，物资匮乏，编写的讲义都是手工刻写蜡纸，用手工操作的油印机印刷的。编写的《中国近代思想史提纲》就是在金钩胡同新哲学会中国近代思想史组筹备，后来由北京大学的几位教师完成的。

艾思奇同志在北京大学讲课，最初讲的是《社会发展史》，这是北京大学全校学生共同必修课。当时北京刚解放，北京大学有文、理、法、农、工、医等学院，地址分散，人数众多，无法集中听课，而且也找不到能够容纳万人的大课堂。北大集中了几十位青年教员，成为辅导班，由艾思奇同志先向辅导班教员讲一遍主要内容，然后由辅导班教员分别回到各个分班向同学授课。艾思奇先向辅导教师讲一次，辅导教师回到各系，结合各系的情况，分别编写教材，向学生讲授。讲课方式与旧大学方式不同，隔周上课，隔周讨论，有点像

"西明纳尔"（seminsr）的教学方式。艾思奇同志在这门全校必修课上，既负责讲课，隔一周又负责解答学生提出的问题。我作为"社会发展史"的辅导教师，既要上课，又要解答上课讨论中遇到的问题。因为有 3 位教师轮流讲课，有充分时间准备，阅读了一些马列主义有关参考书及马克思、恩格斯的原著，接触到马克思主义哲学这个新领域，从此开阔了视野，打开了思路。艾思奇同志是我学习马克思主义的启蒙老师。在清华大学，讲《社会发展史》也采用北京大学的讲授方法，任华也担任过辅导教师。

在子民堂双周座谈会期间，学习过《实践论》和《论人民民主专政》。会上大家讨论过几次，后来又在新哲学会举行过讨论会。这几次讨论会艾思奇、胡绳等，都作过多次发言。因为《实践论》中讲到知行问题，中国哲学史和西方哲学研究者多有自己的体会，发言很踊跃。冯友兰、贺麟、汤用彤、任华都有较长的发言，艾思奇同志也有多次发言，解答问题，与会者都有不同的收获。

艾思奇同志最初讲授全校的共同课《社会发展史》以后，接着在哲学系开设的课程有辩证唯物论与历史唯物论及马列原著等课程，哲学系的学生都听过艾思奇同志讲课。他在延安，在高级党校讲课多年，经验丰富，深受学生欢迎。教员中我也是旁听者之一。

艾思奇同志为哲学系讲过一系列的课程，他主要讲辩证唯物主义、历史唯物主义。他讲话有浓重的云南口音，缓慢而有条理，具有云南人朴实、厚重的风格，从不放声大笑，有时也迸发一句幽默的话。有一次讲到人的道德意识是自觉的行为，他说，"道德出于自我意识，不同于动物，狗就没有自我意识，只能给人当走狗"，引起同学们的笑声。艾思奇同志不笑，照常讲下去。

艾思奇同志讲历史唯物主义，引用中国"英雄造时势，时势造英雄"的成语。他说，社会存在决定社会意识，英雄是在社会发展潮流中产生的。顺应社会潮流，英雄才能成为成功的英雄；不顺应社会潮流，或客观条件不具备，英雄便无用武之地。三国时诸葛亮只能三分天下占据一分，要统一中国，就没有办到。欧洲的拿破仑也是英雄，他只是历史时代的产物，当时法国没有拿破仑，法兰西也会产生一位相当于拿破仑的人物出来，完成法国这场变革。在 1951 年，胡乔木发表了《中国共产党三十年》，文章中也讲到中国共产党按照中国工人阶级的需要，培养塑造出自己的领袖。艾思奇、胡乔木的观点是历史唯物主义的，很有说服力，有力地驳斥了国家的兴衰全靠圣人，"圣人出，天下治"的唯心史观。唯心史观认为有了尧、舜这样的圣王，天下大治，尧、舜不经常有，所以天下乱多治少。这种观点不合历史实际。

艾思奇在北大哲学系讲辩证唯物主义的范畴时，关于"必然和偶然"一对范畴，他举例说，一切反动的、不得民心的反动派必然失败，这是必然；至于哪天哪月灭亡，这是偶然。科学的历史观不同于算命卜卦的先生，区别在此。又举长期采用农村包围城市的战争，战争出于革命需要，出于群众的拥戴，有了革命，就有领袖，这是必然。至于这革命领袖产生于湖南还是江西，他是否一定叫毛泽东，则是偶然。他把道理讲透了，他的话是对的，经得起时间考验的。

艾思奇同志讲授历史唯物主义，也受到当时历史的局限性。讲到社会的生产时，他引用恩格斯的说法，人类社会生产有两种，一种是物质生产，另一种是人的生产（生产下一代，生育子女）。当时斯大林的政治经济学，只承认物质生产，人的生儿育女不算生产。艾思奇讲课时接受了斯大林的观点，记得他说像恩格斯这样伟大的思想家，"也难免有错误，不过只是一小点，不算什么大事，恩格斯还是了不起的大思想家"。斯大林反对恩格斯关于生产的说法，后来已得到改正。可见，学术问题有它的严肃性，政治干预奏效于一时，但不能行久及远。

北京大学哲学系的马克思主义哲学奠基人最早是 20 世纪 20 年代的李大钊，他讲授过唯物史观，后来中断了几十年。艾思奇来到北大后，中断了的马克思主义不但活跃起来，而且发展了。

艾思奇同志在北大讲课，大约 5 年，把马克思主义普及到高等学校，在北大哲学系留下深刻的印象，和高等学校的知识分子结下了深厚的友谊，艾思奇同志功不可没。

1953 年以后，大批苏联专家来到中国，北京大学也分配来几位苏联专家。他们讲课很机械，只讲正面结论，不讲反面论点，不提倡辩论，不许反问。本来内容十分丰富的辩证唯物主义课，被苏联专家讲成了干巴巴的教条。考试也提倡死记硬背，学生的创造性受到压抑。《联共党史》讲到十月革命后，农村消灭了富农阶级。学生问，"当年那些富农哪里去了？"苏联专家不耐烦了，反问学生"你打听他们干吗，是不是要与他们通信？"学生们不敢再问了。

后来才知道，苏联派来的这些教师大多数不是第一流专家，也有从党政机关抽调来的，学术造诣和艾思奇同志不在一个档次上。

艾思奇同志向广大社会、向群众普及哲学，人们早已熟知。他在新中国成立后，把马克思主义普及到大学、高等研究机构，与知识分子广交朋友，似未引起注意。当时形势下的哲学普及工作，十分艰巨。他把本来站在唯心主义阵营的大批旧知识分子引导到马克思主义一边来，固然是由于整个革命形势决定的，但他的功绩是卓越的，我就是闻道较迟，接受启蒙教育的一个。

1961年，参加编写大学文科教材，我负责主编《中国哲学史》教科书，集中住在西郊的高级党校，见面的机会较多，对艾思奇同志了解渐多。他多才多艺，喜游泳，喜音乐，爱好绘画，收藏齐白石的国画。对中国哲学史也有广泛的兴趣和独到的见解。为人豁达，能容忍，不与一般俗人争一日之短长，真理所在，则分毫不让。深为他英年早逝而悲伤，又为他在"文化大革命"前离世而庆幸。

[本文选自《缅怀与探索——纪念艾思奇文选（1981—2008）》，
中共中央党校出版社2010年版]

关于马克思主义哲学 1961 年
体系的一些想法

黄楠森

艾思奇同志 1961 年主编的《辩证唯物主义历史唯物主义》是一本大学文科马克思主义哲学课的教材，其体系不但与斯大林的《辩证唯物主义与历史唯物主义》有很大的差别，对苏联 20 世纪 30 年代流行的体系也有较大变动。这个体系体现了艾思奇同志本人和我国哲学界当时对马克思主义哲学体系的共同认识，出版以后对我国哲学研究、哲学教育和广大干部、群众的哲学学习都产生了深远的影响，它在近半个世纪内是各种马克思主义哲学教材的蓝本，至今仍然是构建马克思主义哲学的各种体系时的主要参考体系。因此，在当前哲学界密切关注马克思主义哲学体系构建活动之际，考察一下这个体系是十分必要的。

马克思主义传入中国以来很长时间内只有一个公认的体系，即辩证唯物主义和历史唯物主义，简称辩证唯物主义。20 世纪 50 年代以来又形成了若干体系，其中得到较多支持的有两个体系，一个是人道主义体系（在苏联比较成型，在西方比较松散），另一个是实践唯物主义。辩证唯物主义与历史唯物主义经常被人说成斯大林体系，这是纯粹的误解。1961 年体系是辩证唯物主义体系在中国的主要代表，下面我们就以它的特点来说明一下这种误解。

辩证唯物主义体系包含两个层次，第一层是世界观，第二层是历史观。辩证唯物主义又分为两部分，一部分是唯物主义（包括认识论），另一部分是辩证法。辩证唯物主义体系有三种模式。即苏联模式（苏联哲学家们在 20 世纪二三十年代构建的）、斯大林模式（《联共党史》第 4 章第 2 节）和中国模式（其代表就是 1961 年体系）。这三种模式在基本组成部分上是一致的，区别在于内容和结构有所不同：苏联模式由唯物主义（哲学基本问题）、辩证法（三个主要规律和若干范畴）和唯物史观构成，斯大林模式由辩证法（四个特征）、唯物主义（三个特征）和唯物史观构成，1961 年体系由唯物主义世界观（哲学基本问题第一方面）、辩证法（三个主要规律和若干范畴）、认识论（哲学基本问题第二方面）和唯物史观构成。

1961 年体系不完全是中国哲学家们首创的，而是把苏联体系加以创造性改造的结果。就艾思奇个人而言，他的《大众哲学》的体系是以苏联模式为蓝本，包括唯物主义两章（世界观和认识论）、辩证法两章（三个主要规律和若干范畴），在斯大林模式出现后也一直采用苏联模式，只是在新中国成立后短时期内采用过斯大林模式，那就是 1953 年的《辩证法讲课提纲》和《辩证法引言》，① 按斯大林提出的辩证法四个特征讲课，还有 1956 年《生产发展的规律性》②，按斯大林提出的生产三个特点讲解。但在这个时期内他没有采用过斯大林提出的唯物主义三个特征的讲法，1954—1956 年他的《在中国科学院讲哲学》中仍按照苏联模式讲唯物主义，③ 1957 年他的《辩证唯物主义讲课提纲》就完全恢复了苏联模式，此后再也没有采用过斯大林模式。1961 年体系是对苏联模式的继承与改造。

1961 年体系与苏联模式、斯大林模式相比有些什么特点呢？

首先谈一下它与苏联模式的同异。它与苏联模式基本上是一致的，最明显的区别是它把唯物主义区别为世界观和认识论两个部分，并把认识论放在辩证法之后，而苏联模式并没有做这种区分，而把辩证法放在认识论之后。苏联模式的安排是不合理的，没有按对象的不同把学科区分开，而是把世界观（辩证法）放在认识论之后，逻辑不顺。一门学科的内容以及内容之间的顺序是由对象决定的，苏联模

① 《艾思奇全书》第 5 卷，人民出版社 2006 年版，第 110、219 页。
② 《艾思奇全书》第 6 卷，人民出版社 2006 年版，第 240 页。
③ 同上书，第 467 页。

式违背了这一原则。恩格斯提出的哲学基本问题包括了两个学科（世界观和认识论），其着眼点并不在于学科构建，而苏联模式拘泥于恩格斯的原有提法，宁肯将世界观分割为两部分，而把认识论横插其间，显然是很不合理的。1961 年体系的这种改动，是体系构建上的一大改进。

其次谈一下它与斯大林模式的同异。斯大林模式与 1961 年体系都属于辩证唯物主义体系，这是它们的相同之处。但它们之间的差别也是很大的。第一，斯大林模式先讲辩证法，后讲唯物主义，这显然是不妥的，因为唯物主义回答世界是什么的问题，辩证法回答世界是怎样的问题；1961 年体系先讲唯物主义，紧接着讲辩证法，更加符合思维的规律。第二，斯大林模式把辩证法归结为四个特征，这不但使辩证法简单化了，而且取消了否定之否定规律，从而也就取消了作为整体的三个主要规律；1961 年体系恢复了这些内容。第三，斯大林模式否定对立面的统一，只讲对立面的斗争，这显然是片面的；1961 年体系完整地论述了对立统一规律。第四，斯大林模式否定社会主义社会中存在生产关系与生产力之间的矛盾，1961 年体系以毛泽东关于社会主义社会基本矛盾的理论纠正了这种片面性。

1961 年体系当然还有其他一些特点，以上已足以说明 1961 年体系与苏联模式是接近的，与斯大林模式的差异是很大的。

那么，我们怎么评价 1961 年体系呢？

谈到评价，首先要谈：辩证唯物主义和历史唯物主义体系是不是马克思和恩格斯的思想？其次要谈：这个体系有多大程度的科学性？或者说哪些成分是科学的，哪些成分是不科学的或不够科学的？

今天很流行的一个观点是：辩证唯物主义不是马克思和恩格斯的思想。或者说辩证唯物主义中有些思想在恩格斯那里曾经有过，在马克思那里却从来没有过。这种观点特别反对把辩证唯物主义和历史唯物主义看成两个层次，把历史唯物主义看成辩证唯物主义在人类社会历史领域的运用，或者否认历史观的世界观前提，或者干脆认为历史唯物主义就是世界观。它们的"强有力"的根据就是马克思和恩格斯在构建历史唯物主义思想体系时没有辩证唯物主义思想体系，后来恩格斯的许多思想被苏联哲学家纳入辩证唯物主义思想体系之中，但恩格斯也未提出过辩证唯物主义思想体系。

在我看来，这个根据是难以成立的。马克思和恩格斯在构建历史唯物主义体系时并非在时间上已经先有了辩证唯物主义体系，但是在逻辑上他们是以辩证唯物主义的基本观点为前提的，尽管他们当时还没有明确提出辩证唯物主义体系。这一点只要简单清理一下他们的思想转变过程就不难明白。

马克思和恩格斯最初都曾经是青年黑格尔派成员，其思想起点是唯心主义辩证法和激进民主主义，大致从 1842 年开始他们向唯物主义和共产主义转变。他们是通过费尔巴哈转向唯物主义的，他们的唯物主义一时可能还摆脱不了费尔巴哈的局限；这时只有空想社会主义，他们的共产主义也不可能是科学的。但他们毕竟有黑格尔辩证法的基础，在实践和理论活动中逐渐看出费尔巴哈的局限性，于 1844 年在《关于费尔巴哈提纲》和《德意志意识形态》中明确批判了他的唯物主义。在这两种著作中，他们对费尔巴哈的批判主要有两点：一是批判了旧唯物主义的直观性，即忽视实践的作用。他们并不根本否定唯物主义，而是主张能动的唯物主义。一是批判费尔巴哈的唯物主义的不彻底性，即唯物主义只对自然界有效，而被排除于人类社会之外。他们主张把唯物主义贯彻于人类社会，并把这种观点叫作唯物主义历史观。他们说："当费尔巴哈是一个唯物主义者的时候，历史在他的视野之外；当他探讨历史的时候，他不是一个唯物主义者。在他那里，唯物主义和历史是彼此完全脱离的。"① 从上下文可以看出，他们所说的"历史"是人类社会的历史，不是宇宙的大历史。后来在《社会主义从空想到科学的发展·英文版导言》中，恩格斯"用'历史唯物主义'这个名词来表达一种关于历史过程的观点"②，即唯物主义历史观。他们多次提到费尔巴哈下半截是唯物主义者，上半截是唯心主义者。这些都说明他们的历史观是以唯物主义世界观为前提

① 《马克思恩格斯选集》第 1 卷，人民出版社 1995 年版，第 78 页。
② 《马克思恩格斯选集》第 3 卷，人民出版社 1995 年版，第 704 页。

的，而决不是没有世界观前提，或者有其他前提。问题是：他们运用唯物主义世界观为前提来构建历史唯物主义体系时，这个唯物主义是什么唯物主义？是费尔巴哈的唯物主义还是辩证唯物主义？当然不是费尔巴哈的唯物主义，因为他们那时已在批判费尔巴哈唯物主义；也不能是已有完整形态的辩证唯物主义，因为他们当时还没有辩证唯物主义理论体系。这个唯物主义应该就是能动的唯物主义，或者说，像许多人喜欢的称呼，实践的唯物主义，这种唯物主义从概念的涵盖范围来讲，应该属于辩证唯物主义的范畴。因此，在我看来，说马克思和恩格斯构建历史唯物主义体系时的世界观前提就是辩证唯物主义，还是可以成立的，尽管他们当时还未构建起这个世界观的完整体系。构建这个体系的任务是 19 世纪 70 年代主要由恩格斯初步完成的。

马克思虽然批判了黑格尔的唯心主义和思辨哲学，但一生都坚持唯物主义辩证法，在《哲学的贫困》《资本论》等书中都有专门的论述。恩格斯在 19 世纪 70 年代系统研究自然辩证法得到了马克思的大力支持，其所提出的观点也得到马克思的赞许，其中许多成果被用于对杜林哲学的批判而得以在《反杜林论》中公开面世。《自然辩证法》和《反杜林论》实际上提供了辩证唯物主义世界观的基本轮廓。恩格斯在 19 世纪 80 年代又在《费尔巴哈论》中提出了哲学基本问题理论。可以说，当时，辩证唯物主义体系已经是呼之欲出了。狄慈根在 1886 年把马克思主义哲学称作"辩证唯物主义"，反映了马克思主义哲学体系已日臻成熟。苏联哲学家在《自然辩证法》于 1925 年发表后形成辩证唯物主义与历史唯物主义的理论体系不是偶然的。可以看出，这个体系虽然在马克思和恩格斯那里没有完整的原型，却是完全符合他们的思想的。

这个体系的科学性如何呢？下面我们就主要以 1961 年体系为代表来谈谈。

1961 年体系基本上是一个科学的学科体系，符合一门学科构建科学体系的基本原则。但它不够完整，不够严密。下面从几个方面谈谈它的长处和短处。

第一，就其对象（包括组成部分及其对象）来说。这个体系的对象和某些组成部分及其对象基本上是明确的。这是一门学科的科学体系的第一个条件。它明确指出马克思主义哲学是"世界观"①，其理论是"关于世界观的学问"，"哲学观点就是人们对于世界上一切事物、对于整个世界的最根本的观点"。马克思主义哲学是"真正科学的世界观"，它同各种具体科学的关系就是一般与具体、普遍与特殊的关系。这个表述说明它的对象就是作为整体的客观世界，它的原理是最一般的原理，它的规律是最普遍的规律。这个世界观由唯物主义与辩证法构成。它还有两个部门，一是认识论，一是历史观。认识论的对象是人类社会的认识现象，"马克思主义哲学在认识论问题上坚持了唯物主义的观点，并且说明了认识的辩证发展过程"。辩证唯物主义的一般原理贯彻于认识现象这个特殊领域，便形成了辩证唯物主义的认识论，即科学认识论。同样，历史观的对象就是人类社会历史，"马克思和恩格斯把辩证唯物主义推广到对人类社会的认识"，就形成了辩证唯物主义历史观，他们早期称之为唯物主义历史观，后来称作历史唯物主义，即科学的历史观。

1961 年体系还在《绪论》中提到另一个部门，即"方法论"。辩证唯物主义是科学的世界观和方法论，这是今天很流行的说法，但严格说起来，这样使用"方法论"这个概念是不确切的。"方法论"，顾名思义，应该是关于方法的系统理论，是哲学的一个部门，但事实上哲学体系中并没有这一个部门，像认识论、历史观那样的部门哲学。实际上，常用的和 1961 年体系中的"方法论"就是方法，世界观原理被运用来认识世界和改造世界时便是方法。从体系上看，马克思主义哲学中倒是应该有一个部门来研究方法问题，叫作方法论。它应研究什么是方法、方法的分类以及如何正确使用方法等问题，形成一个科学的系统理论。缺少这个部门，是哲学体系的一个缺点。

根据改革开放以来的研究，还有两个部门是这个体系所没有的，这也是一个缺点，那就是人学和价值论。科学的发展要求建立人学，

①　以下引文均引自《辩证唯物主义历史唯物主义》，参见《艾思奇全书》第 7 卷，人民出版社 2006 年版，不再一一注明。

它以整体的人作为自己的研究对象，经典作家有很多人学思想，但由于种种原因，人学作为一门哲学部门始终没有建立起来。学术界对人的自然属性和社会属性已经建立了许多人的科学，如人体解剖学、人体生理学、人的医药学、女性学、人口学、老年学、人权学、人性论、人才学、心理学等。但缺乏对人进行整体研究、综合研究的人学，20 世纪 80 年代初关于人道主义的讨论凸显了人学研究的必要，引发 20 多年来研究和建立人学的热潮。

西方在 19 世纪已经开展了对一般价值的研究，出现了一个新的哲学部门，叫作价值论。由于对西方哲学的盲目排斥，价值论一直被视为唯心主义而受到马克思主义理论界的简单否定。其实，伦理学、美学、经济学都包含对价值的研究，只不过它们研究的是特殊价值（道德价值、审美价值、经济价值），不是一般价值；经典作家也有许多关于一般价值的思想。西方价值论中有唯心主义因素，但也有合理的科学的因素，20 多年来我国理论界已在价值论研究上取得了很大进步，把它作为一个部门纳入辩证唯物主义体系中是可能的，也是必要的。

第二，就其中原理的科学性来说。一门学科的原理是否具有科学性，是这门学科成为科学的基本条件之一，马克思主义哲学十分重视这点。由于哲学原理具有最高的普遍性和最大的无限性，其科学性不是一次、两次的实践所能肯定或否定的，而只能以全人类的实践，全部认识史、科学史作为自己立论的根据。但哲学原理的论证，显然不能引证一切科学根据，而只能择其主要根据，这常常被讥笑为"原理加例子"。如果认为举几个例子就证明了一个原理，这显然是把论证原理简单化了，不能把论证归结为举例子，但举例子是不可缺少的，举例子应是举出具有典型意义的事实根据，通过分析，从个别、特殊中见普遍，从有限中见无限。这里有一个哲学中长期争论的问题：一种观点认为例子再多也是有限的，再多的例子说明不了无限的原理；另一种观点认为无限存在于有限之中，普遍存在于个别、特殊之中，只要分析正确，有限的事实可以成为无限的根据。我认为，科学的工作就是在有限中找无限，在个别、特殊中找普遍，科学史证明科学研究经历了很多失败，但也积累了丰富的积极的成果，这些成果，在无数的实践过程中不断经受住了检验，也不断得到修正和发展，它的总和就是对这个世界的认识的不断扩大和不断深入，这个认识诚然是相对的，知识接近绝对真理，没有穷尽绝对真理。我们怎能根本否定认识能够从有限接近或达到无限，怎能完全否定科学的力量和作用呢？1961 年体系对辩证唯物主义原理坚持了这一态度和做法，使自己的原理成为具有鲜明的科学性的原理。当然，它也承认这些原理的相对性，承认它们应该随着实践的发展和科学的发展而不断变化和发展。

第三，就体系结构来说。一个合理的理论体系应该遵循从抽象到具体的原则，但这里的抽象和具体，不是理性和感性，而是理性认识范围内的抽象和具体，实际指的是理性认识从少到多、从浅到深、从简单到复杂的过程。这个过程不仅是一个叙述过程，而且是一个认识过程，一个思维规律展开的过程，一个历史的过程，也就是逻辑与历史（包括客观史与认识史）一致的原则。1961 年体系基本上是按照这个原则构建起来的。它从物质这一高度抽象的概念开始，然后一步步把物质所蕴含的丰富的内容展现出来。首先是按此原则安排各组成部分的顺序，其次是按此原则安排各组成部分的内容的顺序。1961年体系的一大进步是把唯物主义部分与辩证法部分连在一起成为世界观，而把认识论分出来放在后边，不像苏联模式那样在唯物主义与辩证法中间横插一个认识论，违背了逻辑与历史相一致的原则。但1961 年体系的安排也不够彻底，如果彻底遵循这一原则，认识论应安排在历史观之后，因为认识现象是一种社会现象，不是自然现象，应在历史观之内或之后论述其内容。

苏联模式虽然有这样那样的问题，但仍不失为马克思主义哲学第一个比较完整、严密的科学体系。斯大林模式对它做了重大的改动，但这个改动不是进步，而是退步，大大损害了它的完整性和严密性，从而也损害了它的科学性。1961 年体系恢复并改进了苏联模式，40多年来作为马克思主义哲学大学教材体系的主要依据，发挥了巨大的作用。我们要构建更加完整、更加严密的科学的哲学体系，必须对它继承与发展，只有这样才能超越它，而绝不能绕开它。

　　　　　　　　［本文选自《缅怀与探索——纪念艾思奇文选（1981—2008）》，
　　　　　　　　　　　　　　　中共中央党校出版社 2010 年版］

立足实践　关注生活

陈先达

　　艾思奇的著作，尤其是《大众哲学》《哲学与生活》等，没有摆出一种居高临下的姿态，向世人宣扬自己的哲学构思或纯属个人的奇思异想，而是以一个马克思主义者的革命精神，在民族危难之际，在无数青年处于苦闷彷徨之时，用鲜活的语言、生动的笔触，结合中国社会实际和面临的问题，向人们宣传马克思主义哲学的基本原理，为他们指明了一条出路。可以说，艾思奇著作的理论和实际作用，是纯哲学思辨著作所无法比拟的。在进一步推动改革开放和社会主义现代化建设的过程中，马克思主义哲学工作者应以艾思奇为榜样，立足实践，关注生活，关注群众，决不做空头哲学家。也正因为如此，我们今天纪念艾思奇，学习艾思奇的哲学思想，更具现实意义。

《人民日报》记者　彭国华　杨学博采访整理

（原载 2011 年 3 月 2 日《人民日报》第 7 版）

怀念艾思奇同志

陶德麟

我没有机会直接受教于艾思奇同志，但我自认为是他的私淑弟子，因为他是我学习马克思主义哲学的启蒙老师。

我是1931年出生的，小时在家里读过一些古书，后来在武昌实验中学上高中的时候读过一些先秦诸子的篇章，还写过一些诸如《孟荀论性平议》《孟子距杨墨之意何居?》《论事因于世而备适于事》《儒家与民主政治》之类的文章，可以说已经触及一些哲学问题，对哲学有一点朦胧的兴趣。但那时我对马克思主义一无所知，写的文章一点马克思主义也没有，遇到问题就不知道应该怎么分析，幼稚得很。那时我们这些高中学生亲眼看到国统区民生凋敝、民怨沸腾的现状，对国民党腐朽统治下的局面非常不满，而又说不清多少道理，感到很苦恼。1948年胡适到武汉来"讲学"。我们在老师的带领下，去听过他的一次讲演。他讲演的题目是《两个世界，两种文化》，基调是美化美国的民主自由，攻击苏联，攻击马克思主义。我们听了非常不满。在这种情况下，我们几个同班同学组织了一个读书会，每人拿出自己认为值得一读的新书来交换着读。刘杲同学推荐的书就是艾思奇同志的《大众哲学》。此外还有毛泽东同志的《辩证法唯物论提纲》《新民主主义论》（那是武汉大学地下党秘密印刷的），李达同志的《新社会学大纲》（《社会学大纲》的历史唯物主义部分），胡绳同志的《思想方法论》，徐懋庸同志的《什么是帝国主义》等。我们最有兴趣的就是那本直排本的《大众哲学》。它的第一个标题就是"哲学并不神秘"。它从大家熟悉的日常生活中的实例出发，用通俗生动的语言一步一步把马克思主义哲学的基本范畴交代得清清楚楚，逐步地把问题引向深入，让你明白一些前所未知的哲学道理，真是引人入胜。那时我们的课业很繁重，很难挤出时间读课外书，但我还是连续读了三遍，有时还躲在蚊帐里读，每读一章都有一种发现新天地的喜悦。那种感情恐怕是现在的年轻人不容易体会到的。那时《大众哲学》已经出版了十几年，我还是第一次读到。我那时并没有想到自己会以马克思主义哲学的教学研究为终身职业，但这次启蒙却把我引进了马克思主义哲学之门。艾思奇这个名字从此深深地印入了我的心中。

1949 年武汉解放，我考进了武汉大学经济系。那时给我们讲授社会学的刘绪贻老师用的教本是李达同志的《社会学大纲》，实际上是马克思主义哲学。我也就初步学习了一点马克思主义哲学的原理。这时我也读了艾思奇同志的《历史唯物论——社会发展史讲义》（工人出版社 1950 年版），经常读他在《学习》杂志上发表的文章，听他的广播讲座，受到很多教益。从大学三年级开始我做了李达同志的学术助手，"转行"搞马克思主义哲学，以后就留在武汉大学当哲学教师。李达同志对艾思奇同志非常尊重，常常谈起艾思奇同志对马克思主义哲学中国化的贡献，要我们多读艾思奇同志的著作。艾思奇同志的《辩证唯物论讲课提纲》（人民出版社 1957年版）我是反复读过的。

我直接见到艾思奇同志是在 1960 年 2 月。1959 年中央文教小组根据中央书记处的指示布置了编写马克思主义哲学教科书的任务。接受任务的有中共中央高级党校、中国人民大学、北京大学、上海市、吉林省和湖北省。这六个单位分别编出了初稿，1960 年 2月开始集中在中央高级党校讨论了三四个月。我作为"湖北本"的编写组成员之一，也参加了讨论。我们都住在学员宿舍里，一人一间房。到会的既有德高望重的著名哲学家，也有像我这样初出茅庐的"小字辈"。艾思奇同志是讨论会领导小组的组长兼临时党支部书记，整个讨论会都是在他的领导下进行的。艾思奇同志既是已经享誉几十年的大哲学家，又是高级干部，在我的想象中应该是威仪凛然，不好接近的。但实际的感受完全出乎我的意料。他几乎每天都穿一身朴素的灰布衣服，骑着一辆旧自行车准时到会议室来主持会议，一到会就同大家随便聊天。他还常常到学员宿舍同大家讨论问题，商量工作。他给我的突出印象就是谦虚、诚恳、亲切、和蔼，没有丝毫领导干部和大学者的架子。那时他是哲学教研室主任，可是没有人喊他"艾主任"，一般人都喊他"艾教员"，同龄人就叫他"老艾"。他也确实就是一个教员的样子。艾思奇同志对我们这些"小字辈"特别热情关爱，到每间房里去看我们，问我们生活上有没有什么不便，伙食行不行。那时正是三年困难时期，物资供应紧张，参加讨论会的同志粮食虽然可以不定量，但还是得吃一些窝窝头，艾思奇同志每餐都跟我们坐在一起啃窝窝头，喝小米粥。有一天我胃痛。到医务室去看病，恰巧艾思奇同志在那里量血压。他非常亲切地问我有什么病，是不是吃不惯窝窝头，还说要餐厅给我做面条。至于他自己的病，他满不在意，只说："我心脏不大好，血压有点高，没关系！"他知道我是李达同志的学生，就随便谈了一些往事。他说毛主席对李达同志的《社会学大纲》评价很高，1948年中原新华书店重印《社会学大纲》供干部学习，这件事是毛主席委托他办的（他请萧前同志具体操作此事）。他问我多大年纪，我说二十九岁，他风趣地说："我比你大二十一岁，李达同志比我大二十一岁，算三代人吧。"我当然理解，艾思奇同志在中国宣传马克思主义哲学的事业上与李达同志是同一代的开拓者，而我还是刚入门的学生。他的这些话既是自谦之词，也是对晚辈的殷殷鼓励，他的诚挚和亲切使我感到一种特别的温暖。4月22日我们参加讨论会的全体同志一起去人民大会堂参加了纪念列宁90周年诞辰的纪念会。艾思奇同志是跟我们一起坐交通车去的，会议开始前也同我们年轻人坐在休息室里随便喝茶聊天，亲如家人。

艾思奇主持讨论会的时候作风非常民主。他总是让大家充分发表意见，让大家畅所欲言。老同志和年轻人都有同样的发言机会。他还亲自做笔记。年轻的同志常常争论得很激烈，但在艾思奇同志的引导下大家很团结，会场的气氛是生动活泼的。艾思奇同志本人也发言，他总是在适当的时候把大家的意见梳理归纳一下，指出问题的症结，以便让大家进一步深入讨论，然后谈谈他自己的看法。但他从不以作结论的口吻讲话。他的有些观点也有人当场表示不同意或不完全同意，他都很虚心地听取。他让每一位同志的发言都登简报。当时正是"反修"和"反右倾机会主义"空气甚浓的时候，会上有些年轻同志的"调门"很高，不那么实事求是。有的同志对"湖北本"和"北大本"中李达同志和冯定同志写的部分章节提出了很尖锐的批评，有些话说过了头，用词也不大讲分寸，例如说李达同志写的章节有"旧唯物主义倾向"，冯定同志写的章节是"庸人哲学"，等等。艾思奇同志非常注意这种情况，耐心细致地做了疏导工作。有天晚上他找湖北省参加会议的杨锐、余志宏、侯春福、周诚珏同志和我开了一个小会，说明有些同志对李达同志的批评是不恰当的，要我们回去向李达同志作解释。他的实事求是的态度和深入细致的工作作风使我们非常感动，深受教育。后来艾思奇同志在六本书讨论的基础上主编的《辩证唯物主义 历史唯物主义》教科书就非常实事求是，经得起时间的考验，也为我们树立了一个坚持科学态度的榜样。

1966 年 3 月的一个早上，报纸报道艾思奇同志以 56 岁的盛年突然病逝。李达同志打电话找我到他家里告诉我这个不幸的消息后，坐在靠椅上神色非常悲戚，连连抽着烟，半晌才说："可惜了！可惜了！"李达同志立即口授了一份饱含深情的唁函，要我马上发出。这份唁函的底稿只保存了三个多月，就在"文化大革命"抄家时被劫掠而去，永无下落了。

艾思奇同志是集学者与战士于一身的马克思主义哲学家，不是象牙塔里的哲学家。他写《大众哲学》的时候还是一位年仅 24 岁的青年①，他在此后三十多年里以他的大量劳作哺育了几代人，对马克思主义哲学中国化的事业做出了不可磨灭的杰出贡献。他的业绩将永远

---

① 《大众哲学》原名《哲学讲话》，1934 年 11 月至 1935 年 10 月连载于李公朴主编的《读书生活》半月刊，1936 年 1 月结集出版。由于遭到查禁，后改名《大众哲学》继续出版。新中国成立前出过 32 版。

载入史册，铭刻在人们心中。

（本文选自《怀念与思考：艾思奇与马克思主义哲学中国化》，

中共中央党校出版社 2008 年版）

艾思奇对马克思主义哲学
中国化的突出贡献

庄福龄

　　艾思奇同志以他短暂的一生，为马克思主义哲学在中国的传播发展，特别是对马克思主义哲学中国化，做出了具有深远历史意义的杰出贡献。他从青年时代起，二十岁前后就两次赴日留学，为追求真理而阅读了许多有关马列原著，如《共产党宣言》《反杜林论》和黑格尔的《小逻辑》等。正如他对友人说过的那样："我总想从哲学中找出一种对宇宙和人生的科学真理，但都觉得说不清楚，很玄妙。最后，读到马克思恩格斯的著作，才感到豁然开朗，对整个的宇宙和世界的发生发展有了一个比较明确的认识和合理的解释。"[①] 从此即以鲁迅为榜样，学习他弃医从文，以文学作为终生战斗的武器，而艾思奇则决心弃工从哲，以毕生的心血用哲学进行战斗。

　　他回国后毅然放弃父亲要他兴办企业的要求，主动投入到革命洪流中实现其进行哲学战斗的夙愿。可以说，艾思奇的哲学战斗从一开始就是在两个紧密联系而又相互区别的战场上展开的。一个是研究和总结中国哲学思潮的斗争和发展，揭示马克思主义哲学的真理性和生命力，以他 1933 年在《中华月报》上发表的《二十二年来之中国哲学思潮》的论文为代表；另一个是在 1934 年《读书生活》杂志上连续发表的通俗的哲学讲话，后又结集出版定名为《大众哲学》，这是一部篇幅不大而意义却十分深远、深受广大群众和干部喜爱、培育和

---

① 《艾思奇全书》第 8 卷，人民出版社 2006 年版，第 933 页。

引导了几代人走上革命道路的理论著作，在中国马克思主义哲学传播史上具有不可磨灭的历史地位和历史贡献。

艾思奇是从马克思主义哲学高度把握两个战场紧密联系而又相互区别的关系。他既总结了前一战场从辛亥革命以来中国哲学思潮的斗争和发展，从斗争的历史提出了中国需要前进的文化、前进的哲学和前进的阶层，同时又深感忧虑地认为五四后的中国对新哲学还未及作完整的建设，便出现了封建传统的旧哲学和没落底资本主义哲学的死灰复燃，以及这两种哲学结合的人生问题的研究和生命哲学的风靡全国，它们以一种凌驾于唯物论与唯心论之上的态势来对抗唯物论，贩卖唯心论。艾思奇强烈地寄希望于唯物辩证法和唯物史观的新哲学绝非偶然。他深信从马克思恩格斯至伊里奇的唯物辩证法潮流是不可阻挡的，是前进阶层在物质中求胜利的怒潮，中国的将来和世界的将来是一致的、怒吼的。他的这种坚持唯物论、坚持哲学党性原则的鲜明立场，和当时工农群众的革命运动是相得益彰、完全一致的。为此他又把马克思主义哲学视为人民大众提高认识、增强自觉、投入斗争的工具，视为认识世界和改变世界的武器。这也正是艾思奇致力于为工农群众和广大青年开辟哲学普及和宣传的阵地，为马克思主义哲学的通俗化而战斗、而付出了心血和劳动的根本原因。可以说，这一战场是前一战场不断发展深化的必然要求，是马克思主义哲学的本质和历史使命决定的，是马克思主义哲学致力于劳动解放、哲学解放和人类解放的必由之路。

艾思奇正是凭借着他青年时期从两个战场得到的培育和锻炼，成为一名忠诚的共产主义战士和杰出的理论家与哲学家，也使他随后在党的需要和组织分配下奔赴延安，为中国革命和理论建设做出了更为突出的贡献。

为确立毛泽东思想的指导地位而深化哲学研究

随着中国工农红军长征胜利和陕北根据地的建立，随着全民抗战形势的日益高涨，延安势所必然地成为革命人民和进步青年向往的圣地，成为照耀中国革命前途的灯塔和希望。1937 年，艾思奇是以一名活跃于文化战线和理论战线的年青专家奉调来到延安的。他一旦投身到这块崭新的世界和革命的怀抱，立即受到党中央和毛泽东的热烈而隆重的欢迎，为他提供了施展才华、发挥专长的广阔天地。艾思奇一贯从事的马克思主义哲学研究和哲学普及事业，在延安真正成了工农大众和革命干部的精神武器，真正成为毛泽东长期倡导的马克思主义中国化宏伟事业的一支生力军，成为融汇于毛泽东哲学思想体系中的重要内容，成为人民群众学习和领会毛泽东哲学思想的引导和指南。

艾思奇在延安生活、工作长达九年，是他一生中成果众多、贡献突出、最活跃、最有朝气的一段时期。他从国民党统治区来到了延安这块解放区的新天地，从耳濡目染和生活熏陶中进一步激发了他蓄藏已久的革命热情和日益成熟的理论思维。他不仅年富力强，更具有深厚的哲学素养和专业基础，来延安后又直接受到党中央和毛泽东的关怀与信任，始终在他们身边工作，在思想文化战线上担负各项重要任务，尤其是同毛泽东在研究和运用哲学上过从甚密，得益良多，对毛泽东思想的形成和马克思主义哲学的中国化、大众化，做出了许多难以企及的杰出贡献。

历史表明，延安是中国革命转危为安的象征，是中国共产党夺取全国胜利、实现国家统一的基地和出发点，也是党的建设特别是思想理论建设具有历史意义的重要阵地。如所周知，毛泽东的许多哲学论著和研究成果，他亲自倡导的许多哲学活动，他结合中国革命实际运用哲学的独创性成果，他从理论和实践的结合上用学哲学来开展整风运动、实现全党思想路线的统一，等等，都是在延安酝酿和提出的，也是在延安付诸实践而直接收到成效的。

可以说，艾思奇在马克思主义哲学中国化上所达到的成就，既靠自己的素养和基础，又靠延安特有的形势和氛围，靠毛泽东思想的培育和启迪。他的成就首先集中在马克思主义哲学中国化或中国化的马克思主义哲学上，这是势所必然的。他在来到延安的第二年，1938年为武汉《自由中国》杂志创刊号发表的《哲学的现状和任务》一文就明确地提出了这一问题。问题的提出是从中国哲学传播和哲学研究的实际谈起的。由于抗战的到来，"哲学的问题似乎被人忽视了"，"现在一谈到哲学，就给人一个冷而硬的印象，以为是和抗战的生活离得太远的东西"。而艾思奇则认为，任何人都离不开哲学，任何人对实际问题的意见都有他自己的思想方法和哲学基础，特别当他作为一个哲学家来到延安以后，以他敏锐的哲学视野和深刻的哲学思考看到了中国革命领袖毛泽东发愤研究哲学的情景，看到毛泽东运用哲学总结革命战争经验，总结党的建设和反对主观主义的经验，看到毛泽东深入研究哲学基本原理特别是坚持实践论和矛盾论的经验，看到在毛泽东倡议下全党重视哲学学习与读书活动、开展哲学研讨的风气，他一贯主张的振作哲学空气的需要更加强烈、更为迫切了。他认为："正确地哲学运动如果做得好，它可以从思想方面的基础上帮助我们的团结，防止自己的分裂，使我们抗敌的力量迅速地坚强起来。"他提出："现在需要来一个哲学研究的中国化、现实化的运动。"① 可见，马克思主义哲学中国化、现实化，正是推动全民团结抗日的需要，是反对民族分裂、夺取抗战胜利的需要，是关系到党和国家前途命运的大事。艾思奇在这里提出的问题，也正是半年之后毛泽东在党的六届六中全会的报告中提到的马克思主义中国化的原则，即"马克思主义必须和我国的具体特点相结合并通过一定的民族形式才能实现"；或者说"使马克思主义在中国具体化，使之在其每一表现中带着必须有的中国特性，即是说，按照中国的特点去应用它，成为全党亟待了解并亟须解决的问题"②。对上述两种说法，不论是问题的提出，对待马克思主义及其哲学的态度，问题的实质及其解决问题的基本观点，都是如出一辙、完全一致的。只是前者仅从哲学上提出问题和解决问题，而后者则从抗日统一战线方针的高度，以哲学为基础、把马克思主义作为学习和应用的整体对待的。

　　推进哲学研究的中国化、现实化运动是一项十分艰难而复杂的工

---

① 《艾思奇全书》第 2 卷，人民出版社 2006 年版，第 491 页。

② 《毛泽东著作选读》上册，人民出版社 1986 年版，第 288 页。

作，艾思奇从他自己的实践和经验出发，认为"过去哲学只做了一个通俗化的运动，把高深的哲学用通俗的词句加以解释"①，如他撰写《大众哲学》那样。"这在打破从来哲学的神秘观点上，在使哲学和人们的日常生活接近，在使日常生活中的人们也知道注意哲学思想的修养上，是有极大意义的。"但这仅仅"是中国化现实化的初步"，是"不够充分的通俗化"，需要进一步展开和提高。那么，如何才能从整体上基本上达到中国化现实化的要求？艾思奇提出，推动这一运动要做两方面的努力：一要全国有素养有兴趣的"哲学战士"们共同努力，从"书斋课堂"里走出来，从抗战实践中"吸取哲学的养料"，"发展哲学的理论"，然后把这种发展的理论"拿来应用，指示我们的思想行动"，"而不是要把固定的哲学理论，当做支配一切的死公式"。二要为这一运动建立它的中心，对新哲学、辩证唯物论开展研究。对于其他各种哲学思想将采取存精去芜的立场，开展善意的论争，排斥那种"学院式的空洞的争论"，我们尊重实践，尊重和实践一致的辩证唯物论哲学，尊重这种哲学在人类哲学史上经过实践检验的最高总结的历史地位。

综上所述，艾思奇对马克思主义哲学的贡献，是从推进哲学通俗化的努力着手，使之更加充分，进一步提高，实现马克思主义哲学的中国化、现实化。在他看来，哲学的通俗化只是"哲学的中国化、现实化的初步"，只有以哲学的通俗化来武装工农大众，才能提高他们应用哲学、发展哲学的水平，才能在更充分、更完善的高度上实现哲学的中国化、现实化，才能用马克思主义哲学解决中国问题、改变中国现状。可见，艾思奇不仅在哲学通俗化的基础上提出哲学研究更高更根本的要求，用哲学中国化、现实化来突出哲学和实践的结合，突出哲学的运用，突出以马克思主义哲学为中心的根本观点，还从马克思主义的基础上为毛泽东当时所致力的哲学研究、所推行的马克思主义中国化运动、所领导的抗战动员和民族战争的进行，做出了有力的理论上的配合和宣传。

---

① 《艾思奇全书》第2卷，人民出版社2006年版，第491页。

　　艾思奇作为马克思主义哲学家，十分重视理论和实践的结合。他不仅善于提出问题和任务，而且善于抓住问题的解决和落实。他为了推进马克思主义哲学中国化、现实化运动，强调哲学要善于从抗战实践中吸取养料、概括经验、丰富和发展理论，然后又把它们拿来应用，指示我们的思想行动，指导实践。这种不断从实践中来、又不断回到实践中去的认识运动，正是毛泽东在《实践论》中强调的"实践的观点是辩证唯物论的认识论之第一的和基本的观点"，也是马克思主义哲学一贯坚持的基本原理。

　　纵观这近十余年的历史，艾思奇作为人民的哲学家，来延安前后，一贯不变的是为实现哲学的中国化、现实化而努力；而来到延安以后，由于进一步认识了中国共产党和毛泽东，学习了毛泽东的哲学思想、哲学著作和有关哲学论断以后，对哲学的使命和任务有了更深的认识，理论上和哲学上逐步走向成熟。他认为哲学的通俗化并非哲学的最终目的，不能止步不前，需要进一步提高，它只是实现哲学中国化现实化的初步。马克思主义哲学中国化，需要把马克思基本原理同中国实际相结合，像毛泽东同志所说的那样，把哲学作为立场、观点、方法，作为分析问题、总结经验和解决问题的工具和思路，不断地推进我们的事业向前发展。不难看到，艾思奇从来到延安以后到党的"七大"召开，他的哲学研究和哲学论著始终遵循《实践论》《矛盾论》和一系列整风文献的精神，从理论和实践的结合上，突出宣传了哲学的基本原理和基本方法，为发挥基础理论的作用做出了多方面的成果，如旗帜鲜明地写出了"正确的工作态度和工作方法就是辩证法"，发表了一系列有关抗战思想文化的哲学论文与哲学评述，主编了《马恩列斯思想方法论》等。可以毫不夸张地说，艾思奇在延安的九年，是为毛泽东思想在全党指导地位的确立做出了特殊贡献的时期，是在党的重大历史关头捍卫毛泽东思想的坚定的理论家、哲学家和忠诚的理论战士。

坚持在哲学通俗化的基础上不断实现哲学的中国化

艾思奇在青年时期就以他的《大众哲学》而成为中国马克思主义哲学传播史上高举通俗化的杰出旗手。这是马克思主义哲学史一脉相承的创举。早在 19 世纪 80 年代，恩格斯关于总结马克思主义哲学发展的标志性著作就是以这样的结论作为结束语的："德国人的理论兴趣，只是在工人阶级中还没有衰退，继续存在着。在这里，它是根除不了的。在这里，对职位、牟利、对上司的恩典，没有任何考虑。相反，科学越是毫无顾忌和大公无私，它就越符合工人的利益和愿望。在劳动发展史中找到了理解全部社会史的锁钥的新派别，一开始就主要是面向工人阶级的，并且从工人阶级那里得到了同情，这种同情，它在官方科学那里是既没有寻找也没有期望过的。"① 艾思奇就是这样以哲学通俗化的成果面向工农大众、寄期望于工农大众的"新派别"的杰出代表。

当然，艾思奇并没有满足于他在哲学通俗化上取得的重大成就，他既充分肯定工农大众学习哲学、掌握这一精神武器的可能性和必然性，又清醒地看到哲学的通俗化毕竟还是不够充分的通俗化，还只是实现哲学中国化现实化的初步，还需要做很大的努力，更深入、更展开地研究哲学，使哲学在普及的基础上提高，不断满足工农大众哲学水平日益提高的需要；同时哲学研究又必须以关注中国现状、面向中国实际、解决中国问题为中心，使哲学真正形成从内容到形式都具有中国特色的中国化的马克思主义哲学。

艾思奇关于哲学通俗化和中国化、现实化相互关系的论述，从《大众哲学》到《哲学与生活》，又从《哲学与生活》到《哲学的现状和任务》，都是他哲学研究日益深刻的成果，也为随后他在延安频繁的哲学活动打下了基础。他从辅导毛泽东哲学著作的学习，到解读马列原著，评论面临的各种思潮，为开展整风而深入宣传毛泽东的实

---

① 《马克思恩格斯选集》第 4 卷，人民出版社 1995 年版，第 258 页。

事求是、有的放矢、改造我们的学习、理论与实际相结合等重要思想，无不反映了年轻哲学家理论上的成熟和深厚的哲学造诣，也反映了他在哲学上创造性运用和多方面展开的才能，他实践了把哲学通俗化的宣传引向中国化的自觉性，顺应了时代的要求和加强党的建设的需要。

编写中国化马克思主义哲学教材的开创性贡献

艾思奇是以革命战争年代文化思想战线上功勋卓著的老战士身份进入新中国的。他在众多工作岗位的需要下，一如既往地选择了哲学教育，甘愿当一名哲学教员。此后，他的哲学教育和哲学研究总是和新中国的重大决策与重大课题紧密联系在一起。新中国成立初期全国人民仍然面临着走什么道路的重大抉择，迫切需要解决世界观、历史观和人生观的问题，艾思奇编写了《历史唯物论——社会发展史讲授提纲》，在高校、党校、军校和科研院所为各类知识分子讲授马克思主义哲学和思想改造的报告，而艾教员的报告和影响更是遍及全国。

根据形势的发展和广大干部与人民群众的需要，艾思奇从 1954 年到 1957 年编写了《辩证唯物主义讲课提纲》力求以认识问题为中心，从世界观和方法论相统一的高度建构马克思主义哲学体系，这是当时国内第一本系统阐述马克思主义哲学基本原理的教材。

1961 年根据中央决定，编写中国自己的哲学教科书，由艾思奇任编写组长，主编《辩证唯物主义历史唯物主义》，这是中国第一本全国统一的高校马克思主义哲学教科书。

教科书在艾思奇直接主持和修改定稿下，全书第一章绪论突出了两个重要思想，一是中国哲学史上唯物论与唯心论的对立，二是学习哲学要坚持理论联系实际、"有的放矢"，从开始就给马克思主义哲学注入了中国经验，赋予了中国特色。

辩证唯物主义篇共设八章，既吸取了中外教科书所共有的内容和特色，又根据《矛盾论》和《实践论》的内容多方面展开，特别把真理独立成章，可以说汇集中外教材的共识与经验为一体，在坚持马克思主义哲学范围内比较容易为大家所接受。历史唯物主义篇共设七章，从社会的基本矛盾出发，论及社会革命和社会意识，以人民群众和个人的历史作用做结束。这些内容在当时特定条件和复杂情况下要作充分展开和深入阐发，不仅会受到认识局限性的影响，也是当时这本教材难以办到的。对此，作为教材主编的艾思奇煞费苦心，对于社会革命采用和平方式的问题、对于社会主义社会的阶级斗争问题、对于领袖人物的态度问题等，虽然力求做出比较客观全面的分析，但在极"左"思潮笼罩下是很难从根本上扭转的，不应苛求于作者的。

但是，这本教材对基本原理和原著的阐发上，对中国历史和现实材料的引用上，对具体实际的提炼上，在语言文风的严谨上，较好地体现了马克思主义哲学中国化、现实化的要求，甚至引起了某些人所谓"拘谨""无创见""老一套"等非议，这恰恰证明了这本教材在体现科学性、逻辑性、基本原理的稳定性和中国化上是值得称道的。

艾思奇从 24 岁发表《大众哲学》这样富有引导力的不朽著作，历经 32 年始终不懈地为他毕生坚持的马克思主义哲学事业奋斗到底，诚如毛泽东在他悼词中加上的"忠诚"二字。的确，他不愧是党在理论战线上的忠诚战士，他的一生不愧是坚持真理、修正错误、对马克思主义、毛泽东思想竭尽忠诚的一生。艾思奇走过的道路是一个革命青年接近工农、走出书斋、理论上逐步成熟的道路，是一个哲学家日益加强哲学与生活的联系、从哲学通俗化逐步走向哲学中国化现实化的道路，是以他笔耕不辍和宣传不懈来实现马克思主义哲学中国化的道路。深入研究艾思奇为这条道路而奉献的大量论著和讲稿，对马克思主义哲学中国化的事业必将具有深远的启迪意义。

（原载《现代哲学》2008 年第 6 期）

艾思奇

——马克思主义哲学在普及与应用中走向中国化

冯　契

在 20 世纪 30 年代，随着革命形势的发展和马克思主义的广泛传播，在革命者和进步青年中间，掀起了学习辩证唯物主义的热潮。在这热潮中，艾思奇的《哲学讲话》即《大众哲学》一书有很大的影响，有力地推动了马克思主义哲学在普及与应用中走向中国化。

艾思奇（1910—1966 年），原名李生萱，云南腾冲人。曾两度赴日本求学。"九·一八"事变后回国。曾任上海《读书生活》杂志编辑。1935 年加入中国共产党。1937 年到达延安，在抗日军政大学任教。20 世纪 50 年代后，任中共中央高级党校副校长等职，一直从事马克思主义哲学的研究和宣传教育工作。他的重要著作和论文编为《艾思奇文集》。

一　通俗化是"中国化现实化的初步"

哲学，被许多人认为是玄妙的、深奥的，令人望而生畏。艾思奇《大众哲学》的第一篇是《哲学并不神秘》，开宗明义便说："哲学的踪迹可以在日常生活里找到。"他举了当时青年经常遇到的失业和生活难的问题为例，指出：不同的人可能有不同的感想，"而每一种感想里，就都潜伏着一种哲学的根底。第一种人感到人生无聊，世界不值得留恋，这根底里就有'厌世主义'的哲学思想；第二种人以为困难是命中注定的，主张忍受，这里就有宿命论的哲学思想；第三种人认为人们只要看清楚客观事实，就可以努力克服前面的困难，这里就有了现实主义的思想，也可以说是唯物论的哲学思想；第四种人把人生看作游戏，把职业看作享受虚荣的手段，这是享受主义或享乐主义，也是与一种哲学思想有关系的"。这就说明，人们对生活中的问题态度不同，是自发地受着不同的世界观的支配。只有学习了正确的哲学，才能克服自发性，自觉地力求正确解决生活中的问题。艾思奇说："哲学不能单只是说得好听的东西，还要能指导我们办事。它的'重要的问题是在于要改变世界'！"（《大众哲学》第一章绪论）这样通俗生动地讲哲学，确实娓娓动听，引人入胜。这种通俗化、大众化的工作，看似容易，其实是只有那真有理论造诣，并与大众同甘共苦、与青年心连心的哲学家才能做到的。《哲学讲话》于1934—1935年在《读书生活》杂志连续发表，于1936年1月结集成书出版，到1948年出到32版。这本书之所以能风行一时，主要是因为掌握了时代的脉搏，用哲学的理论深入浅出地回答了当时（抗战前夕）爱国青年与革命群众中切身感受到的那些问题。因此，它在理论联系实际特别是联系当时群众的思想方面，取得了显著的成就。

艾思奇把马克思主义哲学的通俗化看作"中国化现实化的初步"。他认为，通俗化的成功，正说明已有"几分（虽然很少）做到了中国化现实化"，但是不能在这"初步"上停留，而要继续前进，扩展为一个"哲学研究的中国化、现实化的运动"。按他的设想，这一运动的中心就是对辩证唯物论的研究。他说：

> 辩证法唯物论是人类哲学史最高的总结，一切哲学对于它都有相互的贡献，对于其他的哲学，它并不采取绝对否定的态度，它会以它的极大的包含性吸取一切哲学的精华。这就是为什么它可以成为中心的理由。论争是不是容许呢？自然容许的，而且也是不可免的，然而在存精去芜的立场上，论争是有善意的、互相发展的作用，而不是绝对的互相排斥。最重要的还是实践，辩证

法唯物论是最和实践一致的哲学。①

就是说，应该密切结合中国革命实践，通过百家争鸣、自由讨论来发展辩证唯物论，以促使马克思主义哲学中国化。这无疑是正确的主张。那么，如何具体地从事哲学研究的中国化工作呢？艾思奇认为，那就要精通马克思主义哲学理论，并做到两点："第一要能控制中国传统的哲学思想，熟悉其表现形式；第二要消化今天的抗战实践的经验与教训。"② 也就是说，要运用马克思主义哲学来总结当前的实践经验，并使之与中国传统结合起来，取得民族的形式。

当时（1938—1939年），中国共产党已经经历了（并正在继续着）反对王明教条主义的斗争。毛泽东说："使马克思主义在中国具体化，使之在其每一表现中带着必须有的中国的特性，即是说，按照中国的特点去应用它，成为全党亟待了解并亟须解决的问题。洋八股必须废止，空洞抽象的调头必须少唱，教条主义必须休息，而代之以新鲜活泼的、为中国老百姓所喜闻乐见的中国作风和中国气派。"③ 艾思奇在马克思主义哲学通俗化、中国化方面所做的努力，也就是毛泽东所说的"使马克思主义在中国具体化"的工作的一部分。

二　对当代哲学思潮的分析批判

艾思奇认为，要使马克思主义哲学中国化、现实化，就不仅需要研究中国的历史、当前环境以及总结中国革命的经验，而且须充分研究"中国人的思想意识，中国过去和现在的各种哲学派别"④。他一贯关心着中国当代哲学思潮的演变，做了大量的研究批判工作。例如，在1933年，他写了《二十二年来之中国哲学思潮》，对辛亥革

---

① 《哲学的现状和任务》，载《艾思奇文集》第1卷，人民出版社1981年版。
② 《关于形式论理学与辩证法》。
③ 《中国共产党在民族战争中的地位》。
④ 《抗战以来的几种重要哲学思想评述》。

命以来的哲学斗争作了"横的解剖"和"纵的展望";在 1935 年,又写了《论黑格尔哲学的颠倒》等文,对当时所谓的"唯物辩证法论战"作了评论;在 1941 年,还写了《抗战以来的几种重要哲学思想评述》,将辩证唯物论哲学的发展和国民党哲学的演变作了对比、分析,等等。从这些文章中可以看出:艾思奇一方面力求运用辩证唯物主义和历史唯物主义作为方法来剖析当代哲学思潮,另一方面又力求通过分析批判来阐述马克思主义哲学的基本原理。下面从这两个方面来具体加以论述。

一方面,从方法论来说,艾思奇以为,"研究中国哲学,必须明了中国文化。欲明了中国文化,又必须了解中国的社会构造及经济关系"①。这就是说,要运用唯物史观来研究哲学思潮。在这一基本前提下,他进而提出对哲学思潮作"横的解剖"和"纵的展望"。所谓"横的解剖",就是要用阶级分析方法来考察同一时代出现的各种哲学思潮:在半殖民地半封建的中国,有"种种输入底资本主义型之哲学",有"封建底哲学传统之不断复归",到 1927 年,又有"辩证唯物论的洪流席卷了全国"。所谓"纵的展望",就是要用历史主义方法来考察各种哲学思潮如何先后相继,并拿"中国哲学与欧洲哲学史随时作一个对比的说明"②。艾思奇提出在唯物史观基础上作"纵""横"结合、东西对比的考察,这一方法论的基本原则无疑是正确的。

他运用这种方法来研究哲学思潮,对某些问题和某些人物作了比较实事求是的分析。例如,他把中国的"五四"新文化运动与欧洲

---

① 《二十二年来之中国哲学思潮》。

② 艾思奇以为,1927 年是个界线,此后"唯物辩证法风靡了全国。……学者都公认这是一切任何学问的基础,不论研究社会学、经济学、考古学,或从事文艺理论者,都在这哲学基础上看见了新的曙光,许许多多旧的文学者及研究家都一天一天的'转变'起来。人道主义者的鲁迅先生抛弃了人道主义,李石岑先生撇开了尼采,朱谦之先生听说也一时地成为辩证法唯物论者"(《二十二年来之中国哲学思潮》)。李石岑曾大量介绍尼采、柏格森哲学,1927 年赴欧洲考察西方哲学,1930 年归国,转而推崇"新唯物论"即辩证唯物论。朱谦之曾以提倡"唯情论"著名,1929 年到日本研究马克思主义,一度声称从此之后"由玄学而进向科学"。

的文艺复兴以至启蒙运动相对比，认为从哲学上看，"两者同是以新的科学方法之建立为基础"，与封建的经院哲学相对抗。正因为此，他对"五四"时期的胡适作了适当的评价。他说：

> 实验主义的治学方法在某种意义上可以说是与封建迷信针锋相对，因此就成为五四文化中的天之骄子。在这种意味上，与其说胡适对于新文化有何种新的创见，不如说他的功绩仅仅在于新底思想方法之提出。否则，就实验主义的应用方面来说，在胡适不过用以"整理国故"，成就了中途夭折的《哲学史大纲》，政治上只落得一个一塌糊涂的好人政府的空想，要问积极的业迹，是丝毫说不上的。[①]

这是将胡适放在当时的历史条件下作具体分析，既指出了其实验主义方法的反封建意义，也指出了它有极大局限性。在艾思奇看来，真正能"开辟新的科学的天地"的方法，则是辩证唯物论。当然，艾思奇在运用他的"纵横结合、东西对比"的方法时，也难免有简单比附之处，他的某些具体看法后来也有改变。但可贵的是，他当时的这些分析批判，并无教条主义气息。

另一方面，关于他如何从分析批判中来阐述马克思主义哲学的基本原理，我们仅举他对 20 世纪 30 年代所谓的"唯物辩证法论战"[②]的评论为例。

所谓"唯物辩证法论战"，是张东荪[③]挑起的。他从 1931 年起就

---

① 《二十二年来之中国哲学思潮》。

② 唯物辩证法论战：1930 年至 1956 年中国哲学理论界就哲学消灭与否、本体论与认识论的关系和唯物辩证法的实质等问题的一次论战。在论战中，艾思奇、邓云特（邓拓）、沈志远等马克思主义者批判了张东荪和叶青的哲学思想。

③ 张东荪（1886—1975），字圣心，浙江杭县（今余杭）人。早年毕业于日本东京帝国大学，回国后曾在中国公学、北京大学任教授。在"五四"时期，宣传基尔特社会主义，与当时的马克思主义者进行了"社会主义论战"。在哲学上提出"架构论"和"多元认识论"，反对马克思主义哲学理论。主要哲学论著有《新哲学论丛》《认识论》《唯物辩证法总检讨》等。

连续发表了若干文章，直接攻击辩证唯物主义。1934 年，他把别人反对辩证唯物论和历史唯物论的十多篇文章，加上他自己撰写的《唯物辩证法之总检讨》一文，编辑成《唯物辩证法论战》一书。与此同时，叶青①冒充马克思主义者，以批判张东荪、胡适的哲学思想为幌子，实际上他是用"哲学消灭论"来篡改和反对马克思主义，也编辑出版了《哲学论战》《新哲学论战》的集子。叶青、张东荪的谬论遭到了艾思奇和其他同志的批判。

张东荪的哲学思想无非是新康德主义的变种。他认为，可以不要康德的"自在之物"，所谓外物"本来只是一个构造方式，本不必要有内容"，就是说，"物"全是人主观构造出来的。他主张用物理代替物，用生理代替生，用心理代替心，而所谓自然条理都是在认识以内的，所谓外界只是空的架构，并没有什么实质，亦即只有物理而无物质。这是一种主观唯心主义的论调。

叶青提出所谓"哲学消灭论"，认为哲学到黑格尔已经达到最高峰，已经终结了，黑格尔以后只有科学了。叶青和张东荪一样都是"借哲学的名义来施舍折中主义残羹剩汁"（恩格斯语），而且叶青是一个江湖骗子，根本不是搞学问的。马克思主义者在哲学上没有碰到什么强大的对手，而只是遇到折中主义者和江湖骗子的挑战，理应加以蔑视。所以，马克思主义者无须花大力气进行针锋相对的回击，而是更多地注意从正面阐明自己的观点，以教育群众。从艾思奇等人的批判文章可以看出，正是通过对这次"论战"的评论，使某些理论界限得到了一定程度的廓清。

首先，辩证唯物主义的诞生是划时代的哲学革命，这牵涉到马克思主义哲学与黑格尔的关系。

张东荪说："马克思的辩证法所以错误到不可救药，其原因一半在黑格尔本身。换言之，即黑格尔本身就有错误与糊涂处，马克思不过再加一些新的错误罢了。"② 这是张东荪对马克思主义的攻击。叶

① 叶青（1896—1990），原名任卓宣，四川南充人，共产党的叛徒。曾任国民党中央宣传部代部长，死于台湾。

② 《唯物辩证法之总检讨》。

青则说，马克思"只是辩证法的检证者，创立者是黑格尔"。以为马克思与黑格尔虽有唯物论与唯心论的不同，但两者的"运动的逻辑公式无不相同，并且完全是一个"。叶青和张东荪一样，都认为马克思辩证法不过是现成地从黑格尔那儿搬过来。艾思奇在《论黑格尔哲学的颠倒》一文里批判了这种谬论。他指出，辩证唯物论是"一个划时代的新哲学"，即它的诞生是一次哲学革命，这是由"当时欧洲社会里新的现实条件和要求"决定的，"没有新的条件和要求，新哲学决不会从黑格尔的旧卵壳里孵化出来"。他还写道：

> 由黑格尔到新唯物论，是不但要破壳，连内容也得经过一番成熟的改造才行。单单弃了壳，没有内容的改造，那卵还是卵，决不会有新生命。

就是说，辩证唯物主义不仅粉碎了黑格尔哲学唯心论的外壳，而且在辩证法的内容方面也做了根本的改造。他说："批判与宰割不同，批判的接受是经过一番改造的。"所谓把黑格尔哲学"颠倒"过来，就是批判地加以改造，决不是只需把黑格尔哲学的唯心主义剥掉，便可把辩证法原封不动地搬来，而是既要抛弃它的唯心论，又要"改正那被压歪在黑格尔哲学里的辩证法的公式"，这样才能把辩证法建立在唯物论的基础上，实现划时代的哲学变革。

其次，关于哲学的党派性和马克思主义哲学的科学性问题。

张东荪公开反对哲学的党派性，认为"使'哲学'二字与'党派'二字联缀成一句，即等于取消哲学而只留党派。这种在党派之下的哲学，虽名为哲学，而其实并不是哲学"①。即是说，讲党派性，就不是哲学。他以为哲学论争无所谓胜负，例如科学和玄学的论战，即丁文江和张君劢的论战，所讨论的问题"乃是千古不决的问题。人类有一天，这一类问题就存在一天"。在张东荪看来，哲学的问题是永远不能得到解决的问题，是永恒的问题，所以哲学是玄学而不是

———————————

① 《唯物辩证法之总检讨》。

科学。而叶青则提出一个公式：所谓"黑格尔—费尔巴哈—马克思"，便是"观念论—物质论—观念论物质论（即新物质论）"。他认为新物质论就等于物质论和观念论的统一。这种论调是江湖骗子的论调，但同样是否认哲学的党派性，否认哲学上唯物主义和唯心主义两大阵营的对立。艾思奇当时在一些著作（包括《哲学讲话》）中论述了哲学按照对思维和存在的关系问题的不同回答而划分为两大阵营的观点，坚持了哲学的党派性。并指出，社会是分为不同集团的：一部分人希望保守现状，另一部分人则在努力变革社会。而变革社会的实践必然要求唯物论。他说："最进步的哲学，一定是代表着最进步的实践的立场，没有进步的立场，决不能得到进步的真理，我们常听说所谓哲学要有党派性，不外是这个意思。"①

同时，他也阐明了马克思主义哲学的科学性。针对张东荪把哲学视为"千古不决"的玄学和叶青的"哲学消灭论"（叶说"哲学是没有独立的领域了"），艾思奇指出："要像从前那样，想保持一种超乎科学之上的哲学或玄学，是不正当的，但同时要把哲学这一门学问，完全消灭掉，使它没有一个自己特有的领域和对象，也是机械论的错误。"辩证唯物主义的研究对象是自然、社会和人类经验的总法则，这就是哲学特有的领域。当然，这个总法则不是凭空而来的，它必须以各门科学的研究为基础，同时又转过来指导各门科学的研究。②

应该说，通过艾思奇对所谓"唯物辩证法论战"的评论，上述问题的理论界限比较清楚了。此外，张东荪和叶青都攻击辩证法。张东荪认为，辩证现象并不是天下万物所共有，所谓扬弃，只是逻辑思维的变，而不是空间上时间上的变，不是事物的变。叶青把马克思辩证法简单地归结为一个数学公式："正＋反＝合。"他认为这个公式可以概括一切。艾思奇指出，张东荪把辩证法说成是主观的，以为辩证法讲"是就是否、否就是是"是随意的，这实际上是把辩证法歪

① 《大众哲学》十一。
② 参见《几个哲学问题》。

曲成了诡辩。叶青则"固执着黑格尔的观念的公式","迷离于黑格尔哲学的纯逻辑的探讨",实际上他跟张东荪一样,都是"不问内容而单看形式"。① 这些评论也是有道理的。

不过,当讨论到逻辑思维的形式与内容问题时,便涉及形式逻辑和辩证法的关系问题。在批判了张东荪、叶青之后,马克思主义者之间(主要是潘梓年②与艾思奇、李达之间),发生了一场如何改造形式逻辑问题的争论。③ 20 世纪 30 年代的中国的马克思主义者,既未能划清形式逻辑与形而上学的界限,也未能正确阐明形式逻辑与辩证逻辑的关系,并且一般地说,对形式逻辑有否定过多的倾向(这种倾向也存在于当时苏联哲学界,并可追溯到黑格尔)。艾思奇等的这种否定形式逻辑的倾向,到新中国成立后得到了纠正。

三 对唯物辩证法的几点发挥

艾思奇同李达一样,在努力从事普及与应用马克思主义哲学的工作中,也往往有所发挥,提出一些新见解,促进了马克思主义哲学的中国化。

第一,关于实践和主观能动性。艾思奇在阐发马克思《费尔巴哈论纲》中的实践观点时说:

---

① 参见《论黑格尔哲学的颠倒》。

② 潘梓年(1895—1972),江苏宜兴人。1927 年加入中国共产党,长期从事文化宣传的领导工作。哲学论著有《逻辑与逻辑学》,译作《时间和自由意志》。

③ 潘梓年在其所著的《逻辑与逻辑学》一书中说:"形式逻辑的三个思维律,即同一律、矛盾律、拒中律已绝对不能用;概念论、判断论、推理论、分析与综合、演绎与归纳等等则须加以根本的改作而构成思维方法的一部分;关于词、命题、三段论的各种规定以及密勒五规则以及统计法等等,则全部收编过来,叫它们充当技师而列为思维技术。"艾思奇以为,这种"把形式论理学硬截做几个不同部分,用不同的方法来处理"的办法是错误的。他说:"像对于三个思维律一样,对于形式论理学的全部构造,我们都同样可以'收编',然而都要同样经过改编才能'收编',就是说把它改造成辩证法的有机要素,才能够收编。"(《形式论理学和辩证法》)此外,在艾思奇的《抗战以来的几种重要哲学思想评述》一文中,也有关于这一争论的评论。

在社会条件之下，加劳动于一定的对象，以改变对象克服对象，这就是人类的历史活动。主观与客观的差别，到在"有对象性活动"中具体地显现着的，人类不仅仅是从内的自觉上看的主观，作为与对象对立地活动着的主体，这才是现实的主观。主客的统一中，不仅是抽象地有差别，而且是在实际上有对立，有矛盾，有斗争。主观对于客观是能动地作用着的，是能于将客观施以加工改造的。①

这是说，人类的实践是改变对象的具体的历史活动。人首先是"与对象对立地活动着的主体"，然后才是有意识（由内的自觉）的主体。旧唯物论把主客的差别看作内的意识与外的客体的差别，那是"静态的、抽象的"；其实，在"有对象性的（gegenständliche）活动"即实践中，主客的对立统一是动态的、具体的，那是一个主客观交互作用的过程。当然，唯物论者都肯定"思想是客观世界的反映"，但辩证唯物论者认为，也不能忽视主观能动性。艾思奇说："如果没有客观世界，当然没有我们的思想；在这一点，客观是重要的。但同时，如果没有实践的活动，如果主观不能自动地去改变客观，思想也不会有的，即使有思想，也不会进步的。在这一点，我们又看见主观也同样重要。"②他以为，这种客观与主观、存在与意识关系的观点，不仅是辩证唯物主义的认识论，而且也是马克思主义的历史观。他与李达一样，也强调辩证唯物主义与历史唯物主义的统一。

第二，关于认识的螺旋式发展。艾思奇的《大众哲学》在阐述了"从感性到理性，又由理性到实践"的认识过程之后，又写道：

我们的认识，也并不是经过实践—证明后就完全满足了。在实践中，一面矫正了主观的错误，一面又得到新的感性的认识，

---

① 《从新哲学所见的人生观》。
② 《客观主义的真面目》。

所以又有新的认识过程发生了，……因此，从感性到理性，从理性到实践，又由实践得到新的感性，走向新的理性，这种过程，是无穷地连续下去，循环下去，但循环一次，我们的认识也就愈丰富，所以这种循环，是螺旋式的循环，而不是圆圈式的循环，它永远在发展，进步，决不会停滞在原来的圈子里。①

艾思奇把认识过程理解为开放的、无限前进的螺旋运动，这和李达是一致的。不过李达着重讲实践基础上的由具体到抽象、由抽象再上升到具体的真理发展过程，而艾思奇着重讲的是实践基础上的感性和理性循环往复的前进运动。后来毛泽东吸取了他们两人的见解，对人类认识运动的秩序作了更全面的理论概括。

第三，关于必然、偶然与自由。这几个互有联系的范畴，在中国近代哲学中有其特别重要的地位。"科学与玄学的论战"就是围绕这些范畴展开的争论。共产党人反对右的和"左"的倾向，也牵涉到这些范畴。瞿秋白讲历史决定论，把偶然性说成"纯粹是主观的说法"，显然是不正确的。艾思奇批评了这种"机械论"的观点，指出偶然性是客观的，它的产生也是有原因的。他说：

　　外来的原因所引起的偶然性，只是偶然性的一种，其偶然性在事物内部的变化中，也是无一处不钻到的。它和必然性是紧紧的结合着，不，一切事物的必然性，都是从许许多多的偶然事件中发展出来的。②

他举当时社会中许多人破产失业为例，指出这是必然的，但张三、李四等又各有其特殊的偶然的遭遇，所以必然性正是通过无数的偶然性而展开的。他认为引起偶然事件的原因不只是外来的，而且是出于事物内部运动的表现。这是对恩格斯《费尔巴哈论》中的观点

---

① 《大众哲学》十。
② 《大众哲学》二十三。

的发挥。

同时，他也对恩格斯《反杜林论》中关于自由与必然的思想作了发挥。他认为，决不能"像斯宾诺莎一样地将自由解消在必然性中"，单纯认识和顺应必然性还不等于自由，"意志的自由也就是改变对象和克服对象的自由"。他说：

> 有人说：社会科学预言将来的社会是必然要到来的，既是社会的必然，人何必要为着它的到来而多事地努力和争斗呢？其实必然性本身是有矛盾的。社会的进步是必然，而进步过程中必有保守的阻力，这也是一种内在的必然，进步的必然性不进而克服了这保守的必然，进步就必不能成为现实性，这里，就说明为什么需要人的努力。于是可以知道，自由不仅是顺应必然性就能成立，而是要依着必然性去克服必然性的体系自身的矛盾，才能显现的。①

意思是说，根据事物内在的必然，发展的可能性不止一个，进步人类的理想虽是客观必然法则提供的可能性，但同时也存在着保守势力阻挠社会进步的可能性。为要使理想变为现实，必须经过进步人类的努力和斗争，"克服必然性的体系自身的矛盾"。艾思奇认为，必然性包含矛盾是内在的，进步的必然性（可能性）与保守的必然性（可能性）在斗争着，所以革命者必须充分发挥主观能动性，抓住时机，依据规律来创设条件，努力去争取那有利于人类进步的可能性化为现实。这个论点，在辩证逻辑上具有重要意义。

[本文选自《缅怀与探索——纪念艾思奇文选（1981—2008）》，
中共中央党校出版社 2010 年版]

---

① 《从新哲学所见的人生观》。

对一般与个别辩证法的深刻阐发

——艾思奇对唯物辩证法的研究

赵凤岐

艾思奇同志是我国著名的马克思主义哲学家。他从 20 世纪 30 年代初开始直到 1966 年逝世，一直从事马克思主义哲学的研究和宣传工作，为我们留下了相当丰富的哲学遗产。在已出版的《艾思奇文集》中，收集了他的主要哲学论著，其中有相当一部分是谈及辩证法问题的。在纪念艾思奇同志逝世 20 周年的时候，我们仅就这一方面谈些体会。

一

一般与个别的关系是唯物辩证法中一个重要的问题，收集在《艾思奇文集》第一卷中的《抽象作用与辩证法》《抽象名词和事实》《认识论和思想方法论》《形式论理学和辩证法》以及第二卷中的《从〈矛盾论〉看辩证法的理解和运用》等文章中，都涉及这个问题。

《抽象作用与辩证法》，是艾思奇同志所写的第一篇哲学论文，发表在 1933 年《正路》杂志上。写这篇文章时，艾思奇还只是 23 岁的青年，但在这个处女作中已经初步显露了他敢于提出问题和肯于思考的哲学素质。个别与一般的关系本是一个很古老很复杂的哲学问题。在人类哲学思想发展的早期，人们在探寻世界的本原及其表现形式时就接触过这个问题。古希腊时期关于世界本原问题的探讨，中世纪唯名论与唯实论围绕"共相"所展开的争论，都同这个问题密切相关。在哲学发展史中，有一些哲学家在个别与一般的问题上曾经提出了很有价值的见解。但也有过多次失误。人们在把握个别与一般及其相互关系的过程中，经历了艰难曲折的路程。个别与一般也是在人们实践中具有普遍意义的问题。在中国革命实践中就经常遇到把一般原理与特殊情况相结合这样的问题，所以从理论上研究一般与个别的关系是非常必要的。艾思奇在《抽象作用与辩证法》等文章中，对这个问题阐述了一些很有价值的见解。

要认识事物的本质，就必须借助于"抽象作用"而造成概念。但是既已造成的概念是抽象的还是具体的，或者说对经过抽象而得到的"一般"，究竟应当怎样理解？艾思奇在文章中说："概念不是和个物对等的另一种存在物，却是'把多种多样的诸现象间普遍的必然的关联表现出来的种种的规定'。"① "概念若作为在各个物的关联之中的概念去把握，它便是无限的多样性的总体，其内容的丰富便不是单个的个物所能比拟。把黑、白、大、小之类的特殊性抽象了的马的概念，实际上是将这一切的特殊性都包容在内部了。"② 他还举了"森林"等事例来说明具体概念的丰富性。照他说来，远看森林，如果不了解其中的一株株树木时，还不过是"简单的漆黑的一片而已"，可是，如果了解到这一片之中是包藏着无数万株的树木时，便能"知道森林这东西是比树木博大的"，有着内在丰富性。他强调指出："辩证法所要求的是具体概念，而不仅仅要把握抽象概念"，而具体概念则应该包含着个别、特殊之全部丰富性。③

艾思奇在这里所阐明的关于辩证法所要求的是具体概念的思想，关于在一般中体现了个别、特殊的全部丰富性的思想，都是很重要的。可以说，这是能否正确地理解和把握个别与一般及其相互关系的一个关键。

在个别与一般的关系上有两个命题很值得研究。一个命题是：任

---

① 《艾思奇文集》第 1 卷，人民出版社 1981 年版，第 8 页。
② 同上书，第 13 页。
③ 同上书，第 447 页。

何个别都不能完全地进入一般之中；另一个命题是：一般、普遍体现着个别的、特殊的东西的全部丰富性。这两个命题都来自于《哲学笔记》。在哲学史上，黑格尔首先提出"具体概念"的思想。在《哲学笔记》中，列宁在摘录了黑格尔的"不只是抽象的普遍，而且是自身包含着特殊东西的丰富性的普遍"这句话之后，称之为"绝妙的公式"，指出这种普遍性自身体现着"特殊的和个别的东西的全部丰富性"。① 这里，列宁对于黑格尔的上述思想给以肯定性的高度评价。以往，人们常常把概念仅仅看成是抽象的，认为它所表现的只是一些事物的共同点，而并不涉及事物的特殊性、个性，因而认为越高的概念其内容也就越贫乏。艾思奇批评了这种对概念的形式主义的理解，指出了那种认为概念不能存在于个物里、概念的抽象不能以个物为根据或概念不是从个物中来的观点是不正确的，同时也批评了那种认为概念与事物根本不存在差异性的错误看法。针对哲学史上那种对概念的抽象理解，黑格尔提出"具体概念"与之相对立。认为概念不只是抽象的，而且也是具体的，就概念的形成来说它是抽象的结果；但就概念所反映的内容来说它又是具体的。即体现着特殊东西的全部丰富性的，因而越高的概念其内容也就越丰富。黑格尔特别强调了不要把具体的普遍性与排斥了特殊性的共同之点混为一谈。问题的症结就在于，普遍或一般作为对诸多个别的共同之点的概括不是形式上的共同之点，不是抽象的同一，而是同中有异；不是排斥一切"异"的"同"，而是在自身中包含着差别、体现了特殊、个别之丰富性的"同"，即作为具体概念的普遍或一般。艾思奇说："辩证法的定义表象，不是只看见本身同一的表象，而同时也要在定义里把握对立的统一。"辩证法所要把握的概念，黑格尔就称作"具体概念"，它是"在对立统一的基础上，把概念表象为它的对立方面的扬弃、克服和高级的保存"，把对立的另一方"当作被扬弃了的东西"而包含在自身之中。② 一般来自于个别，是对个别的特殊的东西的共同本

---

① 《列宁全集》第 38 卷，人民出版社 1986 年版，第 98 页。

② 《艾思奇文集》第 1 卷，人民出版社 1981 年版，第 446—447 页。

质的概括，所以说任何个别都不能完全地进入一般之中，在"一般"之中没有也不可能把诸多个别的一切细节都包罗无遗。这是一般之所以为一般之所在。但是，在一般之中，正如艾思奇所说不能理解为是对个别、特殊的单纯否定，概念不能"停止在抽象的形式上"，而是以扬弃的形式把个别特殊包含于自身之中，换言之，个别或特殊以改变了的形态作为内在环节而存在于一般之中。所以说，不只是抽象的一般或普遍，而是在自身中体现了个别特别的全部丰富性的"这种普遍"。这又是一般或普遍把特殊作为自己的内在性质的科学规定。这也是作为具体概念的一般与空洞抽象的"一般"之间的分界限。作为科学抽象的一般不是没有内容的"一般"，而是在自身中包含有"不同部分"的一般或普遍。在我看来，这就是前述第二个命题，即一般、普遍体现着个别、特殊东西的全体丰富性的一层重要含义。因此，承认不承认进入一般之中的各部分本质之间的差别性，就成了区分空洞的抽象和科学抽象之间的界限，也是能不能把握具体概念的关键一环。艾思奇在讲到抽象作用与辩证法的关系问题时，强调了把握具体概念的重要性，阐明了进行抽象必须坚持辩证法的基本观点；在讲到同一的地方同时说明了同一又不同一的道理，反复说明了对概念或一般不能作形式主义的了解，等等。因此可以说，他在一般与个别的辩证法问题上作了十分可贵的探讨，基本观点是正确的。

把差别包含于自身，是"本质的一般"的一个特性。作为本质的一般，它高于任何个别，它具有稳定性的特点，比个别深刻。同时，一般的这种稳定性也是相对的（相对于个别的多变性而言），即非僵死的，而是可变动的。并且，一般、普遍只有通过个别、特殊的变化发展的无限的、活生生的生动过程，才能保持其自身的同一性——规定性。也只有通过个别、特殊的东西的不断发展变化，一般、普遍才能在这种变动中不断提高它以前的全部内容，而使自己不断丰富和充实起来。这个过程也就是一般、普遍不断地体现个别、特殊东西之丰富性的过程。所以我们说，前述第二个命题的含义除了是指一般把差别包含于自身这层含义外，另一层含义即是指过程的这种变动性，因为一般或普遍只有在无限发展变化的过程中才能体现个别的特殊的东西的全部丰富性。

这样，我们便看到，在如何理解一般、普遍体现着个别、特殊的全部丰富性的问题上，其间的两个要点即作为本质的"一般"内在地包含着差别，以及在发展变化中"一般"不断地体现着个别、特殊的丰富性这样的两个方面，艾思奇在其早期著作中都涉及了，并且在原则上都作出了较正确的论述和阐明，这是很不容易的。其思想即使在今天看来，对于我们研究一般与个别的相互关系也还不失其重要启示作用。

二

多年以来，在一些流行的教科书或其他论著（包括艾思奇后期主编的教科书）中，在讲到一般与个别的相互关系问题时，常常是只讲"任何个别都不能完全地进入一般之中"这一命题，而对于一般或普遍"体现着个别的特殊的东西的全部丰富性"这一命题则很少讲，或者根本不讲。而在笔者看来，上述两个命题有着内在的不可分割的联系。如果只讲第一个命题，不讲第二个命题，是理论上的一种片面性。上述两个命题的侧重点有所不同。"任何个别都不能完全地进入一般之中"这个命题，是在一般与个别的有机统一中着重从两者的区别上来规定"一般"的，指的是任何一般都只是大致地包括一切个别事物，因为某一个别事物不但有与其他事物相联系的共性和本质，而且还有与其他事物相区别的个性、特殊性。作为思维中的一般，它所反映的是诸多事物的共性、本质，并不能反映个别事物的所有具体特性，并没有把诸多个别的一切细节都囊括无遗。至于第二个命题，则是在一般与个别的统一中着重从两者的内在联结上和过程无限发展的角度来规定"一般"的。由于个别不能完全地进入一般之中，这就使一般获得了比较纯粹的形态；又由于一般之中体现了个别的东西的全部丰富性，所以这个一般又不是那么纯粹的。"一般的含义是矛盾的，它是僵死的，它是不纯粹的、不完全的，等等，而且它只是认识具体事物的一个阶段，因为我们永远不会完全认识具体事物。一般概念，规律等等的无限总和才提供完全的具体事物。"① 正因为一般是对诸多个别的共同的本质的概括，所以它对所有个别都是有指导意义的；但是，又因为一般的含义是矛盾的，有其"僵死""不完全"的特性，所以又不能简单地把一般原则套用于个别，即使是正确的原则也不能套用。同时，即使是经由科学抽象而得出的一般，也只是认识具体事物的一个阶段，而非认识的终结。具体事物的关系和联系是多方面的，错综复杂的，千变万化的，只有不断地再认识，只有一般概念、规律等的总和"才提供完全的具体事物"。可见，这两个命题的侧重点虽有所不同，但都是在通过个别与一般的联系和区别中，强调不能把一般绝对化，不能把普遍抽象化。

一般说来，人们对于"个别不能完全地进入一般之中"这个命题比较容易理解，而对于"一般"或"普遍"的理解上则往往存在误解或歧义。把一般理解为单纯的共同点，或者把普遍绝对化，把它仅仅理解为"抽象"的，根本排斥个别的，都是误解。造成种种误解的一个重要原因就是离开了辩证法的具体概念的要求，否认或忽视了前述第二个命题的意义和重要性。从认识上说，就是在由个别到一般的抽象过程中，只看到了一般对个别的否定的方面，而不懂得这种否定是一种扬弃，看不到被扬弃了的东西（个别或特殊）并不是化为"无"，而是以改变了形态成为扬弃者（一般或普遍）的内在环节了。显然，无视这一点正是把一般绝对化的一个重要认识论根源。所以说，如果不讲第二个命题，不懂得一般、普遍体现着个别、特殊的全部丰富性这样的道理，就很容易导致把一般绝对化，陷于对普遍的抽象的了解。

在艾思奇的一些文章中可以看出，他是主张坚持辩证法的具体概念的，他反对那种只讲"自身同一"的定义表象法，因为这种方法只能把握到"片面意义上的"概念，即自身单纯同一的抽象的概念；而辩证法所要把握的则是"具体概念"。即在自身中既有否定又有肯定的具体概念。他还反对那种"套公式的研究法"。因为这种公式主

---

① 《列宁全集》第 38 卷，人民出版社 1986 年版，第 309 页。

义的方法只知死记书本上的公式，遇到实际问题的时候，不去研究这问题的具体内容，却牵强附会地拿公式去硬套，歪曲事实以迁就公式；这样一来，凡事物的变化的前后三个段落，都叫作否定之否定，凡事物之任何两个部分，都叫作对立的统一。于是……把人吃鸡、老虎吃人等，也叫作否定之否定。这种方法，似乎是能联系实际的，而其实则比专门推敲名词的办法更坏，因为这是曲解事实和割裂事实，与辩证法唯物论的科学性也是完全违反了的。① 这种公式主义的方法之所以经常出现，从认识上说，一个重要原因就是把一般、普遍绝对化，否认一般与个别、普遍与特殊的内在联结，夸大一般、普遍的相对稳定的方面而抹杀其内在的差别和流动性。

从艾思奇在 20 世纪三四十年代所写的文章中可以看到：尽管当时条件很差，一些有关辩证法的著作还没有翻译过来，已经译为中文的也比较片断和粗糙，但是他在研究辩证法问题时还是很注意马克思主义经典作家的有关思想及中外哲学史上在个别与一般的问题上的有关思想。他反复阐明了辩证法关于具体概念的基本思想，反对把一般绝对化、把普遍的东西抽象化的错误观点，并且在结合实际的问题上反对公式主义的"硬套"，这些都是十分可贵的。这一点同艾思奇比较注意研究人类理论思维的历史经验、坚持理论与实际相结合、反对"套公式的研究法"密切相关。艾思奇在几十年为研究和宣传马克思主义哲学而奋斗过程中所出现的某些失误，也从反面证明了这一点。

今天，我国人民正在为建设有中国特色的社会主义而奋斗。以马克思主义的基本观点和基本方法研究、探讨和寻求解决经济、政治、社会、文化等诸多复杂问题的答案，乃是理论工作所面临的重要课题。回顾历史，我们在如何处理一般与个别、普遍性与特殊性的相互关系问题上，曾经有过很成功的经验，这在民主革命时期和新中国成立后的社会主义改造时期表现得特别明显，党的十一届三中全会以来又创造了这方面的新的成功经验。在 50 年代后期以来所发生的曲折中，割裂普遍性与特殊性，特别是把普遍、一般绝对化则是造成挫折

---

① 《艾思奇文集》第 1 卷，人民出版社 1981 年版，第 451—452 页。

的一个重要思想根源。否定一般、普遍的内在性质，离开特殊而言普遍，抹杀两者相互联结的内在性质和有机统一，是造成社会主义建设只能有一种固定模式，使社会主义失去生机和活力的一个重要原因；也是造成人们思想僵化的重要原因。因此，结合新的实际，研究个别与一般、普遍性与特殊性的关系，可以说是社会主义现代化建设中的一个重要理论问题。艾思奇同志在早期大量的论著中有相当篇幅是涉及个别与一般、普遍性与特殊性问题的，他所结合说明的许多事件已经历史地过去了，但他所研究和宣传的马克思主义辩证法的一些基本思想，仍然保留着它的光辉，岁月的流逝并没有冲淡他在一些问题上所作的可贵探索，而在这种探索中他所提供的经验却可以给我们后来者以各方面的启示。

（原载《现代哲学》1986 年第 4 期）

学习艾思奇　推进马克思主义哲学中国化

李景源

75 年前，艾思奇的名字随同《大众哲学》一起传遍大江南北，他由此走上了一条把马克思主义哲学大众化、中国化的道路，为中国革命和建设做出了重要贡献。今天我们纪念艾思奇百年诞辰，缅怀艾思奇的哲学贡献，对于中国今后如何研究、宣传马克思主义，以及如何进一步用马克思主义思想武装群众，具有十分重要的意义。

艾思奇的一生，反映了一个时代。研究艾思奇，不能局限于一个人，而是要把他放在中国近现代史中来考察。

一　共相和殊相的关系与马克思主义哲学中国化

马克思主义哲学中国化，不是个人意志使然，这是中国近代到现代思想包括哲学思想发展的内在要求，也是中国现代到当代社会发展的内在要求。艾思奇在这个大背景下，对马克思主义哲学中国化做出了重大贡献。

艾思奇是马克思主义哲学通俗化、大众化的先驱。1938 年 4 月，他提出马克思主义哲学研究的中国化和现实化的观点，表明他对马克思主义与中国实际相结合的命题有了新的认识。他认为，通俗化是中国化的一个部分，但只是中国化的初步，因为它还未能"把解决中国革命的实际问题作为根本的着眼点"[①]。马克思主义哲学中国化，

[①] 《艾思奇全书》第 1 卷，人民出版社 2006 年版，第 609 页。

与哲学中的共相和殊相问题有密切关系。

在推进马克思主义哲学中国化问题上，1931—1936 年上海时期的艾思奇与毛泽东各有侧重。毛泽东对哲学的思考是以政治路线的制定和执行为中心，艾思奇是以科学的思想路线为中心；毛泽东写作《实践论》和《矛盾论》，主要针对教条主义的抽象共相论，即把共相绝对化的问题，艾思奇主要针对把殊相绝对化的问题；毛泽东重点解决的是把马克思主义理论教条化、庸俗化的倾向，艾思奇主要与对抗中国化、取消中国化的倾向做斗争。

共相和殊相的关系问题是近代以来中国哲学界争论的核心问题，它涵盖中国哲学、西方哲学和马克思主义哲学发展的整个历程。从晚清的"中体西用"论开始，到全盘西化和共相论，以及毛泽东和艾思奇的中国化，都涉及共相和殊相的关系问题。邓小平提出"中国特色论"，也是为了解决教条主义割裂共性与个性关系问题。他关于没有搞清楚什么是社会主义、什么是马克思主义的论断，不是一种泛指，而是一种特指，即批评党内脱离时代特点和中国实际空谈马克思主义和社会主义的倾向。毛泽东提出马克思主义是具体的而不是抽象的，邓小平提出"社会主义不是抽象的"，目的都是号召人们把共性和个性统一起来。共相与殊相衍化出一系列的问题，如理论与实践的关系、逻辑与历史的关系、论与史的关系（有论无史、以论代史）、超越现实与关注现实等问题。

中西文化之争是百年话题，从"体用之争"到"共殊之争"，表明文化论争逐渐深入到哲学层面。20 世纪 20 年代梁漱溟发表《东西文化及其哲学》①，反对西化论的文化一元论，认为未来会有"中国文化复兴"，而胡适认为这是开历史倒车。20 世纪 30 年代，陈序经发表《全盘西化的理由》②，随后王新命、陶希圣等人 1935 年发表《中国本位的文化建设宣言》。这种中西文化之争反映到哲学上，就是普遍与特殊关系的处理问题。冯友兰发表了《别共殊》一文，提

---

① 这本书最早是 1921 年 10 月由北京财政部印刷局出版的。
② 陈序经：《中国文化的出路》，中国人民大学出版社 2004 年版，第五章。

出特殊的东西是不可学的，也是学不到的，共相的东西是可以学的，也是必须学的。① 中国的文化由传统的转为现代的，这种改变是全盘的。文化选择的标准，最好的办法是认识共相。冯先生所谓的共相世界是在具体世界之外，即在实际世界之外，还有一个真际世界、理世界，从而提出了理在事先、理在事外、理在事上的观点。理可以脱离具体事物独立自存，是超时空的、永恒的，无所谓古今、无所谓新旧、无所谓中外。张岱年在1933年《大公报·世界思潮副刊》发表的《谭理》一文中指出，理的在时空与物的在时空有差异，物是限定在某特定的时空之中，理则可以不限于某特定的时空中。理在事中，但又不限于具有该理的个别事物。理并不是不在时空之中，而是不限于特定的时空之中。我们不能把"不限于特定时空中"认为是超越时空，认为在时空之外。张岱年的论述一方面肯定了"理"无中西的道理，另一方面又阐明了理是具体共相，它总是不断发展的，脱离实际的抽象共相是不存在的，这些观点为马克思主义民族化奠定了理论基础。

由于中外关系构成文化争论的主旋律，所以冯友兰认为共相和殊相的争论是中国近代以来哲学的基本问题。张岱年在早年也表示，在哲学理论方面，他比较注意外界实在问题以及普遍和特殊的关系问题。毛泽东在写作《矛盾论》一文和对艾思奇《哲学与生活》一书的摘录中，也突出关注了"具体的矛盾"以及一般与特殊的关系问题。毛泽东指出，"矛盾的普遍性和矛盾的特殊性关系，就是矛盾的共性和个性的关系"。"这一共性个性、绝对相对的道理，是关于事物矛盾的问题的精髓，不懂得它，就等于抛弃了辩证法。"② 当我们研究一定事物的时候，就应当去发现事物的内部共性和个性的两方面及其相互联结。事实表明，只强调矛盾的普遍性而看不到矛盾的特殊性，或者只强调矛盾的特殊性而看不到矛盾的普遍性，都将陷入抽象的、片面的研究。教条主义就是不懂得矛盾问题的精髓，把事物的共

---

① 《新事论》第一篇《别共殊》，载《冯友兰学术精华录》，北京师范学院出版社1988年版。

② 《毛泽东选集》第1卷，人民出版社1991年版，第319—320页。

性和个性割裂开来，以至于把活的马克思主义化为死的马克思主义，把有机的化为机械的，把具体的化为抽象的。

毛泽东和张岱年从共性和个性的统一出发，坚持具体共相说，批评抽象共相说，为理论与实践相统一、为马克思主义中国化确立了哲学依据。艾思奇的贡献在于，他也从共性和个性的统一出发，为马克思主义中国化开辟了道路。

二 通俗化、文体软化与中国化

一个世纪前，哲学作为学科建制出现以来，就提出了如何对待外来哲学、如何对待中国传统哲学的问题。这个问题就是"哲学在中国"和"中国的哲学"的关系问题。这个问题在近代到现代的哲学界是一个大问题，也是一个难题。冯友兰认为，金岳霖的《论道》是中国的哲学，他的知识论和逻辑，则是（西方）哲学在中国。哲学在中国和中国的哲学的关系问题还有另外一个方面，就是从西方来的哲学思想中，可爱和可信是不统一的。王国维认为，"哲学上之说，大都可爱者不可信，可信者不可爱。余知真理，而余又爱其谬误。伟大之形而上学、高严之伦理学与纯粹之美学，此吾人所酷嗜也，然求其可信者，则宁在知识论上之实证论、伦理学上之快乐论与美学上之经验论。知其可信而不能爱，觉其可爱而不能信，此近二三年中最大之烦闷"①。他无法解决这个问题，最终从哲学走向文学。艾思奇从青年时代起，就认定马克思主义哲学是比中国传统哲学中的道德哲学、西方传入的生命哲学、实证哲学更优越的哲学，是解救中国的哲学，是可信和可爱一致的哲学。怎么样能够做到可爱和可信的统一，艾思奇做出了榜样。

艾思奇对中国哲学、对马克思主义哲学的贡献，要从这个角度去评价和理解。艾思奇积极面对时代难题，他的解决问题方式是通俗化。他首先是将哲学、新哲学中国化，而中国化的重要方式就是哲学

---

① 《静安文集续编·自序二》。

通俗化，让哲学深入到大众的心中，这里很重要的问题就是文体要软化，能够为大众所喜爱和接受。艾思奇首开先河，以生动活泼的形式，把新哲学变成人民大众、特别是青年一代的思想指南。当时，通俗讲话有好多本，只有这一本脱颖而出，多次再版。

艾思奇是站在为"负有创造将来的使命的阶层"写作的立场，即为广大的最受压抑的民众写作的立场，坚持通俗化的写作。对于什么叫作通俗化，他指出："文体的软化，是通俗文的一个条件，然而单单软化了文体，不一定就是通俗文。白话译的圣经，文体是软化了，然而大众并不爱读。把黑格尔的伦理学拿来添头添脚的解释一套，不见得就成为通俗文。通俗文必须要有大众来接受，这是前提。根据这前提，作者就不能单从文体上着想，而顺从内容接近大众为基础，换句话说，通俗文并不单是要软化文体，而是要软化理论。软化理论的方法，是应用理论，把理论活用到大众的生活事实中去。"①

关于文体的软化与文体的艺术化的问题，曾有过争论。艾思奇曾经感慨地说："《大众哲学》的写作，要克服形式和内容方面的许多困难。"② 新中国成立后，艾思奇又提出要写一本新的《大众哲学》，但究竟怎么写，他并没有说。但从他关注自然科学，关注中国的传统哲学和文化，关注历史唯物主义，在延安和新中国成立后翻译马克思和恩格斯关于历史唯物主义的通信，以及涉猎广泛的读书生活来看，它应该是一部关注人的整个现实生活的哲学著作。

三 在争论中推进中国化

中国化的道路不是一帆风顺的。一个社会的思潮总是复杂多样的，各种思想在不同的社会群体中有自己的信众和领地，一种正确的思潮往往是在同各种思潮的争论中发展起来的，马克思主义哲学在中国的传播和发展，也是在和其他思想的相互争论中，在相互斗争中逐

---

① 《艾思奇全书》第 1 卷，人民出版社 2006 年版，第 364 页。
② 同上书，第 602 页。

步发展起来的。这个情况甚至到今天还是如此。

近代以来，在中国主要是三种理性之间的对话和撞击，一是整体主义的伦理理性，二是个人主义的启蒙理性，三是唯物史观传入以后逐渐占主导地位的历史理性。科学与玄学的论战，即关于人生观的论战，暴露了伦理理性和启蒙理性、科学主义的弊病，为此艾思奇先写了《二十二年来之中国哲学思潮》[①]，后来又发表了《从新哲学所见的人生观》[②]，解析深刻，鞭辟入里，充分展示了唯物史观的历史理性的优势。历史表明，马克思主义哲学中国化，马克思主义在中国的传播，离不开与当时社会思潮的对话和批评，马克思主义是在对话中成长起来的。

1935 年 11 月，艾思奇写了《黑格尔哲学的颠倒》[③]，1940 年写了《中国特殊性》[④] 等文章，深入批判了叶青对马克思主义方法的诬蔑。叶青在叛变革命后就明确表示，共产党注重哲学，他就"用哲学来反共"。他在 1936 年《外因论与内因论》《反读经论中的问题》等文章中，大肆散布反对马克思主义中国化的言论，由于他打着马克思主义的旗号，用诡辩论代替辩证法，对思想界有很大的影响，所以揭露和批判叶青的反马克思主义实质，就具有重要意义。

叶青用"中国特殊论""国情论"来对抗马克思主义，他认为虽然一切事物的发展都是合规律的，但是一般中有特殊。欧洲的历史是合规律的，中国则不然，中国的发展是不合规律的，因此要把握特殊的认识中国的方法。艾思奇站在近代以来两条哲学路线的高度，全面剖析了中国绝对特殊论的荒谬所在。他指出，中国的特殊国情论，是自中国走入近代以来，为保守阶级所利用的根本思想武器，在后来又成为民族失败主义和投降主义的理论基础。叶青自诩懂得辩证法，但他割裂了一般和特殊的关系。一般和特殊是矛盾统一的，没有单纯的一般，也没有独立的在一般之外的单纯的特殊，丢开了一般的规律，

---

① 《艾思奇全书》第 1 卷，人民出版社 2006 年版，第 107 页。

② 同上书，第 225 页。

③ 同上书，第 403 页。

④ 同上书，第 765 页。

就无所谓有特殊性的把握。作为与一般对应的特殊是指以特殊形态表现出来的一般的东西，而不是那独立在一般之外的特殊。马克思主义并不否认把握中国社会特殊性的重要性，但是反对借"把握特殊性"之名来拒绝社会发展的一般规律及其指导作用。

叶青不仅否定了马克思主义的指导地位，而且通过玩弄"中国化"的概念游戏来取消马克思主义中国化。他提出："化是带有改作和创造的性质的，理解、精通、继承、宣传、应用、发挥……却不是化，当然也不是中国化了。"① 当他从中国马克思主义者的文章中找出"理解"和"应用"等字眼，而找不出"改作""创造"等字眼时，就得意扬扬地宣布：这不是马克思主义的中国化，"唯物辩证法仍然是唯物辩证法，丝毫没有中国化"。通过玩弄中国化的概念，他就可以一笔抹杀马克思主义者运用革命理论创造性地解决中国实际问题所取得的功绩。

当我们回顾和总结艾思奇的哲学道路的时候，还要联系艾思奇所处的历史时代及其一生的不同阶段所取得的不同成果，从中体味哲学家成长的条件。毛泽东曾经讲过，30 年代上海的革命文化工作者在国民统治区处于毫无抵抗力的地位，但国民党的文化围剿完全失败了。这是什么原因呢？胡绳认为，就是上海党的文化理论战线的同志，摆脱了当时"左"的教条主义，如果按照"左"派的做法来宣传马克思主义，同样会脱离群众，就不可能产生大众哲学。

四 面对中国现实推进中国化

艾思奇的学术贡献对我们今天推进马克思主义中国化有很强的指导意义。

第一，对中国命运的关注，对民众利益的关注，是艾思奇从事哲学创作的深层动因。

近代中国要解决的主要任务是推翻"三座大山"，争取民族独立

---

① 《论学术中国化》，《时代精神》1939 年 8 月创刊号。

和国家富强。任何有血性的知识分子，都会把救亡图存作为自己的革命理想。艾思奇根据自己和父兄辈的经历，深刻地认识到马克思主义哲学是改变中国命运的新哲学，把新哲学变为人民大众的思想指南，是他一生矢志不渝努力的方向。很显然，艾思奇的哲学创作始终同马克思主义哲学中国化的历史过程紧密结合在一起。《大众哲学》以其理论的彻底性、讲述的平等性和新颖性，对中国革命事业产生了重大影响，它加速推动了马克思主义哲学在中国的传播，促进了马克思主义哲学中国化的历史进程，其影响是全局性的、长远的。它不仅成为广大青年的必读书，而且对我国近现代哲学的转型和发展都产生了十分深刻的影响。毛泽东、张闻天、刘少奇都十分重视这部著作，尤其是毛泽东始终把它作为必读书带在身边。邹韬奋先生说《大众哲学》哺育了大众，成为广大青年思想的火炬。一种普及性的读物为什么成了广大青年"救命的书"？文体的软化、内容的科学化和立足为民众写作的立场，使《大众哲学》成为集可爱和可信于一体的读物。新中国成立后，艾思奇又提出要写一本新的大众哲学，让哲学再次从书斋里走出来、变为群众手里锐利的思想武器。这再次表明，为广大民众写作始终是他挥之不去的情怀。

第二，围绕马克思主义中国化的重大问题进行哲学研究，是艾思奇哲学创作的基本特色。

1938 年 4 月，艾思奇提出了哲学研究中国化的命题，把通俗化和中国化统一起来。他认为，通俗化是中国化的一部分，但只是中国化的初步，因为它还未能"把解决中国革命的实际问题作为根本的着眼点"，很显然，此时的艾思奇已经把解决中国革命的实际问题作为哲学研究工作的中心。近代以来，共性与个性的关系问题成为中国化的基本问题，对这一基本问题的解答，关系到中国的发展道路。毛泽东在《矛盾论》中明确提出，共性与个性的关系是辩证法的精髓，并在此基础上提出了把马克思主义中国化的命题。在延安整风期间，艾思奇自觉地为党的思想路线的巩固和贯彻做出了独特的贡献，是发表文章最多的学者。在《不要误解"实事求是"》《"有的放矢"及其他》《怎样改造了我们的学习》等理论文章中，他对事实求是内涵的阐述对毛泽东思想有很多重要发挥，其见解至今仍有重要的现实意义。

第三，为探索中国发展道路提供理论基础，是中国版哲学教材编写的基本宗旨。

1961 年，由艾思奇主编的《辩证唯物主义历史唯物主义》哲学教科书出版发行，得到了毛泽东的高度赞扬。撰写这本教科书的要求，是总结中国革命和建设的生动实践及其经验，为探索中国发展道路奠定思想基础。艾思奇认为，推动马克思主义理论发展的决定性条件是革命和建设的具体发展，马克思主义中国化、系统化的重点"并不在读通几本艰难的书本，而在打通一切艰难的实际"，他在《关于革命和建设中由部分质变到全部质变的问题》以及《谈谈毛泽东对马克思主义哲学的主要发展》等理论文章中，联系中国革命和社会主义建设"着重从哲学上概括一些比较重大的经验"，使这本教科书真正成为中国版的马克思主义哲学教材。我们哲学工作者，一方面要研究他在马克思主义哲学体系方面所做的工作和贡献；还有一个方面，就是学习他关注现实、敏锐抓住重要理论问题的能力。艾思奇主持编写的教材，也体现了他自觉地将中国革命和建设的生动实践和重大问题提升到哲学层面和系统化的努力。

毛泽东在生前对艾思奇有两次重要评价。一次是 1941 年马列学院改为中央研究院的成立大会上，毛泽东说，艾思奇同志的《大众哲学》等著作，从社会实际出发，以通俗的语言来说明哲学原理，让哲学从书斋走出来，把哲学变成研究实际的理论武器，产生了很大的影响，是为中国革命立了大功的。另外一次，是在艾思奇逝世时，毛泽东在悼词中亲笔写下了"党在理论战线上的忠诚战士"的评语。这两次评价高度概括了艾思奇的哲学贡献及其在马克思主义中国化中的地位，也给很多当代哲学工作者指出了如何中国化的道路。

今天学习艾思奇，就要像他那样，自觉地投身于当代中国的马克思主义理论研究中去，走用发展了的马克思主义重新引领群众的哲学道路。

（原载《哲学动态》2010 年第 8 期）

浅谈《大众哲学》的理论价值

许全兴

  《大众哲学》是艾思奇同志的成名之作，在新中国成立前共印行过32版。现在人们在评价这本著作的价值时往往只注意它在普及马克思主义哲学、启迪人们走向革命的历史功绩，而很少注意它对马克思主义哲学所做的某些深化。

  《实践论》是毛泽东同志的杰出哲学论著。它总结和概括了我国第一、第二次国内革命战争的经验，丰富和发展了马克思主义认识论。许多研究者在探求《实践论》的理论来源时，往往只注意它与马列著作和苏联20世纪30年代哲学著作的联系，与中国哲学史上知行学说的联系，而很少注意它与《大众哲学》之间的联系。

  本文并不想对《大众哲学》和《实践论》作全面的评价与比较，而只是想从两者之间的联系这一侧面来看《大众哲学》的理论价值。

  李公朴先生在为《大众哲学》写的"编者序"中说：这本书是用最通俗的笔法写成的，这本书里的哲学，"已经算是一般人可以懂得的哲学，而不是专门家书斋里的私有物了"。"这种写法，在目前出版界中还是仅有的贡献。"他进一步指出：有人怀疑"通俗会流于庸俗"，但《大众哲学》却"出浅入深"，"作者对于新哲学中的许多问题，有时解释的比其他一切的著作更明确。虽然是通俗化的著作，但也有许多深化了的地方。尤其是在认识论方面的解释"。他又说："作者对新哲学的理论系统，也不是完全照抄外国的著作的。"李先生在1935年写的这些话对吗？我认为是对的，是符合实际的。

  中国工农红军长征到达陕北后，为了从理论上进一步总结中国革命的经验教训，替即将来临的伟大抗日战争做理论上、思想上的准备，毛泽东同志发愤读书、潜心研究哲学。他读的著作相当广泛，既有马列原著，又有中外古典名著，既有苏联的哲学教科书，又有中国人自己写的论著和小册子。从他在 1936 年 10 月 22 日致叶剑英、刘鼎两位同志的信中可以看出：他极为注意艾思奇同志写的《大众哲学》。那时，叶、刘在西安做统一战线工作。毛泽东同志在信中提出："要买一批通俗的社会科学自然科学和哲学书"，并嘱咐"要经过选择真正是通俗而又有价值的（例如艾思奇的《大众哲学》，柳湜的《街头讲话》之类）"，以"作为学校与部队提高干部政治文化水平之用"。[①] 可见，毛泽东同志在抗大讲授哲学，写作《实践论》《矛盾论》之前已读过《大众哲学》，并将它作为教材向延安的干部推荐过。"真正通俗而有价值"一语可以看作毛泽东同志对《大众哲学》的评价。

如李公朴先生所说，《大众哲学》深化马克思主义哲学的地方突出表现在认识论的解释上。《大众哲学》讲认识论的篇幅虽然不多，作者自己也认为对认识过程并未讲清楚，但与当时国内外著作相比确实颇有些特色。而这些颇有特色之处正是为毛泽东同志的《实践论》吸取之所在。《大众哲学》在认识论方面的特色主要有以下四个方面。

第一，《大众哲学》突出了认识过程中感性认识和理性认识的矛盾运动。

在苏联 20 世纪 20 年代的哲学著作里（如《辩证法唯物论教程》），一般都有感性认识和理性认识辩证统一的说明以及对经验论和唯理论的批判。《大众哲学》的特点是更加突出了这对矛盾。《大众哲学》讲认识论一章共五节，它差不多用了两节讲感性认识和理性认识的对立与统一。它反复说明：感性认识只能认识事物的表面现象，理性认识则能认识事物普遍的和整个的东西，在哲学史上，经验论者"就相信感性认识，以为照片式的认识是最靠得住"，理性论者

---

① 《毛泽东书信选集》，人民出版社 1983 年版，第 80 页。

则"太相信理性的认识，而以为感性的认识是混乱不清的幻影"，"认为理性是认识的真正来源，认为理性的认识是真正的认识"。它又指出："感性认识是理性认识的基础"，"没有感性认识做基础，也没有理性认识"；理性认识比感性认识"更丰富、更深刻，可以推测到事物的内部情形"。它正确地说明了"感性认识和理性认识是分不开的"，指出了割裂两者的害处。

《大众哲学》的上述思想无疑对毛泽东同志有影响。在《实践论》里，毛泽东吸取了《大众哲学》和其他著作中的有关思想，对感性认识和理性认识的基本特征、相互关系以及由前者向后者飞跃的条件做了更为系统而深刻的论证。

第二，《大众哲学》反复论证实践在认识过程中的意义。

它指出"实践就是去改变事物"，因此，我们常常把实践称为"变革的实践"；实践是检验认识的标准，"我们要在实践中去矫正主观的错误"；"实践能使主观和客观统一"；"实践能使人类的认识进步"。《大众哲学》尤其强调人们只有在实践中才能认识事物这一点。它指出："只有在实践中可以得到最高的真理"，"要认识一件事的真理，只有在改变的行为中去认识，只有实践"，"只有变革的实践，能够使人认识真理"，"只有那在变革的实践中得来的理论，才能够真正把握着事物的本身"。它又说："人类的认识是根据实践而得来的，所以和照相不同"，"最真实最具体的知识，是由实践得来的，而新的知识，也是在实践中发生的"。因此，它说："实践是最重要的"，"实践是人类的认识的基础"。

当然，此时的作者对实践在马克思主义哲学中意义的认识还是不充分的。这主要表现在他写的《〈哲学讲话〉批评的反批评》一文中。艾思奇同志在文中说："实践论并不能代表唯物论的认识论。"美国的实用主义，柏格森的生命哲学，今日世界上的法西斯哲学，在某种意义上也可算是实践论。他又说："新唯物论的最高成果里所以没有把自己的认识论名之为实践论，就知单单的实践，并不足以代表唯物论认识论本身的特征，虽然新唯物论也不能轻视实践。"① 尽管如此，《大众哲学》对实践意义的论述要比其他著作更加突出，更加深刻。我们可以设想，具有丰富革命实践经验并同党内主观主义（特别是教条主义）进行激烈斗争的毛泽东同志，在读到《大众哲学》的上述论述时一定会在思想上产生强烈的共鸣，留下深刻的印象。在《实践论》里，他根据中国革命的实践经验，综合了同时代其他著作的思想，系统地说明了马克思主义的实践观。

《实践论》指出：物质生产活动是人类最基本的实践活动，是人类认识的基本来源；阶级斗争是社会实践的重要形式，给予人的认识以深刻的影响。这就强调了实践的社会性、历史性，从根本上划清了马克思主义的实践观与形形色色唯心论和旧唯物论的实践观的界限。虽然《实践论》还未明确地将生产斗争、阶级斗争、科学实验规定为社会实践的三种主要形式，但它在两处②将这三者并提，从而突出了科学实践在认识世界中的意义。这也是十分深刻的。马克思主义经典作家们在谈到实践的意义时，更多的是着重于实践是检验真理的标准这一点，鉴于反对党内主观主义斗争的实践，《实践论》则更多的是强调实践是认识的来源，人的认识一点也离不开实践。这一点，《实践论》与《大众哲学》是相一致的。不同的是《实践论》更突出了实践在马克思主义哲学中的意义。它指出：马克思主义认识论是"以科学的社会实践为特征"的，而一切唯心论和机械论，都是"以认识和实践相脱离为特征的"。③ 在毛泽东同志看来，马克思主义认识论就是实践论。以上这些都是《实践论》高出于《大众哲学》和其他著作之处。

第三，《大众哲学》对认识过程作了精辟的概括。

《大众哲学》虽然没有能充分地说明认识过程，但它对列宁关于认识真理的途径（即"从生动的直观到抽象的思维，并从抽象的思维到实践"）作出了进一步发挥。它指出："从感性到理性，从理性到实践，

---

① 《读书生活》第 4 卷 1986 年第 8 期。
② 参见《毛泽东选集》第 1 卷，人民出版社 1991 年版，第 261、269 页。
③ 《毛泽东选集》第 1 卷，人民出版社 1991 年版，第 272 页。

又由实践到新的感性，走向新的理性，这种过程是无穷地连续下去，循环下去，但循环一次，我们的认识也就愈丰富，所以这种循环，它永远在发展，进步，决不会停滞在原来的圈子里。"在另一处，它又说："认识的过程是由感性的认识到理性的认识，又再由理性的认识走向实践，在实践中，又再开始新的进一步的认识，这样不断地像螺旋一般地循环下去，每循环一次，我们所晓得的东西就进步一次。这就是认识的运动过程。"很明显，这里作者自觉地将发展的螺旋式的原理运用于认识过程，旨在说明，"认识是作螺旋式进步的"。

《实践论》则在详细阐述了认识辩证过程的基础上作出了如下的总结："通过实践而发现真理，又通过实践而证实真理和发展真理。从感性认识而能动地发展到理性认识，又从理性认识而能动地指导革命实践，改造主观世界和客观世界。实践、认识、再实践、再认识，这种形式，循环往复以至无穷，而实践和认识之每一循环的内容，都比较地进到了高一级的程度。这就是辩证唯物论的全部认识论，这就是辩证唯物论的知行统一观。"①

《实践论》这一总结的原型出自《大众哲学》，这是一看便知的，无须我多说。这里应说明的是，《实践论》的这一总结又高出于《大众哲学》。首先，《实践论》已不再把感性认识另作认识的起点。在《实践论》里，实践并不只是认识过程的一个环节，而是认识的基础，贯穿认识的全过程。其次，《实践论》的表述突出了认识过程的两次能动飞跃，突出了马克思主义认识论是能动的革命反映论。再次，《实践论》的表述包括了改造主观世界和改造客观世界，即人的改造和环境的改造的辩证统一的新内容。最后，《实践论》的表述，不仅说明人的认识，而且说明人类社会的实践，是实践与认识的相互作用的矛盾运动中不断地由低级向高级发展的。《实践论》的总结主要不在于说明认识发展的螺旋式，主要的在于说明"实践、认识、再实践、再认识"的认识总规律。

第四，《大众哲学》的认识论结构具有它的新颖之处。这对毛泽

---

① 《毛泽东选集》第1卷，人民出版社1991年版，第273页。

东同志写作《实践论》有一定的启发。

在 30 年代，国内外的不少马克思主义哲学著作（包括艾思奇同志在 1936 年写的《思想方法论》一书）一般都按照感觉、表象、概念、判断、推理、分析和综合、归纳和演绎等次序讲认识论。这种讲法的优点是对感性认识的形式、理性认识的形式和理性思维的方法讲得较细，其缺点是只讲了认识全过程的前一半（即由实践到认识的第一阶段），不能揭示认识过程的根本规律。毛泽东的《实践论》则打破了这种流行的框架。他紧紧抓住认识与实践这一认识过程的基本矛盾来讲认识论。他明确地将认识过程概括为由感性认识到理性认识和由理性认识到实践的两次飞跃，认为后一半认识过程比前一半认识过程更重要。《实践论》着力于说明实践的内容及意义、感性认识与理性认识的辩证统一、认识与实践的辩证统一，从而深刻地揭示了认识过程的本质和规律。毛泽东之所以能这样讲认识论，首先固然是基于中国革命的实践。因为中国革命正反两方面的经验证明：认识（理论）与实践、主观与客观的关系问题，是认识世界和改造世界过程中最基本的问题，是攸关中国革命成败的问题。其次，是与知行问题是中国哲学的传统问题有关。此外，我认为，这也与《大众哲学》有关。《大众哲学》的作者虽然还没有自觉地把认识与实践的矛盾当作认识过程的基本矛盾，没有自觉地意识到应围绕这一矛盾来讲认识论，而只是在讲到由理性认识回到实践时讲这一对矛盾。但《大众哲学》的认识论与一般著作的不同。它除开头一节讲反映论，最后一节讲真理论之外，中间的三节讲的是感性认识和理性认识、认识和实践的关系以及实践的意义。它并没有讲具体的认识形式和思维的方法。这种讲法很可能对毛泽东同志有所启发。若将《实践论》与《大众哲学》的有关部分相比较，我们可以从《大众哲学》中约略地见到《实践论》的端倪。

艾思奇同志十分谦虚。他诚恳地接受读者的批评，坦率地承认《大众哲学》存在着不足和缺点。他认为，《大众哲学》不过是本"简陋的入门读物"，"写作方法只是以外国书本上的某些知识的通俗解释为主"（1947 年《重改本例言》）。尽管如此，《大众哲学》的某些思想为《实践论》吸取这一事实，从一个侧面说明，这本通俗读物有着一定的理论价值，它不仅为马克思主义哲学在中国的普及而且为它的发展做出了重要贡献。

1937 年 10 月，艾思奇同志由上海到达延安。从此，他的哲学研究进入了一个新的阶段。毛泽东同志十分尊重艾思奇同志。我们从他所作的《艾著〈哲学与生活〉的摘录》以及他给艾思奇同志的信中可以看到，作为革命领袖的毛泽东如何虚心地向理论工作者学习，如何平等地与理论工作者一起探讨理论问题。艾思奇同志更是十分敬仰毛泽东同志。他把毛泽东同志的哲学思想看作马克思主义哲学中国化的典范。他是我国较早积极宣传毛泽东思想的理论工作者之一。

为了适应新的革命形势，艾思奇同志在 1947 年重新修改了《大众哲学》。他在《重改本例言》中说：《大众哲学》出版以来的十二年，"在毛泽东同志的领导下，中国革命运动得到了空前的发展，中国的马克思主义理论知识也大大提高了，并且也因此使我们看见，辩证法唯物论的哲学，是如何在中国得到了新的发展。本书是根据作者近年来的学习所得，尤其是整风以来的学习所得，努力想把这些发展的成果加以吸收"。经过修改本的《大众哲学》，"就其内容来说，它和旧本已有基本的不同"。它大量地吸取了毛泽东同志的思想，如实事求是、理论联系实际、调查研究、群众路线等。又如，在感性认识向理性认识的飞跃的阐述上，它吸取了《实践论》关于由前者向后者飞跃的两个条件的思想（即积累十分丰富和合乎实际的感性材料，对感性材料的思考加工）。可以说，经过改写后的《大众哲学》在一定程度上宣传了毛泽东哲学思想。这是《大众哲学》与《实践论》的另一种联系。

值得指出的是：尽管《实践论》明显地吸取了《大众哲学》的某些思想，但艾思奇同志在自己的文章和讲话中从未谈到这一点。而且他在 1947 年的重改本和 1950 年的最后修订本中删去了我们前面所引的关于认识过程总结的第一大段话。我认为在纪念艾思奇同志逝世 20 周年之际，有必要如实地说明《实践论》与《大众哲学》之间的联系。这样做，一方面有助于全面地评价《大众哲学》和实事求是地评价《实践论》；另一方面，我们从两者的联系中也可得到一些有益的启示。

那么，《大众哲学》与《实践论》之间的联系给我们以怎样的启示呢？我认为主要有以下四点：

第一，并不是只有大部头的、深奥的哲学著作才能发展马克思主义，科学的、通俗化的读物同样可以深化、发展马克思主义哲学。哲学的普及、哲学的解放，同哲学的发展是相辅相成的。我们千万不能轻视哲学的普及，更不要把已解放了的哲学再加以神秘化。

第二，不只是无产阶级领袖人物可以发展马克思主义哲学（今天，有人企图否认或贬低领袖兼哲学家的人物对发展马克思主义哲学所做的贡献是完全错误的），也不只是著名的学者、教授可以发展哲学，就是初出茅庐的青年理论工作者也可以发展马克思主义哲学。艾思奇同志写作《大众哲学》时只有二十四五岁。不要把发展马克思主义哲学看得太神秘了。不要瞧不起青年理论工作者。青年人，框框少，容易接受新鲜经验和吸取新的科学成果。从这个意义上来说，青年人是发展马克思主义哲学的生力军。

第三，毛泽东哲学思想并不纯粹是毛泽东个人智慧的产物，而是由他在中国革命实践经验基础上综合前人和同时代人优秀成就的结果。正因为这样，毛泽东哲学思想才会高出于同时代人的思想，成为时代精神的精华。因此，如实地承认《实践论》（以及《矛盾论》）吸取了同时代国内外哲学著作中的积极成果这一点，丝毫也不会贬低毛泽东哲学思想的理论价值。

第四，《实践论》与《大众哲学》之间的联系，从一个侧面反映了革命领袖与普通理论工作者之间在学术理论上互相尊重、互相学习的同志式的平等关系。这种关系是马克思主义理论得以发展的重要条件之一。倘若这种关系遭到破坏，把同志式的平等关系变成单纯的单方面的服从关系，那就会阻碍马克思主义哲学的发展。

（本文选自《马克思主义哲学家艾思奇——纪念艾思奇同志
逝世二十周年》，中共中央党校出版社 1987 年版）

纪念艾思奇，学习艾思奇

庞元正

艾思奇是我国著名的马克思主义哲学家。从 1953 年起，他即在中央党校的前身马列学院担任哲学教研室主任，1955 年马列学院改为中共中央直属高级党校，艾思奇作为校党委常委，仍任哲学教研室主任。1959 年后，他担任中央党校副校长，仍兼任哲学教研室主任，一直到 1966 年因病去世。

作为一名哲学界的后生晚辈，我想就我们今天应该如何纪念艾思奇、如何学习艾思奇的问题谈几点看法。

艾思奇的主要哲学活动可以分为如下四个阶段：

第一个阶段，从 20 世纪 30 年代初到 40 年代末，以发表《大众哲学》为代表，为研究、宣传、普及马克思主义哲学理论做出了重大贡献。

第二阶段，从 40 年代末到 50 年代末，以发表《社会发展简史》为代表，为建设新中国进行了大量关于研究宣传唯物史观的活动。

第三阶段，60 年代初，以主编《辩证唯物主义历史唯物主义》为代表，在撰写具有中国特色、中国气派的马克思主义哲学教材方面做出了重大贡献。

第四阶段，在他生命的最后几年，在研究和宣传毛泽东思想方面做出了重要贡献。

纵观艾思奇作为哲学家的一生，以下几点我们必须予以充分肯定。

第一，他对在中国系统宣传、研究、传播普及马克思主义哲学做出了重大贡献。像艾思奇这样，在哲学理论战线工作时间之长、理论著述之多、影响范围之广的马克思主义哲学家，艾思奇可以说是屈指可数或者说是首屈一指的。

第二，他的哲学理论活动影响了中国几代青年人，是使追求真理和进步的青年接受马克思主义世界观、走上革命道路的启蒙者、引路人。特别是他的《大众哲学》对中国进步青年和思想界的影响极其巨大。

第三，他为马克思主义世界观、毛泽东哲学思想武装我们党的高中级干部做出了卓越的贡献。艾思奇于1937年年底到达抗日圣地延安，从1938年开始就在延安抗日军政大学、陕北公学、延安马列学院任教，此后长期从事我们党的马克思主义哲学教育工作，除1943年到1947年担任《解放日报》的领导工作外，在马克思主义教育战线工作时间长达24年之久。在中央党校及其前身马列学院任教长达18年之久，担任中央党校哲学教研室主任长达13年之久。亲耳聆听过他讲授马克思主义哲学课程的高中级干部当以数千计。现在仅搜集到的他的讲课速记稿就有近200万字。通过阅读他的哲学著作而接受和熟悉马克思主义世界观的党员干部更是难以计数。可以说他对于用马克思主义、毛泽东思想武装我们的干部的工作，做出了重大贡献。

第四，艾思奇为建立和培养新中国的马克思主义哲学理论骨干队伍做出了重大历史贡献。他长期从事马克思主义哲学的教学研究，通过言传身教，耳提面命，影响和培养了整整一代马克思主义理论骨干，其中包括当代国内最知名的一批哲学家，如韩树英、肖前、邢贲思、李秀林等。

因此，我认为，我们应当对艾思奇同志的历史贡献给以充分的、公正的、客观的评价，不能由于在特殊历史条件下他本人难以避免而产生的局限，作为否定和贬低其重大历史贡献的理由。世界上不犯错误的人是没有的，何况君子之过如日月之蚀。

其次，再来谈谈我们今天向艾思奇学习些什么的问题。

第一，我们要学习艾思奇紧紧把握时代精神和历史潮流的革命精神。

马克思说，哲学是时代精神的精华，是"文明活的灵魂"。作为哲学家只有紧紧把握住时代精神，认清历史潮流，才能成为人民的哲学家，成为时代潮流的弄潮儿，成为站在时代潮流前面，为广大青年，为追求真理和正义的人们，提供精神食粮和正确人生追求的导师。《大众哲学》所以能够成为一本改变了无数人命运轨迹的书、一本影响了几代青年人走上革命道路的书，关键是它把握和体现了当时中国社会的时代精神和世界历史潮流。当时中国处在"三座大山"压迫下，急切需要找到救民于水火实现民族复兴的出路，但各种救世良方都试过了，只有马克思主义哲学、社会主义才能解救中国。艾思奇正是把握住了这样一种时代精神和历史潮流，从而使《大众哲学》这样一本看起来并非鸿篇巨制，很不起眼的书，在中国民主革命的历史上发挥了巨大的精神作用。

今天我们中国的时代精神是什么，历史的潮流是什么？这是我们从事马克思主义哲学工作的人必须首先搞清楚的问题。与艾思奇所处的时代不同，我们的时代精神是搞社会主义现代化建设。和平与发展是当今世界的两大主题，发展是当代世界的核心问题。中国是世界上最大的发展中国家，又是发展中的社会主义国家，能否牢牢把握住发展这一当代的主题，对于中华民族的命运和社会主义的兴衰成败至关重要。中华民族曾经有过辉煌的历史，但是在近代落伍了。由于多次遭受到帝国主义列强的侵略和掠夺，长期处于发展缓慢、停滞乃至倒退的境地。新中国成立 40 多年来，经济建设和社会发展取得了历史性的进步，但也遭受了不少的挫折。1978 年，中国在结束 10 年动乱之后，毅然把发展问题提到国家中心任务的地位，坚定地迈出了现代化建设的新步伐。以此为契机，中国发生了翻天覆地的变化，中国在近 20 年间所取得的发展令国人振奋，令世界瞩目。但是，由于底子薄，起点低，加之人口众多，人均资源有限，中国仍然是一个贫穷国家，人均国民生产总值在世界上仍处在较低水平。不仅与发达国家比，即使同发展中国家比，也还存在较大的差距。历史与现实使中国人民取得共识，中国的出路在于发展，中国的希望在于发展，中华民族的命运和社会主义的兴衰成败皆系于发展。正如邓小平同志所精辟概括的那样："我们现在所干的事业，就是努力把中国变成一个现代化的社会主义国家。""中国的主要目标是发展"，"中国解决所有问题的关键是要靠自己的发展"。① 发展对于当代中国是须臾不可偏离的主题。

马克思主义作为指引亿万革命群众的理论旗帜，是当代历史进程和社会实践最科学、最集中的反映，必然与时代特征和本国实际的历史性变化具有内在的一致性。既然发展问题是当代世界和当代中国的主题，当代中国的马克思主义必须紧紧抓住这个核心问题，并自觉地把它当作自身的主题；否则，就不是真正的马克思主义，更谈不上是当代中国的马克思主义。

第二，我们要学习艾思奇善于把马克思主义哲学通俗化、大众化，使哲学成为千百万群众掌握自己命运、推动历史进步的强大精神武器。

艾思奇是一个学识高深、学贯中西的思想家，但他不是把哲学当作在象牙之塔中故弄玄虚的神圣殿堂，而是把哲学当作认识世界、改造世界的世界观和方法论，在马克思主义哲学的通俗化、大众化方面开创出一条新路。艾思奇的努力使哲学贴近生活、贴近群众、贴近青年，使千百万群众和青年喜爱哲学、掌握哲学，运用哲学去认识世界、改造世界，真正使哲学成为广大人民群众和进步青年陶冶性情、经世济用的精神追求，成为掌握自己命运、推动历史进步的强大精神武器。

今天，在发展社会主义市场经济的条件下，出现了所谓"哲学贫困"的现象，现在要弄清楚是"大众冷落了哲学"还是"哲学疏远了大众"，抑或是二者兼而有之。应该说，中华民族是一个善于理论思维的民族，但是为什么哲学不那么时兴了呢？原因很复杂，很多是出于经济考虑、实际考虑。但哲学疏远了大众，不能不被视为一个重要原因。时下，对中国文化有所谓"精英文化"、主流文化和大众文化的划分，如果我们的同志把哲学仅仅看作是一种"精英文化"，

---

① 《邓小平文选》第 3 卷，人民出版社 1993 年版，第 259、244、265 页。

不屑于对主流文化和大众文化的介入，那么，出现哲学的"贫困"和"冷落"就难以避免了。在这个问题上，我们可以从艾思奇身上学到很多东西。无疑，艾思奇是中国出类拔萃的文化精英，但是他的《大众哲学》等著作却是"用最通俗的笔法，日常谈话的体裁，深化专门的理论，使大众的读者不必费很大气力就能够接受"（李公朴语）。我们学习艾思奇，就要像艾思奇那样，把哲学从哲学家的神圣殿堂中解放出来，成为人民大众喜闻乐见的精神食粮。这是哲学工作者义不容辞的责任，也是哲学繁荣的必由之路。

第三，我们要学习艾思奇坚持马克思主义中国化的方向，推进哲学理论创新，繁荣和发展具有中国风格、中国气派的马克思主义哲学。

从艾思奇的《大众哲学》到《社会发展简史》，再到他主编的《辩证唯物主义历史唯物主义》，以及他晚年在研究和宣传毛泽东哲学思想方面的重要贡献，贯穿着一条马克思主义中国化的红线。这也是结合中国国情和中国文化，为马克思主义哲学理论创新的努力方向。在民主革命时期，以毛泽东为代表的中国共产党人，坚持马克思主义中国化的方向，形成了具有中国特色、中国风格、中国语言的马克思主义哲学——毛泽东哲学思想，为中国革命的成功提供了科学的世界观和方法论。这其中也包括着艾思奇同志的殚精竭虑的努力。在社会主义现代化建设的新时期，我们也必须坚持马克思主义中国化的方向，以发展为主题，构建和发展马克思主义的哲学。在这方面，我们有毛泽东哲学思想、邓小平哲学思想为基础，有改革开放20多年现代化建设实践的丰富经验为素材，只要我们坚持马克思主义中国化的方向，大力繁荣和发展具有中国特色、中国风格、中国语言的马克思主义哲学，我们就能够为中国共产党人和人民群众提供认识世界和改造世界的新的强大思想武器，从而也对世界文明的发展做出应有的贡献。

（本文选自《常青的〈大众哲学〉》，红旗出版社 2002 年版）

让哲学亲近生活

——艾思奇《大众哲学》给我们的启示

李 兵

当前，无论哲学工作者如何自期自许、自我估量，哲学在现实中被"边缘化"，甚至被生活遗忘都已成为一个不争的事实。曾几何时，哲学在当代中国社会生活中曾扮演过十分显赫的角色，它几乎占据了全部文化的中心地位，成为裁决一切、评判一切的根据、标准和尺度。毫无疑问，那种用哲学而且是某种教条主义的哲学代替和挤兑其他文化样式的做法自然不值得肯定和提倡，而且今天依然应当对此作出深刻的反省。但是，矫枉过正到像目前这样，哲学对现实生活几近失语，恐怕也非哲学应取的态度。相对于其他学科强烈的"入世"取向来说，哲学似乎选择了自我隐退的道路。生活对哲学的呼唤和哲学对生活的疏远形成了巨大的反差。没有哲学的生活是肤浅的生活，脱离生活的哲学是空洞的哲学。如果哲学在现实生活中长期"缺位"，将导致生活和哲学的双重硬伤。

在促进哲学亲近现实生活方面，艾思奇为我们树立了光辉的典范。他的《大众哲学》是马克思主义哲学中国化、大众化、现实化、通俗化的成功尝试。在既无任何政治权威的强制推行，也无任何学术权威的强力推荐，更无任何商业包装的情况下，一部不足10万字的《大众哲学》降生于国难当头的乱世环境，竟然在十余年时间内发行了32版之多，赢得读者数万之众，不仅在中国创造了单部哲学论著发行量的奇迹，而且也昭示了哲学之于大众的巨大魅力。在马克思主义中国化已经取得几次重大历史性成就，并正在新的历史条件下不断发展和创新的今天，我们更加敬重和钦佩艾思奇同志所做的开创性工作，也更能深切地体会这一理论事业的艰难和价值。但是，为什么会出现前面提及的哲学被"边缘化"情形，却又不是没有道理和缘由的。马克思主义哲学在中国的传播和普及由于有了以艾思奇为代表的一批杰出的理论家所做的艰苦卓绝的工作，取得了巨大的成就，这是毋庸置疑的。然而，在新中国成立后相当长的一个时期，由于受极左思潮的影响，在哲学的大众化、生活化方面，又发生过严重的偏颇：在通俗化的同时不同程度地出现了庸俗化的倾向，在大众化的同时产生了日益严重的教条化现象，以至于酿成了人们对哲学的厌倦、反感和拒斥，贻害直至今天尚未得到根本的消除。如是看来，让哲学亲近生活，不仅是一件十分困难的事情，而且还极易导致偏差。因此，在有了这样的"效果历史"和自省意识的基础上，总结艾思奇在哲学大众化事业中取得的成就和积累的经验，就成为在新的历史条件下继续推进这项事业的重要思想前提。

一　哲学离生活究竟有多远

在一般人的心目中，哲学作为"少数人的事业"不仅高深玄妙，而且几乎与人的现实生活无关。它只是少数养尊处优的精神贵族在衣食无虞的前提下对世界产生的"惊异"和"玄思"，它所谈论的"世界的本质""宇宙的规律"等，对于成天忙于生计、苦于生存的人来说，不仅百无一用，而且简直可以看作无病呻吟的精神奢侈品。这种情形不仅在市场经济条件下的今天甚为普遍，而且在艾思奇撰写《大众哲学》的时候同样存在。正像艾思奇在《大众哲学》的开头部分所说："提起哲学，有的人会想到旧社会大学校教室里的一种难懂的课程，也有的人会想到那些算命先生。许多人总以为哲学是一种虚无缥缈的学问，或者是一种谈命运说鬼神的神秘思想，以为哲学和我们的日常生活是隔得天地一般的远，普通人决难过问。"① 那么，艾思奇是如何做到把"隔得天地一般远"的哲学与生活拉近的呢？这其中的奥妙到底在哪里？我认为，这既取决于他所传播的哲学本身，也取决于他传播这种哲学所采取的方式。

首先，艾思奇《大众哲学》所传播普及的哲学本身就是"大众的哲学"。诚如李公朴先生在为《哲学讲话》（《大众哲学》的前身）所作的编者序中所说："新哲学本来是大众的哲学，然而过去却没有一本专为大众而写的新哲学著作。"② 艾思奇正是在中国人民急需一种科学理论来指导人们的思想和行动的时候，为人们奉献了"辩证法唯物论"的新学说。马克思主义哲学对于当时的国人来说，还是一种全新的外来思想，但是，其中所包含的真理已为当时中国先进的知识分子所了解。艾思奇作为较早接受马克思主义新思想的人之一，深谙这一具有鲜明无产阶级党性和革命性的学说对于中国革命和中国人民争取自由解放斗争所具有的指导作用和实践意义，并自觉担当起了实现这一学说中国化、大众化、现实化的理论使命。马克思曾经深刻指出："理论在一个国家实现的程度，总是决定于理论满足这个国家的需要的程度。"③ 经由日本和苏俄传入中国的马克思列宁主义，作为一种立足于无产阶级和广大劳苦人民争取解放的革命理论，正好满足了正在进行一场深刻社会变革的中国社会的需要，因此，《大众哲学》的出版可谓适逢其时、应运而生。以至于它所产生的影响，超过了作者本人的预期，不仅为街头市井的人们所欢迎，还成为了广大青年学生人生的"指南针"。

其次，《大众哲学》虽然是一本通俗读物，但却准确传达了马克思主义哲学的精神实质。读《大众哲学》给人最深刻的印象，是它强烈的现实感和鲜活的生活气息。如果把《大众哲学》拿来与我们后来传播宣讲的马克思主义哲学做一比较，就会发现，它较少教条主义和公式化、僵死化的东西。这不仅体现在《大众哲学》极其贴近

---

① 艾思奇：《大众哲学》，人民出版社 2006 年版，第 1 页。
② 同上书，第 2 页。
③ 《马克思恩格斯选集》第 1 卷，人民出版社 1995 年版，第 11 页。

普通人生活的文字表述中，而且更反映在它对唯物辩证法思想内容的阐释上。例如在阐述辩证唯物论的时候，艾思奇专辟一节批判了"公式主义"，指出："'公式主义'是一种客观唯心论，它以为世界上有一种客观存在的死的思想公式，能够支配一切事物，因此只要我们仅仅抓着这一个死的公式，就能够当做万应灵药，来对付一切事物。"① 回顾极"左"思潮占统治地位的时期，马克思主义哲学，而且是以苏联教科书为标准范式的马克思主义哲学，几乎成了"放之四海而皆准"的万能公式，成了恩格斯所说的"不过是可以用来在缺乏思想和实证知识的时候及时搪塞一下的词汇语录"②，它不仅远离了人们的现实生活，而且俨然成了艾思奇指证的凌驾于现实生活之上的"客观存在的死的思想公式"。其实，马克思主义哲学本身就是一种根植于"现实的人"以及"他们的活动和他们的物质生活条件"，从"人间升到天国"，"使现存的世界革命化，实际地反对并改变现存的事物"③ 的学说。马克思那段关于辩证法的经典表述，更是集中概括了"新哲学"的精神实质，"辩证法在其合理的形态上，引起资产阶级及其夸夸其谈的代言人的恼怒和恐怖，因为辩证法在对现存事物的肯定的理解中同时包含对现存事物的否定的理解，即对现存事物的必然灭亡的理解；辩证法对每一种既成的形式都是从不断的运动中，因而也是它的暂时性方面去理解；辩证法不崇拜任何东西，按其本质来说，它是批判的革命的"④。站在今天的理论背景下，撇开《大众哲学》的具体内容，我们可以这样说，艾思奇《大众哲学》的成功，很大程度上，就仰仗于他以其深厚的马克思主义理论造诣，准确而精要地传达了马克思主义哲学作为一种"批判的革命的"学说的真精神。

再次，艾思奇找到了传播马克思主义哲学的合理方式。后来的"教科书哲学"之所以越来越受到人们的怀疑和拒斥，很大程度不是

① 艾思奇：《大众哲学》，人民出版社 2006 年版，第 58 页。

② 《马克思恩格斯选集》第 2 卷，人民出版社 1995 年版，第 40 页。

③ 《马克思恩格斯选集》第 4 卷，人民出版社 1995 年版，第 75 页。

④ 《资本论》，人民出版社 1998 年版，第 49 页。

因为它所表述的内容，而是它所采用的表述方式。这种方式不仅一般
地不适于用来表述黑格尔以后的现代哲学，而且特殊地不适于用来阐
发马克思主义哲学。马克思主义哲学作为反叛和颠覆以黑格尔哲学为
巅峰的西方传统哲学的现代哲学，具有完全不同于传统形而上学的理
论本性和品格。对比，恩格斯在《路德维希·费尔巴哈与德国古典
哲学的终结》中已经做了深刻的论述。他指出，马克思所创立的历
史观（本质上就是马克思主义的世界观）"结束了历史领域内的哲
学，正如辩证的自然观使一切自然哲学都成为不必要的和不可能的一
样"①，它们"必定会由关于现实的人及其历史发展的科学来代
替"②。传统哲学最显著的特点是它的抽象性、思辨性和实体性，它
总是试图在人们的现实生活过程之上或之外，去构建一个终极的、超
验的实体世界，并以此来说明和规范经验世界中的一切现象。马克思
恩格斯在首次系统阐述他们的"历史观"的论著《德意志意识形态》
中，对思辨哲学进行了彻底的清洗，指出："在思辨终止的地方，在
现实生活的面前，正是描述人们实践活动和实际发展过程的真正的实
证科学开始的地方。关于意识的空话将终止，它们一定会被真正的知
识所代替。对现实的描述会使独立的哲学失去生存环境，能够取而代
之的充其量是对人类历史发展的考察中抽象出来的最一般的结果的概
括。"③ 艾思奇是否研读过这部论著，我们不得而知，但艾思奇的确
是在用马克思恩格斯所主张的方式研究哲学和阐述哲学。例如在回答
"什么是我们的生活和思想"的时候。他深刻地揭示了当时人们社会
生活的本质，并指出："我们的生活，就是广大人民在无产阶级领导
下对帝国主义、封建主义和官僚资本主义势力的斗争的生活，是在今
天争取新民主主义革命的彻底胜利，以便将来更进一步争取过渡到社
会主义社会的生活。"④ 这种对现实生活的认识。既抓住了当时社会
生活的本质，又没有脱离当时人们的生活实际，因此很能打动大众，

---

① 《马克思恩格斯选集》第 1 卷，人民出版社 1995 年版，第 257 页。
② 同上书，第 24 页。
③ 《马克思恩格斯选集》第 2 卷，人民出版社 1995 年版，第 73—74 页。
④ 艾思奇：《大众哲学》，人民出版社 2006 年版，第 6 页。

并给予人们深刻的思想启迪。总之，在《大众哲学》中，看不到任何空洞的理论说教，"新哲学"不是以现成真理的面貌呈现在人们的面前，而是真正作为一种世界观和思想方法融入到对现实生活和重大问题的解析和批判中，因而，才征服了无数普通的民众，以至于蒋介石都不得不承认："一本《大众哲学》，冲垮了三民主义的思想防线。"①

《大众哲学》的成功，表明现代哲学，尤其是马克思主义哲学，远不像人们所想象的那样离生活那么遥远，其实它就内在于人们的现实生活之中，是根植于社会实践中的自我反思、自我批判和自我超越的力量，是能够转化为"武器的批判"的"批判的武器"。只要能够像艾思奇那样，把握理论的精神实质，并将其融入如火如荼的生活世界中，哲学就能对生活发挥重大而积极的作用。

二 哲学通俗化何以可能

哲学由于其自身的性质和特点，往往给人以"高处不胜寒"的印象；许多从事哲学研究的人，也或多或少感染了一种不屑于与大众为伍的毛病，仿佛哲学的通俗化必然导致哲学的庸俗化。其实，艾思奇本人在刚刚开始撰写《大众哲学》时，也曾有过一些顾虑。他在《我怎样写成〈大众哲学〉的》一文中坦陈：在对待理论的通俗化上，"老实说，我自己就多少有点偏见，把理论的深化看得比通俗化更重要"②。毫无疑问，不断深化理论、创新理论，是理论家的责任和使命，理论家往往也更能够从这样的活动中确认自己的价值和找到工作的乐趣；但这并不等于说理论家就只应过这种"不食人间烟火"的生活。他们的理论无论多么高深，如果仅仅只是"锁在深闺无人知"，那么这样的理论也就很难实现它的价值，甚至其理论本身的价值也是颇为可疑的。看来问题不在于理论该不该通俗化，关键是如何

---

① 艾思奇：《大众哲学》，人民出版社 2006 年版，第 16 页。
② 同上书，第 248 页。

实现理论的通俗化，换言之，理论，尤其哲学理论的通俗化何以可能？

艾思奇以其开创性的工作为我们实现哲学理论的通俗化提供了成功的范例。其昭示的理论经验值得我们深刻地总结。

首先，用于通俗化的哲学理论本身必须具有说服人的威力。哲学作为理论化、系统化的世界观，是人们对于人与自然、人与社会、人与自身，即人与世界关系的理论把握和表达。然而，并非任何一种哲学学说都能做到对这些关系的正确理解和把握，相反，大量的哲学，有如艾思奇在其著作中提到的作为抗战期间"亡国论"和"速胜论"主张之理论基础的哲学，就没有能够正确反映事物的发展规律，因而，就不能成为人们心悦诚服地加以接受，并用于指导认识和实践的思想。一种理论或思想如何能够赢得群众，首先要看理论本身是不是一个抓住了问题的根本，亦即是不是揭示了事物本质和规律的学说。马克思曾经指出："理论只要说服人，就能掌握群众；而理论只要彻底，就能说服人。所谓彻底，就是抓住事物的根本。但是，人的根本就是人本身。"① 艾思奇加以通俗化的马克思主义哲学，正是这样一种抓住了事物根本的学说，只要在通俗化的过程中不要损害理论的基本精神，只要能够哪怕只是部分地传达出理论所揭示的人的存在的本质，它就必然是一个能够打动人、抓住人的理论。艾思奇正是掌握了这样一种深刻彻底的理论及其内在的思想方法，在阐发理论的时候，每时每刻都紧紧扣住人们的生活现实，围绕实现国家独立、人民解放这个当时关乎每一个人的生活价值，深入浅出地帮助人们从自己的生活实践中发现真理。因此，源于现实生活的新哲学便如溪水般地流淌进了人们的心里。

其次，哲学的通俗化与其说是哲学思想的浅显化，不如说是哲学思想的深化。《大众哲学》之所以具有长久的生命力，甚至直到今天依然不失为一部马克思主义哲学的经典之作，显然不全是因为它通俗易懂，而是它在马克思主义哲学中国化的道路上迈出了开创性的一

---

① 《马克思恩格斯选集》第 1 卷，人民出版社 1995 年版，第 9 页。

步。它不仅把一个"舶来品"的理论有机地融入了中国的现实社会和文化土壤中，而且使这一揭示了人类历史发展一般规律的学说真正成为内在于中国革命实践中的强大思想武器。换句话说，就是实现了马克思主义普遍原理和中国革命具体实践的结合。今天看来，这也许是理所当然的事，然而，在当时的条件下，这不能不是一项极富挑战性的工作。熟悉马克思主义哲学体系的人不难发现，《大众哲学》其实构建了中国马克思主义哲学阐释体系的雏形。用当代解释学的话说，理解是被理解东西的存在；任何理论都离不开理解和解释，任何解释本质上都是一种再创作。艾思奇的《大众哲学》作为中国最早传播马克思主义哲学的著作之一，更是具有开创性的理论价值。从一定意义上讲，产生于西欧的马克思主义哲学，正是通过艾思奇等人的工作才如此这般地向当代中国人显现出来。我们很难想象，离开了《大众哲学》等一批阐释马克思主义哲学的著作，这种学说还会以我们熟悉的面貌向我们呈现。理论的深化，并不完全表现为理论自身在逻辑层面上的拓展，深刻的深化应当是对实践的指导并接受实践的检验。正是在这个意义上，我们认为，《大众哲学》作为影响了几代中国进步青年和哲学工作者，并对中国革命和建设产生了积极作用的一部理论著作，其价值远不是"通俗"二字所能涵盖的，应当说它是马克思主义哲学在中国的深化与发展。由此可见，哲学的通俗化不仅是可能的，而且还是哲学发展的方式之一。

再次，哲学通俗化的本质是让源于生活的理论重新回到鲜活的生活中。在马克思看来，哲学是最懂生活的，因为"人民最精致、最珍贵和看不见的精髓都集中在哲学思想里"①。"不是意识决定生活，而是生活决定意识。"② 哲学通俗化决不是哲学的庸俗化，而是让本身来自现实生活的哲学重新回到生活之中，也就是把人们在生活中产生的自发意识，经过理论家的转换上升为自觉的意识。马克思早在《莱茵报》时期，就对哲学的生活化、通俗化作了大胆的尝试，不仅

---

① 《资本论》，人民出版社 1998 年版，第 120 页。
② 《马克思恩格斯选集》第 1 卷，人民出版社 1995 年版，第 73 页。

让自己主持的报纸全面地介入到人们的宗教生活和政治生活中，还对"林木盗窃案"、报刊检查制度等现实问题进行了尖锐的揭露和批判。艾思奇在《大众哲学》中所做的工作，就是对马克思所开创的哲学理路的继承，他不是把哲学看作放在理论家书桌上的"烤松鸡"，凡夫俗子只需要张着嘴接受就完事，而是把哲学视为人们生活的重要组成部分；不是把哲学强加给人们的生活，而是引导人们在自己的生活中去"显现"哲学的道理和规律。我们常见的运用哲学的做法，例如关于什么什么的哲学思考，其实，名曰哲学思考，实际不过是把现成的哲学"公理"拿来到处乱套。把具体的东西抽象化，把常识哲学化。这种哲学通俗化的结果，最后导致了对哲学和生活的双重伤害：哲学不再是哲学，而是冠以哲学名词的常识；生活不再是真实的生活，而变成了一些空洞抽象的原则。艾思奇的做法恰恰相反，他不是用生活去论证哲学，而是用哲学去服务生活，在开显生活哲理的同时，把哲学变成人们自觉的生活。这项看似简单的工作，却是最见功力的事情。难怪艾思奇感叹："如果我用同样的精力来做专门的学术研究，我想至少也可以有两倍以上的成绩了吧。"[①] 正因为他"用力"来做这项工作，所以取得了巨大的成功。相反，同时期那些自认为在做高深学术的人，却被生活远远地抛在了身后。

三 如何让哲学亲近生活

美国当代哲学家巴雷特在其名著《非理性的人》中，针对一些沉迷于"纯学术"研究的哲学家说过这样一段话："如果今天的哲学家是正直而老实的，他们就会承认，他们对自己周围人的思想的影响越来越小。随着他们的存在日益变得专业化和学院气，他们在大学幽静校园之外的重要性就日益下降。他们的争论不过是他们自己之间的争论；他们不仅得不到形成一个强大的得人心的运动所需要的那种充满热情的支持，恰恰相反，他们和那些处在'校园'之外的无论什

---

① 艾思奇：《大众哲学》，人民出版社 2006 年版，第 250 页。

么样的一般知识界精英之间的联系都微不足道。"① 这段并非针对某一特殊哲学群体的话，同样值得当代中国的哲学工作者深思。而对照艾思奇早年所开创的事业及其所取得的成就，更应当引起哲学工作者的自省。

当然，正如在本文开头部分所提及的那样，新中国成立后我们在推进哲学大众化方面的确走过一些弯路。因此，今天来谈论这个问题，不能不关注因为进行哲学大众化、通俗化过程中所发生的偏差，而导致马克思主义哲学在中国被严重地教条化、庸俗化的事实。如何在当代历史条件下继承艾思奇开创的理论事业，并结合当代中国的实际实现马克思主义哲学的理论创新，是当前理论工作者面临的艰巨而紧迫的任务。总结艾思奇的成功经验，我认为，应当从以下几方面入手：

首先，应当像艾思奇那样站在所处时代的高度，发现并回应时代提出的重大问题。马克思指出："一个时代的迫切问题，有着和任何时代在内容上有根据的因而也是合理的问题共同的命运：主要的困难不是答案，而是问题"，"问题"的重要意义在于，"问题"是"公开的、无所顾忌的、支配一切个人的时代之声。问题是时代的格言，是表达时代自己内心状态的最实际的呼声"②。当时的中国正面临着向何处去的问题，国家的前途、民族的命运，直接关乎每一个中国人的现实生活。对于这些问题的解答，决非某一门具体的科学所能承担，急需一种新的世界观、方法论学说，亦即一种新的哲学。艾思奇找到了马克思主义哲学，坚信这种哲学能够启迪人们的心智、开阔人们的视野、树立人们正确的世界观和人生观，并能培养人们认识世界的正确的思想方法。《大众哲学》就是这样由被动到主动地承担起了向人们传授新哲学的使命。由于它顺应了时代的要求，回应了时代的问题，反映了人民的心声，因而，它也取得了巨大的成功。胡愈之先生说："这本书，是青年们认识世界的一盏明灯！"邹韬奋先生说：

---

① 威廉·巴雷特：《非理性的人》，杨照明译，商务印书馆 1995 年版，第 7 页。

② 《马克思恩格斯全集》第 1 卷，人民出版社 1956 年版，第 203—204 页。

"《大众哲学》哺育了大众!"二位先生可谓言真意切。《大众哲学》在当时的中国,不仅给予了人们智识上的满足,更重要的是,为处在迷茫中的人们指明了生活的方向和道路。

其次,哲学亲近生活不是用哲学去范导生活,而是用哲学去启迪人们的生活智慧。马克思主义哲学不是教条,不是现成的公式或结论,而是行动的指南和分析问题、解决问题的思想方法。马克思一生没有写过一本称之为"原理"的著作,甚至他自己曾预报过的关于辩证法的"小册子",最终也没有成型。读过马克思主义创始人原著的人都知道,马克思从来没有把哲学当作哲学来制造,而是把哲学融入对现实生活重大问题的反思和批判中。列宁说,辩证法也就是(黑格尔和)马克思主义的认识论,这充分揭示了马克思主义哲学作为一种新哲学的本质。从《大众哲学》对马克思主义哲学的阐发来看,艾思奇深谙马克思主义哲学的精神实质。表面看来,他似乎只是为了通俗起见,较少对所谓原理进行正面阐述,而是尽量将理论化解在各种事例之中;深层来看,这恰是艾思奇深刻和高明的地方,他没有像后来的教科书哲学那样,把哲学变成一个"原理加例子"的僵化体系,他也没有把唯物辩证法当作既成的真理,去向人们灌输,而是运用唯物辩证的世界观和思想方法,结合人们的生活实际,引导和启发人们从自己的生活实践中发现生活的真谛和智慧。人们常说,哲学是一门教人聪明、使人智慧的学问。然而,哲学一旦变成一种现成的知识体系,它就不仅丧失了这样的功能,而且往往还会成为人们获取真知识的障碍。这样的哲学最终只会被人们所唾弃。艾思奇的《大众哲学》见不到任何说教,它始终以一个对话者的面貌出现,把一切深奥的道理转化为生活本身的逻辑,并帮助人们自觉到这种逻辑。因此,它无须借助任何别的力量,而是依靠理论本身的逻辑威力去征服所有的读者。

再次,要使一种哲学走进生活,必须要求哲学家有深厚的生活基础和很高的理论造诣。尽管艾思奇本人谦虚地认为,自己在写《大众哲学》时"生活经验尝得极少","不能够运用自如地把材料装进作品里去",但是,读了《大众哲学》,你却不能不为艾思奇贯穿全篇的生活气息所感染，也不能不为他对现实生活敏锐的观察力和深刻的洞察力所叹服。今天来看，中国革命的逻辑已成为人们普遍了解的常识，懂得毛泽东思想就是中国革命实践在理论上的再现。然而，在艾思奇撰写《大众哲学》的时候，系统的革命理论还远远没有形成，因此，如何从理论上把握中国革命的任务、进程和规律，是一件十分困难，甚至是个人难以胜任的事情。艾思奇借助唯物辩证法的世界观和方法论，以其对国家民族命运的深刻关切，很好地实现了历史和逻辑的统一，使一部面向大众的哲学著作，几乎成为一部简明的中国人民反帝、反封建、反官僚资本主义的斗争史。这是极其难能可贵的。黑格尔说，哲学是思想中把握到的时代。马克思说，哲学是时代精神的精华。任何真正的哲学都是用民族性的形式、个体性的风格所把握到的时代性的问题，是以理论的方式所表达的人民的心声。正是因为艾思奇具有深厚的马克思主义理论修养，才能在纷繁复杂的现实中把握中国革命的主线，并把它上升为一种理论逻辑。这样，一个外来的新哲学经过中国人民革命斗争生活的中介以后，就成为中国人自己的生活逻辑和思想逻辑。

总之，哲学需要生活，就像生活需要哲学一样。"生活世界转向"是 20 世纪哲学发展的普遍趋势。马克思主义哲学作为现代哲学的开拓者，早在一个多世纪以前就自觉完成了这个转向，尽管在后来的发展中发生过一些逆转和偏差，但随着对马克思主义哲学研究和理解的深化，随着中国特色社会主义事业的不断推进，把马克思主义哲学把握为一种面向生活世界的哲学已成为学者们普遍的共识。现在的问题主要是尚未找到回归生活世界的合理路径。重温艾思奇的《大众哲学》，我们可以从中得到许多有益的启示。

（原载《昆明学院学报》2009 年第 1 期）

纪念艾思奇，奋力创造马克思主义哲学中国化的新理论新形态

——记《艾思奇全书》出版一周年

李今山

全国在为迎接党的十七大，研讨马克思主义中国化、建设有中国特色社会主义的热潮中，适逢著名的马克思主义哲学家、教育家、革命家艾思奇同志（1910—1966 年）的《艾思奇全书》（8 卷，550 万字）出版。2006 年 11 月 20 日，中央党校在常务副校长苏荣同志主持下举行了有首都理论界部分老同志和艾思奇生前友好代表 60 余人参加的新书发布会。与会者对艾思奇哲学思想和事迹进行了缅怀，特别是对他在新中国成立前为建设新中国努力创造马克思主义哲学大众化、现实化的贡献，对他从战略眼光提出"来一个哲学中国化、现实化"的理论表示赞佩。该书编委会主任、党校原副校长邢贲思同志说：艾思奇同志"从青年时代在报刊发表文章到 1966 年逝世前共著述了 600 余万字，年均 20 余万字，坚持 32 年，而且都是高水平的著作，这种勤奋是惊人的、罕见的"。原副校长韩树英同志说："我是中央党校第一班学生，听过艾教员的大课；后进哲学教研室工作，还在他领导下，我既是他'广义的'又是'狭义的'学生。他一直坚持从事第一线面对面教学，多年教出的学生一批又一批，为中国党政军高中级干部的马克思主义哲学教学所做出的贡献，提高了他们的马克思主义哲学水平，巩固了我国干部队伍的基础，且经受住各种严峻的如'文化大革命'那样的考验，功莫大焉……"艾思奇工作过的单位新华社、人民出版社的领导和家乡云南省的代表也发表了热情

的讲话。艾思奇夫人王丹一说：感谢党校领导多年关怀，早就组成编委会，今天《艾思奇全书》出版，思奇灵台有知，定会欣慰。

有些老同志题词赋诗，祝《艾思奇全书》出版。袁宝华同志在题词①中说："青年学子求真知，《大众哲学》启蒙师。有幸共饮延河水，唤起同胞抗暴日。"解放军总后上将周克玉同志在诗中说：

> 煌煌八座智慧城，熠熠丰碑记忠贞②。
> 大众哲人声远播，明灯亦照我前行③。
> "幽灵"④敢教东方化，喜见神州领旗旌。
> 拼抱沉疴编佚作，江南秀女最多情⑤。

《艾思奇全书》出版前，学界对马克思主义中国化研究已有较普遍开展。2006年后半年，中共云南省省委宣传部、云南社科院召开纪念艾思奇逝世40周年暨学术研讨会，有全国社科界、哲学界专家、学者出席，会上交流论文40余篇。

此时还有与《艾思奇全书》有密切关系的两部书出版。一是卢国英的《智慧之路——一代哲人艾思奇》⑥。中央党校许全兴教授在《一代哲人艾思奇》⑦一文中评述说：该书"是一本融传记与思想研究为一体的百万余言的煌煌大作"。作者长期主持艾思奇遗稿收集整理编辑工作，也是他30余年研究心血之著作，该书材料丰厚，有撷取于艾思奇一生的著作，有与艾思奇工作中最深刻的印象和记忆，有王丹一同志提供的以及艾思奇亲友、同事的回忆和海内外研究成果。

---

① 此题词载中央党校《燕京诗刊》2007年第13期。
② 此诗载中央党校《燕京诗刊》2007年第13期。艾思奇逝世时，毛泽东亲笔挽词称艾思奇是"党在理论战线忠诚战士"。
③ 胡愈之说："《大众哲学》是青年们认识世界的一盏明灯。"
④ 指马克思恩格斯著《共产党宣言》中，19世纪的欧洲资产阶级把共产主义称为"幽灵"。
⑤ 指艾思奇夫人王丹一女士。
⑥ 人民出版社2006年版。
⑦ 《学习时报》2007年12月21日。

艾思奇始终以辩证唯物主义历史唯物主义体系为蓝本而没有另外构造新体系的意图。但他又不只是马克思主义哲学的诠释者,他在研究和阐释马克思主义基本原理时有许多创造性的探索、说明和发挥,有些是增加了,有些是加深了,有些是展开了,有些是具体了。

　　二是哲学研究所副研究员徐素华的《论中国化形态马克思主义哲学》①,作者多年从事近当代中国马克思主义哲学史研究,她站在历史的角度,从中国化形态马克思主义哲学研究中具有普遍性、规律性问题入手,着重对这一哲学形成的可能性、必然性作了论述,并探讨了:(1) 中国化形态马克思主义哲学是西方哲学中国化思潮的一部分,同时是一种超越、一种创新发展;(2) 突出了毛泽东对中国化形态马克思主义哲学的巨大而独特的发展;(3) 这一发展非任何哪一个人所为,而是众多人参与的结果,并且是多形态的。作者在这一部分着重举出李达、艾思奇和冯契等著名哲学家的理论贡献,并各有自己的个性、特色。

　　进入 2007 年,艾思奇与马克思主义哲学中国化几乎成为学术界包括报刊、网站上一个较为引人关注的课题,粗计各种形式的文章、评论有 30 余篇。先后还有以此题召开的纪念和研讨会。一个是历史唯物主义学会,另一个是云南社会科学院召开和主办的会议。

　　恰在《艾思奇全书》出版一周年之际,11 月 19 日,中国社会科学院主办、哲学研究所承办的"艾思奇与马克思主义哲学中国化学术研讨会"召开,将一年来的对艾思奇和他的著作研究做了一次较集中、深入的研讨。冷溶副院长出席会议并讲话。中组部原部长张全景,中直机关工委副书记伍绍祖,中共中央党校副校长韩树英,中国科学院原副院长李振声,北京大学黄楠森、中国人民大学陈贤达和哲学研究所专家、学者以及艾思奇夫人王丹一等在会上发言,文化部原代部长贺敬之出席会议。

　　2007 年 11 月 27 日《中国社会科学院学报》以《努力创造马克思主义哲学中国化的新理论、新形态》为题,报道了会议。

----

　　①　文化出版社 2006 年版。

冷溶在讲话中指出：我们认真研讨，充分评价杰出的马克思主义哲学家艾思奇同志这位中国马克思主义哲学中国化运动的领军人物以及他对这一运动做出独特的贡献，其主旨是继承老一辈革命家、理论家开创的马克思主义中国化的事业，在新的实践中创造马克思主义哲学中国化的新理论、新形态，从而为建设中国特色社会主义提供理论支持。艾思奇同志的贡献分为两方面：一是对马克思主义哲学大众化，通俗化的成功完成。他联系人民大众的思想实际，运用他们熟悉、易懂的语言文字宣讲马克思主义哲学，从而成功地实现了马克思主义哲学的大众化、通俗化，创造出了一种独具特色的大众化形态的马克思主义哲学，空前扩大了马克思主义哲学在我国的传播领域和影响范围。二是在大众化、通俗化的基础上，明确地提出要来一个马克思主义哲学中国化、现实化运动，并进一步扩大范围，对整个马克思主义中国化、现实化的方法和原则，马克思主义中国化、现实化的历史必然性和现实必然性，马克思主义中国化、现实化的深刻内涵、表现形式和理论成果，作了系统的阐释。

冷溶强调，我们今天正在进行的中国特色社会主义伟大的实践，正是把马克思主义的一般原则和一般规律，具体应用于21世纪的中国"具体环境"和"特殊条件"的一次新的尝试。我们党在改革开放实践中产生的邓小平理论、"三个代表"重要思想和科学发展观等重大战略思想，正是马克思主义中国化的最新成果。今天正需要马克思主义中国化理论创新、形态创新。这是新时代新实践的客观要求。要学习前人的思想和实践，勇于和奋力提出解决问题的新思路和新理论。

2007这一年，关于艾思奇与马克思主义哲学中国化的探讨，是初步开了一个好头。它已引起国内外不少学人的关注。以我直接接触和听别人谈及的国内就有任继愈老先生，侯树栋校长，研究近当代马克思主义哲学史专家庄福龄教授……在国外有美国的田辰山、加拿大的福格尔副教授，他们或是由于工作会议时间不合适或是由于刚读到《艾思奇全书》未能与会或撰文，但他们都表示，在适当时候谈谈对中国近当代史上艾思奇与马克思主义哲学中国化问题的看法，因为这一问题是有十分重大意义的。

上海交通大学陈章亮教授（上海市哲学会会长）在来信中说："我国马克思主义中国化是由党的领袖、学者和群众的实践来完成的。艾思奇是马克思主义哲学中国化的先驱之一，马克思主义哲学是经过苏联（他们既有重大的贡献又有严重歪曲）在中国传播的，艾思奇是当之无愧的中介者之一。建国后他的《辩证唯物主义历史唯物主义》几乎教育了党的几代干部，后来流传的诸多版本都是从他那里演绎而来。过去纪念他主要是强调发扬他的学术风格和在传播马克思主义哲学中的贡献。在今天，马克思主义中国化第二次高潮中，要继承什么和发扬什么，要站在发展的历史的新起点上，要有新思路和新的高度进行再认识，才能为马克思主义哲学的新发展做出贡献。"

这次会后，得知在国家出版局召开的优秀图书评奖会上，《艾思奇全书》被评定为特等奖，这是对艾思奇理论功绩的高度肯定和赞扬。

我们应该说，对艾思奇哲学思想还有待进一步研究，以有利于我们大力推进的马克思主义理论中国化的伟大事业。我们相信，我国的理论界在党的领导下一定能完成。

（本文选自《怀念与思考：艾思奇与马克思主义哲学中国化》，中共中央党校出版社 2008 年版）

走在马克思主义哲学中国化路上的
艾思奇及其启示

陈章亮

党的十七大提出马克思主义中国化和发展中国特色社会主义的任务，但无论是前者还是后者，都需要马克思主义哲学的支撑。艾思奇是马克思主义哲学中国化的先驱，马克思主义哲学大众化、通俗化的开拓者，是一位品质高尚、成就卓著的哲学家。今天，学习艾思奇的哲学思想发扬他坚持马克思主义哲学中国化的精神，推进马克思主义哲学中国化，发展中国特色社会主义是中国哲学工作者的重要任务。

一 马克思主义哲学中国化是实现马克思主义中国化的基础，它是在人民群众斗争实践的基础上由党的领袖人物和哲学家共同完成的，艾思奇是马克思主义哲学中国化的先驱

马克思主义中国化与党的成立壮大和社会主义发展同步，主题是社会主义，是通过党成立后道路的选择，新中国成立后制度的建立和20世纪80年代后模式的抉择实现的，而中国特色社会主义是马克思主义中国化最大的成果。恩格斯曾经指出，"我们党有个很大的优点，就是有一个新的科学的观点作为理论的基础"即马克思主义哲学。所以马克思主义中国化和中国特色社会主义的形成，是以马克思

主义哲学中国化为基础和支撑的。

与西方不同，中国近代未进入资本主义和经历商品社会及真正的启蒙运动，党成立后就全身心投入反帝反封建的救亡运动，它的启蒙是在救亡运动中实现的。马克思主义及其哲学中国化是在人民群众斗争实践的基础上，由党的领袖人物和理论家来完成的。毛泽东说，党的领袖人物的头脑是个加工厂，而"起制成完成品的作用"，"其原材料或半成品只能来自人民群众"。邓小平则认为，党的许多理论和政策是群众在实践中提出来的，他只是在进行概括中作出抉择而已。所以毛泽东思想和邓小平理论是全党、全国人民和领导集体智慧的结晶，领袖人物在马克思主义中国化中的贡献是不可取代的，毛泽东、邓小平是他们的杰出代表。按照黑格尔和马克思的观点，哲学是在长期积累经验的基础上经过反思形成的"黄昏迟到的猫头鹰"，又是在反思基础上进行思辨的"黎明报晓的雄鸡"，哲学家在马克思主义哲学中国化中的创造性作用，同样是不可或缺的，艾思奇、李达等哲学家就是他们的优秀代表。

艾思奇一生都走在马克思主义哲学中国化的路上，他生在山清水秀、人文底蕴十分丰富的边陲云南，青年时期战斗在中国近代社会矛盾的焦点和中国共产党诞生地的上海，发展在抗日战争的中心和革命圣地的延安，成熟于全国政治文化中心和党政首脑机关所在地的北京。恩格斯指出，重要人物会因时而至，即使没有，也会造出这样的人物来。所以艾思奇成为拥有我们时代特色的哲学家也就不是偶然的了。与其他的哲学家相比，他的哲学思想的最大特点，是把马克思主义哲学中国化、现实化、大众化和通俗化。他在青年时期发表的《大众哲学》开了哲学大众化、通俗化的先河，而中国化、现实化却是他一生研究、教学和宣传的执着追求，使他成为有口皆碑的出色哲学家。诚然，他也会犯错、也会有遗憾，因英年早逝，未能看到苏联解体、苏联哲学和教科书体系的弊端的暴露无遗，未能看到"文化大革命"的失败和"左"教条主义的彻底破产，以及经过拨乱反正不断开拓马克思主义哲学中国化的新局面，辩证唯物主义论、实践唯物论和历史唯物论的统一成为马克思主义哲学的形态。

二 哲学大众化是马克思主义哲学应有之义，《大众哲学》开了马克思主义哲学通俗化的先河，成为马克思主义哲学中国化、现实化的开端和基础

《大众哲学》是艾思奇1934年写的一本宣传马克思主义哲学通俗化的册子，出版后反响强烈，一发不可收，截至新中国成立前连续重版32次。其魅力就在于它有深厚的群众基础，把握住群众的脉搏得到了群众的普遍共鸣，能为群众所喜爱。加上有面对现实，击中时弊，深明哲理，文笔明快的特点，使人茅塞顿开，豁然开朗，欣喜若狂，催人奋进。正如恩格斯在谈到费尔巴哈《基督教的本质》一书对他们影响时说的那样，当时的情景只有亲临其境，记忆犹新的人，才能感觉得到。现在离《大众哲学》的年代已经很远了，我国的社会已发生了翻天覆地的变化，人们面临和需要解决的问题也复杂得多，对哲学也提出了更高的要求。但哲学需要通俗化和增加吸引力，却没有改变，为了回答现实的问题和为大众的需求而写哲学的任务，也没有过时。

《大众哲学》之所以一炮打响，其一，是日本帝国主义侵略中国，长驱直入，民族危机加深，而国民党政府消极抗日积极反共，引起人民极端不满，共产党主张抗日方兴未艾，人民群众特别是青年追求真理如饥似渴，发挥哲学的命运在于满足时代需要正逢其时。其二，随着辛亥革命的失败和五四运动的退潮，封建文化鼓吹的"中学为体，西学为用"日渐破产，在中国鼓噪一时的杜威的实用主义，叔本华、尼采的"生命哲学"影响日微，而陈立夫的"唯生哲学"和蒋介石鼓吹的"力行哲学"等唯心论和形而上学都纷纷败下阵来，为马克思主义哲学宣传提供了广阔的空间。其三，马克思主义哲学既是形而上的思辨又是形而下的实证，但"哲学的踪迹可以在日常生活中找到"。哲学既是世界观又是方法论，但作为方法又是"打通一切艰苦的实际达到改造世界的目的"。人们认识世界是为了把握真

理，又在改造世界中实现价值，但人民大众是它的主体，所以大众化、通俗化就成为马克思主义哲学的应有之义。

《大众哲学》之所以能够享有盛名、长久不衰，首先，它破天荒地把哲学从腾云驾雾的神秘中解放出来，成为群众手里认识和改造世界的强大武器。过去，无论是康德、黑格尔，还是老子、庄子的哲学，被搞得高深莫测、晦涩难懂，弄成在象牙塔里的思辨的玄学。《大众哲学》把它从书本和课堂里解放出来，开了被列宁称之为"最高限度的马克思主义＝最高限度的通俗化"之先河。其次，它像海洋中的一盏明灯，帮助无数青年扫除迷漫在心中的时代苦闷，窥见科学真理的光芒，毅然走上革命的征途，融入了抗日战争的洪流。最后，《大众哲学》开创了马克思主义哲学大众化、通俗化的道路，成为后来马克思主义哲学中国化、现实化的开端和基础。当然，开端和基础还不是中国化、现实化本身，但大众化、通俗化则是中国化、现实化的必由之路和表现形式。

三 马克思主义哲学中国化的倡导者、实践者和发展者，对《实践论》《矛盾论》和《关于正确处理人民内部矛盾问题》的研究、诠释和宣传作出杰出的贡献，为发展中国特色社会主义奠定了重要的哲学基础

艾思奇早在 1938 年就提出马克思主义哲学中国化和现实化的命题，强调"哲学研究需要来一个哲学的中国化、现实化运动"。是以《大众哲学》的大众化、通俗化为开端走向成熟发展新高度的必然；是对毛泽东继提出马克思主义中国化，创立新民主主义论后，确立实事求是思想路线的高度自觉和在实践中的贯彻；是抗日战争进入新阶段，赋予哲学新的历史使命的首肯和完成任务的积极回应。所谓马克思主义哲学中国化是指马克思主义哲学"必须和我国具体特点相结合并通过一定的民族形式才能实现"，"使之在其每一表现中带着必须有的中国的特性"，并且按照中国的特点应用、发展它。"把它改

变成为新的东西，带有改作和创新的性质。"他为此呕心沥血，兢兢业业，奋斗终生，硕果累累，成为马克思主义哲学中国化的倡导者、实践者和发展者。

艾思奇也是毛泽东把哲学中国化的成果的研究者、诠释者和宣传者。毛泽东从 20 世纪 30 年代末期起，就先后提出《中国革命战争的战略问题》《论持久战》等著作，是哲学与军事水乳交融、浑然一体的杰作。毛泽东把马克思主义哲学中国化的集中表现则是《实践论》和《矛盾论》。他作为毛泽东倡导下成立的哲学六人小组的召集人，一开始就参加《实践论》、《矛盾论》的创作活动。《实践论》、《矛盾论》发表后，就把它作为自己研究的重点，并贯彻到他的教学和宣传活动中，一直坚持到新中国成立后。毛泽东说过艾思奇"能够按《实践论》《矛盾论》的本义解释许多哲学上的问题和政治理论上的问题"，是对他的高度赞赏和充分肯定。

新中国成立后，《实践论》、《矛盾论》正式出版，他更加积极自觉开展对《实践论》、《矛盾论》的研究、教学和宣传活动。在他生命的最后 10 年，更是全身心地投入对《实践论》、《矛盾论》和《关于正确处理人民内部矛盾问题》的研究、诠释和宣传，其主要成果汇集在他的《毛泽东对马克思主义哲学的贡献》一书中。他在《实践论》的诠释中揭示和阐明认识的规律和总规律，辩证法、认识论和群众路线的高度一致，是坚持发展"实践的观点是辩证唯物主义之第一和基本的观点"。在《矛盾论》释义中，从对立统一是矛盾问题的本质和共性与个性是矛盾问题的精髓的纵横两个方面，说明和发挥了关于"对立统一规律是辩证法的本质和核心"。《关于正确处理人民内部矛盾问题》则坚持，社会基本矛盾仍然是社会主义的基本矛盾，和矛盾的非对抗性决定人民内部矛盾是社会主义矛盾的总题目，维护和发展了马克思主义的唯物史观。他在这些诠释中提出了独特和富有创造性的见解，已成为马克思主义哲学中国化的重要组成部分。今天，什么是社会主义和怎样建设社会主义已成为毛泽东的未竟课题，但他的哲学思想和艾思奇对它进行马克思主义中国化的诠释，却为我们发展中国特色社会主义奠定了重要的哲学基础。

四 集研究、教学和宣传于一身的哲学家,艾思奇主编的《辩证唯物论和历史唯物论》是我国第一本阐述马克思主义哲学原理的教科书,是从苏联教科书过渡到马克思主义中国化教科书的中间环节

艾思奇的一生从上海量才业余学校,经延安的陕北公学、抗大、马列学院,到北京的马列学院、中央党校的 33 个春秋,绝大部分时间都是默默耕耘在教学岗位上。为了讲学他三进清华,是北大的兼职教授,宣传"三论"他足迹遍及北京的党政机关,成为集科学研究、从事教学和社会宣传于一身的哲学家。他早期的《哲学讲话》,延安时期的《科学历史观课程》,新中国成立后的《历史唯物论——社会发展史》,《辩证唯物主义纲要》,特别是 60 年代初主编的《辩证唯物论和历史唯物论》等,既是他长期从事教学内容的结晶,也是不断推进和实现马克思主义哲学中国化的重大成果。

《辩证唯物论和历史唯物论》是从苏联教科书中脱胎而来,在体系结构、内容安排和表述范式上无不保留了苏联教科书的痕迹。苏联的哲学体系和教科书体系来自斯大林主编的《联共(布)党史简明教程》的第四章第二节,它基本上反映了苏联当时对马克思主义哲学所能掌握到的资料和研究达到的水平,对苏联和社会主义各国普及马克思主义哲学曾发挥过重大的作用。但教科书把辩证法归结为四个特征,对立统一规律只讲斗争不讲统一,把否定之否定规律一笔勾销,则是片面的。尤其在个人迷信流行时期,把普及马克思主义哲学的通俗册子追捧成为哲学发展的顶峰,更是错误的。但全盘否定苏联的哲学体系和教科书体系则是不正确的。应当指出,《辩证唯物论和历史唯物论》并没有完全照抄照搬苏联的教科书,而是在肯定它反映马克思主义哲学基本原理的基础上,有所选择,有所扬弃,也是有超越的。不但把教科书明显有悖马克思初衷的内容作了剔除,更重要的是吸收了已被大家公认的《实践论》《矛盾论》等马克思主义哲学

中国化的重要成果。所以因为教科书的局限性就抹杀它在历史上所起的作用，同样是错误的。

《辩证唯物论和历史唯物论》在我国的重要历史作用，首先，它是我国第一本由自己编辑并阐明马克思主义哲学基本原理的教科书，它问世后一直成为全国高校乃至党校普遍采用的哲学课程的教科书，也是向党员和群众普及马克思主义哲学的重要教材，在教育和造就了几代党内外干部树立正确的世界观和方法论中，发挥了不可取代的作用。其次，它也是我国最有权威因而也是最有影响力的教科书，不但为高校和党校普遍采用，而且也成为全国编写同类教科书或教材的主要依据。据不完全统计，已为全国400多本同类教科书和教材所"克隆"和演绎，迄今仍保持着相当的影响力。最后，随着改革开放实践的深入和取得的重大成就，真理标准讨论和拨乱反正，苏联的哲学和教科书体系已被打破，《辩证唯物论和历史唯物论》教科书的体系，也逐步为马克思主义哲学中国化的体系和教科书所取代，但它所起的作用却会永远记录在中国哲学发展的史册上。

五 中国特色社会主义需要中国特色的哲学支撑，艾思奇的马克思主义哲学中国化给我们留下宝贵的启示，推进马克思主义哲学中国化和发展中国特色社会主义是哲学工作者的重要任务

党的十七大把解放思想置于发展中国特色社会主义四个"坚定不移"的首位和当作一大法宝，做出解放思想是坚持党的思想路线的本质体现的论断，这就是说，发展中国特色社会主义需要有中国特色的马克思主义哲学的支撑。艾思奇给我们留下了雄文8卷，而他在文字背后却隐含着一股巨大的精神力量。伊人已逝，精神犹存，我们应从中得到什么样的宝贵启示呢？

启示之一：应用、发展首先必须学习、坚持马克思主义哲学。不学习、不坚持，应用、发展马克思主义哲学就无从谈起，马克思主义

哲学中国化，也就变成一句空话。艾思奇一生如饥似渴，刻苦钻研马克思主义哲学著作。在青年时期，他不满足马克思主义哲学的中译本，两渡日本又嫌马克思主义哲学日译本太粗糙，最后专攻德文，都是为了掌握马克思主义哲学的精神实质。正如郭影秋所言，"谁使斯人宏胆略，灵魂深处有真经"。他之所以能够无私无畏进行战斗，就是因为他掌握和坚持马克思主义哲学的真经。他提倡要像马克思那样对待马克思主义哲学，痛恨对马克思主义哲学的著作"贴标签"、搞"附加"，认为这是假马克思主义哲学。他是一个坚持理论先行的马克思主义哲学中国化的倡导者的哲学家。

启示之二：学习、坚持是为了应用、发展马克思主义哲学。艾思奇视理论联系实际为马克思主义哲学的生命，反对"把理论和实际当作分离两个东西去理解，而是当作两者统一的理解"。主张满腔热情地投入火热的斗争，与人民群众同命运共呼吸，花大力气研究中国的特殊国情，赋予马克思主义哲学的中国特色和时代特征。他反对教条主义，党反对教条主义始于延安整风，但他早在上海就已经揭竿而起了。他始终不渝地坚持马克思主义哲学走大众化、通俗化的道路，但反对片面化、简单化和庸俗化，是一个身体力行的马克思主义哲学中国化的实践者的哲学家。

启示之三：无论是学习、坚持，还是应用、发展马克思主义哲学，做学问要先学会做人。哲学不仅要回答是什么，还要回答应当怎么样的问题，它既是科学体系更是价值形态。艾思奇的一生为人胸怀坦荡，虚怀若谷，淡泊名利，执着追求，成功时不盛气凌人、忘乎所以，受挫时不消极畏缩，依然坚定。毛泽东曾经称赞"艾思奇是个好哲学家，好就好在老实忠厚，诚心诚意做学问"，是一个言行一致的马克思主义哲学中国化的德智双馨的哲学家。

伟大的时代需要伟大的理论，发展中国特色社会主义呼唤艾思奇式的哲学家。恩格斯在《费尔巴哈论》的结语中指出，随着革命高潮的落幕，资产阶级已经完全失去启蒙时期对哲学的追求和热情，而工人阶级却成为哲学的天然继承者和发展者，"科学越是毫无顾忌和大公无私，它就越符合工人的利益和愿望"①，因为马克思主义哲学是革命性与科学性相统一的科学。时下，流行的急功近利、竭泽而渔的浮躁心理，与时代精神格格不入，也与事业无补，而根深才能叶茂，无私才能无畏，则要求人们对事业精益求精和重塑主体的高尚人格，这应是学习和发扬艾思奇哲学精神的真谛之所在。

（原载《学术探索》2008 年第 3 期）

---

① 《马克思恩格斯选集》第 2 卷，人民出版社 1995 年版。

延安新哲学会：立意高远的思想机器

董　标

不为学界看重的一些情境性事件，往往具有全局性、决定性意义，延安新哲学会（YNPA）即居其列。建立新哲学会，是延安诸多宏大策略行动之一。本文考察了建立新哲学会的基本过程，分析了其成员构成以及后续效应，估定了它在中国当代文化特质形成中的独特作用，提出了尚须进一步探讨的若干问题。本文显示，新哲学会不是学术团体，而是教育组织。它培养的意识形态专家，掌控了知识法权，执行了规范行动的自足性和封闭性文化策略。新哲学会主要在构造和维系高度排他性的思想模式中建功立业，至于它的全部价值效应，则有待深入的与合理的辩论。

毛泽东在延安曾发起一个"哲学小组"，倡议成立"新哲学会"。在差不多半个世纪的时间里，我国学界对新哲学会的专门研究甚少。1981 年，于良华发表了论述"新哲学会"的第一篇专业文章。他断言，"延安新哲学会是一个马克思主义哲学理论的研究团体"。1983年，卢国英和叶佐英说，"1939 年间，毛泽东同志组织了一个哲学小组，有艾思奇、何思敬、杨超、和培元等同志参加，每周活动一次"。"毛泽东同志曾在 1938 年提议成立了延安'新哲学会'。"① 按此说，哲学小组成立在 1939 年，新哲学会发起在 1938 年。即新哲学会在先，哲学小组在后。1984 年到 1985 年，"中国社会科学院哲学

---

① 中国社会科学院哲学研究所：《哲学研究》1981 年第 3 期；1983 年第 12 期。

研究所毛泽东思想研究室"发表长篇《延安新哲学会史料介绍》
(1—6)。按其所论，"新哲学会，不只是一个马列主义哲学的研究组
织，而且对全国的文化理论界来讲，又起着抗日统一战线的作用"。
"延安新哲学会成立以后"，毛泽东"首先带头组织了一个哲学小
组"。这等于说，毛泽东的哲学小组是在新哲学会成立后才建立的。
在这一点上，毛泽东思想研究室的集体撰稿人，与卢国英和叶佐英的
看法是一致的。1985 年和 1987 年，于良华、徐素华两次谈论新哲学
会，一次是专门探讨，一次是顺便提到。后者修正了 1981 年的论
断。① 此后，对新哲学会的研究沉寂了 20 年。2006 年，谭群玉和周
兵试图论定新哲学会与"马克思主义中国化"的关系。尽管早在 25
年以前，同类研究已为威莱（Raymond F. Wylie）做过了，尽管谭群
玉和周兵的论文尚未反映奈特（Nick Knight）取得的新成就，仍是有
意义的——这毕竟是"沉寂了 20 年"后取得的成果。作者们说，新
哲学会"以共同抗日为宗旨"，"1938 年 9 月在毛泽东倡导下于延安
成立"，"最初论证"了"马克思主义中国化"概念。②

　　本文拟把新哲学会视作兼具规范行动属性的宏大策略行动，参与
讨论，就教方家里手。

一　从哲学小组到新哲学会

　　20 世纪 70 年代以来，最早提及毛泽东的哲学小组的，是郭化
若："一段时间，在杨家岭毛主席办公的窑洞里，每到星期三夜晚，
总和七八个人围在一支蜡烛前，漫谈马列主义的新哲学。这个会是毛

---

　　① 上海社会科学院哲学研究所：《毛泽东哲学思想研究动态》1984 年第 5 期；第 6
期；1985 年第 12 期；艾思奇学术思想座谈会秘书组编：《马克思主义哲学家艾思奇》，中
央党校出版社 1987 年版，第 41 页。
　　② 谭群玉、周兵：《新哲学会与"马克思主义中国化"》，载《现代哲学》2006 年第
6 期。对这一问题的开拓性研究，见 Raymond F. Wylie (1980), *The Emergence of Maoism—
Mao Tse–tung, Ch'en Po–ta and theSearch for Chinese Theory*, (1935—1945), Califomia。最
新、最系统的研究，见 Nick Knight (2005), *Marx—ist. Philosophy China: From Qu Qiubai to
Mao Zedong, 1923—1945*, Springer。

主席组织的，每次他都亲自主持。""开始谈的几个人都是毛主席秘书处的秘书或干事，谈的只是哲学的一般常识或通俗讲话。随后逐渐扩大，也有高级干部和理论家参加。"①

1980年，郭再谈这事，始为人关注。郭写道，"1938年初"，毛说，"我想找几个人开哲学座谈会，你（郭）算一个，再找几个，到我这里来，每星期座谈一个晚上"。"此后一段时间，每星期三晚上，便有七八个人在毛主席的办公室，围着一支蜡烛，漫谈马列主义哲学。""党政军干部学习哲学的热潮初步形成了，毛主席很高兴。进一步提出成立'新哲学会'，由艾思奇、何思敬同志主持，具体工作叫我做。"②

温济泽的回忆也是发表得较早的：毛泽东把在他身边工作的干部组织起来学哲学。这个活动，影响越来越大。1938年，根据毛泽东的提议，延安成立哲学会，随后，许多机关和学校也成立了哲学研究或学习小组。1939年上半年，毛泽东组织了一个哲学小组。这个小组每星期开一次会，持续了三个多月。参加这个小组的有六人：除毛泽东外，有艾思奇、何思敬、杨超、和培元等。③ 1940年春天，中央宣传部成立一个哲学小组。张闻天任组长，我当秘书。④

郭化若的两次回忆所涉及的哲学小组和新哲学会的关系，没有明显矛盾，哲学小组在先，新哲学会在后，但时间线索不清。温济泽涉及了新哲学会和三个哲学小组：新哲学会成立前的毛泽东小组、新哲学会成立后的毛泽东小组、属于中央宣传部的张闻天小组。

莫文骅的回忆，也提供了一些线索：毛泽东组织发起了"'克劳塞维茨《战争论》研究会'和'哲学问题研究会'"。"参加哲学问题研究会的人员还有肖劲光、和培元、艾思奇等同志，合起来也不到

① 郭化若：《在毛主席身边见闻的片断》，载人民出版社编辑出版《毛泽东同志八十五诞辰纪念文选》，1979年版，第133—134页。

② 郭化若：《郭化若回忆录》，军事科学出版社1995年版，第128—129页。

③ 温济泽：《毛泽东同志在延安是怎样教导我们学哲学的》，《中国社会科学院研究生院学报》1982年第4期，第1—2页。

④ 温济泽：《和艾思奇同志相处的日子》，温济泽等《延安中央研究院回忆录》，中国社会科学出版社、湖南出版社联合出版1984年版，第203—204页。

十个人（与后来延安正式成立的新哲学研究会是两回事）。""1939年初，毛主席亲自组织哲学研究会，参加学习的人员有艾思奇、张仲实、① 和培元、叶子龙、肖劲光和我等。每周一个晚上。在主席家里开会。"②

吴亮平的回忆只涉及新哲学会：大约是1938年，在毛主席的倡导下，延安成立了新哲学学会，艾思奇、何思敬等同志是这个学会的负责人。③

莫文骅所说的两个"研究会"的发起时间，最迟在1938年4月。1937年年底，毛泽东找几个人讨论如何"把游击战争提到战略地位"的问题，参与讨论的有罗瑞卿、肖劲光、刘亚楼和郭化若。其后，毛泽东急切地想"把军事理论问题弄出个头绪"，这可用他在1937年12月28日、1938年1月5日两次写给郭化若的信④、1月12日写给艾思奇的信作证⑤，另有3月18日的读书日记可为参考。⑥ 还有一个直接证据：刘亚楼在1938年4月离开延安。⑦ 此后，刘不可能参加研究会的活动。据此可以断定，毛泽东个人组织的、非正规的《战争论》研究会和哲学问题研究会或哲学小组，在1938年4月以前已经有规范地活动了。莫文骅回忆中的"哲学问题研究会"，与其他回忆者所说的"哲学小组"是一回事。在1月12日给艾思奇的信中，毛泽东邀请他"有空可来谈，但请在星期一星期五两天以外之晚上"。这句话可以被看作毛泽东发起一个私密性、随意性的哲学小组或学习合作社的前兆，与郭化若说"1938年初"的每个"星期三夜晚"吻合。这也提供了把莫文骅与郭的这个说法看成一回事的

---

① 莫文骅回忆有误，张仲实这时还没有抵达延安。据《各界代表齐集南门外热烈欢迎朱总司令及茅盾张仲实两先生》（《新中华报》1940年5月31日），见张积玉、王钜春《马克思主义理论家翻译家张仲实》，陕西人民教育出版社1991年版。

② 莫文骅：《莫文骅回忆录》，解放军出版社1996年版，第382页。

③ 吴黎平（吴亮平、吴理屏）：《忠诚正直的革命哲学家》，《一个哲学家的道路》，云南人民出版社1985年第2版，第120页。

④ 《郭化若回忆录》，第123—126页。

⑤ 《毛泽东书信选集》，人民出版社1984年版，第118页。

⑥ 《毛泽东哲学批注集》，人民出版社1988年版，第282页。

⑦ 杨万青、齐春元：《刘亚楼将军传》，中央党校出版社1995年版，第415页。

根据。

中央"干部教育部"在 1939 年 2—3 月制定《延安在职干部教育暂行计划》（以下简称"计划"），旨在把毛泽东在中共扩大的六届六中全会（1938 年 9 月 29 日—11 月 6 日）上提出（10 月 12—14 日）的学习要求具体化：

"学习理论是胜利的条件。""洋八股必须废止，空洞抽象的调头必须少唱，教条主义必须休息，而代替之以新鲜活泼的，为中国老百姓所喜闻乐见的中国作风与中国气派。"[①]

《新中华报》为此配发了《一刻也不要放松了学习》的社论，[②]但看来效果不是很理想，遂有制定"计划"的动议。计划定好以后，干部教育部在 1939 年 5 月 20 日召开动员大会。毛到会发表讲话（"520 讲话"），其中谈道："在延安已经组织有哲学小组、读书小组等，已经见了功效。我们这个干部教育制度很好，是一个新发明的大学制度，是一所无期大学。""大家都要学到底，把全党办成一个大学校。"[③]

"哲学小组、读书小组等，已经见了功效"表明，哲学小组已经活动了较长一段时间，具体的功效是什么，毛泽东没有说。在他心中，1938 年 5 月 26 日作《论持久战》演讲（7 月公开发表在《解放》第 43 期），"把军事理论问题"理出了个"头绪"，肯定是重大功效之一。据此，加上莫文骅、郭化若和温济泽的讲述，推定哲学小组在 1938 年 1 月毛泽东致艾思奇信之后到 4 月刘亚楼离开延安之前（2—3 月或早春）开始活动。

1940 年 1 月 3 日，中央发出《关于干部学习的指示》。3 月 24 日，又发出《关于在职干部教育的指示》，作为对前个"指示"的补充。它规定，"凡环境许可的地方，可依类编成学习小组"[④]。李维汉

---

① 毛泽东：《论新阶段》，《解放》第 57 期，第 36—37 页，民国二十七年，延安。

② 《新中华报》1938 年 12 月 25 日第 1 版。

③ 《毛泽东年谱·1893—1949》（中），中央文献出版社 1993 年版，第 124—125 页。参见李维汉《回忆与研究》（上），中共党史资料出版社 1986 年版，第 430 页。

④ 《共产党人》1940 年第 5 期、第 6 期，延安。

负责具体落实"把全党办成一个大学校"的宏大构想，名之曰"建立学习制度"，① 其他许多学习小组按规定在这个过程中建立。这些小组模仿了、跟进了学习合作社，体现了毛泽东的创新意志，合乎其理论兴趣和教育经验，也为其追求的教育效应。他曾说，可以"把一个连队的正面经验作为政策来教育 5000 个连"。②

中共教育制度化推进了学习热情的高涨，与日俱增的学习小组和研究会也滋生了形式主义弊端，即，凡规范必培育惯习，凡惯习必兼具利弊。中央宣传部在 1940 年 10 月 20 日发专文，试图纠正"什么研究会都参加，而自己并不阅读与研究的习惯"③。半年多以后，毛泽东发表《改造我们的学习》演讲（5 月 19 日），本意是发动"整风运动"，但反响不大。1941 年，中共中央政治局的"九月会议"做出《中央关于高级学习组的决定》，成立以毛泽东为组长、王稼祥为副组长的"中央学习组"。此后，情形才大变，整风运动大体上按毛期望的方向发展。两年后，毛认定，"九月会议"是"一个关键"。④

以"520 讲话"为界，可把毛泽东的哲学小组活动分成两个阶段。第一阶段（1938 年春到 1939 年春），大体对应于郭化若、温济泽、莫文骅的讲述。这个阶段，形成了以自愿和兴趣为基础的学习合作社——自觉建立的随意性对等商谈群体，直接满足的是理论兴趣。它没有指令忌讳，没有形式主义，⑤ 没有制度意义，是典型的交往行动。其直接后果，见于 1）模仿者的跟进，"许多机关和学校也成立了哲学研究或学习小组"；2）新哲学会的发起；3）毛泽东发表十分重要的、但为人研究很不充分的《论新阶段》（这可能与它从未全文见诸新中国

① 《回忆与研究》（上），第 432 页。

② ［美］冈瑟·斯坦（Gunther Stein, 1945）：《红色中国的挑战》，马海飞等译，上海译文出版社 1999 年版，第 111 页。

③ 中央宣传部：《关于提高延安在职干部教育质量的决定》，《共产党人》第 12 期第 17 页，1940 年，延安。

④ 中央书记处：《六大以来——党的秘密文件》（下），人民出版社 1980 年版，第 857 页。《毛泽东年谱·1893—1949》（中），第 469 页。参见高华《红太阳是怎样升起的》，香港中文大学出版社 2000 年版，第 294—295 页。

⑤ 参见《毛泽东书信选集》，人民出版社 1984 年版，第 136、140—141 页。

成立后在北京出版的各个版本《毛泽东选集》有关）；4）"干部教育部"的"计划"制定。第二阶段（1939年春到1940年春）大体对应于温济泽和莫文骅的回忆录所述，是干部教育"计划"的执行阶段。这个阶段的重大成就是：（1）中共的教育制度化；[①]（2）按规定建立的学习小组遍地开花，这时的毛泽东小组与前期在性质和成员上有别；（3）标志着毛泽东的社会理论体系形成的《新民主主义的政治与新民主主义的文化》的发表；[②]（4）一年后开始的整风运动。

每个阶段中的毛泽东小组，参与人员不同，时间跨度不大，于当事人留下了模糊程度不等的记忆，于后人的研究增加了一些困难。若干"毛泽东小组"的基本线索一旦清晰起来，新哲学会成立时间的问题就不那么难解。

《新哲学会缘起》（以下简称"缘起"）是在1938年9月底发表的，威莱等多数研究者以此为新哲学会的成立时间。他们似不了解，延安的精神文化生产领先于物质文化的生产，延安的印刷业长期不能满足需求。两种生产的不平衡发展是历史事实。这期间，正在大量印行马克思、恩格斯、列宁、斯大林等人的著作译本，期刊基本上不能按时出版。例如像《中国文化》创刊号这等重要刊物，标注的出版日期为"中华民国二十九年二月十五日"，实际出版日期则在3月15日前后（据《中国文化》第1卷第2期第64页）。所以说，按《新哲学会缘起》的发表时间——实际上只是《解放》第53期标注的出版时间"9月30日"，连发表时间都算不上——推定新哲学会的成立时间，不太切合延安的文化生产与物质生产的实际情境。

在1940年6月的新哲学会第一届年会上，毛泽东说，"开新哲学会成立会的那一天到现在，已经两年了"[③]。"那一天""两年了"这两

---

① 毛泽东自豪地宣称："全世界的共产党，除了苏联共产党之外，只有中国共产党有根据地，可以教育和训练自己的干部。"毛泽东（1942）：《关于整顿三风》，《毛泽东文集》第2卷，第415页，根据记录稿刊印。

② 以《新民主主义论》著称。在此后的大约15年间（即至20世纪50年代早期），"新民主主义"是毛泽东的思想灵魂。

③ 《毛泽东年谱·1893—1949》（中），第193页。

个时间状语，特别是后者没有被"接近"或"过去"和"大约"这类副词修饰——毛泽东的时间概念和数量概念，常用"大约"之类副词修饰——表明毛的记忆清晰。无邪发表在《哲学》1940年第3期上的文章说，"两年以前就在延安成立了新哲学会"。① "青年哲学家"（毛泽东语）和培元（1941年7月28日游泳时意外身亡）的遗作，以《延安新哲学会三周年纪念作》为副题，标注的成文时间是"1941年6月28日"，发表在《中国文化》第3卷第2、3期合刊上。这期《中国文化》是"抗战四周年专号"，标注的出版日期是"民国三十年八月二十日"。② 根据这些信息推定，新哲学会成立在1938年6月。

新哲学会成立于1938年6月。这比"9月说"早了三个月，看起来意义不大，但实际上并非如此。坚持"1938年9月"说，即，在中共六届六中全会召开的同时成立新哲学会，不仅使毛泽东系统阐释的中国作风和中国气派的文化理想、明确断言的"学习理论是胜利的条件"③、"来一个全党的学习竞赛"等崭新思想④，几乎成为无源之水，或者变成突发奇想，而且，连六届六中全会的"决议案"要求的"必须加紧认真地提高全党的理论水平，自上而下一致地努力学习……"，也变得不合逻辑。毛在六届六中全会上代表政治局（这时，他并不对全党"负总责"，但刚刚获得莫斯科支持他"为中共领袖"的口信）所作的报告以及关于这个报告的决议案，都需要一段比较长的准备时间。新哲学会，成立在1939年9月六届六中全会前的一段时间，不可能成立在会议召开期间毛泽东因应"四面八方"、忙得"席不暇暖"的时候。⑤ 再则，"9月说"也无法解释《论

---

① 无邪：《一年来的中国哲学界》，载钟离蒙、杨凤麟主编《中国现代哲学史资料汇编（第3集第1册）·抗日战争哲学思想战线上的斗争》，第76页，辽宁大学哲学系，1982年，沈阳。

② 《中国文化》第3卷第2、3期合刊3，第88页。参见《毛泽东哲学思想研究动态》1985年第12期。毛泽东语出自"在中共中央西北局高级干部会议上的报告"（1941年10月30日），见中央文献研究室、中央档案馆：《党的文献》2002年第3期第5页。

③ 《论新阶段》，《解放》第57期，第36页，民国二十七年，延安。

④ 同上。

⑤ 参见《红太阳是怎样升起的》，第170、176页。

持久战》的思想形成和演讲发表。《论持久战》是一部重要的政治、军事著作。它的政治哲学属性，似高于军事哲学属性。它的社会哲学属性，似高于政治哲学属性。它的人的哲学（人学）属性，似高于社会哲学属性。《论持久战》是阐扬主体性的哲学。

　　哲学小组和新哲学会，给《论持久战》和《论新阶段》提供了丰富的思想资源和理论武器。毛泽东的最重要的军事理论著作和社会理论著作，最重要的党内策略和社会决策，都是在发起学习合作社和新哲学会后才完成的。新哲学会，是马克思主义中国化（毛泽东思想化中国）的首个试验场和根据地，是"毛泽东思想（在中共内部）胜利"的母胎，是毛泽东思想化中国的关键环节，是毛泽东走向智慧之神的第一步。坚实稳健的第一步。

　　哲学小组和新哲学会，既出于毛泽东的教育兴趣和职业志向，又为之开辟了新天地。在张如心（恕安）的名作《论布尔塞维克的教育家》一文中，毛泽东"不仅是我党最好的领袖，最好的理论家、战略家，而且他同时又是我党最优秀的马列主义的宣传家、鼓动家、教育家，这是众所周知的事实"①！

　　这等当年"众所周知"的事实——宣传家、鼓动家、教育家的毛泽东——在许多研究者笔下，现时变成了孤独的政治哲学家。随着研究的"深入"，毛泽东的形象越来越背离其原貌。不要忘了，毛泽东"历来是当教员"的。1943 年 3 月，在组织程序上，终于坐上中共中央政治局主席、书记处主席交椅的毛泽东，把中共中央组织委员会书记一职交给刘少奇，自己兼任新成立的中央宣传委员会书记（隶属政治局和书记处），旁证了张如心的论断。从中可见，毛泽东把教育（宣传）看得比组织（人事）重要，与许多人所说的"跟着组织部，天天有进步"相反。这道理似不复杂：宣传教育足以造就组织人事——建国君民，教学为先，弘风训世，莫当于此，古代治术的智慧精华，被毛泽东恰到好处地发展了。自正式成为中共"主席"以来，毛泽东在组织人事上挥洒的大手笔，总以宣传教育开路，就连"文革"灾变，

----

　　① 《共产党人》第 16 期，1941 年 3 月，延安。

全名也叫"无产阶级文化大革命"。它是很容易被翻译成或还原为组织人事语言的。当然，但并非所有宣传口号和教育语言，都是可以并且能够轻而易举地翻译或还原的。否则，任何人都可自比毛泽东。

二　新哲学会的人物和效应

　　新哲学会的成员众多，构成一个庞大的"哲学家群体"。为了陈述的方便，把哲学家群体中属于毛泽东小组的成员（他们多是在"缘起"上具名的发起人）称为核心成员（简称"核"），把其他具名发起人称为发起成员（简称"发"），把没在"缘起"上具名、但有根据显示参加过新哲学会活动的，称为实际成员（简称"实"）（参见附表）。

　　哲学家们较集中地在 1937—1938 年间抵达延安（参见附图）。此前，他们差不多都在城市从事文化、教育和出版工作。有的已经参与过一些哲学论战和文化论战，颇具影响力，如何干之、艾思奇、陈伯达、周扬等；有的是"社联"①、"左联"的成员、发起人，或者既属于社联又属于左联，如任白戈、张琴抚、张如心、王学文、吴亮平等。他们的到来，极大地改变了延安的知识地图。②

---

　　① 社联，全称"中国社会科学家联盟"，1930 年 5 月成立于上海，1936 年春奉命解散。

　　② 在论及"中共"（CCP）为什么要建立新哲学会时，奈特概括了三个方面：结束长征后，在延安获得了安全保证；大量知识分子到来；毛泽东那阵子的哲学兴趣。（Nick Knight，p. 198）这三点都很实在，很具体，似应作些补充说明：第一，就毛泽东在中共内部的地位和遭遇而言，他形成"山沟里创造马克思主义"的深层想法既久，以回击"留苏派"对他的经验主义的指责；第二，从中共对中国社会、前途与革命的认识层次来看（关于中国社会性质，"现在许许多多报章杂志都来讨论这个问题，意见当然是各色各样都有"，这话出自毛泽东"对抗日军政大学第四期第三大队毕业学员的演讲"，1938 年 3 月 20 日，《党的文献》2002 年第 3 期，第 3 页），毛终于明白了学习理论是胜利的条件这个硬道理，即列宁所谓没有革命的理论，便没有革命的行动的论断。最后，就 20 世纪 30 年代后期毛的哲学思想来说，他对所谓"新哲学"（马克思主义哲学）的了解程度，远不如对旧哲学（中外唯心论）的熟知程度。这一点，只要把他的《辩证法唯物论·讲授提纲》（1937）的佶屈聱牙，与《〈伦理学原理〉批注》（1917—1918 年）的畅晓通达，做一比较，就行了。

这里要特别指出，几十年来，在出于国人笔下的相关文献资料中，陈伯达都"离场"了，回忆者和研究者都把陈伯达给"遗忘"了，威莱和奈特当然属于例外。① 当事人的"遗忘"与研究者的"遗忘"不同。当事人的遗忘是心理因素和社会因素的合金，或者心理因素大于社会因素，或者社会因素大于心理因素。前种情况叫"真实遗忘"，后种情况是"虚幻遗忘"。"真实遗忘"受天理伦常所限，"虚幻遗忘"为天时不利所害。研究者的"遗忘"却真假难辨。不知者的遗漏不叫遗忘，而是明知不可为而为之，或名之曰"不知当知"。知而不述的遗漏则既不是真实遗忘，也不是虚幻遗忘，而是知其可为而不为的"文化遗忘"，或名之曰"知当不知"。"不知当知"为知识贫困所拘，属"知识过错"；"知当不知"为文化压迫所累，属"知识失诚"。按古代学人准则，知识失诚远较知识过错为恶。恐怕今天也还是这样。

陈伯达作为"新启蒙运动"的发起人，到延安后，在毛泽东的哲学活动中扮演极其重要的角色。② 来延安前，他的《哲学的国防动员》和《论新启蒙运动》两篇文章，被认为"是新启蒙运动最初的呼喊，也可说是新启蒙运动的奠基石"③。从无邪的文章中可以看出，新哲学会，"在艾思奇，陈伯达，张如心，柯柏年，吴理屏，任白

---

① 威莱（1980）一著的第四章《马克思主义中国化，1938》，经技术处理后，以论文形式发表在《中国季刊》。论文的标题，用了专著的副题：《毛泽东、陈伯达和马克思主义中国化（1936—1938）》。这篇论文的译文，2006年发表在《现代哲学》第6期上。能使更多人了解威莱的研究，总是好事。但译文至少有两处较严重的问题：1）把毛泽东小组的成员 Chang Ju‑hsin（张仲实）翻译成"张君劢"，这几乎是一个类似"门修斯"和"桑卒"的错误。2）把出 the Returned Students 翻译成"回国的学生""回国学生"。这种无法理解的翻译，不是语言问题造成的。在英语世界的中共和毛泽东研究中，the Returned Students 一般专指少数在俄国—苏联学习过并时而倾向听命于莫斯科（斯大林）的中共高级领导人，即常见的"留苏派"专名。毛泽东有时用"言必称希腊"暗指"留苏派"的"言必称苏联（莫斯科）"。事实上，中共内部从未形成一个留苏派。威莱一著的第八章及结论部分，曾被翻译并发表在中央党史研究室编译组编的《中共党史译丛》第1辑，求实出版社1984年8月版。

② 参见《毛泽东书信选集》，人民出版社1984年版，第136、140—141、144—147、150页。

③ 何干之：《中国启蒙运动史》，《何干之文集》第2卷，北京出版社1994年版，第114页，并参见该书第74—75页。威莱也根据何干之此说，见 Raymond F. Wylie, p. 28。

戈，杨松等几位先生的主持上，工作有很好的展开。"无邪还概括性地专门介绍了艾思奇和陈伯达的主要成就。① 威莱认为，在"马克思主义中国化"思想的形成中，在毛泽东思想取得胜利的过程中，在造成对毛泽东的个人崇拜的时局中，陈伯达都是毛泽东的"最重要"的理论助手。② 虽说此论未必确当，但无论怎样辩解，淡化乃至无视陈伯达的理论地位和思想价值的做法，很难被认为是合乎知识责任的。

从教育背景看，新哲学会的32位成员（实际成员不止32位，张闻天等高级领导人未计其中）都受过正规教育且多受过高等教育，学科分布较广，哲学专业色彩不鲜明，没有一人出自大学哲学系。对此，毛泽东说，"有许多文化工作者与哲学家都会聚在这里"。有海外教育背景或考察经历者18人，接近32人名单的三分之二。在"缘起"上具名的发起人，绝大多数有海外教育背景，其中7人有俄国—苏联教育背景，超过18人的三分之一。哲学家们具备"接受一切中外最好的理论成果"的知识基础和文化素养，新哲学会具有会通中西哲学和思想文化的潜能。他们说，"希望不论旧的、新的、中国的或外来的各种派别都能加入这一个共同的研究"，这是有根据的。从这段文字中，看不出新哲学会有把自己囿于固定圈子的意向。这种主体通性态度是正当的，说明新哲学会是一个有活力和合力、能够综合创新的理论群体。

在知识结构上，具有中国哲学和苏联哲学背景的哲学家，在人数上占绝对优势，"优势"使西方哲学、中国哲学和苏联哲学的言说天平失衡，似乎预示了西方哲学在中国的命数。当时，"在抗战建国这个共同的正确的政治原则"指导下，理论建设为统一战线服务这一点理当坚定不移。③ 果真如此，自然能对言说不平衡倾向起到一些限制作用。但是，从理论上说，不管是在中共与俄共—苏共的特殊关系

---

① 《中国现代哲学史资料汇编（第3集第1册）·抗日战争哲学思想战线上的斗争》，第76页。

② Raymond F. wylie, p. 281.

③ 艾思奇等：《新哲学会缘起》，《解放》第35期，1938年9月，延安。

中，还是在正确的政治原则中，从中共的立场出发，新哲学会必须在
"自己"的理论建设和思想统一的轨道上发展。这才是发起者的本有
之意。因此，新哲学会，并非以统一战线、哲学研究和概念论定为基
本目标。从事实上看，中共确实有（从听命于共产国际和民国政府
的被动地位中）谋划独立自主的目标和自我裁决的必要，即，"马克
思主义中国化"是必要的、合理的。"马克思主义"，既与蒋介石正
在推行的"一党主义"针锋相对①，又与被片面解释的"列宁主义"
含义有别。作为前者的"马克思主义中国化"目标，是文化独裁和
政治压迫的反抗武器；作为后者的"马克思主义中国化"行动，是
文化殖民和思想依附的解放实践。"中国化"首先针对的是"苏联
化"，其次针对的是"边区化"，最后针对的是"世界化"。对"苏
联化"，"中国化"即中共独立开辟革命道路，不做俄国翻版，不谋
一党独断；对"边区化"，"中国化"谋求实现中国革命的普遍理想，
中共将跃出山沟，横空出世；对"世界化"，"中国化"意味着顺世
界潮流所生，以中国特性所立。

　　作为社会理论的马克思主义中国化，与作为党建理论和意识形态
的马克思主义中国化，本有不同的构思空间和表述语言。因此，马克
思主义中国化命题，从一方面说，承托（诺）了哲学家们作不同选
择的平台和机遇；从另一方面说，蕴含着新哲学会与生俱来的矛盾与
局限，预示其热心追求的"专门化的"理论目标②，难以达到。

　　在行动取向上，这样一个精英群体，具备在"山沟"里创造精
英文化的能力，也有把精英文化改造为大众文化的热情。若以为哲学
家群体仅仅是参与创建了某种思想体系或意识形态，或者说他们仅仅
是一种政治知识的构建者、一个关键词的解释者，而不是这种知识或
思想的推广者和宣传家，就等于无视他们"走向大众"的高远使命。
这等研究理路，既不符合实际，也不符合延安情境和延安精神——此
时此地，不是交往行动主导的时空，而是策略行动操控的天地。策略

---

　　①　"所谓一党主义是没有根据的，都是做不到的，行不通的。"（毛泽东：《论新阶
段》，《解放》第 57 期）
　　②　《新哲学会缘起》，《解放》第 35 期。

行动，有公开的和隐含的。公开的，在抗战建国的舞台，叫作"拥护蒋委员长""诚心诚意地实行三民主义"；隐含的，在意识形态和思想推广的维度，叫作"认识自己，加强自己，团结自己"。① 欲推广和普及，就少不了谋划和算计，就少不了有意无意的混淆和操纵。哲学家们作为理论创造者的角色，未必一定大于他们作为思想宣传家、知识普及者的作用——"新哲学会"创始了"学习化社会"的实践。"学习化社会"，"把教育的功能扩充到整个社会的各个方面"，"社会的一切部门都从结构上统一起来了。这种教育将是普遍的和继续的，从个人的观点来说，这种教育将是完整的和富于创造性的，因而也是个别化的和自我指导的。这种教育既是保障专业活动、促进专业活动的动力，又是文化中的堡垒和推动力。这个教育运动是不可抗拒的和不可逆转的。这是我们时代的文化革命"。②

在毛泽东和朱德领导红军的早期，红军已经"学校化"。③ 1929年，毛泽东提出把军队办成一个大学校的系统构想。④ 在延安，他又致力于把一个中共建设成一个更大的学校；使之实际发挥启发和引导"全民自觉"的作用，把学习合作社等自由商谈形式，扩大和规范为普遍参与的大众文化模式，"新民主主义的一切政策，不管其具体主题是什么，主要都是具有教育性质的"，"边区像个巨大的学校"。⑤ "整个共产主义运动，从根本上来说，就是要完成教育的任务。中国共产主义的成败如何，取决于中国人接受共产主义教育的程度和为共产主义目标应该有的决心。"⑥

"学习化社会"是"我们时代的文化革命"。与其说"时代"是一个

---

① 《论新阶段》，《解放》第 57 期。

② Unesco (1972)：《学会生存》，华东师范大学比较教育研究所译，职工教育出版社 1989 年版，第 219、221、222 页。

③ 陈毅 (1929)：《关于朱毛红军的历史及其状况的报告》（一），载中央档案馆编《中共中央文件选集》（第 5 册），中央党校出版社 1990 年版，第 770 页。

④ 毛泽东 (1929)：《中国共产党红军第四军第九次代表大会决议案》，《毛泽东选集》，东北书店 1948 年版，第 545—584 页。

⑤ 《红色中国的挑战》，第 247 页。

⑥ Chang-Tullu (1962)，*Chinese Education under Communism*，New York，pp. 42—43.

时间概念，倒不如说它至少有时是一个表述文化信念的"词"。"词"，可使不同内涵的思想和信念采取同一表述形式，也可使同一思想和信念采取不同表现形式，是为词之功，亦为词之过。它既能起到说明和解释作用，又能起到混淆和操纵作用。发挥词的解释和说明作用的情境，是交往情境。交往情境维护主体通性。运用词的混淆和操纵作用的行动，是教育过程。教育过程塑造行动主体，以受教育者的人格定型为目的。这有助于理解，为什么"边区像个巨大的学校"，为什么延安的社团五花八门。① 新哲学会属于其中阵容强、影响大、发挥文化堡垒和思想发动机作用的佼佼者。举足轻重的中央研究院的领导和骨干，多是新哲学会成员。研究院的七个研究室的名称带有"中国"，如中国政治研究室、中国经济研究室、中国文化思想研究室、中国教育研究室等。"中国"二字体现了治学方针的"大、变、化"。大：大志向、大决心；变：学习方法聚变；化：联系实际，具体运用。各研究室的"研究计划"虽然没有实现，也不失为对"改进"方向的证明。②

任何断论学习方向和研究方向的行为，都是规范行动，都是裁决知识边界、为知识领域立法的行动。中央研究院是知识法庭，新哲学会成员是法官，二者的层层领导人则是集体判官。集体有集体的智慧，判官有判官的领袖。集体的领袖就是智慧之神。

中央研究院的"中国化"努力方向，与晏阳初在 20 世纪 30 年代初提出的"以中国的社会事实一般的学理原则，促立中国化的社会科学"目标，③ 同文同辞，立意各别。"大、变、化"的中央研究

① 参见《新中华报》1938 年 12 月 20 日第 4 版。

② 《延安中央研究院回忆录》，第 73、129、265 页。

③ 宋恩荣编：《晏阳初文集》，教育科学出版社 1989 年版，第 54—55 页。威莱明确倾向于认定，毛泽东用的"中国化"一词来自陈伯达。（Raymond F. Wylie 另见林育川译《毛泽东、陈伯达和马克思主义中国化（1936—1938）》，《现代哲学》2006 年第 6 期第 60 页）殊不知，晏阳初用"中国化"概念比陈伯达早得多。1922 年 2 月，毛泽东在长沙，回国不久的晏阳初聘他为平民教育的教员（义工，每月只领取交通费四元）。1938 年，毛泽东提出"马克思主义中国化"命题前一个月，两位同龄人相聚在延安，融融晤谈。毛从晏阳初那里借用"中国化"概念，不是全无可能。高华认为，"马克思主义中国化"命题，"受到梁漱溟的启发"。（《红太阳是怎样升起的》，第 180 页）看来，不妨假定，毛泽东的"中国化"概念有多个来源，威莱的倾向有点爱屋及乌。

院，指向并履行毛泽东思想化中国的政治使命；晏阳初，这位足迹遍及地球东西南北的大教育家，指向并履行的则是社会科学化中国。前者以信念和规范为目标，后者以事实和学理为导向。长期以来，二者难以合和，于是就有了马克思主义中国化的妇孺皆知与社会科学中国化的鲜为人识二者并存的尴尬。

三　结语和问题

毛泽东的哲学小组是在 1938 年早春发起的一个随意性商谈群体，其成员因共同兴趣，自愿结成一个学习合作社，探讨急迫的军事理论、政治理论和历史问题，是一种典型的交往行动。新哲学会是一个名义上的专业团体，成立在 1938 年 6 月。它虽然宣称自己"不受一切传说和迷信的束缚"，并非"仅仅研究唯一派别的哲学思想"①，但确实具有政治教育制度和思想文化制度的双重属性，是策略行动和规范行动的合金，不是理论兴趣的满足形式。它出于交往行动，成于策略行动，归于规范行动。

新哲学会，从一开始就不是学术组织，不是哲学研究会。它的基本任务和终极使命——从"马克思主义中国化"到"毛泽东思想化中国"——"体现一种道德实践的知识"，包含"普遍化的行动要求"，"与价值内部化的一种学习模式联系在一起了"，② 规范意义远远高于认识意义。这种规范行动或动员模式，经整风运动和中共"七大"而典律化，在中华人民共和国合法化，并很快社会化为中国文化模式乃至社会制度本身。

新哲学会，是改变中国文化方向的宏大策略行动，是 20 世纪下半叶中国文化特质的助产婆。过于看重它在哲学（史）上的意义，过于看重它在统一战线中的作用，像奈特等研究者主张的那样③，就多少贬

---

① 《新哲学会缘起》，《解放》第 35 期。
② ［德］哈贝马斯（Jtirgen Habermas, 1985）：《交往行动理论》（第 1 卷），第 120、126、423 页，洪佩郁、蔺青译，重庆出版社 1994 年版。
③ Nick Knight, p. 198.

抑了它的整体意义和实践价值。它在理论上有多条战线：与国民党的政治制度和思想文化的一党专制斗争第一，与中共高层长期形成的教条主义顽症斗争第二，与中共内外的"一个西班牙的唐·吉诃德，再加一个中国的阿斗"式的无知狂和自大狂斗争第三；① 在策略上有多个目标：理论建设目标，思想统一目标，制度规范目标；在组织上有多重使命：意识形态合理化的团队建设，党的干部学习化的思想自觉，马列主义中国化的稳步推进，毛泽东思想化中国的最终实现。

多战线、多目标、多使命的新哲学会"胜利"了。它的胜利，体现了游刃有余地转移战线、调整目标和分化使命的集体智慧和操纵策略。

从"新哲学会"的成立到20世纪后半期的思想文化变迁，在很大的程度上是以毛泽东的理论兴趣为转移的，是为自"新哲学会"而始的中共自我规训模式造就的，这自然与新哲学会的成员在全国政治—文化舞台上扮演的角色有关。1949年以后，他们在哲学、社会科学、文学艺术、科学技术领域和文化教育或意识形态机构（部门），位尊权重，责大负远。他们操纵着性能精良的规训机器、开发了老到厚重的教化策略，推广了日新月异的现代传媒，把其知识法权发挥到极致，把其裁决权力扩展到无限。他们实现了引领我们的价值体系、学科结构和交往方式，乃至社会制度方向的目的。应该说，他们忠实地履行了自己的职责，也有惨遭不测者。

新哲学会，为独享的文化策略和知识法权，确立了信念基础，试探了的程序规范，培育了中坚力量。由此而来的政治观念、文化特质和教育理想（此三者可统一在"哲学"的名义下），以高度的自足性、排他性和封闭性见长。这三个特点，恰恰又是维系其原初向心力和凝聚力的前提。此内耗式自循环模式创造了奇迹，几十年来，中国哲学家和社会科学家发挥的作用，恰恰证实了这一点。这有助于评估中国哲学、社会科学、文学艺术的现状和声望；有助于理解所谓"整个共产主义运动，从根本上来说，就是要完成教育的任务"。

但就各哲学家的内心世界而言，尽管他们在北京位尊权重，也不

---

① 毛泽东：《论新阶段》，《解放》第57期。

能说不曾经受过"从延安到北京"的情境不适应。"北京的"那些缺乏"延安经历""延安意识"的哲学家、社会科学家、文学艺术家和科技精英，为这些"延安移民"掌控之后，有没有感觉到文化殖民和思想依附所导致的人缘不适应？情境不适应，人缘不适应，正是典型的角色冲突和价值冲突。

在政治经济、文化科学、道德人心的历史演变中，角色冲突和价值冲突的过程及意义如何？这个问题，光凭"文化策略""知识法权""高度的自足性、排他性和封闭性"，以及"向心力和凝聚力"这等字眼，是回答不了的。

附表　　　　　　　　　**哲学家集体部分成员概况表**

姓名	学　　历	类别
1. 艾思奇	日本福冈高等工业学校学习一年半	核
2. 何思敬	日本帝国大学学士	核
3. 任白戈	左联秘书长，翻译过［法］拉·美特利的《人是机器》，教育经历不详	发
4. 张琴抚	上海大学（以下简作"上大"）	发
5. 陈伯达	上大、中山大学（中文系）、莫斯科中山大学（以下简称"莫斯科中大"）	核
6. 张如心	莫斯科中大	发
7. 吴亮平	厦门大学（经济学）、大夏大学。莫斯科中大学员、教（译）员	发
8. 高士其	芝加哥大学医学博士研究生	发
9. 周扬	大夏大学，曾留学日本	发
10. 刘芝明	早稻田大学（政治经济学）	发
11. 柯柏年	沪江大学、上大	发
12. 王学文	京都大学经济学研究生，师从河上肇（1879—1946）	发
13. 杨松	中华大学、莫斯科中大	发
14. 焦敏之	上大	发
15. 成仿吾	日本帝国大学造兵科	发
16. 徐懋庸	上海劳动大学中学部	发
17. 王思华	南开、北大、里昂中法大学、伦敦政治经济学院经济学	发

续　表

姓名	学　　历	类别
18. 郭化若	福州甲种农业学校、黄埔军校，莫斯科炮兵学校。（以上按"缘起"的排名为序）	发
19. 和培元	燕京大学	核
20. 杨超	成都外语专科学校	核
21. 于光远	清华大学物理系插班生（以下按姓氏笔画为序）	实
22. 冯文彬	上海浦东中学夜校	核
23. 何干之	中山大学（教育学）、早稻田大学、明治大学（经济学）	实
24. 张仲实	莫斯科东方劳动者共产主义大学（以下简称"莫斯科共大"）、莫斯科中大	实
25. 肖劲光	莫斯科共大、列宁格勒托尔马乔夫军政学院	实
26. 范文澜	北大、北大文科研究所	实
27. 茅盾	北大预科，上大教员，1928 年东渡日本专事创作	实
28. 徐特立	小学教师训练班，赴日考察教育，赴法勤工俭学	实
29. 莫文骅	省立第一中学，广西军官学校	核
30. 温济泽	淮阴中学、南京钟南中学、省立扬州中学、复旦附中	实
31. 萧向荣	广东梅县东山中学	实
32. 董纯才	南方大学、国民大学、光华大学（生物学）	实

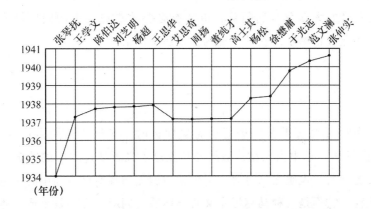

附图　哲学家集体部分成员抵达延安时间分布

（本文选自《大众哲学家——纪念艾思奇
诞辰百年论集》，中共党史出版社 2011 年版）

《大众哲学》思想史意义论纲

柴毅龙

一

应该尝试从思想史的角度来寻绎艾思奇《大众哲学》的深层社会历史意蕴，历来理论界、学术界都看重艾思奇《大众哲学》一书在马克思主义哲学大众化、通俗化方面的贡献。但却少有人从思想史的意义上对《大众哲学》进行深度历史开掘，因而很难突破以往研究的一般性结论。事实上，《大众哲学》的重要意义和价值，不仅仅是对马克思主义哲学的大众化和通俗化。除此之外，《大众哲学》应有更广泛深刻的思想史的意义。而且，就是《大众哲学》对马克思主义哲学的大众化、通俗化，也还有必要放进思想史的问题域来解读，才能真正揭示出它的历史内涵及历史价值。

二

在对《大众哲学》进行思想史解读时，必须明确两点：其一，《大众哲学》是中国人在传播接受马克思主义哲学过程中的特定历史阶段的产物，也是在马克思主义哲学中国化和现实化进程中的特定历史产物。它不是一种马克思主义哲学体系的创新，更不是自成一体的创新哲学体系。因此，它的意义主要不是哲学史的，也不是学术史的，而是思想史的。其二，《大众哲学》产生的历史时代，正是中国五四新文化运动之后的 20 世纪 30 年代。从"大历史"观的视角来看，《大众哲学》表征的是中国人的一次文化选择，也表征着中国人所经受的一次重大"精神洗礼"。也可以说，中国的思想启蒙运动进入了一个更深入，因而也更为复杂的时期。

三

因此，《大众哲学》的作者艾思奇与《大众哲学》文本之间的关系，就应该是思想史研究首先要解析的问题。"知人论世"是中国传统文化所提倡的原则。所谓"读其书"，"不知其人，不论其世，可乎？"

首先是家庭生活的影响。艾思奇的父亲李曰垓为辛亥革命时期云南著名的爱国民主人士，曾与蔡锷共事有年。艾思奇幼时曾被蔡锷收为义子，赐名"翼武"。李曰垓在教导艾思奇兄妹为学为文方面均曾强调哲学的功用。如"哲学是一切学术的概括，欲究事物之至理，宜读一些哲学书为宜"，并主张"无论作诗写文章，应像白居易那样，使人人能读，妇孺皆知"。此外，艾思奇的五叔李子固（芷谷）、长兄李生庄均为早期共产党员，分别对中西哲学深有所研。艾思奇在与他们接触中，多有受惠。家庭成员及其生活的影响对艾思奇走上哲学道路且著成《大众哲学》都起到了基础性的作用，于此不能不察。

其次是社会的影响。艾思奇生于1910年，少年艾思奇所处之中国社会，乃是中国由传统社会（农业社会、封建社会），即由前现代社会向现代社会的转型时期。现代社会（现"现代化"）是一个多层面的概念。它不仅仅是物质的、经济的层面。"现代化"更深层次的应该是思想文化层面的东西，是人的现代化。所以，五四新文化运动的关键词是"思想启蒙"。诚如孙中山先生所说："自北京大学学生发生五四运动以来，一般爱国青年，无不以革新思想，为将来革新事业之预备。于是蓬蓬勃勃，抒发言论。国内各界舆论，一致同倡。各种新出版物，为热心青年所举办者，纷纷应时而出。扬葩吐艳，各极其致，社会遂蒙绝大之影响。虽以顽劣之伪政府，犹且不敢撄其锋。此种新文化运动，在我国今日，诚思想空前之大变动。""此种新文化运动"思想空前之大变动",正是 20 世纪中国思想启蒙运动不断深入的现实化过程。艾思奇在青年时代即汇入此社会之变动,积极参加办报纸、编刊物、著文章,这些都是《大众哲学》出版并产生重大影响的社会条件。

最后为时代思潮的影响。青年艾思奇所成长的时代,正值马克思主义及各种西方社会文化思潮涌动世界各国的时代。西方各种社会思潮在中国的流传也是空前的。艾思奇之选择马克思主义哲学,是经过深思熟虑的。他曾说:"我总想从这里(欧洲哲学中的培根、斯宾诺莎、康德、黑格尔)找到一种对宇宙和人生的科学真理,但都觉得说不清楚,很玄妙。最后,读到马克思、恩格斯的著作,才感到豁然开朗,对整个宇宙和世界的发生发展有了一个比较明确的认识和合理的解释。"艾思奇和他同时代的许多中国知识青年一样,是在认真学习西方人的理论,苦苦追寻真理的过程中,最终选择了马克思主义哲学。《大众哲学》对马克思主义哲学深入浅出的论述,并非一日之功,也决非一时的偶然之作。

四

作者的意图与文本之关系,是思想史研究应关注的又一重要语境。艾思奇为什么写《大众哲学》,其"意图"是很明确的。这就是使中国大众能理解并接受马克思主义。然而,"意图"本身之外的思想史意义,应该说更为重要。艾思奇生长在一个中西文化交流和思想启蒙的深化时期。五四运动之后,中国人民开始进入了一个对思想启蒙自觉反思的阶段。这种自觉的反思启蒙运动的意识,在艾思奇身上体现得十分鲜明。他在自己 23 岁(1933)时所撰写的《二十二年来之中国哲学思潮》一文中就明确指出了中国启蒙运动的"时期太短,不容有任何精深的创造的贡献",后来,在 1936 年的中国"新启蒙运动"中,他作为主要发动者之一,又明确指出:"启蒙运动是文化上的自觉运动。"

应当说,《大众哲学》是中国"新启蒙运动"的前驱,是大家公认的当时哲学启蒙作品中，影响最大的。毛泽东在延安时，就曾很用心地研读过《大众哲学》，并竭力向其他人推荐此书。艾思奇 1937年 10 月到延安时，毛泽东曾兴奋地说："噢，那个搞大众哲学的艾思奇来了！"并亲自出席了欢迎会。如果从思想启蒙（哲学启蒙也就是思想启蒙）的"语境"来解读《大众哲学》，就会看到它更深层次的历史价值。如果仅仅看到《大众哲学》对马克思主义哲学通俗化、大众化的历史层面，那还只是看到了历史的表层。倘若从"大历史"的角度来看，在中国人接受西方思想文化（包括哲学）的影响过程中，或者说在中国人的思想启蒙运动中，《大众哲学》对中国人的哲学启蒙（思想启蒙）作用是如此之深入、广泛和持久，这是其他哲学著作无法可比的。也可以说，中国人民在那个时代，正需要这样的哲学启蒙，因为它像"火炬"一样，瞬间照亮了中国大众处于幽暗中的心灵。①

看重思想文化的启蒙，是近代以来中国先进知识分子的一个"情结"。艾思奇也不能例外。文化问题、思想启蒙，是他一生关注的重心。艾思奇主张将启蒙和救亡结合起来。用文化思想启蒙来推动救亡，又通过救亡来将文化（思想启蒙）通俗化、大众化，并在广泛的民众之中建立中国的新文化。因此，真正的救亡是建立在思想启蒙的基础上的，他赞同建立的新文化"应该是各种现有文化的一种辩证的或有机的综合"即"一个新的综合"。很显然，艾思奇所赞同的这个"综合论"与当今学术界主张的"文化综合创新论"（张岱年）、"马克思主义综合创新文化观"（方克立）有着历史的内在的关联。

在 20 世纪 30 年代的中国，有启蒙与学术的紧张，艾思奇理所当然地选择了启蒙（"五四"以来中国知识分子的情结）；有启蒙与救亡的紧张，艾思奇理所当然地选择了救亡（民族主义、爱国主义）。然而，《大众哲学》是将启蒙和救亡两者自觉统一起来的积极的思想

---

① 贺敬之《放声歌唱》中有这样的诗句：传递着，传递着，我们的火炬/啊！我们的《新华日报》/我们的《大众哲学》/我们的《解放》周刊/我们活跃的肤施。

成果。

五

《大众哲学》是中西文化交流沟通过程中的产物。青年艾思奇遭遇的历史正是中西文化深入交流、激烈碰撞的时代。20世纪三四十年代，是所谓的"后五四时期"。这一时期由于存在更为严重的民族危机，所以，如何使国家从危机走向新生，是当时所有有良知的知识分子都具有的社会责任感。然而这只是问题的一个方面，而且远非问题的根本方面。这就是说，前述所谓的"救亡"虽然是眼前的大事，但国家的富强确是解决这一"大事"之根本。所以，如何实现中国社会由前现代社会向现代社会的转型，即如何实现中国的现代化，才是更为根本、更为深层的问题。中国人之选择马克思主义的根基即在于此。这虽然是一种"观念的选择"，但实质上是一种现代化道路的选择。艾思奇正是由此而在中学时代即敏锐地感到唯物史观对中国人的意义。随后在两次东渡日本求学中，发愤研读马克思主义著作，并最终走上了马克思主义的道路（观念）和共产主义道路（社会）。马克思主义虽然是人类文明发展之成果，但它的"语言"形式毕竟承载的是西方思想文化内容。在这里内容和形式是统一的，因此它的言说方式必然是西方哲学的言说方式。这对一般中国人的接受水平提出了挑战。因此，如何将西方文化语境中的马克思主义哲学转化成中国人所能理解和接受的思想观念，就成为当时马克思主义哲学在中国能否生根、开花、结果的时代性课题。而如何用中国人的方式言说马克思主义哲学，也就成为首先必须研究和解决的实际问题。马克思主义哲学的通俗化、大众化和中国化正是由此而生发出来的问题。

六

马克思主义哲学的通俗化，是为了解决马克思主义哲学大众化的问题。因为哲学历来被看成是一种玄妙深奥的东西。要想让一般大众能理解并接受马克思主义哲学，就必须使之通俗化。因此，通俗化是大众化的基础和前提。而大众化就是使大众能够理解、掌握和运用马克思主义哲学去变革世界。所以，不能片面理解通俗化。艾思奇对此深有体会。他说，必须"努力来一个通俗文的运动"，但这通俗决不是庸俗化，即"根本包含着反庸俗的意义"。而且通俗化也决非"浅薄化"。"通俗文作者只要能把理论应用到细微的生活的琐末事实中去，为理论开辟广大的天地，这也就是深化、具体化，也就是发展。在他的手上虽然没有飞跃，然而他的工作却是达到飞跃所必经的步骤。"所以，通俗化的目的即是大众化。

　　大众化的目的是什么？大众化的目的就是为了让大众理解、接受并运用马克思主义去变革世界，即摆脱苦难，走向富强（现代化）。既然大众化的目的是为了运用马克思主义去变革中国社会，那么就必然要让马克思主义和中国社会的实际相结合，否则便不能切中中国社会的实际，而成为纸上谈兵、空中楼阁。因此，大众化的最终指向便是马克思主义中国化。因此，事实上，马克思主义哲学的大众化是马克思主义中国化的逻辑起点和历史起点。在此之前，虽然马克思主义哲学已在中国有所传播，但那只是一种思潮在社会观念层面中的流动。它还没有和社会的现实层面即大众层面深入地接触。《大众哲学》则不同，它已经深入到了社会的现实层面、大众层面，深入到了真正的"生活世界"，即日常语言中。《大众哲学》把马克思主义哲学在中国大众化了，这也就是把马克思主义哲学中国化了。它教大众用哲学（思维方式）去思考（现实）；它教大众哲学的思考；它把马克思主义哲学引向大众，又把大众引向马克思主义哲学；这里的"大众"并非抽象的"大众"，而是活生生地生活在那个时代的中国的"大众"。要让中国的大众理解、接受，并拿"哲学"做武器去变革自己的时代，变革自己的国家，"哲学"就必须说"中国话"。黑格尔也说："一个民族除非用自己的语言来习知那最优秀的东西，否则这东西就不会真正成为它的财富。"《大众哲学》是马克思主义哲学用中国言语方式（"话语"）"言说"自身问题的一个重要起点。是马克思主义哲学中国化的一个重要里程碑。无论从哪个意义上说，这都是中国现代史上的"哲学的突破"。因为在此之前，没有哪一种西方哲学在中国达到如此程度的"现实化"和"中国化"。

七

"思想启蒙"中很重要的一个内容，便是对"理性"的追求。"理性"用现代人的"分析"来解释，可以有两种，即"科学理性"和"价值理性"。五四时期及其以后很长一段时期，中国人看重的是"科学理性"（工具理性）。只要一说到"科学"，中国人马上想到的就是"真理"，至少是"正确"。由于中国传统缺乏"科学理性"，因此，在中国的思想启蒙运动中，把"科学"（科学理性）就看得特别重要。值得注意的是，马克思主义哲学一开始是被当作一种"科学"真理引入到中国的。因此《大众哲学》通过对马克思主义哲学的通俗化、大众化（即中国化），就包含有对中国大众发挥着一种"科学"启蒙、思想启蒙（哲学启蒙）和理性启蒙的作用。这无疑是一种高水平、高起点上的思想启蒙，因为它既是一种哲学启蒙又是一种"科学"启蒙。这在中国的 20 世纪 30 年代那个特定时期尤其显得重要（切中实际），起到了切实的重大作用。许多有志青年阅读《大众哲学》之后，接受了马克思主义及其哲学。尤其对广大知识青年（尤其是大中城市的市民阶层中人）而言，在辛亥革命之后（1911—1931）所企盼的自由、平等、博爱、民主、人权等价值理性和社会理想与当时中国社会现实形成了强烈的反差。而 1917 年俄国革命之成功和社会制度之变革无疑给这些在迷茫、彷徨、困惑中寻找出路的知识青年（社会变革追求的"自觉"群体）带来了极大的冲击和希望。马克思主义在俄国的胜利，对当时及以后中国的影响之大，这已经为后来的事实所证明。而马克思主义哲学是西方理性主义传统的继承、发扬和光大。马克思主义哲学正是在中国人的理性饥渴中传入的，又加之苏俄实践的成功，使中国人接受并作为"启蒙"国人的价值理性（哲学启蒙）和科学理性是势所必然。正是在这个历史前提下，中国人的思维方式和认知方式在马克思主义哲学的洗礼中，发生了根本性的变化。这种哲学启蒙（思想启蒙）的巨大能量和中国的现实（如抗击日本的入侵）一经结合，就发挥了不可估量的作用。延安时期（1936—1945）的"学习马克思主义运动"是马克思主义哲学走向"生活世界"的活生生的记录（那时在延安的革命者，几乎人人有一本《大众哲学》）。从中央负责人到每个普通革命者都在《大众哲学》这本所谓的马克思主义哲学通俗读本中找到了与自己思想的契合点。这是其他西方哲学思想在中国不可能得到的历史"遭遇"。这一场哲学启蒙（思想启蒙）虽然不能全归功于《大众哲学》，但《大众哲学》无疑是当时最突出、最具典型性的，对中国人影响最大的一部哲学启蒙文本。

海德格尔说："伟大思想家是这样的一个人：他能够倾听到其他'伟大人物'的著作中那最伟大的东西，并且能够以一种创造性的方式将它加以转换。"艾思奇确实是倾听到了伟大者的心声，并且以中国人的方式将其创造性地转换到了《大众哲学》这一历史性文本中，这是马克思主义中国化的历史事实。

八

马克思主义的中国化是一个历史过程。任何思想成果都不是一蹴而就的。每一个历史人物都有他在历史特定环节中的作用，否则，他就不是"历史人物"。

马克思主义哲学中国化的历程有 3 个关键性的环节，在这 3 个关键性环节中有 6 位代表性的历史人物：李大钊、陈独秀、李达、瞿秋白、艾思奇和毛泽东，第一个环节或阶段是以李大钊、陈独秀为代表的阶段。李、陈代表的是马克思主义哲学中国化的起始阶段。第二个环节或阶段是以李达、瞿秋白为代表的阶段。李、瞿代表的是马克思主义哲学中国化的展开阶段。李达是由第一个阶段向第二个阶段转换的中间（中介）环节。第三个环节或阶段是以毛泽东、艾思奇为代表的阶段。毛、艾代表的是马克思主义哲学中国化的成熟阶段。艾思奇是马克思主义哲学中国化由第二阶段向第三阶段转换的中间（中介）环节。

　　李达是唯一一个贯通三个阶段的历史人物。李达在马克思主义哲学中国化的过程中，代表的是学理（院）派。他的主要贡献是对中国化马克思主义哲学的系统化和理论化。他更多注重的是学术上的理论上的构建；艾思奇（《大众哲学》）在马克思主义中国化的过程中，代表的是实践派。所以艾思奇的主要贡献不是学术上的建构和理论的体系化，而更多的是注重马克思主义哲学的实践性、革命性和批判性。因此，艾思奇是马克思主义哲学中国化的成果——毛泽东思想产生的一个中间环节。如果要把马克思主义哲学中国化的过程简化为李达、艾思奇和毛泽东三个历史人物之间的关系。那么，艾思奇（《大众哲学》）就是李达（《社会学大纲》）和毛泽东（"两论"）之间的中间环节。

"哲学大众化第一人"

——《艾思奇哲学思想研究》评介

马汉儒

艾思奇同志是我们党杰出的马克思主义哲学家、忠诚的共产主义战士。1910 年诞生于云南省保山市腾冲县和顺乡，1935 年在上海加入中国共产党，1966 年 3 月辞世，享年仅 56 岁。艾思奇同志长期从事马克思主义哲学的研究、宣传和教学工作，撰写了大量有创见的理论文章、讲稿，出版过多部重要的马克思主义哲学著作，给后人留下了极为珍贵的数百万字的著述资料。尤其是在 20 世纪 30 年代，他撰写的《大众哲学》，在中国开了把马克思主义哲学大众化、通俗化的先河，堪称"哲学大众化第一人"，为马克思主义哲学的中国化做出了不可磨灭的贡献。

为了深入发掘其丰富的哲学思想，继承这一份难得的宝贵遗产，继续把马克思主义哲学中国化、大众化、通俗化的进程推向前，1997 年 1 月，云南省社科规划领导小组把《艾思奇哲学思想研究》作为"九五"社科研究重点课题立项。课题组由云南省的十多位从事哲学研究和教学的知名专家、学者和几位有关方面的负责同志组成，经过历时 5 年的潜心研究、讨论、撰写和反复修改，最后形成了这部长达 45 万字的《哲学大众化第一人——艾思奇哲学思想研究》的书稿，2002 年 4 月由云南人民出版社正式出版发行。

该著有这样几个特点：一是坚持以辩证唯物主义和历史唯物主义为指导，具体地分析艾思奇哲学思想在各个不同时期和不同发展阶段的特征及其主要表现，比较全面客观准确地阐述其发展过程，力求理论和实践、材料和观点、逻辑和历史的统一；二是占有翔实而丰富的第一手资料，一切论述均以充分可靠的材料作根据；三是一分为二的态度，该肯定的予以肯定，该否定的也加以指出，做到忠于历史，以事实为准，既不苛求，也不溢美；四是既吸纳了一些专家、学者和领导同志此前有关艾思奇哲学思想研究的若干真知灼见，又着重体现了课题组同志自己的见解和认识水平。参与本课题评审验收的专家一致认为，这是到目前为止，研究艾思奇哲学思想的第一部最为全面的专著。其中对艾思奇哲学思想在现代中国哲学史上的地位，艾思奇哲学思想与毛泽东哲学思想的关系等若干重大问题的论述，具有开拓性。

通过研究艾思奇的哲学思想，我们深刻认识到：艾思奇同志对马克思主义哲学思想体系的丰富、发展所做出的贡献是多方面的。其中，使我们感受最突出的一点就是贯穿始终的与时俱进、开拓创新的精神。艾思奇同志从走进社会的第一天，就选择了用马克思主义哲学批判旧世界、开创新时代的道路，并且实现了"学者、战士、真诚的人"三者的完美结合。他一生淡泊名利，克己奉公，老老实实地做人、做事、做学问。今天，我们纪念艾思奇同志、研究艾思奇同志，就是要以他为榜样，继承他的优良学风，为推进马克思主义的中国化、大众化、通俗化，为继续开拓马克思主义哲学的新境界，为实现全面建设小康社会的宏伟目标而努力奋斗。

（原载《求是》2003 年第 4 期）

马克思主义中国化必须通过中国传统文化的特质才能实现论纲

杨亚利

一 问题的提出

毛泽东同志指出："马克思主义必须和我国的具体特点相结合并通过一定的民族形式才能实现。"① 江泽民同志指出："民族文化已经融化在我们的血液中。"② 2001 年 7 月 1 日，江泽民同志在庆祝中国共产党成立 80 周年大会上的讲话使用了"中国化了的马克思主义"概念，并指出它"既体现了马克思列宁主义的基本原理，又包含了中华民族的优秀思想和中国共产党人的实践经验"③。中国传统文化具有的基本特质应该是中国具体特点的一个重要方面，它是马克思主义中国化的内部基因。

在这里遇到一个问题：为什么说中国传统文化的特质对马克思主义中国化有规定和影响作用呢？这涉及一个中国传统文化的特质和马克思主义中国化究竟是一个什么关系的问题。什么是中国传统文化的特质呢？所谓特质，指特有的性质或品质。中国传统文化的特质主要包括哪些内容呢？学界一些学者如梁漱溟等人从不同的角度有不同的概括，笔者综合前贤的众多说法认为最基本的即经世、贵和、刚健。《周易》中有三句话集中表现了这三大特质：

---

① 《毛泽东选集》第 2 卷，人民出版社 1991 年版，第 534 页。
② 《治国与读史：领袖人物谈历史文化》，中央文献出版社 2008 年版，第 244 页。
③ 《江泽民文选》第 3 卷，人民出版社 2006 年版，第 270 页。

天行健，君子以自强不息。(《易·乾·象》)
地势坤，君子以厚德载物。(《易·坤·象》)
云雷，屯，君子以经纶。(《易·屯·象》)

"自强不息"表现的是中国传统文化的刚健特质。"厚德载物"表现的是中国传统文化的贵和特质。"君子以经纶"表现的是中国传统文化的经世特质。那么，什么是马克思主义中国化呢？马克思主义中国化是指"马克思主义和我国的具体特点相结合"并获得"一定的民族形式"的具体过程。马克思主义中国化包括马克思主义与中国革命和建设实际相结合、马克思主义与中国传统文化相结合两个方面。那么，中国传统文化和马克思主义究竟是一个什么关系呢？笔者赞同这样一种看法即认为马克思主义中国化过程是马克思主义与中国传统文化在马克思主义指导下的双向互动、双向变异、选择的过程。事实上，马克思主义与中国传统文化的结合、融合过程，绝不是单向性的引马入中或援中入马，而是一个在双向互动作用中双向变异、双向选择的过程。二者融合之所以会产生双向变异、选择机制的主要原因在于：任何文化体系（及其构成要素）都有其产生的时间规定性与空间规定性——当然，当这种文化揭示出某些对象、事物的发展规律时，又具有其超时空的普遍真理的意义和价值。当一种文化传播进入另一种异质文化系统时，从时间性、空间性和普遍真理的具体表现形式上看，两种文化都发生了变化。一个是被传播进来的文化，为了适应新的文化环境和主体现实实践需要，使自己原来的时空性和理论的某些特殊性因素发生了变化；另一个是文化的接受体，因为新的文化因素的介入，使自身不适合现时代发展要求的某些落后因素、特性和功能发生了变化，并导致结构性或功能性调整以至重构。马克思主义与中国传统文化也不例外。马克思主义从欧洲的一个文化系统转移、传播到中国文化系统的过程，不会原封不动地照搬过来，作为接受主体的中国人，对于这种异质文化系统传播来的知识信息材料，也不会"照样原录"，而是要经过主体特有的文化背景知识和思维心理机制的重新理解和选择。同时，作为中国传统文化，要进入现代生活实践，转化为现代人的知识、价值和行为准则，也要经过批判的继承，经过在马克思主义指导下现代的阐释、选择和重构。由于这种重新理解、选择、重构过的马克思主义与中国传统文化的融合物和结晶是经过现代中国人用自己的文化背景知识、价值观念、思维方式做过"认同"取舍之后，按照现实实践的需要重新综合、融合起来的双向选择的重构物，是一种新型的中国化马克思主义文化理论系统。由此也就提出了一个中国传统文化的特质对马克思主义中国化规定和影响的问题。笔者认为，马克思主义与中国传统文化相结合的结合点主要是中国传统文化的经世、贵和、刚健三大特质，前者对后者有规定和影响的作用，后者对前者亦有规定和影响的作用。

二 中国传统文化的经世特质及其对 马克思主义中国化的规定和影响

经世精神指经国治世精神。经世精神是以"入世"为前提，"致用"为旨趣，引导人们在此岸世界"立德、立功、立言"，治理世界的秩序，谋求民众的安宁，实现自己的价值，达到"三不朽"的人生境界。这种经世精神是中国传统文化注重现实人生的民族性格。这种经世精神主要表现为一般人生态度上的积极涉世精神，政治上的发愤经世作风以及民族信仰中强烈的非宗教化倾向。有学者将这种脚踏实地的入世心理称之为中国式的实践理性或实用理性，不无道理。

为什么说中国传统文化具有经世特征呢？我们应从纵横两个角度来考察。

首先，从纵向的角度来考察。一部中国古代文化史贯穿着经世精神的红线。第一，从文化轴心期中华元典和先秦诸子中国文化的学术源头上看，中国传统文化具有经世特征。我国文化轴心期的先秦时期经孔子整理的《六经》所涉及的学科主要是历史学、伦理学和政治学，其价值取向是经世的。先秦的儒、墨、道、法、名、阴阳诸子都具有经世特征。而这个时期的文化规定了整个传统文化的走向。第二，从中国传统文化的主干儒家学说汉以来古代的发展进程来看，中国传统文化具有经世特征。儒家在我国经学时代的发展虽然经历了经学而玄学而理学而朴学几个不同的形态，但万变不离其宗，有一个共同的学统。这个学统在治学方式、治学目的、学术内容方面都贯穿着经世精神。从这个时期儒家"内圣""外王"两条不同路径的学者的经世精神来看，具有经世特征。儒家外王路径的学者如汉今文经学、南宋事功之学、明清实学的经世特征是明显的。儒家"内圣"路径学者的突出代表宋明理学亦有经世特征，这可以从宋明理学先驱胡瑗、主要代表人物北宋五子、南宋朱熹等人的经世精神和其对《大学》阐释的内在理路上可以看出。第三，从中国传统宗教佛、道的世俗化特征来看，中国传统文化具有经世特征。第四，从《四库全书总目》对中国传统文化大总结来看，中国传统文化具有经世特征。《四库全书总目》在某种程度上可以说是我国经学时代儒家对中国传统文化的大总结，是儒家经世精神的大升华。这可以从其对儒家经世精神的精辟总结、对《六经》经世精神的阐述、对典籍的系统整理中以经世实学为本位的价值取向上看出。

其次，从横向的角度来考察，经世精神是中国传统文化基本精神的精髓，决定了中国传统文化的伦理—政治类型。第一，中国传统文化的经世特征表现为以人为本的基本精神。"以人为本"，就是以人为考虑一切问题的根本，用中国传统方式来说，就是肯定在天地人之间，以人为中心；在人与神之间，以人为中心。第二，中国传统文化的经世特征表现为伦理层面的崇德利用精神。以德性修养为安身立命之本，重视道德自觉和人格完美，强调道德在社会、人生中的地位和作用，是中国传统文化经世特征的一个重要表现。道德在中国传统文化中，不仅体现于个人的思想品质、修养、行为规范和标准上，而且渗透到国家社会的政治、经济等方面，并由此形成了一套完整的道德伦理体系，这就是所谓"崇德"或"重德"精神。中国传统文化的经世特征在思想方法和价值取向方面表现为重现世、重实践、重事实，强调务实精神，致力于解决现实问题。这就是"利用"精神。第三，中国传统文化的经世特征表现在政治层面是治平之道。

中国传统文化的经世特质和马克思主义有三点契合之处：第一，在价值取向上，马克思主义重视实事，以解决实际问题为出发点和归宿点，这同中国儒家立足现实、经世致用、重视与国计民生相关的社会和人生问题的探求有契合之处。第二，在世界观和方法论方面，马克思主义坚持辩证唯物主义，强调世界的本质是物质、强调宇宙物质对于人的认识的先在性，这与中国古代朴素唯物主义以及以后兴起的"实学"思潮有契合之处。第三，在认识论方面，马克思主义重视实践，以实践为认识的基础，具有彻底的实践品格，这与中国古代实学"崇实"的重心具有一定社会实践性的"实行"或"实践"有契合之处。

中国传统文化的经世特征是马克思主义中国化的主要成果毛泽东思想、中国特色社会主义理论体系的内部基因。中国传统文化的经世特征对马克思主义中国化的规定和影响表现在以下四个方面：一是表现在毛泽东思想活的灵魂——实事求是方面；二是表现在邓小平理论的务实品格方面；三是表现在江泽民同志提出的求真务实方面；四是表现在胡锦涛同志提出的以人为本的理念方面。

三　中国传统文化的贵和特质及其对马克思主义的中国化的规定和影响

"和谐"是矛盾同一性的表现形式之一，是表示事物发展的协调性、一致性、平衡性、完整性和合乎规律性的哲学范畴。中国传统文化的一个重要特质就是注重和谐即贵和。中国传统文化贵和思想表现在哪些方面呢？笔者认为有以下八个方面：

第一，中国传统文化偏重和谐矛盾同一性的辩证思维。中国哲学是中国传统文化的核心。注重和谐矛盾同一性的辩证思维是中国传统文化贵和特质的根基。偏重和谐和偏重斗争是中西辩证思维方式的根本区别。中国传统文化偏重和谐矛盾同一性的辩证思维的特点集中表现在《周易》的阴阳对待说、儒家的中和说、道家、道教的"道"说、佛教的"缘起"说。这其中包括相反相成、多样性统一、朴素系统观这样一些深层内涵。

第二，中国传统文化关于普遍和谐的思想。普遍和谐包括自然本身的和谐，人与自然的和谐，人与人的和谐，人与社会的和谐，人自身的和谐，民族、国家、不同文明之间的和谐。这是天地阴阳、宇宙万物最高层次的和谐。这个思想集中表现在儒家的"太和"说方面。

第三，中国传统文化关于自然内部和谐的思想。这方面的思想主要表现在儒家把"自然"（"天"或"天地"）看成和谐的整体的思想、周易中和之道的自然观、中国古代强调生物界的和谐"各得其养以成"的理论。

第四，中国传统文化关于人与自然和谐的思想。这个思想主要表现在三个方面：一是"天人合一"说（可以归纳为"天人玄同"说、"性天相通"说、"天人相类"说、"天人一气同本和谐"说、"天人同体"说、"天人一理"说、"天人一心"说七种表达方式）；二是佛教的"依正不二"说；三是自然国学方面的中医天人学说、农学"三才"学说。

第五，中国传统文化关于人与人和谐的思想。这方面思想包括个人与个人的和谐、家庭内部的和谐、个人与群体的和谐，主要体现在三个方面：一是儒家的"五伦等级和谐"说、"五常"说、"和一不争"说；二是佛教的"自他不二""庄严国土、利乐有情"的主张、"报恩尽分"的天职思想、"六和敬"的规则；三是民间道教对"和合二仙"的崇拜习俗。

第六，中国传统文化关于人与社会和谐的思想。所谓社会和谐就是社会内部的各要素处于协调发展的良性状态，包括社会结构的和谐，统治者、管理者与被统治者、被管理者之间的和谐，群体与群体之间的和谐，个人与集体之间的和谐。这个思想主要表现在中国历代大同思想和中国历代政治和谐思想两个方面。中国历代大同思想，主要表现在六个方面：一是依托远古，向往原始社会，用现有的观念材料进行加工和美化，勾画出大同社会的美妙蓝图；二是人间的社会追求采取了非人间的境界；三是用形象的语言塑造出大同社会的意境；四是政治家、社会改革家和历史学家对社会方案的制订；五是类似西方空想社会主义创办的"法郎吉"所进行的社会实验；六是农民起义提出的行动纲领和斗争口号。中国历代封建统治特别是文景、贞观、康乾三大盛世有利于社会和谐的治国方略、统治经验，主要表现在四个方面：处理德法关系的中和思想，处理官民关系的民本思想，处理上下关系的兼听包容思想，处理民族关系的协和思想。

第七，中国传统文化关于人自身内部和谐的思想。这个思想主要体现在《黄帝内经》、道教中。

第八，中国传统文化关于国家、民族、不同文明之间和谐的思想。这个思想主要体现在儒家的"协和万邦"说和佛教的"心净则佛土净"说方面。

中国传统文化贵和思想具有思辨性与实用性统一、多样性与层次性统一、主导性与非主导性统一、超时空性与负面性统一、物质性与非物质性统一五大特点。中国传统文化的贵和特质是马克思主义中国化的主要成果毛泽东思想、中国特色社会主义理论体系的内部基因。中国传统文化的贵和特质对马克思主义中国化的规定和影响表现在以下方面：毛泽东思想活的灵魂第二点群众路线、统一战线理论、对内要讲"和"、双百方针、不同社会制度国与国之间和平共处五项原则；邓小平注重和谐矛盾统一性的思维方式；江泽民关于团结统一、爱好和平民族精神、"和而不同"是社会事物和社会关系发展的一条重要规律、和谐的治世观、"要尊重世界的多样性"思想；胡锦涛关于和谐社会、和谐文化、和谐世界的论述。

四 中国传统文化的刚健特质及其对马克思主义中国化的规定和影响

刚健有为是中国传统文化的又一大特征。刚健有为是人们处理天人关系和各种人际关系的总原则，是中国人的积极的人生态度的最集中的理论概括和价值提炼。

孔子是中国传统文化刚健特质的奠基人。中华元典《论语》《易传》关于刚健有为的论述对整个中华民族精神产生了决定性影响。

孔子以刚健有为的思想占上风，成为中国文化中的主导思想，柔静思想不过是作为一种补充。中国传统文化刚健特质的内涵包括以下六种精神：第一，坚忍不拔，顽强进取精神。第二，决不向恶劣的自然环境和邪恶的敌对势力屈服，对社会上的种种罪恶行径斗争的自立自强精神。第三，人生要确立高尚远大的理想目标不断追求的执着精神。第四，在厄运和挫折面前不低头气馁，积极奋起的抗争精神。第五，"日新""革新"精神。第六，自尊、自立、自爱的人格独立精神。

中国传统文化的刚健特征是马克思主义中国化主要成果毛泽东思想、中国特色社会主义理论体系的内部基因。中国传统文化的刚健特质对马克思主义中国化的规定和影响表现在以下几个方面：毛泽东思想活的灵魂第三点独立自主；邓小平理论改革思想；江泽民讲正气重气节倡创新思想；胡锦涛关于弘扬和培育自强不息民族精神、自主创新论述。

（本文选自《大众哲学家——纪念艾思奇诞辰百年论集》，

中共党史出版社 2011 年版）

浅谈艾思奇哲学观的现代意义

——艾思奇《大众哲学》再版读后

毕芙蓉

艾思奇的《大众哲学》，读来颇觉亲切，如日常闲话，娓娓道来，然又水落石现，让人不知不觉中已进入哲学的殿堂。它并非一些日常哲学感悟，而是齐整的哲学体系，只不过这种体系的搭建，用的是随手拈来的材料罢了。随手拈来，以易易难，却是匠心独运的结果。一个高深的哲学理论，化解于无形，让人如沐春风，如啜甘露。这些使得理论通俗化的做法，自然是很有意义的，然而更有意义，且具有现代意味的是这一做法背后的支撑点，即艾思奇的哲学观。

——

一个人的哲学观，也就是在他眼中，哲学是什么样子的。如同他对哲学理论的表达一样，艾思奇对自己的哲学观也表达得明白晓畅，这集中于他的《大众哲学》的序言、后记及第一章——绪论中。概括说来，艾思奇的哲学观有如下三个特征：

1. 以大众为主体的哲学

艾思奇将自己的书名之为《大众哲学》，从最浅显的意思上，是以大众为其读者。但因为涉及的是哲学，这里读者的含义便丰富了些。在四版序言与后记中，艾思奇都曾交代，"就我个人的兴趣来说，仍是想尽量偷空做些专门的研究"①，做这件费时费力的事完全是情势所迫。就个人讲，他是迫于编辑的职责；就国家情势而言，却是"受了友邦的恩赐，学生不能安心开矿"。"醒过来"，"发觉教科书对于生活上亟待解决的问题毫不中用"② 的时候。也就是说，亡国亡种的危险日近，需得包括学生在内的大众团结奋起一搏。在这样的时候，民众需要哲学引导，而哲学也需要民众的贯彻。艾思奇写《大众哲学》，是要在大众与哲学之间架起一座桥梁，他孜孜不倦地启示读者诸君，最根本的目的就是促民众醒悟，以救亡图存，创造真正属于大众的历史。这里的大众已具有无产阶级的属性。在书中，艾思奇强调了哲学的党性，他指出，"哲学思想是有阶级性的"③，"革命阶级必须坚持唯物论就是哲学的党派性"④，"中国广大人民的立场，就是改变中国旧社会的立场"⑤。由此可见，艾思奇的哲学，是服务于大众的，而大众（无产阶级、人民群众）是创造历史的主体，从哲学的一般意义上可以说，他的哲学是强调了主体的大众哲学。

2. 以生活为来源的哲学

在《大众哲学》第一章——绪论中，艾思奇专门谈到了哲学与日常生活的关系。他说，"哲学的足迹可以在日常生活里找到"。"千万人的生活和斗争中所发生的思想里包含着哲学思想的根苗。""日常生活中的感想常是没有系统和不明确的，他还不能算完整的哲学思想。""要研究哲学，才能获得完整的哲学思想。"⑥ 使艾思奇哲学"以生活为来源"这一特点更为深刻鲜明的是，他对于生活的规定。他写道："什么是我们的生活和思想?""我们的生活，就是广大人民对封建势力和帝国主义势力的斗争。""复杂的各种各样的斗争。""文化思想的斗争是要反对思想上的麻醉，使广大人民觉醒起来。"⑦

---

① 艾思奇：《大众哲学》，三联书店 1936 年版，第 27 页。
② 同上书，第 45 页。
③ 同上书，第 41 页。
④ 同上书，第 48 页。
⑤ 同上书，第 123 页。
⑥ 同上书，第 17—20 页。
⑦ 同上书，第 20—26 页。

艾思奇对生活的规定，包括了感性日常经验、阶级斗争，乃至文化思想上的斗争，所以是全面的。他又把生活规定为斗争，突出了生活的实践内容：生活是经验的、感性的，更是矛盾的、斗争的，是不断超越直接经验的感性理性相统一的实践本身。这样，生活的实践本性得到说明，哲学的实践本性也得到肯定。

3. 以指导行动为目的的哲学

艾思奇在书中指出，"研究哲学必须时时刻刻抱着解决实际问题和指导行动的目的"①。他的书有一个鲜明的特点，就是有大量的有关社会生活的例子，如他对中国社会的分析："中国社会两大营垒内，都包括各种社会地位不同的阶级和集团。"② 以及他鲜明的立场："要获得正确的认识，首先就要能站在广大工农人民的利益上看问题。"③ 这充分说明艾思奇哲学观的现实性。研究哲学，就是为了指导行动，这是他毫不含糊的断言，也是他强调大众，强调生活实践的必然结论。

二

艾思奇的哲学观是马克思主义的，它关注于理论的通俗化，凸显了马克思哲学作为人民哲学的一面，展现了哲学的历史新形态，突出了其现代意义。

如上所述，艾思奇哲学的首要特点是"以大众为主体"，而强调主体，正是现代哲学的重要特征。西方自文艺复兴以来，神学让位于人学，确立了人的主体地位。笛卡儿云："我思故我在。""我思"是不容怀疑的前提，这就保证了作为思维主体的主体性。自此，哲学由本体论转向认识论。主体哲学的确立，带来科学的进步和人类的文明等一系列现代后果。因而，强调哲学有一主体可以说是具有现代意义的。较之更进一步的是，艾思奇哲学的主体并非绝对的思维主体，而

---

① 艾思奇：《大众哲学》，三联书店 1936 年版，第 35 页。
② 同上书，第 38 页。
③ 同上书，第 95 页。

是人类大众，这一规定对于当今解决主体性问题的困境颇有启发。思维主体的强调，导致人类中心主义，带来生态环境的破坏等问题，引起人们对科学理性的反思：人类可否一味去占有自然？这一问题在西方原有思维框架中难以解决。康德为解决主、客体关系问题，设置了先验自我，无法自圆其说而陷入二元论。萨特指出，"存在先于本质"，试图以之说明主体的虚无性和自为性，从而消解了对于主体的机械规定，但这仍然无法清除主体对于客体的占有。福柯等后现代哲学家由结构主义走向后结构主义，提倡无中心、平面化，他认为"马克思对生产关系、经济决定论、阶级斗争的分析实际上使主体偏离了中心，但人们通过把马克思的理论引向整体历史之研究，而缓解了其革命性"①。西方理论家只将主体看作认知主体，一味纠缠于主客体的对立关系，不免陷入认知主体的孤立、飘零状态，人与自然的和谐统一也就无法期待。作为马克思主义理论家的艾思奇，坚持唯物主义立场，抛弃囿于认知领域的唯心主义对主体的规定，将主体看作实践主体，在实践中主客体得以辩证统一。如此一来，人与自然的紧张关系也就迎刃而解。再者，思维，是个人的思维，思维主体的张扬带来的个体主义，其实是西方人类中心主义的核心。与此相对，艾思奇哲学观关注的是实践主体，唯物主义的以物质发展史为基础的人类历史的创造者正是人民群众，可以说，人类实践的主体就是大众。大众是对个体的扬弃，既否定了个体又包含了个体。这就解决了西方主体性问题的又一难题：个人与他人的关系问题，即主体间性问题。当代西方理论界热衷于讨论的交互主体性等问题，大都可以由此获得一些启示。

面对世界大战的惨痛教训和科学给人类带来的负面影响，人们开始抛弃对于科学理性所持的盲目乐观态度，而在另外的领域中去寻求人类生存的价值与意义。这就出现了哲学"向生活世界回归"的现象。胡塞尔指出："最为重要的值得重视的世界，是早在伽利略那里就以数学的方式构成的理念存有的世界开始偷偷摸摸地取代了作为唯

---

① 杨大春：《文本的世界》，中国社会科学出版社1998年版，第123页。

一实在的，通过知觉实际地被给予的、被经验到并能被经验到的世界，即我们的日常生活世界。"① 无独有偶，语言哲学家维特根斯坦也在 30 年代中期，也由建立人工语言的研究转向日常语言的应用研究，并指出："时代的疾病要用改变人类的生活方式来治愈，哲学问题的疾病则要以改变人类的思维方式和生活方式来治愈……"② "向生活世界的回归"是现代哲学的重要趋向，艾思奇哲学观的"以生活为来源"的特征与之不谋而合，他同时又坚持马克思主义实践观，以斗争、矛盾来规定生活，为西方生活哲学解决自身难题提供了新思路。由于日常生活是直观感性的实践矛盾体，包含了感性与理性，被动接受与主动创造，自在与自觉等一系列的对立统一，在这个问题上，忽视实践的哲学家们不免又迷惑起来，各执一端起来。与胡塞尔、维特根斯坦肯定日常生活相反，海德格尔认为"日常共在的世界"是一个全面异化的领域，人们在"闲谈""好奇""两可"中无所用心，在非本真存在中沉沦。显然，海德格尔把人们日常存在看作自在的而非自觉的状态。若以实践的观点来看，生活本来就是自在与自觉、被动接受与主动创造的统一体，它强调的是实在的对象化活动，或曰生活世界的物质生产基础。所以说，马克思主义的生活世界是物质生活与精神生活的统一，日常生活与非日常生活的统一，是我们应该回归的人的真正的现实生活世界。如果不从具体的社会条件、社会形态出发作比较分析，也就无所谓异化。生活问题必须在实践中解决，以形而上学的方式来谈论生活问题是徒劳无功的。

艾思奇哲学观的第三个特点："以指导行动为目的"与实用主义的主张颇为类似。类似的是趋向，区别的是本质。实用主义认为人的本质是生存活动，人首先是一个实行者。人的生活就是利用工具，通过实际行动，给事物和观念以意义或价值，使一切为人服务，兑现人生的一切要求。思想的功能是选择，经验就是做事情。实效和实用是真理的标准。表面看来，实用主义似乎是最强调行动的，而且真理的

---

① 胡塞尔：《欧洲科学危机和超级现象学》，上海译文出版社 1998 年版，第 223 页。
② 转引自尚志英《寻找家园——多维视野中的唯一哲学家》，人民出版社 1992 年版，第 203 页。

标准也交给了实效。然而，实效是由什么来衡量的？岂不又要求助于一个主观的人？这也就不难理解他们所谓"思想的功能是选择"了。实用主义是主观主义发展的极致，在那里，主客观仍是分裂着的。艾思奇哲学观所言"指导行动"完全是实践的题中之意，实用与实践毕竟不同。到了罗蒂的新实用主义，面貌有所变化。罗蒂批判了经典实用主义的科学主义与实在论，认为真实不过是有用的信念的性质，并将信念之网扩充至包括自然科学和精神科学的整个文化，反映了新实用主义更加彻底的历史主义、整体主义立场。新实用主义的历史主义、整体主义有其合理之处：它对小写真理的强调，符合马克思主义哲学关于真理相对性的论述；它对于小写哲学的推崇，使得"在这个文化中，无论是牧师，还是物理学家，或是诗人，还是政党都不会比别人更'理性'、更'科学'、更'深刻'"①。在这个文化整体中，人人都是平等的，而社会是民主的。罗蒂的这种理想与马克思主义的共产主义理想不无相通之处，它对小写哲学的推崇更与以大众为主体的哲学（而非精英哲学）有暗合之处。然而，新实用主义毕竟未能跨越主客体之间的鸿沟，因而只能以相对主义而告终，它的小写哲学中的人还是个体主义的人，而不是人民中的一员。然而，艾思奇哲学观"强调行动"这一特征，却由新实用主义烘托出来了。

艾思奇是一个坚定的马克思主义者，他的哲学观是旗帜鲜明的马克思主义哲学观，因此，其哲学观中所表现出的现代意义，只不过再一次证明了马克思主义是地地道道的现代哲学，而其哲学观对于现代哲学的纠偏疗治作用，也再一次证明了马克思主义哲学的真理性。然而，在那个时代，艾思奇能够如此深刻、确当地理解马克思主义，由之建立起自己的哲学观，并努力弘扬了作为人民哲学的马克思主义哲学，实在是功不可没。

（本文选自《怀念与思考：艾思奇与马克思主义哲学中国化》，中共中央党校出版社 2008 年版）

① 罗蒂：《后哲学文化》，黄勇译，上海译文出版社 1992 年版，第 112 页。

艾思奇与"哲学中国化"

刘悦笛

按照通常的理解,艾思奇只被当作马克思主义中国化的"光辉典范",但是他的哲学建构也涉及所谓"中国哲学的合法化"的问题,也就是从哲学来到中国到形成"中国哲学"的模式转换的重要问题。从现实操作层面来看,合法化问题实际上乃是个"伪问题",因为既然哲学业已中国化了,那么其自身就已是合法的了,但是该问题却带来了更为深入的反思:一个反思的是中国哲学史之"汉话胡说"的"撰写范式",另一个反思的则是当代哲学原论面对传统思想的"失语症"。由于哲学界内部的分工和分化,中国哲学界与马克思主义哲学界相互绝缘,前者所探讨的"合法化"问题很少移植到艾思奇身上,而后者对于艾思奇哲学探讨亦很少关注到其思想的传统根源。所以,我们希望从这种"学科间性"入手,来试图再度厘清"哲学中国化"的本然含义。

一 "中国化"的三重意蕴:从语言、思想到实际

如果说,哲学研究主要包括哲学史与哲学思想这两种基本模式,前者偏重于"史"而后者侧重于"论"的话,那么,胡适的《中国哲学史大纲》上卷于1919年2月的出版就是哲学史中国化开启的标志,本土的哲学史开始用西方式话语来进行系统性的整理;而哲学思想中国化的明确开始,从学术上来说,应该始于艾思奇1938年4月

1 日公开发表于《自由中国》创刊号上的《哲学的现状和任务》。

《哲学的现状和任务》在回顾了以往哲学的发展之后呼吁："现在需要来一个哲学研究的中国化、现实化的运动。"① 实际上"哲学中国化"起码包括三个层级："从外语到中文""从语言到思想""从思想到实际"。艾思奇所倡导的现实化的运动，虽然主要指第三个层面，但是却内在地包含了前两个层面。从逻辑上来讲，从语言、思想到实际，"哲学中国化"的三重意蕴是递进式地层层推进的。

首先"中国化"从语言的根基上说，就是"汉语化"。就像笛卡儿让哲学用法语说话那样，哲学如何用"中国话"加以言说，也是重要的语言问题。艾思奇的首要贡献，就是让马克思主义哲学"有系统"地说了中国话。当然在这里，所谓"日本桥"起到了一种中介与传递的功能，既然哲学的本译为"希求哲智学"，《尔雅》又谓"哲者，智也"，"哲学"之名也由此而生。但日本学者造词所使用的语言工具仍是古汉语，哲学词汇的创生在中日文化间形成了一种互动关系，日本自明治维新时代对欧洲语言的转译，的确对于中国化的哲学建构产生了重要的"语言构成"的功用。

艾思奇曾两次东渡到日本留学，尽管并没有专修哲学而专攻工业，但是，在 20 世纪 20 年代的东京相对开放的氛围当中，还是阅读了日文版的马克思主义文献，对黑格尔的《逻辑学》的研读也长达半年之久。后来，艾思奇感到日译本《反杜林论》《费尔巴哈论》不够完备，为了直接攻读原著，他便通过日本课本《独逸语讲座》自学德文。对于东亚文化来说，哲学语言的转换最初要来自于"翻译"。无论是直接通过德文还是间接经由日文，哲学思想都需要一种语言上的转化。从 1935 年始，同时精通俄文的艾思奇又用了 8 个月的时间翻译、修订并出版了《新哲学大纲》，原书是苏联大百科全书第 22 卷里米丁主编的《辩证法唯物论》，这部在 20 世纪 30—50 年代翻印过多次的译著。甚至被误认为是马克思主义的经典著作在中国的"第一个中译本"。

---

① 《艾思奇文集》第 1 卷，人民出版社 1981 年版，第 387 页。

"让哲学说中文",这里所谓的"中国化"就意味着"汉语化",更确切地说,就是"现代汉语化"。因为在 20 世纪初的"白话文运动"之后,在当时中国的学术界已经形成了"现代汉语的学术共同体",哲学界也在这个共同体之内。而从中国传统的积淀来看,那种自古《论语》与《老子》时代所形成的"言简意赅"的言说方式,也被艾思奇继承了下来,尽管他的现代汉语基本丧失了先秦语言的那种多义性和隐喻化,但艾思奇语言的明晰性却更类似于韩非子的文风。可以这样说,艾思奇终于找到了用中文来言说哲学的基本方式和风格。

其次"哲学中国化"的第二步就是从语言转到思想。按照马克思本人的"语言观",一方面,"思想、观念、意识的生产最初是直接与……现实生活的语言交织在一起的";① 但另一方面,"语言是一种实践的、既为别人存在因而也为我自身存在的、现实的意识"②。

在具有"中国现代性"的哲学建构过程中,从外来语到现代汉语的转化,有如经过了转换器的转换,这是"由外而内"的转换;从古代汉语到现代汉语的转化,有如经过了过滤器的过滤,这是"由古而今"的过滤。中国古典思想向来讲究"得意而忘言",关键还是抛弃了作为工具的"筌"去逮作为思想的"鱼"。艾思奇也是将语言当作"思想的工具",而并不希望思想反过来成为"被语词所驯服的工具"③,所以,在 20 世纪 30 年代到 40 年代初他在与叶青的哲学论争中就认为,关键"不是在于从名词上来争执什么才叫做'化',什么不是'化'的问题","问题是在于要能正确地研究和把握中国社会的客观现实"④,而这种研究和把握所使用的当然就是马克思主义的哲学思想。

使用中国语言来表达外来思想的意蕴并不仅仅限于"移植",这

---

① 《马克思恩格斯全集》第 3 卷,人民出版社 1960 年版,第 34 页。

② 同上。

③ John Dewey, *The Later Works of John Dewey*, Vol. 13, Carbondale: Southern Illinois University Press, 1991, p. 32.

④ 《艾思奇文集》第 1 卷,人民出版社 1981 年版,第 480 页。

里面，一方面要承认"介绍"的基始作用，但另一方面在思想的传递过程当中，思想本身也在发生"变异"。这意味着，艾思奇所传达的是一种已经"中国化"的马克思主义思想，这种传达过程与他同时所实施的马克思主义"到中国"的工作是一体两面的。当然，在他思想及其行文里面都带有某些日本马克思主义的色彩，尽管越到晚期这种色彩就越黯淡了。这里就有一个"深度的阐释"和"浅度的阐释"的差异问题。这里的"阐释"是针对本土传统而言的。深度的阐释就是指一种"内部因袭式"的理论创造，这种建构范式对于本土传统的借鉴是极为明显的，从梁漱溟到冯友兰所谓现代新儒家们都是这一套路，尽管在新中国成立后他们都有思想上的内在转化，但无论是梁漱溟的比较适度还是冯友兰相对彻底都接受了马克思主义。

相形之下，"浅度的阐释"则主要出现在那种"模仿外来式"的哲学理论构架当中，它对待舶来的学术成果采取了"深度的转换"的态度，而吸纳本土文化的因素却并不彰显。这种模式就是将中国传统的思维方式"化"到了哲学运思当中，但是并不是直接对古典智慧进行阐发。从一定意义上来说，这种浅度的阐释其实更是一种"深度的融合"。艾思奇的哲学创造就是如此，他在1934年完成的《中庸观念的分析》对于中庸的合理性与落后性都进行了解析，中庸主义者认为"事事都要守中不易"，但只看到了万物的存在都有着一定不移的（黑格尔意义上的）"质量关系"，而实际上，所谓的"中庸主义就是将质量神圣化了以后的观念论"，它仍是一种假定了绝对不变的理想之"形而上学"。[①] 这种批判的确洞见到了中庸思想的某种特质，但也带有一种"以西释中"的曲解，如将中庸主义看作一种西式的形而上学。但艾思奇的本意是说，中庸主义仅仅将"量变"限定在一定的"质"之内，忽视了量变可以引起质变，从而将"不能过"与"不能不及"的行为都绝对化了。

在1939年3月初版的《哲学选辑》当中，艾思奇却为中庸思想进行了适度辩护："中国的中庸思想，被一部分人曲解为折中主义，

---

① 《艾思奇文集》第1卷，人民出版社1981年版，第70页。

中庸思想中的精华，是辩证法的，它肯定质的安定性，而不是把肯定
和否定平列看待。"① 这样，他就将某些古典思想的精髓与马克思主
义的内核结合了起来，尽管毛泽东在两个月后读了艾思奇的《哲学
选辑》后，反过来批注为"中庸思想是反辩证的。他知道量变质，
但畏惧其变……他只是辩证法的一要素，如同形式论理之同一律只是
辩证法一要素一样，而不是辩证法"。② 但这只是对于辩证法与中国
哲学思想关联的不同理解路线而已。尽管两人的理解看似相反，但是
毛泽东的本意与艾思奇仍是接近的，也就是认为中庸思想只知"量
变"而害怕"质变"。中庸思想既反对"过"又反对"不及"，被毛
泽东视为"两条战线斗争的方法"，是用以维护封建制度的。中庸思
想如同形式逻辑的同一律内部的要素一样，尽管不是辩证法但却可以
被辩证法所包含与整合。应该说，在用马克思主义来研究中国哲学史
所形成的视界融合当中，艾思奇的这种做法还是占主流的，这突出表
现在，诸如冯契这样的哲学史家对于中国哲学的辩证思想和逻辑发展
的相关研究里面。③

　　最后一个层级，当然就是思想与现实结合的问题，这是通常意义
上的"马克思主义的中国化"的基本着眼点，它主要就是指马克思
主义思想与"中国实际"的有机结合。艾思奇显然不是那种"书斋
思想家"，而更倾向于去做"行动"的思想家，或者说，在"解释世
界"与"改造世界"的哲学家的选择当中，艾思奇毫不迟疑地选择
了后者。

　　从贺麟在20世纪40年代成书的《五十年来中国哲学》中的论
述，就可以看到实用主义、辩证唯物主义与古典哲学这三种不同哲学
道路的选择："从哲学方面讲，辩证唯物论是作为阶级斗争的工作。
但辩证唯物论在中国的贡献，并不在倡导科学，亦不在研究哲学。"④

---

① 艾思奇：《哲学选辑》，解放社 1939 年版。
② 《毛泽东哲学批注集》，中央文献出版社 1988 年版，第 380 页。
③ 参见冯契：《中国古代哲学的逻辑发展》，上、中、下册，上海人民出版社 1983—
1985 年版。
④ 贺麟：《五十年来的中国哲学》，商务印书馆 2002 年版，第 74 页。

当然，哲学家的这种社会参与也同中国传统士人转到现代知识分子的"身份转换"是有关的。① 在新儒家的脉络当中，改造社会的哲学家居多，但也分为两种方式：一种是熊十力式的"私塾布学"，另一种则是梁漱溟式的参与"乡村建设"，② 后者较之前者更为儒家化一些，马克思主义哲学家们更积极参与社会改造，从而秉承了修、齐、治、平的儒家传统的行为方式。

理论与实际相结合，这也是中国传统的实用理性使然，这种思想在传统的"实学"当中得以凝聚。西方哲学的悠久传统就是"两个世界"的分隔，如果我们使用冯友兰的哲学术语，那就是"真际"与"实际"的分殊，前者只是"形式地有所肯定"，而后者则是"事实地有所肯定"③，而中国本土思想则始终是将"真际"化到"实际"当中。在这个意义上，所谓理论与实际的结合，是具有中国思想传统的根源的。同时，这也与实用主义哲学家约翰·杜威的看法十分接近。在杜威看来，欧洲哲学所面临着对"绝对的确定性"的执着追求所带来的危机，从而在根源上就已分隔了"知识"与"行动"的关联、阻断了源自古希腊语义上的"理论"（theoria）与"实践"（praxis）的联系。

面对这种割裂，杜威恰恰要以他独特的"经验的自然主义"（empirical naturalism）与"自然主义的经验主义"（naturalistic empiricism）来弥合这种裂变。④ 然而，艾思奇对于杜威实用主义及其中国传播者胡适对杜威思想的"误读"的批驳却不遗余力。按照艾思奇的理解，杜威的实用主义是"用'经验'这字眼来掩盖的主观唯心主义"⑤，它要把客观的"实在"任意地"涂抹""装扮"和"制

① 刘悦笛：《"政统"、"道统"与"学统"：中国社会转型中"士人"向"知识分子"的身份转变》，《中国政法大学学报》2008 年第 4 期。

② 艾思奇对于梁漱溟哲学的批判，参见艾思奇：《批判梁漱溟的哲学思想》，人民出版社 1956 年版。

③ 冯友兰：《三松堂全集》第四卷，河南人民出版社 1985 年版，第 11 页。

④ John Dewey, *Experience and Nature*, New York：Dover Publications, Inc., 1958, p. 1.

⑤ 《艾思奇全书》第 5 卷，人民出版社 2006 年版，第 654 页。

造"。辩证唯物主义承认物质生活是人的主观能动作用的前提,"而实用主义却相反,人的行为、行动,都是通过主观的,但人的主观,他的所见、所思、所欲……却只有在人的主观的外面才能找到真实的答案"①。这的确是两种基本哲学立场的差异,尽管如此,他们在回归实际、关注践行的哲学理路上仍是非常接近的。

艾思奇也隶属于这种实用化的思维传统,他在 1939 年回应潘梓年的批评当中,根据当时的历史境遇,提出哲学中国化"在原则上不外两点:第一要能控制中国传统的哲学思维,熟悉其表达方式;第二要消化今天的抗战实践的经验与教训"②,前者就是将本土传统"化"入思想,后者则是要将外来思想"化"入现实。由此,他对于马克思主义中国化的论述相当明确:"把马克思主义的真正精神,马克思主义的基本原则,应用到中国的具体问题上来,就是在中国的现实地盘上来把马克思主义加以具体化,加以发展"③,这种论述背后,隐藏着一种"一般与特殊"的总分结构。按照艾思奇的理解,一方面,如果马克思主义没有"一般的正确性","倘若它仅仅是特殊的东西,那就完全谈不到'化'的问题"④;而另一方面,要"具体地把握马克思主义"就是"依据中国的特点使马克思主义在中国民族的特殊形式之下表现出来"⑤。

这仍要回到艾思奇对于哲学的基本功能的理解,哲学就是要"真正解决人类生活上事实上的问题",而"最进步的哲学系统是全人类历史的最优良的成果,它可以帮助我们更敏速,更正确地解决所要解决的问题"。⑥ 尽管艾思奇本人对实用主义思想批驳有加,但他对于哲学功能的理解其实还是与杜威的想法是近似的,哲学的关键功能在于"做"而不是作为旁观者的"知",那种"轻视动作、行为和

---

① 《艾思奇全书》第 5 卷,人民出版社 2006 年版,第 692 页。
② 《艾思奇文集》第 1 卷,人民出版社 1981 年版,第 420 页。
③ 同上书,第 553 页。
④ 同上书,第 482 页。
⑤ 同上书,第 486 页。
⑥ 同上书,第 130 页。

制作的态度为哲学家们所培养。但是哲学家们并不是诋毁行动的创始者，他们只是把这种态度加以公式化和合理化……远远把理论置于实践之上"①。在这个意义上，中国传统实学思想、马克思主义与美国实用主义，在基本运思的理路上似乎具有某种"异曲同工"之妙，或许三者本可以继续融会贯通起来。

二 "大众化"的历史进程：从普罗化、政党化到群众化

哲学在中国的"大众化"命运，更要从社会语境的角度来观之。总的来看，这种大众化的独特历史进程，可以概括为——从普罗化、政党化到群众化。或许可以这样说，在艾思奇所参与的哲学实践当中，得以普罗化的是"生活哲学"，得以政党化的是"政党哲学"，而得到群众化的则是"群众哲学"。

这种哲学的命运转变，以艾思奇的一生作为特例来呈现无疑是最为合适的，因为没有一个哲学家可以像他那样位居于意识形态的核心地位。艾思奇的生平可以分为四个阶段，笔者将之命名为"笃定真理与走向哲学"阶段（1931年之前）、"走出书斋与哲思形成"阶段（从1931年到1936年）、"同党结合与坚持探索"阶段（从1937年到1948年）和"普及教育与参与建设"阶段（从1949年到1966年）。

第一个阶段是"从云南出发"的阶段，艾思奇经历了辗转求学的经历，在其哲学思想形成过程中，相关的成长要素是非常重要的。艾思奇曾在父亲所办的私塾启蒙，除四书五经的儒家文献外，他还阅读了老、庄、墨、孙、韩及《资治通鉴》等典籍。曾深研过先秦哲学的父亲对艾思奇的哲学自修形成了影响：关于哲学功能他父亲认为"哲学是一切学术的概括之至理"，关于行文的写法则认为"为文不要陈义太高，造言太辟或用奇词奥意。写文章应像白居易那样，要通

---

① 杜威：《确定性的寻求》，傅统先译，上海人民出版社2004年版，第2页。

俗,务使人人能读,妇孺皆懂,要能起到启蒙作用",这些影响一生的话语在艾思奇的《大众哲学》中都有最明显的体现。

第二个阶段则是以"以上海为中心"。艾思奇在这一时期的主要工作,就是将马克思主义加以普罗化。"普罗化"本是民国时期的用语,它主要是知识分子领域的一种启蒙话语。就像过去的"普罗文学"一样,由于当时的教育水平和中国民众的知识水准较低,即使再通俗化也还是在小圈子内部的传播,这其实是一种"自上而下"的精英式的播撒。这与新中国成立后由政治推动而学哲学的那种"群众化"显然是不同的,那才是一种"上下齐动员"的普及。所以,在上海时期艾思奇所完成的《大众哲学》,以精彩的论证和朴素的例证对马克思主义哲学进行了具体的阐明,从而产生了深远影响并具有切合现实的意义。此外,诸如《哲学与生活》之类的著作,也体现出艾思奇将哲学拉近生活的取向。按照艾思奇自己的回顾:"过去的哲学只做了一个通俗化的运动,把高深的哲学用通俗的词句加以解释,这在打破从来哲学的神秘观点上,在使哲学和人们的日常生活接近,在使日常生活中的人们也知道注意哲学思想的修养上,是有极大意义的,而这也就是中国化现实化的初步。"① 由此可见,中国化不同于"通俗化",尽管通俗化才是"现实化"的准备。

第三阶段是"以延安为中心"。在这一阶段,由于艾思奇与毛泽东的现实交往与神交,由于延安哲学学习活动的展开,由于党的建设的政治立论的需要,马克思主义"哲学"终于得以"政党化"。这具体体现在,其一,艾思奇如何有效地反对中国化的思想阻力,亦即"经验主义"与"教条主义";其二,艾思奇如何协助面对现实问题、解决现实问题的中国化的马克思主义理论的形成,与毛泽东的深入交往与思想共鸣在其中发挥了重要作用,这可以以1938年发表的《哲学的现状和任务》为核心;其三,作为"艾教员"的艾思奇在延安时期就开始了马克思主义哲学的教育事业。从此以后,"中国化"的马克思主义哲学得以上升为政党哲学,并渐成为主流意识形态所奠定

---

① 《艾思奇文集》第1卷,人民出版社1981年版,第387页。

的坚实的哲学基础。所以，延安时期的哲学政党化就是将中国化的路线得以最初"系统化"的关键时期。

最后一个阶段则是"以北京为中心"。在这个时期，艾思奇的工作主要围绕着"马克思主义的群众化"而展开。他本人作为中国马克思主义哲学事业建设的主力成员，参与到"中国社会主义"的理论事业的探索工作中。从哲学角度来看，他不仅参与到了中国高校和哲学研究机构的组建工组当中，而且在普及马克思主义的哲学理论方面做出了核心性的工作。如所周知，"艾思奇本"的辩证唯物主义与历史唯物主义教科书主要是面向教育界普及为主的，但这本书实际上的主编工作是由胡绳来完成的。更具有特色的"群众化"的工作，是艾思奇从 1950 年始在中央人民广播电台播讲了 23 次的《历史唯物论——社会发展史》，估计听众总数起码在 50 万人次以上，这可谓是人类历史上最大的规模的"哲学宣讲"。只有中国有过这么一段独特的历史时期，"工农群众学哲学"恐怕在世界史上也是空前绝后的，这种全民学哲学运动也是 1958 年"大跃进"潮流在思想文化领域的再度反映，同时也映射出哲学这门学科"在中国"的独特命运。

三 "本土化"的两个面相："知行 合一"与"实事求是"

最后，还是要关注艾思奇哲学"中国本土化"的两个面相，也就是知行合一与实事求是。如前所论，艾思奇所传承的思想，无论是马克思主义还是中国传统思维，都具有理论与实践相统一的倾向，这从他对孙中山的"知难行易"说的辩证分析那里就可得见。艾思奇部分肯定了孙中山这个由革命经验得出的理论总结，认为它具有进步的唯物论因素，有着符合科学的、能够反映中国革命的客观实际的要素。但是，艾思奇认为，这个学说里却并没有"完备的知行统一观"。这意味着，这种学说没有明确肯定行是知的基础，特别是没有看到"行"即实践的主要内容，而一切认知或者"知"的根本来源，乃是生产劳动、阶级斗争和科学实验这三项变革世界的实践。按照贺麟的观点，孙中山“以行而求知，因知以进行”的观点更接近朱子，“知难行易说”的归宿仍是“知行合一说”，① 这是从朱熹、王阳明、王船山而来的一脉相承的中国哲学思维②，而实际上，艾思奇也同样隶属于这一传统思想的脉络。

与此同时，这种要求行动的思想倾向，在艾思奇的“实事求是”的思想当中也是存在的，或者说，艾思奇的知行合一与实事求是两论本是统一的。追本溯源，“实事求是”语出于班固《汉书·河间献王传》，讲的是西汉景帝第三子河间献王刘德“修学好古，实事求是”。显然，这一思想最初还是就“学”而论的。有趣的是，真正写出《实事求是说》的第一人，或者说，从方法论的角度全面论证了实事求是的第一人，不是中国本土思想者，而是朝鲜时代晚期的思想家金正喜（1786—1856）。

这位朝鲜实学思想派的代表、曾与翁同龢过从甚密的经典儒生阮堂先生，在他《实事求是说》中认为：实事求是“此语乃学问最要之道。若不实以事，而但以空疏之术为便，不求其是，而但以先入之言为主，其与圣贤之道，未有不背而驰而已。”③ 按照金正喜的理解，实事求是应为儒家思想的本义（当然在操作层面他更倾向于以汉儒的训诂来求义理），但是恰恰是庄禅使之得以逐渐遮蔽，自从晋人讲求“老庄虚无之学”，学术一变，至佛道大行而“禅机所误”又一变，“流于支离不可究诘之境”④。所以说，回到“实事求是”其实也就是回到儒家的“实学”的思想路线。

---

① 贺麟：《五十年来的中国哲学》，商务印书馆 2002 年版，第 190—199 页。贺麟不仅认为知难行易的归宿就在于知行合一，而且“知行合一应同其难易”，“盖知与行既然合一而不可分，则知难行亦难，知易则行易”。

② 贺麟：《知行合一问题》，见贺麟《五十年来的中国哲学》，商务印书馆 2002 年版，第 201—210 页。对于知行观的全面阐释，参见方克立《中国哲学史上的知行观》，人民出版社 1982 年版。

③ 金正喜：《实事求是说》，见《阮堂先生文集》第一卷（影印本），韩国古典翻译院 1995 年版，第 32 页。

④ 同上。

　　然而，在艾思奇的思想中尽管不无传统的"实学"思维的影响，但是，他却更强调"求是"是在"做"中学，要在行动当中而非"知"当中求之。按照艾思奇在 1942 年 4 月 17 日延安《解放日报》发表的《不要误解"实事求是"》的理解："真正的'实事求是'，不仅仅在于理解事实与认识事实，而且要从这理解和认知中求得指导行动，推动工作的方法。"① 另外，艾思奇却也没有忽略"知"的作用，在同年 5 月 5 日《解放日报》发表的与《"有的放矢"及其它》当中，艾思奇辨析了用"有的放矢"来说明理论与实际结合的好处及诸多误解，进而补充认为，"能行必须能知。知的发展到什么程度，行的效果也才能达到什么程度"②，这意味着，认识的高度决定了行动的深度。由此可见，在艾思奇那里"知行合一"与"实事求是"是本然合一的。"实事求是"是要知与行合体：一方面根据事实来"求是"从而获得"知"，也就是艾思奇所说的"不是为事实而找事实，而必须从事实中求出它的所'是'"；③ 而另一方面则是依据实践所得的认识去做"实事"。与此同时，"知行合一"亦要有的放矢，所"知"的一面乃为了"求是"，也就是说，"真正的'实事求是'，必须从实质上来理解事实"④，而所"行"的一面则要做"实事"，这意味着，"我们的认识，是为着实践，为着改变世界的，我们不需要为认识而认识"⑤，这两方面恰恰在艾思奇那里又是统一的。

　　总而言之，艾思奇不仅仅是一位曾经风云一时的"马克思主义哲学家"，而且也是一位"中国的"现代哲学家，他的哲学思想及其实践，集中折射出"中国化"哲学的意蕴和哲学"在中国"的历史命运。那么，未来的哲学"中国化"的命运该将如何呢？尽管哲学更多仍会回归到"学术本位"，但是"经世致用"的传统似乎也不会

---

① 《艾思奇文集》第 1 卷，人民出版社 1981 年版，第 626 页。
② 同上书，第 651 页。
③ 同上书，第 623 页。
④ 同上书，第 624 页。
⑤ 同上书，第 626 页。

中断。哲学既要学以致用从而"经国济世",还要为学而学以便"希求智慧",从目前的历史条件来看,也许二者皆为"中国化"哲学的未来之路。

(原载《哲学动态》2010 年第 8 期)

艾思奇是马克思主义哲学
中国化的开拓者

高岸起

总结历史和分析现实使我深刻地认识到艾思奇是马克思主义哲学中国化开拓者。研究艾思奇的哲学思想及其贡献，我得到的既有心灵的滋润，还有情感的熏陶，良知的培育，智慧的启迪，勇气的鼓励。

一 艾思奇与马克思主义哲学中国化

艾思奇的生平事迹和他在马克思主义哲学中国化方面的伟大成就，对于人们深入认识艾思奇与马克思主义哲学中国化，深入认识巩固马克思主义在意识形态的指导地位，具有十分重要的意义。

第一，艾思奇是我国著名的马克思主义哲学家、教育家和革命家。艾思奇早年留学日本。1935 年加入中国共产党。1937 年到延安，历任抗日军事政治大学主任教员、中央研究院中国文化思想研究室主任、中央宣传部文化工作委员会秘书长、《解放日报》副总编辑。新中国成立后曾任中共中央党校哲学教研室主任、副校长，中国哲学会副会长，中国科学院好学社会科学部学部委员，中国共产党第七、第八次全国代表大会代表，中华人民共和国第一、二、三届全国人民代表大会代表。艾思奇长期从事马克思主义哲学研究、宣传和教育工作，主编了影响巨大的《辩证唯物主义历史唯物主义》，为在中国传播和发展马克思主义哲学理论做出了重大贡献；同时，十分注意把马克思主义哲学通俗化和群众化，他在 1934 年发表的《大众哲学》，

曾经对广大群众特别是青年起过重要的启蒙作用，被毛泽东同志誉为
"党在理论战线上的忠诚战士""好哲学家"。艾思奇是马克思主义哲
学中国化开拓者。

　　第二，中国革命、建设和改革的成功实践，创造了世界发展的奇
迹，这个奇迹的产生得益于毛泽东思想、邓小平理论、"三个代表"
重要思想和科学发展观的指导，得益于马克思主义理论在中国的运用
和发展。马克思主义中国化的理论成果日益深入人心，已经成为实现
中华民族伟大复兴的精神支柱，成为全党全国人民团结奋斗的共同思
想基础。艾思奇的哲学思想及其贡献充分地说明，广大理论工作者所
从事的工作与党的事业发展血肉相连，与祖国的前途命运和中华民族
的伟大复兴息息相关，一定要以满腔的热情，积极参与到中国特色社
会主义伟大工作中去；一定要以满腔的热情，积极参与到马克思主义
哲学中国化伟大工作中去。

　　第三，通过研究艾思奇的哲学思想及其贡献，广大的马克思主义
哲学理论工作者深切地感受到，我们党开创的中国特色社会主义道路
是正确的，马克思主义中国化的道路是正确的。今天学习艾思奇的哲
学思想，一是一定要坚持正确的政治方向，始终坚持以马克思列宁主
义、毛泽东思想、邓小平理论、"三个代表"重要思想和科学发展观
为指导，不断巩固马克思主义在我国意识形态领域的指导地位；二是
一定要把理论研究与实践紧密结合起来，为马克思主义中国化理论研
究和建设注入新的活力，为改革开放和社会主义现代化建设提供有力
的思想保障和坚实的理论基础；三是一定要把学习艾思奇的哲学思想
的收获，体现到课题研究，在更广阔的视野中去思考、研究重大问
题，以饱满的工作热情、扎实的工作作风，科学的工作精神，刻苦钻
研，精益求精，拿出经得起历史和时代检验的精品力作，不辜负党和
人民的重托。

二　正确认识目前马克思主义哲学热点问题

　　当前，随着当代社会实践的发展，尤其是科学技术日新月异的进

步，马克思主义哲学也在不断地演变和发展着，从世界观、认识论、价值观、历史观和方法论等诸多方面深刻地启迪着人们的生活。实践性、时代性、人文性等是马克思主义哲学的本质特征，昭示着其理论价值和现实意义。进一步研究和澄明马克思主义哲学的合理意蕴、当代价值和理论走向，对人生幸福、社会进步、世界和谐以及人类文化的创新，都具有重大意义。

目前，我国的马克思主义哲学研究关注的重点依然是马克思主义哲学的当代发展和理论创新问题。围绕这一中心，发表了一系列有重大学术价值和学术影响的代表性观点，推进了马克思主义哲学理论的深入发展，显现了马克思主义哲学的新的图景和时代风貌。其主要特点在于：第一，特别关注马克思主义哲学的生命力的深入研究。第二，在理论和实践的结合上进行创新。马克思主义哲学研究虽然也探讨纯学术的理论问题，但更注重以对现实问题的研究带动和促进基础理论研究，以求哲学理论的创新。现代性研究、精神哲学、价值哲学、实践论问题都是在立足于马克思主义哲学基础上的理论探索，既丰富了马克思主义的基本学说，又带有强烈的时代色彩。第三，具有强烈的前沿"问题意识"，特别关注时代和当代社会实践提出的重大现实问题，并着眼于新的时代发展和新的实践，着眼于对前沿现实问题的理论思考。"科学发展观""社会主义和谐社会""党的先进性"这些问题都是基于当代中国的社会主义建设的具体实践而提出的需要迫切予以理论解答的问题，与当代中国社会的发展策略和前进方向息息相关，对这些问题的理论探索表现出当代马克思主义哲学工作者对现实的人文关切。

目前围绕着实践、主体性、认识论、价值等问题的深入探讨，我国马克思主义哲学研究有了实质性进展，并取得了大批创造性成果。目前我国马克思主义哲学研究取得的基本进展和出现的新变化、新特点，主要有以下四个方面：第一，对客观现实进行反思、批判深入进行；第二，哲学研究的问题意识大大增强；第三，认识论、价值论、历史观的马克思主义中国化研究深入进行；第四，部门哲学研究迅速发展。

（一）马克思主义哲学中国化概念问题

列宁在批判改造黑格尔的唯心主义哲学时，曾深刻指出："逻辑和认识论应当从'全部自然生活和精神生活的发展'中引申出来。"①运动和发展着的客观世界是马克思主义哲学的客观基础。以概念和范畴的形式概括，总结自然、社会和认识的发展规律，用整个人类的思维成果和现代科学认识的新成果丰富发展马克思主义哲学，是马克思主义哲学的生命力之所在。马克思主义哲学中国化概念来源于生活。实事求是概念、解放思想概念、与时俱进概念、科学发展概念来源于中国的革命、建设和改革开放的实践，应该成为马克思主义哲学概念，也应该成为马克思主义哲学中国化概念。我们应该深入研究实事求是概念、解放思想概念、与时俱进概念、科学发展概念的内在规定性。

马克思主义哲学中国化概念问题是研究马克思主义哲学中国化的一个十分重要问题。对马克思主义哲学中国化概念等重要问题进行探讨和反思，是有理论和实践意义的。马克思主义哲学中国化概念的内容是非常广泛的，但从根本上说，它所研究的就是主观如何正确反映客观的问题。任何实践活动，任何科学研究，要取得成效，都必须解决主观正确反映客观的问题。因此，研究和掌握马克思主义哲学中国化概念是非常重要的。同时，马克思主义哲学中国化概念又必须随着实践与科学的发展而不断地丰富和发展。

毛泽东为中国共产党所制定的"从群众中来，到群众中去"的群众路线，就是马克思主义哲学中国化概念在实际工作中的体现。"从群众中来"就是将群众的意见集中起来，化为集中的系统的意见。"到群众中去"就是把集中起来的意见，再放回到群众中去，让群众坚持下去，见之于行动，并在群众的行动中考验这些意见是否正确。因此，从群众中来，到群众中去，也就是从实践中来，到实践中去，就是实践、认识、再实践、再认识的不断深化的过程，这就是马

① 《列宁全集》第55卷，人民出版社1990年版，第73页。

克思主义哲学中国化概念的重要内容。

（二）马克思主义哲学的生命力问题

在哲学发展史上，迄今还没有哪一个哲学派别能够像马克思主义哲学一样持久地引起人们的关注，能够像马克思主义哲学一样有强大的生命力，从西方走向东方，从一国走向世界，从一个世纪走向另一个世纪，并仍能引起人们的广泛兴趣，在实践中产生、发挥巨大的影响。在哲学发展史上，也没有哪一个哲学派别能够像马克思主义哲学一样坦然地面对自己的风雨历程：它有过辉煌，也曾陷入过深深的低谷；它赢得过、赢得了很高的赞誉，也曾遭受并仍时不时遭受形形色色的来自各方面的攻击。更没有哪一个哲学派别能够像马克思主义哲学一样有勇气地进行自我批评，不断地在实践中补充、完善和丰富自己，并告诫人们不要把自己绝对化、教条化，而要把自己当作科学的方法、行动的理论指南。目前，马克思主义哲学已经走出了低谷，步入了发展的常态，也必将在未来的发展过程中发挥自己的作用，放出自己的光芒。

马克思主义哲学创新是一项长期、复杂、艰巨的理论工程，需要几代人付出辛勤的努力和心血，这就需要用系统性的学术眼光对重要的理论问题研究进行分工与规划，扎实稳健地做好细致的工作，及时总结已有的理论成果，养成学术积累的习惯，一步一个脚印，平稳地将马克思主义哲学研究推向深入。同时，对马克思主义哲学研究来说，更需要具有国际化的理论视野，只有这样才能对国内的现实问题进行高屋建瓴的分析和论述，为我国的社会主义发展提供哲学上的论证和说明，在伟大的实践中显示马克思主义哲学的强大的生命力。

（三）马克思主义哲学的当代性问题

马克思主义哲学是对人类精神文化的总结和发展，也是对现实社会问题的理性升华。因此，当代的马克思主义哲学的发展一方面要保持与当代人文精神富有成效的对话，通过与西方当代学术（文学、经济学、哲学、政治学、法学乃至后现代思潮）的融通，激活马克思主义固有的精神和价值维度；另一方面也要关注马克思主义的本土化问题，从当代中国的具体实践出发，对具体的发展问题进行理论总结和方法指导，只有这样才能真正使马克思主义思想具有开放性和现实性，使之成为时代发展之活的灵魂。

对于当代马克思主义哲学的理论研究，可以主要归纳为以下几大课题：马克思主义与科学，马克思主义与宗教，后现代马克思主义，马克思主义与政治经济学，马克思主义与国家，市民社会，马克思主义与环境危机等。马克思主义与科学主要探讨马克思主义与当代自然科学与社会科学之间的关系，考察马克思的科学观、技术观和发展观，思考马克思哲学的科学精神与人文关怀之间的相互关系；马克思主义与宗教主要探讨马克思主义与基督教之间的关系，考察基督教在青年马克思的思想发展过程中的作用，比较马克思主义与基督教在对人的目的、人的未来以及社会伦理等方面的一致性与差别；后现代马克思主义谈论的问题是马克思的批判锋芒对于当代的意义，它关注唯物主义学说的总体性方法，希望通过马克思与后现代的相互激荡而发展出一套关于当代社会生活的批判理论；马克思主义与政治经济学主要考察马克思主义关于资本运动的理论，其中关于马克思的财富理论、物权理论、货币理论的研究填补了以往马克思主义哲学研究的空白；马克思主义与国家、市民社会是马克思主义政治哲学的主题，最近的研究关注的热点是马克思主义的公平观、正义观等问题，对这些问题的思考开辟了马克思主义哲学研究的一个全新的维度；而马克思主义与环境危机的研究则着重从生态学的角度对马克思的文本进行考察和梳理，希望建构马克思主义的生态理论。这些研究具体地展示了马克思主义哲学是如何面向当代社会生活，又是如何思考现实社会生活的，也表明中国学者正在以马克思主义哲学的思维方式分析当代社会生活的现实问题，从而为马克思主义哲学研究注入富有生命力的内容。

马克思主义的民族化（中国化）问题在 20 世纪的 20 年代至 60 年代比较突出。而马克思主义的当代化问题则是在 1978 年后才开始为人们所关注。特别是党的十四大对中国特色社会主义的表述，在坚持"民族化"的同时又突出了"当代化"。从事情的实质来看，突出这一方面或那一方面只是与平时的形势相关，而不意味着这两个方面可以彼此分割，互不相关。因为从马克思主义与中国具体情况和结合的观点来看，马克思主义的当代性是马克思主义与中国具体情况正确结合的前提。

说马克思对当代化采取了一种批判的立场并由此将马克思的思想称之为当代化批判理论并无不妥，但要看到，马克思对于当代化的批判并不是要否定当代化，毋宁说，马克思在思维方式和价值立场上都是一位"当代主义者"，他对超越当代化的理想设计，充满了理性和进步的精神，表现出其与启蒙传统在精神气质上的一致性。当然，我们不能否认马克思对以资本主义为特征的当代社会和当代化的诊断，在今天仍然是一份弥足珍贵的思想遗产，他对当代化所蕴含的价值原则和价值基础的反思为当代中国的现代化建设提供了价值导向，有助于我们以超越当代化的视域来引领、改造中国的现代化建设，从而减少中国的现代化发展的代价，建构一种和谐的、可持续的公平发展观。而从当代化的角度来解读马克思的思想，对于中国学者来说也是一种全新的思考范式，它使我们从意识形态化的僵死思维定式中解放出来，以一种积极的、建设性的视角阅读马克思，从而将马克思的思想同整个当代人类生存处境和人类未来的命运结合起来，赋予其生存论的意蕴。

（四）马克思主义经典著作的解读问题

随着中国特色社会主义建设的不断深入，一些发展中必然要面对的深层次问题也渐渐涌现出来。资源问题、环境问题越来越牵动人心，而诸如社会公正、社会稳定等社会问题也逐渐成为人们关注的焦点。中国究竟应该走什么样的发展道路？我们所要遵循的是什么样的社会发展模式？经济增长是否就代表着社会的整体发展水平？什么样的社会经济、政治结构才能符合全体人民的利益？社会主义文化又当如何发展？这些问题都迫切需要我们从学理上做出论证和说明。因此，当代马克思主义哲学必须充分研究中国道路中积累的"中国经验",从中提炼出具有中国特色的哲学思想和命题,从而既实现马克思主义的中国化、当代化,也实现马克思主义经典著作的解读的中国化、当代化。

理论在一个国家实现的程度,总是决定于理论满足这个国家的需要的程度,对于马克思主义哲学来说,它在中国的命运取决于它对当代中国社会发展状况的解释力。在过去的一年中,中国的马克思主义哲学工作者始终关注当代中国的社会发展,积极思考发展过程中出现的新问题、新矛盾,不断总结新经验、发展新规律,根据时代的要求和实践工作的需要,将马克思主义经典著作运用于对时代的解读之中,将马克思主义的基本原理运用于对时代的解读之中。

如何解读马克思主义经典著作是我们时代最重要的焦点性话题之一。在当代哲学界,西方许多著名思想家们关于启蒙理性、工具理性、技术理性、意识形态、大众文化、现代国家等问题的思考,实际上既可以概括为历史批判,又可以概括为当代批判。相比之下,人们迄今为止对马克思学说与历史批判和当代批判的关系阐发得并不充分。事实上,历史批判和当代批判问题的兴起与资本主义制度的发展具有密切的联系,而马克思对资本主义社会运行机制的研究、对资本主义工业制度的考察,以及关于资本主义时代人的命运的理解都是对历史和当代问题的一种思考。因此,深入解读马克思主义经典著作,探寻马克思学说与历史和当代问题的内在关联,特别是考察马克思对于历史和当代问题的价值判断,将成为马克思主义哲学研究的一个重要的生长点。

(五)中国化马克思主义哲学的当代形态建构问题

如何建构中国化马克思主义哲学的当代形态无疑是我们时代另一个最重要的焦点性话题。建构中国化马克思主义哲学的当代形态是一个历久弥新的问题,对于中国的马克思主义哲学研究者来说,建构中国化马克思主义哲学的当代形态可以说是一个孜孜以求的目标。改革开放以来的30年,中国马克思主义哲学研究范式的一些转换不仅对建构中国化马克思主义哲学的当代形态做出了重要贡献,而且对中国特色社会主义事业的发展也做出了重要贡献。

（六）科学发展观的哲学基础问题

我们党提出的科学发展观，根据马克思主义辩证唯物主义和历史唯物主义的基本原理，总结了国内外在发展问题上的经验教训，吸收了人类文明进步的最新成果，站在历史和时代的高度，进一步明确了21世纪新阶段我国要发展、为什么发展和怎样发展的重大问题，是指导我们发展的重大战略思想。这一思想的提出不是偶然的，而是有着深刻的理论基础。

"科学发展观"的提出无论在理论上还是在实践上都具有重大意义。"以人为本"要求实现人的全面发展的目标，把人民群众日益增长的物质文化需求当作发展的宗旨；"全面发展"要求在经济增长的同时关注政治、文化建设，实现社会的全面进步；"协调发展"要求统筹城乡发展、区域发展、经济与社会发展、人与自然和谐发展、国内发展和对外开放；"可持续发展"强调人与自然的和谐，经济发展和人口、资源、环境的协调，这些无疑都会对我国的社会主义现代化建设产生深远的影响。

科学发展观是以胡锦涛同志为总书记的新一届党中央以邓小平理论和"三个代表"重要思想为指导，从新世纪新阶段党和国家事业发展全局出发，在党的十六届三中全会上提出的重大战略思想，对我国全面建设小康社会、加快推进社会主义现代化，具有极为重要的指导意义。科学发展作为马克思主义中国化的最新理论成果，既具有坚实的实践基础和现实根据，是党中央对多年实践经验的科学总结和概括，又具有坚实的哲学基础和理论前提，是对马克思主义世界观和方法论的创造性运用和发展，是指导我国发展的科学世界观和方法论的集中体现。

坚持以人为本，树立全面、协调、可持续的发展观，是关于"科学发展观"的完整表述。其中，"坚持以人为本"，实质上就是"坚持以人民为本"，其主要含义是表明因何发展、靠谁发展和为谁发展的问题。"全面、协调、可持续的发展"的主要含义，则是指应当"如何发展",即是发展自身的本质特点和指导发展的方法论要求问题。因此,只有坚持运用马克思主义哲学的既唯物又辩证的科学方法论的原则,才能有助于我们正确领会和自觉树立科学发展观,并更好地用以指导我国经济社会发展和全面进步,推进中国特色社会主义事业。

(七) 和谐社会的哲学基础问题

如果说"科学发展观"为中国社会的发展道路指明了方向的话,那么,"构建社会主义和谐社会"目标的提出则更加具体地为我们建立一个更加幸福、更加公正、更加和谐、更加节约和更加充满活力的全面小康社会提供了根本保障。对"构建社会主义和谐社会的哲学基础问题"的理解可以有多种理论进路:我们既可以从正面的理论建构出发,探讨"构建社会主义和谐社会"的根本要素;也可以运用否定性的思维方式,从影响社会和谐的冲突性因素入手,探究冲突的原因,寻找解决的出路;还可以运用马克思主义的基本原理对其理论基础进行学理上的分析,这是研究方式多元化的一种体现。

以上,我们考察了目前马克思主义哲学七个热点问题。对社会发展的重大问题及其未来导向给予辩证唯物主义和历史唯物主义的规律性的说明与导引,是马克思主义哲学的根本宗旨之所在,21 世纪的中国马克思主义哲学研究将更加充分地体现这一风格。马克思主义哲学同时具有解释与超越的双重品格,它既能够诠释现实,从哲学的角度对复杂的社会现象予以客观、全面地反映和合理的说明与解释,在错综复杂的关系中找到问题的关键,也能够以一种反思性的态度对现实提出质疑,从而在对现实的审视与批判中提出未来发展的合理构想和价值取向。对于当代中国的马克思主义哲学来说,问题的关键不在于对马克思主义进行学术性的辩护,而是在于如何发扬马克思主义在理论和道德上的勇气,完成马克思主义理论对于中国社会经济、政治、文化发展所肩负的责任和使命。马克思主义哲学不是书斋哲学,这决定它必然带有意识形态的色彩和独特的价值取向,而马克思主义哲学也不是单纯的道德说教和政治论证工具,这决定它必然具有学理上的科学性与客观性，如何在二者的张力中完成其对于当代中国社会主义实践的指导性作用才是马克思主义哲学工作者所要关注的问题之关键。马克思主义哲学中国化，不仅在于把马克思主义哲学思想与现实紧密联系起来，而且在于把我们用理论指导实践中获得的新的认识，升华为具有普适性的理论，用以丰富马克思主义哲学思想，这是时代赋予我们的光荣而艰巨的使命。

三　高举坚持和发展马克思主义哲学中国化伟大旗帜

我是 20 世纪 80 年代的大学生。上大学时，我读了艾思奇著的《大众哲学》。《大众哲学》启发我系统地学习马克思主义理论，为后来的学习和工作打下了坚实的基础。

坚持和发展马克思主义哲学，已成为今日人们的共识。现在的问题是：怎样才能坚持和发展马克思主义哲学？马克思和恩格斯在《共产党宣言》中指出："共产主义革命就是同传统的所有制关系实行最彻底的决裂；毫不奇怪，它在自己的发展进程中要同传统的观念实行最彻底的决裂。"[①] 马克思和恩格斯说的"同传统的所有制关系实行最彻底的决裂"，就是指实现制度的摆正。马克思和恩格斯说的"同传统的观念实行最彻底的决裂"，就是指实现观念的摆正。

人们一方面必须同私有制实行最彻底的决裂，从私有制中解脱出来，建立公有制；另一方面，也必须同时同私有制的观念实行最彻底的决裂，从私有制的观念中解脱出来，树立公有制的观念，实现观念的更新。只有这样，才能实现人与社会的互动：人的全面发展，促进社会的进步；社会的进步又反过来促进人的全面发展。

马克思和恩格斯所主张的两个决裂，必须同时进行。只重视前一个决裂而忽视后一个决裂，是不够的。只重视后一个决裂而忽视前一个决裂，也是不够的。只有两个决裂同时摆正了，才能实现人的全面

---

① 《马克思恩格斯选集》第 1 卷，人民出版社 1995 年版，第 293 页。

发展，才能为实现人的全面发展创造良好的条件。

可见，只有高举坚持和发展马克思主义哲学中国化伟大旗帜，才能正确地坚持和发展马克思主义哲学。为此，就要既研究人的终极性，又研究人的当下性。既致人的终极状态，又尽人的当下状态，人的终极性与当下性兼治而极高明。这是其一。

其二，要既研究人的永恒性，又研究人的生成性。既研究人在世界之中，又研究人在世界之外。这样才能立吾人既为又不为外拔之存在高岸。

其三，要既研究人的超越性，又研究人的现存性。这样才能澄明人自身，才能使人的超越方面与人的现存方面相互映照，相互发明。

因此，高举坚持和发展马克思主义哲学中国化伟大旗帜，既是承前启后、继往开来地坚持和发展马克思主义哲学的努力，也是为解决今日人类所面临的共同存在的问题的努力。21 世纪，只有高举坚持和发展马克思主义哲学中国化伟大旗帜，才能使马克思主义哲学对中西思想成果和人类的各种文明成果做出承继性生发。

由上可见，艾思奇能够赢得众多马克思主义哲学理论工作者的由衷敬佩不是偶然的。承继艾思奇的优秀思想，并使之与马克思主义的其他优秀思想相互映照、相互发明，必将有助于使马克思主义与其他人类优秀思想和文明成果共同成为世界精神。历史和时代需要人们让艾思奇的伟大精神代代传承。

（本文选自《怀念与思考：艾思奇与马克思
主义哲学中国化》，2008 年版）

下　篇

我的点滴回忆

王丹一

思奇离开我们已经 40 年了。在他逝世 40 周年之际,《艾思奇全书》由人民出版社正式出版了。欣喜之余,思念尤深。

一

思奇大概从来没有想过自己会成为名人。即便机缘巧合、时代需要造就一点名声,他也从未自负,而是一生淡泊名利,谦逊为人,这是我所深知的。前些时翻检他的遗物,我又看到了毛主席 1937 年亲手抄录他的著作的手稿和给他的几封亲笔信。不由得思绪万千,延安时代的往事又浮现在眼前,仿佛昨日。

思奇到延安时,年仅 27 岁。在罗瑞卿主持的欢迎会上,毛主席非常高兴,幽默地说:"噢!搞《大众哲学》的艾思奇来了!延安来了这么多笔杆子,我们有枪杆子,两杆子结合起来,革命一定会胜利。""过去是山中无老虎,猴子称大王;现在我们把众老虎请来了!"很快,思奇被任命为抗大主任教员,同时,在陕北公学任教,并兼任陕甘宁边区抗敌后援会宣传部长。这期间,毛主席和思奇交往密切,经常约他到自己的住处谈话,有时也到他住的窑洞看望。他们不仅在一起讨论哲学,也一同探讨社会、文学等问题,话题十分广泛。毛主席在给思奇的信中说:"你的《哲学与生活》是你的著作中更深刻的书,我读了得益很多,抄录了一些,送请一看,是否有抄错的。其中有一个问题略有疑点(不是基本的不同），请你再考虑一下，详情当面告诉。今日何时有暇，我来看你。"从中我们看到，毛主席对思奇的著作不但认真地研读，还用毛笔细心抄录了 19 页，并主动送上，问有抄错的没有。这一方面显示出主席虚怀若谷的精神和礼贤下士的博大胸怀；另一方面也可以看出毛主席与艾思奇的友谊和对艾思奇的尊重。但是，这些情况艾思奇却从未跟别人提起，就连对我也没有详细地讲过。1946 年蒋介石派胡宗南大举进攻陕甘宁边区，中央决定暂时放弃延安，向晋察冀边区转移，思奇随中央最后撤退，情况非常紧急，他几乎是什么东西都没带，把书都埋了，党中央的好多东西也都是就地掩埋。那时决定婆姨娃娃先疏散，思奇就把这些信交给了我，我随着孩子带了出来，一共是三封信和毛主席用毛笔抄录的思奇《哲学与生活》一书的一叠文稿。

新中国成立后，我整理东西时发现这些信零散着，为便于保存，就拿到荣宝斋装帧。取回时碰上康生的老婆曹轶欧，她看到后说："裱得不错，毛主席给老艾写了这么多啊！你交给我吧，我去找郭老、伯达、陈老总，当然也有康生咯，他们都是名人，既是书法家又会写诗，在空白的地方题诗写跋，多好啊！"我说要回去和思奇商量。当我向他提起时，他坚决不同意，严肃地说："不要让她拿去招摇，快收起来。"从此再未示人。

"文革"中，中央党校一锅端到干校，家也没了，我一筹莫展，总怕这些属于历史的东西保存不下来。我的邻居林扬，在中央党校政经教研室工作。她的爱人张雷平少将是西北某导弹部队的政治部主任，心脏病很严重，正在家中养病。交谈中，我谈及自己的忧虑，他非常热情，诚恳地说，你交给我们，有我在，艾教员的东西一样也丢不了。我就把东西装了一个樟木箱子交给他们。张雷平同志把箱子空运到大西北保存了十年。粉碎"四人帮"以后，他们原封不动地交还给我。我至今对他们夫妇仍铭感至深。"四人帮"彻底垮台后，中央党校复校，耀邦同志来了。他提出要抓紧时间抢救党史资料，我便把它正式交给中央。由这件事我想到艾思奇的为人。他十分尊重毛主席，与毛主席在学术上有过亲切的交往，但是他从不张扬，更不愿以此炫耀。

思奇一生襟怀坦荡，宠辱不惊。他绝不拿原则做交易，从不向权势和压力低头，也不趋炎附势，企望别人的袒护与关照。

思奇的一位好友讲过，延安整风时，一度有人对李公朴无根据地怀疑，甚至说他是文化特务。思奇胸怀坦然，不顾流言蜚语，勇敢地站出来说："李公朴先生是好人，是真心诚意为民主而斗争的。他反对国民党，拥护共产党，是真正的革命民主派！"历史事实证明了李公朴先生不愧为一位奋不顾身的革命志士。在康生搞的"抢救失足者"运动中，由于思奇在运动上坚持实事求是，直言反对无根据的怀疑和逼、供、信的做法，《解放日报》副刊部一个所谓的特务也没揪出来。他被严厉批评并被撤销了学委会委员的职务，但他始终没妥协或明哲保身、出卖良知。

新中国成立后的1953年，康生和陈伯达为一些小事合伙整他，说他"懒惰"，靠一本书吃饭。说《大众哲学》是"机械唯物论"，翻开哪一页都有错误……他无奈地撤回了《大众哲学》在中国青年出版社已排好版的清样，他只是答应永不再版，没作任何申辩。1958年因为"恩格斯肯定了思维存在的同一性"观点，被上纲为"宣扬唯心主义"，"反党"，"反马列主义"，被内定为"中右"，后被下放到农村，他仍无怨无悔，认为深入基层也是一种学习。一位老同志曾劝他说，党校环境太复杂，不适合你。你可以去找主席嘛，他了解你。调走算了！凭你的笔杆子到哪儿也能干革命。他却说，总还是要讲一点党性，哪里没有困难呢？仍然坚守在自己的岗位上，直到积劳成疾，英年早逝。

二

艾思奇性格内向，沉默寡言，不善交际，但他对普通劳动群众却始终怀有一颗热诚的心。有一位叫刘伦的志愿军战士，至今还保存着抗美援朝期间思奇给他的一封信。那是在抗美援朝最艰苦的日子里，思奇收到了一封朝鲜战场上来的信函，信皮很旧，不知翻越了几多千山万水。刘伦同志在来信中说到，他的教导员祁家声同志在战火中曾向他们介绍《大众哲学》，说这可是一本好书，你们也一定要读。并一直把它当作宝贝一样带在身上，直到牺牲在朝鲜战场。以至《大众哲学》竟成了他的陪葬品。刘伦给思奇写信提到这件事，思奇颇为感动，用毛笔认真地给他回了信，并深情地写道："为祖国向你们致敬！"刘伦后来也成为一名大学教员，战斗在理论战线上。这不过是他给读者无数回信中的一封，可惜不少回信都在"文化大革命"中被破"四旧"焚毁了。

在思奇逝世之前第一次住院的时候，他的心脏病已经比较重了。那时他住的是普通病房，与普通群众仍有交往。此前毛主席曾在杭州交代给他和党内几位"秀才"撰写马列经典著作辅导材料的任务，以便帮助干部读书。思奇正在医院里认真阅读第一国际史，准备写作。病房里有一位鞍钢工人，知道艾思奇住在这里，就常来找他，向他请教哲学问题。我为了让他能放松一些，给他带些《人民画报》之类的刊物，但他总是拒绝，说："拿回去吧，我还有事！"除了抓紧时间读书、做笔记，我看到他多次和那位工人认真地交谈、讨论，却从不吝惜时间。

在我的记忆中，他与山东掖县一位普通农民的交往也给我印象很深。他叫刘国庆，思奇在世的时候跟他也有书信来往，思奇去世后他还给我们写过信。那是在 20 世纪 30 年代的上海，当时刘国庆是一个 13 岁的山东少年，会武术，跟他叔父去上海谋生。当他看到公园门口立着"华人与狗不得入内"的牌子很生气，拔起牌子来扔了。印度巡捕不由分说上来就打，要把他抓起来送巡捕房。这时有两个年轻人站出来仗义执言，理直气壮地斥责巡捕，替少年说话。巡捕见这两个戴眼镜，西装革履的年轻人气度不凡，说话在理，怕事情闹大，就把这个少年放了。两人把少年带到一家书店，对他说，洋人欺负中国人咱们不怕，跟他们斗是对的，但也不能蛮干，蛮干是要吃亏的。你要趁年纪轻，读点书，多学点本事，将来有大用。他后来才知道这两个人一个是艾思奇，一个是李公朴。这是刘国庆给我们讲当初如何认识艾思奇的故事。后来，刘国庆回到了山东，克服了许多困难，学了文化，读了不少书，成了一名乡村教师。思奇去世时，他送了挽联。"文化大革命"的时候，还专门来看过我们，言谈中流露出对思奇深深的怀念。记得有一年冬天，天气很冷，他带来一包山东的花生，我送了他一顶艾思奇的帽子作纪念。那时他有 40 多岁了，依然性格耿直、豪爽，十分好学。他说，艾思奇的话影响了他一辈子。

<h2 style="text-align:center">三</h2>

思奇喜爱文学艺术，翻译过德国著名诗人海涅的《德国——一个冬天的童话》，还曾想用文学笔法重写一本哲学普及读物；他对一些纯学术问题也情有独钟，曾计划退休后撰写《中国哲学史》学术专著。可惜这些愿望都没有能够实现，成了永远的遗憾。新中国成立后，思奇一直从事繁忙的马克思主义理论的教学与研究。他在中央党校担负了大量教学与科研工作。除了组织计划教学和大量行政工作以外，不论是高干班、师训班、理论班，还是自然辩证法班、逻辑班等，几乎每期每班他都去讲过课。无论是马克思主义哲学原理，还是在马列经典著作、辩证逻辑、自然辩证法或中外哲学史等方面，许多哲学学科的疑难问题，他都进行了认真的研究和探索，并努力运用于教学和科研工作。尤其是在对毛泽东思想的研究与宣传方面，他下了不少工夫，付出了极大的精力。很多机关团体、大专院校来请他讲课、做报告，或是报刊、杂志、电台来约稿、写书，他都是尽可能满足这些要求，不辞辛劳。他把研究和宣传马克思主义、毛泽东思想当作自己义不容辞的责任。他常说，要给别人一碗水，自己首先要有一桶水；学海无涯、学无止境是每一个学者的座右铭。他一生学而不厌，手不释卷，挤出点滴时间读书。除了马列著作和大量专业书籍，他还反复阅读了像《资治通鉴》《孙子兵法》《天工开物》《梦溪笔谈》《黄帝内经》等社会经济、政治、文化、医学、科学技术等方面的书籍，晚年还自学了俄语。他深切感悟到了学而后知不足的含义。思奇一贯治学严谨，每次讲课都重新准备，针对不同情况、不同听

众，修改讲稿。他常对搞教学的同志说，不分场合、不问对象、不研究新材料、新问题，一味寻章摘句，照本宣科，是讲不好马克思主义哲学的。他讲课始终保持着深入浅出、透彻朴实、逻辑性强、理论联系实际的风格，注重从立场、观点、方法和理论与实践的结合上给人以启迪。为此，他宁可放弃个人兴趣爱好，牺牲休息，以至少小离家，老大未能归。他渴望回一次故乡，探望他经常思念的父老乡亲，但都未能如愿，以至母亲临终时还呼唤着他的小名，带着难以实现的渴望离开了人世。而为了培养党的领导干部和理论人才，他兢兢业业，呕心沥血，一直奋斗到生命的最后一息。他去世时，行李还在农村房东家。

四

艾思奇十分重视哲学与自然科学的结合。研究自然辩证法是他一生理论活动的重要组成部分。早在 20 世纪 30 年代，他就致力于自然辩证法的研究、宣传和著述，撰写了大量有关科学普及的文章，如在《进化论与真凭实据》一文中，他用丰富的实验材料阐述了进化论的科学内容，有力地驳斥了歪曲进化论的谬说。在上海组织过"自然科学研究会"，到延安又参加徐特立等组成的"反杜林论"讨论，他专讲了"狭义相对论"。新中国成立初期，与裴文中和温济泽一道到劳动人民文化宫宣讲科普知识；并应邀到北京一些大学做报告，曾三进清华园讲辩证唯物主义，当讲到物质的无限可分性，指出"电子和原子一样也是不可穷尽的"的时候，台下哗然，许多人认为共产党不懂自然科学。这使他深切感到，在我国宣传和普及唯物辩证法思想，以便为社会主义建设服务也是一项十分迫切而艰巨的任务。他曾恳切地对自然科学工作者说："科学家如果不能自觉地掌握唯物论和辩证法，就容易陷入唯心主义和形而上学，难以解决现代科学的困难问题。"他对身边搞哲学的同志也曾多次指出，必须好好学习自然科学，关心自然科学理论和尖端技术的进展。还特别引导大家注意当时自然科学的三大前言——天体演化理论、高能粒子物理、生命起源学说等方面的新发现，弄清现代科学的本质及其发展规律。他亲自抓中央党校自然辩证法班的教学，在他的领导下，中央党校编写了我国第一部比较完整的、系统的《自然辩证法提纲》，并培养了一批研究自然辩证法的骨干人才。1964年，日本物理学家坂田昌一《关于新基本粒子的对话》发表之后，艾思奇非常重视，认为他阐述了唯物辩证法的很有价值的思想，并在杂志上发表了《唯物辩证法是探索自然界秘密的理论武器》一文，指出既要研究自然科学中的哲学问题，也要研究应用科学和技术科学领域中的哲学问题。他还认为，我们既要从科学的角度研究自然科学的具体内容，也要从社会的角度考察自然科学问题。因为，自然科学也是一种社会历史现象，与社会发展密切相关，离开社会生产等方面，孤立地研究自然科学现象，就难以弄清现代科学的本质及其发展规律。记得是1957年夏天，他因心脏病到青岛做短暂疗养。一天晚上，夜已经很深了，他把我叫起来，漫步到波涛声声的海边，仰望着浩瀚的星空，然后手指天空上一个徐徐向前移动的亮点，兴奋地说："咱们去看苏联的人造卫星！11点多要过青岛！"直至那徐徐移动的亮点消失在茫茫夜空。返回住所途中，他喃喃地自语道："我们中国早晚也会造出自己的人造卫星来！"果然，中国自己研制的"两弹一星"不久上天了。更令人兴奋的是，改革开放后，载人飞船、"嫦娥一号"相继奔向太空，中国的航天事业已是举世瞩目。思奇的梦想终于成为现实。我想，他在冥冥之中也与中国人民群众一同欢呼。

五

不记得哪位诗人曾经说过：有的人活着，却已经死了；有的人死了，却永远活着。显然，这里所推崇的生死，是于人们心目中的生死而言的。我想，思奇大概可以属于后者。40年来，不仅有许多老同志、老战友、老教授常常在回忆文章和专著中深情地提到他，而且不少青年和年轻学人，以至海外的专家学者也仍然在关注和研究他和他的哲学思想，甚至包括曾经的敌人。这是很奇特的。

　　曾任蒋介石高级幕僚的马璧①教授 1981 年年底回到大陆，1982 年曾专程来过我家。他熟悉艾思奇的著作，并多次向有关部门表示一定要见一见艾思奇的家属，通过校办公厅的介绍，初次见面他就说，他不止一次地读过《大众哲学》，这本书使人耳目一新。还说，蒋介石也读过，并多次在有台湾军政要员参加的会议上说："我们同共产党的较量，不仅是输在军事上，乃是人心上的失败。一本《大众哲学》搞垮了我们的思想战线！这样的东西，你们怎么就拿不出来！"马璧还说："蒋介石不仅自己看这本书，还要求部下也读。我看到蒋介石和蒋经国都曾把此书放在案头。"后来，我们对马璧先生进行了回访。那时，恰好《艾思奇文集》刚出版，就赠送他两本文集和《大众哲学》。赠书时，马璧先生当即提笔赋诗一首作为回赠："一卷书雄百万兵，攻心为上胜攻城。蒋军一败如山倒，哲学犹输仰令名。"并注："一九四九年蒋介石检讨战败原因，自认为非输于中共之军队，乃败于思奇先生之《大众哲学》。一九五七年时蒋经国尚提到《大众哲学》之威力。特写旧诗七言绝句一首书赠……"我想，蒋氏父子的评价不足为据，而是言过其实了。但是一本 20 世纪 30 年代的哲学入门之书能够影响至今，确是值得深思的。

　　光阴荏苒，岁月流逝。转眼思奇竟然已经走了 40 年了。40 年间世事发生了巨大变化，可喜的是我们的祖国正像他期望的那样日益走向繁荣富强。思奇若泉下有知，一定也会感到欣慰的吧！

（本文选自《缅怀与探索——纪念艾思奇文集》，

中共中央党校出版社 2010 年版）

---

　　① 马璧（1912—1985），湖南湘潭人。曾任台湾警备司令部顾问，总政治部特邀研究员，政工干校政治作战班上校教官、蒋介石幕僚。1981 年 11 月回大陆。先后当选为全国政协常委，全国人大常务委员会委员。

超越时空的精神力量

王立民

云南腾冲景色秀丽的七月，中国社会科学院哲学研究所和社会科学出版社联合在艾思奇的家乡和顺举办了《新大众哲学》的云南首发式，并在腾冲建立了马克思主义哲学中国化时代化大众化的国情调研基地。我有幸亲历全程，感悟了艾思奇家乡人杰地灵、和睦顺畅的文化传统，与民族同呼吸、与国家共命运的时代气息。如果说之前是因为《大众哲学》而知晓艾思奇，这次在腾冲的一系列国情调研的实践，让我对这位著名的马克思主义哲学家有了更加翔实、全面和深入的了解，特别是参观了艾思奇纪念馆，心灵受到强烈震撼。艾思奇离开我们已经整整50年了，但他依然活在我们心中。唯有被景仰才有自尊，唯有活在人民的心中才能永恒。我再一次领略了艾思奇巨大的人格魅力和精神力量。

艾思奇见证了哲学研究所的筹建过程。1955年9月，中国社会科学院哲学研究所成立，马克思主义哲学原理研究室的前身辩证唯物主义、历史唯物主义研究组随之成立。时任哲学所所长潘梓年兼任辩证唯物主义研究组组长，艾思奇则兼任历史唯物主义研究组组长。艾思奇是马克思主义哲学大众化的先驱，是党的理论战线的旗手，长期从事马列主义、毛泽东思想研究，注重理论与实践的高度结合，为宣传毛主席的哲学思想贡献了毕生精力，既体现在马克思主义哲学大众化方面的开拓性，还体现在其所阐释的马克思主义基本原理的永恒性，所阐释的世界观、方法论的科学性。历史的长河奔腾不息，然而这跨越时空的伟大力量历久弥新，在全面深化改革的今天依然焕发着智慧的光芒。

今年是《大众哲学》出版80周年。《大众哲学》诞生于艰苦卓绝的烽火岁月，在革命年代，无数热血青年因为读了《大众哲学》而走上了革命的道路。《大众哲学》是当之无愧的一座灯塔，思想的盛宴比丰盛的晚餐更令人神往。艾思奇的名字也随着《大众哲学》的广泛传播而深入人心。如今新形势更需要也更期待马克思主义哲学中国化时代化大众化，更需要哲学为大众所掌握所熟知所了解，并使之成为自觉的思维方式。再次读艾思奇的《大众哲学》《哲学与生活》等，仍然能感受到其思路的独到，其语言的朴实，其内容的通俗，其事例的贴切。哲学的原理是深奥的，革命的实践是具体而日新的，而《大众哲学》恰恰将最现实的问题用质朴的语言传达出来，实现两者的结合，从哲学视角对中国革命的阐释和深刻把握，对于团结为数众多的人民大众具有重要的现实意义和深远的历史意义。当前，国内外对《大众哲学》的研究已很深入，特别是由中国社会科学院王伟光院长主编的《新大众哲学》立足于新阶段和新实践，回答了一系列重大理论和现实问题，提出了一系列新观点和新论断，是继承并发展《大众哲学》的典范。马克思主义中国化时代化大众化是一个持续的重大命题，其研究始终在路上，而艾思奇为我们树立了标杆，《大众哲学》的创新理念永放光芒。习近平总书记常说，学哲学、用哲学，是我们党的一个好传统。党中央在全体党员中开展"两学一做"学习教育中，重新温故《大众哲学》，加深对"五位一体"总体布局、"四个全面"战略布局的理解，对当前中央的各项方针、政策、措施的更好的贯彻落实，具有重要启迪和启发意义。

哲学创新的源头活水是立足国情实际、立足于人民大众。《大众哲学》开宗明义，揭开哲学神秘的面纱，将哲学原理融入日常生活之中，在日常生活里找寻"哲学的踪迹"。艾思奇说："哲学这东西并没有什么神秘玄妙，它和我们的日常生活联系得很密切，书本上似乎很高深的哲学，和日常生活中我们的某些很平常的思想中间，并没有隔着铜墙铁壁。"隔着铜墙铁壁的是我们的惯性思维还有紧闭的大脑。现实中，当中央的政策没有得到有效落实时，当一系列好的举措没有得到群众理解时，当新的发展理念还没有深入人心时，我们应该反思，是否找到了让群众易于接受的方式，是否还存在有关部门的"自说自话"，或者停留在刻板的"说教"思维上。我们看到艾思奇在《大众哲学》绪论中指出，"你不但不了解这里面就有哲学，而且如果听见有人说这就是一种哲学思想，说不定你会大吃一惊，说：为什么这样普通的一件事和这样普通的感想中也有哲学呢？"其实，改革开放以来，特别是全面深化改革以来，我们的经济发展方式、我们的社会治理、我们的对外政策等都发生了巨大变化，我们的发展理念、我们的发展方式也随着形势的变化而变化，这种改变体现在我们的日常生活中，或许我们并没有感觉到，但变化是确确实实的，而且这种变化在不断趋好。因此，哲学不等于深奥难懂，没有群众接受的哲学，再高深，也只存在于书本之中，不能被人民所接受，就不能成为"武装人民的力量"。艾思奇用生动通俗的语言使哲学从高高在上的神坛走到广大人民群众日常生活中，正如毛泽东所言"要让哲学从哲学家的课堂上和书本里解放出来，变为群众手里的尖锐武器"。

哲学是理论化系统化的世界观，既然是理论化、系统化，就要对现实生活进行提炼、进行总结、进行归纳等，但别忘了，哲学来源于生活，这是哲学的根基，否则空谈哲学概念、名词是没有任何意义的。《大众哲学》之所以能够得到毛泽东的极力推崇和反复研读，就是因为艾思奇看到"哲学就在千万人的日常生活和思想里"，对于最普通的人都能理解并掌握。

艾思奇对现实的准确把握和坚定信念源于对规律的尊重。艾思奇说："我们不能违背着客观物质本身的规律，任意改变事物，我们要想改变事物，只能利用这些规律，顺着这些规律去推动事物，才能达到我们预期的目的。"这也揭示了中国共产党在抗日战争、解放战争中所取得的一系列胜利的根本原因，这些胜利其实都是尊重规律的体现，都是对规律的正确认识和有效把握的结果。

艾思奇有着敏锐的眼光，他通过深刻的洞察和透彻的分析，不仅对错误思想进行坚决而果断的批判，而且还对问题的根源给予深入剖析，特别是对不可知论的批判更是酣畅淋漓。艾思奇说："凡是比喻，总是特别的简单，其目的是要使人容易明了，不要被高深复杂的弯弯曲曲的道理所迷惑。世界上的确没有这种蠢人，连胡桃也不懂得打破，但这是因为胡桃的事很简单，人人容易懂得，碰到复杂的哲学问题，就不一定这样了。你不要以为'不可知论'是多么高深的学问，如果你能抓着它的根本思想，你就会知道，'不可知论'派哲学家的想法，在实际上就是那么愚蠢，等于不懂得打破胡桃。"

马克思曾说，哲学家只是在用不同的方式解释世界而问题的关键在于改造世界。艾思奇告诉我们，学习哲学必须时时刻刻有意识地注意到这一个解决实际问题和指导行动的目的，在研究中经常联系工作和斗争中的问题，且不要缠绕在与当前实际毫无关系的空洞议论和名词的纠纷里。艾思奇执着的勇气，也让他面对许多是是非非，既能够坦然面对，又不卑不亢。面对"那些惯于在书斋里和大学教室里推敲词句的教授学者们"，艾思奇奉上淡然一笑。

艾思奇在致力于马克思主义哲学大众化的同时，还大力弘扬中国传统文化，我们在他的著作中看到恰如其分地运用成语、俗语、典故等，如"无风不起浪""巧妇难为无米之炊"等，如"好了！我们不要跟着'不可知论'跑得太远，要快回过头来批评批评它才行了"等，语言贴近群众，让读者感觉到通俗而不庸俗，简洁而不简单。看今朝，那些以戏说历史、歪曲历史、嘲弄历史为能事的所谓学者专家该清醒了，是该把更多的精力放在深入研究和思考上了，不要一味追求标新立异，而罔顾事实，甚至为了花样翻新而自以为是。

一个真正的哲学家，应该始终秉持科学的精神，要旗帜鲜明地支持什么、反对什么，而不是为一己私利置国家、民族利益于不顾。艾思奇说，同是一个世界，不同的人就有不同的世界观、不同的认识和看法。他们对世界的看法不同，乃是由于他们所处的社会地位不同。正是基于对问题冷静理性的思考，在遇到问题时不是怨天尤人，不是感叹"时运不济、命途多舛"等。我们细想艾思奇之言，"世界上的事情，决不是我们随便想要怎样便会怎样，相反的，常常是我们希望这样，而偏偏事实上就不会这样"，正因如此，面对围攻，面对无端指责，要保持冷静，保持理性，否则就会因误判而做出错误的决定。

把自己放得越低，反而在别人心中位置越高。"仰之弥高，钻之弥坚。"艾思奇始终把自己当作一名教员，因为"一切自以为是，只相信自己主观所想的，而不把客观情形放在眼里的人，一定要在事实前面碰钉子，一定要失败，也就是在事实前面证明他所想的不对"。尽管如此，新中国成立后还是遭到陈伯达蓄意阻挠和批判，将《大众哲学》诬为"错误百出"，扣上"机械唯物论"等莫须有罪名。艾思奇对于善意的批评，总能坦诚面对、虚心接受，正所谓"有则改之，无则加勉"。对于超出学术范围的人身攻击、歪曲事实的信口开河，艾思奇都能据理力争，不让善良和纯洁遭到玷污。

艾思奇的一生充满哲学，艾思奇的哲学来自生活。哲学探索之道是坎坷的，但只要信念坚定，总能开辟出一条阳关大道。艾思奇用毕生的精力将马克思主义哲学大众化作为自己最光荣和神圣的使命，彰显了中华儿女奋斗不息、锐意进取的精神品格。

艾思奇将随着《大众哲学》一书而不朽！

让哲学讲汉语

——从《大众哲学》看哲学中国话语体系的建构问题

崔唯航

艾思奇的《大众哲学》在哲学的中国化，特别是马克思主义哲学中国化的历史上，具有里程碑意义。对于这一意义，可以从多重维度予以阐释。本文所重点关注的，乃是其在哲学话语体系建构上所做出的杰出贡献。笔者认为，《大众哲学》之所以能够把哲学从哲学家的书斋中解放出来，变成人民群众的思想武器，一个很重要的原因，就在于它实现了让哲学讲汉语这一具有重大意义的历史使命。

所谓让哲学讲汉语，并不简单等同于用汉语来表述哲学。因为在我们的阅读经验中，经常可以看到一些哲学书籍和文章固然是用汉语来表述，但其句法结构、用语习惯等带有明显的"欧化"痕迹，更不要说其所蕴含的思维习惯、价值观念等，基本上属于西方的范围。这就好像一个外国人穿上了汉服，又学了一些汉语，但他并不因此就成了一个中国人一样。同样，局限于这个层次上的让哲学讲汉语，最多只能让中国读者对西方的哲学具有一个大概的了解，而绝不可能创造属于中华民族自己的哲学。

艾思奇的《大众哲学》无疑超越了这个层次。它真正实现了运用中国人喜闻乐见的语言来讲述中国故事，并通过这些中国故事来阐释哲学道理的理论诉求。比如，他以孙悟空的七十二变来阐述现象和本质的道理，以雷峰塔的倒塌来阐述质量互变规律，以岳飞是怎么死的为例来阐述对立统一规律，以"猫是为吃老鼠而生"的来阐述目的性、可能性和现实性的关系，等等。总之，艾思奇的《大众哲学》把哲学理论交融在中国人民的历史实践之中，凝聚在中国故事之上，并以中国人民喜闻乐见的中国话语来讲述中国故事，由此确立了一面马克思主义哲学中国化的历史旗帜，这对于我们今天建构具有中国特色、中国风格的马克思主义哲学的中国形态而言，具有极其重要的启示意义。本文试图沿着《大众哲学》所开创的道路前行，在理论上来进一步探讨让哲学讲汉语的必要性、可能性和现实性问题。

一 哲学要讲自己的民族语言

哲学应当采取何种话语方式？这对于具有两千多年历史的哲学而言，是一个近代才出现的新问题。具体来说，对于哲学发展史上的大部分哲学家而言，这并不是一个问题。黑格尔是第一个提出并集中阐述这一问题的哲学家。他指出："我也在力求教给哲学说德语。如果哲学一旦学会了说德语，那么那些平庸的思想就永远也难于在语言上貌似深奥了。"① 黑格尔之所以"教给哲学说德语"，是因为在他看来，"只有当一个民族用自己的语言掌握了一门科学的时候，我们才能说这门科学属于这个民族了；这一点，对于哲学来说最有必要"②。这意味着只有让哲学说一个民族的民族语言，它才能够真正成为这个民族的精神财富。

但反过来看，如果哲学不说民族语言，又将会出现怎样的情况呢？从历史上看，这种情况从来也没有发生过。因为哲学从来也没有像数学、逻辑学那样形成一套纯粹形式化的符号系统，而是始终将自己的言说方式和表述系统奠基于日常语言之中。当然，这并不意味着没有进行过相关的尝试。从哲学史上看，哲学也曾经试图通过模仿数学的方式来建构自己的话语体系。比如在笛卡儿、斯宾诺莎和莱布尼

① 苗力田编译：《黑格尔通信百封》，上海人民出版社 1985 年版，第 202 页。
② 黑格尔：《哲学史讲演录》第 4 卷，贺麟、王太庆译，商务印书馆 1978 年版，第 187 页。

茨那里，都可以看到数学的话语体系和论证方式，但这种尝试很快就以失败而告终。"自康德以后，数学的形式已不再出现于哲学之中了。他在《纯粹理性批判》中对数学的形式毫不留情地宣告了死刑。他说，哲学中的数学形式只不过带来了一座用纸牌拼凑起来的房屋而已。"① "哲学中的数学形式"之所以被视为"一座用纸牌拼凑起来的房屋"，是因为脱离时代和社会实践的纯粹形式化的符号系统乃是一种人工制造出来的"死"的语言。这种语言尽管在精确性上具有得天独厚的优势，但"这种精确定义的、明确的术语只有当它们嵌入语言的生活时才能生存并起交往的作用"②。对于与人类的现实生活息息相关的哲学来说，无疑不能运用"死"的语言。因为这种语言在悬置掉一切社会现实内容的同时，也将哲学的生命力悬置掉了。这就涉及对哲学自身的理解。

哲学对自身的理解，同样经历了一个从自发到自觉的过程。在哲学漫长的发展历程中，关于哲学自身的看法林林总总。从主导方向上看，哲学基本上被视为一种人类主观思维活动的方式或结果。黑格尔的出现从根本上改变了这一根深蒂固的观念。在《法哲学原理》序言中，黑格尔指出："就个人来说，每个人都是他那时代的产儿。哲学也是这样，它是被把握在思想中的它的时代。妄想一种哲学可以超出它那个时代，这与妄想个人可以跳出他的时代，跳出罗陀斯岛，是同样愚蠢的。"③ 这一貌似平常的论述在哲学史上却具有石破天惊之效，因为哲学的秘密在此第一次被揭开了。"哲学的秘密现在被无情地揭示了。"④ 哲学不再是人的主观的思维活动，而是思想中的时代。

既然哲学是思想中的时代，而民族语言又是一个民族须臾不可脱离的"呼吸"，"语言仿佛是民族精神的外在表现；民族的语言即民族的精神，民族的精神即民族的语言，二者的同一程度超过了人们的

---

① 海涅：《论德国宗教和哲学的历史》，海安译，商务印书馆1974年版，第105页。
② 伽达默尔：《哲学解释学》，夏镇平、宋建平译，上海译文出版社2004年版，第88页。
③ 黑格尔：《法哲学原理》，商务印书馆1961年版，第12页。
④ 转引自张汝伦：《现代西方哲学十五讲》，北京大学出版社2003年版，第5页。

任何想象。"① 那么，让哲学说民族语言还是一个需要斟酌和选择的问题吗？从根本上看，让哲学说民族语言之所以成为一个问题，其根源一方面在于对哲学自身的理解；另一方面在于对语言自身的理解。就前者而言，如果把哲学理解为人的主观的思维活动的方式或结果，而不是视为"思想中的时代"的话，那么就有可能设想出一套人工的符号系统以更好地促进哲学思维的运转，比如数学、逻辑乃至计算机语言。就后者而言，如果把语言理解为纯粹外在的传递信息的符号工具，认为语言与对象之间乃是一种简单的一一对应关系，而不是"把语言看作一种世界观"② 的话，那么让哲学说人工的"死"的语言，或者说逐渐退出人们日常生活的历史舞台的"半死"的语言，比如黑格尔时代的拉丁文，就是一件可能的事情了。

事实上在德国古典哲学时期，哲学说拉丁语的现象十分普遍，"有如我们在路德以前只知道用拉丁文来研究神学一样，在伏尔夫之前，我们只知道用拉丁文来研究哲学"③。而此时的拉丁文已经不再是人们日常使用的语言，而是已经成为了一种文化传承意义上的学术语言和古典语言。相对于人们日常使用的英法德等活生生的语言而言，它是一种"半死"的语言。因此黑格尔不遗余力地"教给哲学说德语"，为此不惜把在哲学上的贡献并不十分突出的沃尔夫称为："德国人的教师"，因为是沃尔夫开始让哲学讲德语，"沃尔夫第一个使哲学成了德国本地的东西"④。在黑格尔看来，这是"一种不朽的贡献"⑤。一旦哲学开始说德语，也就意味着它可以说英语、法语、日语、汉语等各民族语言。换言之，哲学必须要说民族语言的问题迎刃而解。

---

① 洪堡特：《论人类语言结构的差异及其对人类精神发展的影响》，姚小平译，商务印书馆1997年版，第50页。

② 同上书，第47页。

③ 海涅：《论德国宗教和哲学的历史》，海安译，商务印书馆1974年版，第76页。

④ 黑格尔：《哲学史讲演录》第4卷，贺麟、王太庆译，商务印书馆1978年版，第187页。

⑤ 同上。

二 马克思主义哲学尤其要讲自己的民族话语

马克思曾经明确宣称自己是黑格尔的学生，"我公开承认我是这位大思想家的学生"①，这在一定意义上可以体现二者之间的继承关系。在关于哲学自身的理解上，马克思继承了黑格尔"思想中的时代"的基本观点，并进一步指出，"任何真正的哲学都是自己时代精神的精华，……哲学不仅从内部即就其内容来说，而且从外部即就其表现来说，都要和自己时代的现实世界接触并相互作用"②。关于语言问题，马克思具有更加深刻的理解，在《1844年经济学哲学手稿》中，他把语言理解为"思维本身的要素""感性的自然界"，"思维本身的要素，思想的生命表现的要素，即语言，是感性的自然界"③。在《德意志意识形态》中，马克思更加明确地指出："'精神'从一开始就很倒霉，受到物质的'纠缠'，物质在这里表现为振动着的空气层、声音，简言之，即语言。语言和意识具有同样长久的历史；语言是一种实践的、既为别人存在因而也为我自身存在的、现实的意识。"④ 这一论断意味着纯粹的精神、意识植根于语言的土壤之中。作为人类文明活的灵魂的哲学，只有获得民族语言的形式，才能够真正为一个民族所掌握。

到此为止，我们可以说马克思主义哲学必须说民族语言；但还不能说马克思主义哲学尤其需要说民族语言。因此接下来问题的关键就在于这"尤其"二字之上，为什么马克思主义哲学尤其需要说民族语言？对于这一问题的回答，实质上涉及对马克思主义哲学基本性质的理解和把握。学界一般认为，马克思主义哲学的诞生实现了哲学史上的一场革命。这一革命从根本上改变了整个哲学的基本性质、存在方式和实现路径。我们以为，正是马克思主义哲学的根本特质及其所

---

① 《马克思恩格斯选集》第2卷，人民出版社1995年版，第112页。
② 《马克思恩格斯全集》第1卷，人民出版社1956年版，第121页。
③ 《马克思恩格斯全集》第3卷，人民出版社2002年版，第308页。
④ 《马克思恩格斯选集》第1卷，人民出版社1995年版，第81页。

引发的哲学革命决定了马克思主义哲学尤其要说民族语言。

如前所述，马克思是黑格尔的学生，这展现了二者之间的继承关系。但仅限于此，还不能说明马克思何以能够创立自己的哲学并成为马克思。马克思之所以能够成为马克思，在于他对黑格尔哲学乃至整个传统哲学的变革和超越，关于这一重大事件的发生时间，国内外学界存在不同意见。比较公认的看法是写于 1845 年春的《关于费尔巴哈的提纲》标志着马克思主义哲学的正式形成。之所以如此，是因为《关于费尔巴哈的提纲》的第十一条揭示了马克思主义哲学的基本性质和根本旨趣："哲学家们只是用不同的方式解释世界，而问题在于改变世界。"①

应当说，《关于费尔巴哈的提纲》的第十一条以最为简洁的文字揭示了马克思主义哲学的基本性质和根本旨趣：改变世界。如果说以往的哲学都是解释世界的哲学的话，那么马克思主义哲学就是改变世界的哲学。在此问题的关键在于如何理解改变世界。进而言之，作为观念形态的哲学如何改变世界呢？是通过揭示世界的本质规律来改变世界吗？当然不是，如果是这样的话，那么马克思主义哲学也只能归属于解释世界的哲学，只不过是以一种新的方式或范畴来解释世界而已。倘若如此，那么马克思所引发的哲学革命也不过是传统哲学内部的"改朝换代"而已，不过是"一些原则为另一些原则所代替，一些思想勇士为另一些思想勇士所歼灭"②，而这一切又"都是在纯粹的思想领域中发生的"③。因此，它们在最好的情况下也只能是给人类的哲学殿堂增添几尊圣像，而不可能真正触动并改变哲学的基本性质和存在方式。

事实上，马克思已经在此前的《〈黑格尔法哲学批判〉导言》明确指出："批判的武器不能代替武器的批判，物质力量只能用物质力量来摧毁。"④ 在此后的《德意志意识形态》中更是予以了富有原则

---

① 《马克思恩格斯选集》第 1 卷，人民出版社 1995 年版，第 61 页。

② 同上书，第 62 页。

③ 同上。

④ 同上书，第 9 页。

高度的论述:"对实践的唯物主义者即共产主义者来说,全部问题都在于使现存世界革命化,实际地反对并改变现存的事物。"① 不难看出,马克思主义哲学作为改变世界的哲学,其关注点在于使现存世界革命化,实际地反对并改变现存的事物,这就开启了一种全新的哲学视域和地平线。在这种全新的哲学地平线上,一切问题,甚至传统哲学中最为基本和核心的问题,都会呈现出完全不同的面貌。为了更为清晰地说明问题,我们可以引用一段对马克思的访谈。

1880 年,英国《太阳报》通讯员约翰·斯温顿对马克思进行了访谈,以下为访谈记录:"我(斯温顿——引者注)思考着现今时代和过去时代的空虚和苦痛,思考着白天的谈话和夜间的活动,脑子里产生了一个涉及存在的最终规律的问题。我想从这位哲人那里得到回答。在人们沉默下来的时候,我搜索枯肠寻求最有分量的字眼,后来我用下面这样字字千钧的语句向这位革命家和哲学家提问:'什么是存在?'他(马克思——引者注)眼望着我们面前咆哮的大海和海滩上喧闹的人群,一瞬间好像陷入了沉思。对我问的'什么是存在'这个问题他用深沉而庄重的口气回答说:'斗争!'"② 存在问题是西方传统哲学的核心问题,对于受过西方传统哲学影响的人而言,在面对"什么是存在"的问题时,心中预期的答案必然是一系列概念术语的组合和推演,但马克思却以最为朴素的日常语言——"斗争"来回答"什么是存在"这一纯粹哲学问题。这将令绝大部分"哲学家"有"踏空"之感。

通过这一访谈片段,我们可以理解马克思主义哲学的诞生彻底改变了哲学的基本性质和存在方式。哲学不再是一门像数学、物理学意义上的学科,不再是"作为哲学的哲学",而是成为现实生活的一部分。考虑到马克思为之奋斗终生的伟大事业乃是实现人类解放,再加

---

① 《马克思恩格斯选集》第 1 卷,人民出版社 1995 年版,第 75 页。

② 《马克思恩格斯全集》第 25 卷,人民出版社 2001 年版,第 687—688 页。原文载于 1880 年 9 月 6 日《太阳报》。这篇访问记见报后,马克思曾于 1880 年 11 月 4 日写信给斯温顿说:"应该谢谢你在《太阳报》上所写的友好的文章。"(见《马克思恩格斯全集》第 34 卷,人民出版社 1972 年版,第 446—447 页)

上马克思发现了实现人类解放的物质力量——无产阶级，并努力使无产阶级联合起来，"哲学把无产阶级当作自己的物质武器，同样，无产阶级也把哲学当作自己的精神武器；思想的闪电一旦彻底击中这块素朴的人民园地，德国人就会解放成为人"①。哲学遵循的就不再是思辨的规律，而是现实生活的规律，因为只有在现实世界之中并通过现实的手段才能真正实现人类解放。要完成人类解放这一前无古人的伟大使命，马克思主义哲学还会有可能不说民族语言吗？换言之，一种脱离生活实践的纯粹形式的符号系统有可能完成实现人类解放的历史使命吗？答案无疑是否定的。

回到马克思的文本，我们不难发现，马克思在叙述自己的思想时总是选择那些人们所熟悉的日常语言，比如笛卡儿的"我思"、康德的"统觉"、费希特的"自我"，到了马克思那里，就变成了"现实的个人"。对于"现实的个人"的界定，也同样运用了常人易于理解的日常语言："这些个人是从事活动的，进行物质生产的，因而是在一定物质的、不受他们任意支配的界限、前提和条件下活动着的。"②即使在表述历史唯物主义的基本原理时，马克思也同样采用了非常朴素的语言："不是意识决定生活，而是生活决定意识。"③

需要指出的是，马克思对自己语言的选择和运用绝不是偶然和随意的，而是深思熟虑之后的"有意为之"。当然，在其思想的早期阶段，难免因受到传统哲学的影响而采用了"人的本质""类"等传统哲学的抽象语言，但马克思很快就发现了问题，在《德意志意识形态》中回顾"通向唯物主义世界观的道路"时，他曾对此予以如下分析："这一道路已在'德法年鉴'中，即在《黑格尔法哲学批判导言》和《论犹太人问题》这两篇文章中指出了。但当时由于这一切还是用哲学词句来表达的，所以那里所见到的一些习惯用的哲学术语，如'人的本质'、'类'等等，给了德国理论家们以可乘之机去不正确地理解真实的思想过程并以为这里的一切都不过是他们的穿旧

---

① 《马克思恩格斯选集》第 1 卷，人民出版社 1995 年版，第 15—16 页。
② 同上书，第 71—72 页。
③ 同上。

了的理论外衣的翻新。"① 可见，马克思清晰地意识到自己"旧瓶装新酒"的做法乃是一种权宜之计，这从一个侧面也可以再次说明，马克思主义哲学比其他任何哲学更需要说民族语言，而且是说人们熟悉的日常语言。

三　让马克思主义哲学讲汉语

经过上述研究我们可以知道，马克思主义哲学尤其需要说民族语言。对于中国的马克思主义哲学而言，让马克思主义哲学说汉语应当说是题中应有之义。换言之，问题已经不在于是否应当建构马克思主义哲学的中国话语体系，而在于应当怎样建构马克思主义哲学的中国话语体系。

（一）让马克思主义哲学讲汉语的根本旨趣：不是解释世界，而是改变中国

"十月革命一声炮响，给我们送来了马克思列宁主义。"这是1949 年毛泽东在总结中国共产党 28 年的光辉历程时提出的一个著名判断。这一颇为形象的描述已经进入了现代中国人思想的深层空间，成为"生在红旗下，长在新中国"一代人的集体记忆。

从语言的角度来看马克思主义哲学中国化的存在方式，可以发现一大批马克思主义哲学的核心术语已经深入到了现代汉语的话语体系之中，比如革命、资本、阶级、封建、劳动、解放、唯物论、矛盾、辩证法、价值、意识、人民、理论、实践、意识形态、经济基础、上层建筑、生产关系、社会主义、共产主义、政治经济学、布尔什维克……，这些马克思主义哲学的核心术语已经成为现代中国人话语体系中不可分割的组成部分，人们对这些术语的使用是如此之频繁、如此之随意、如此之自然，完全意识不到它们是异域文化的"舶来品"，也完全意识不到相对于底蕴深厚、历史绵延已达数千年之久的

---

① 《马克思恩格斯全集》第 3 卷，人民出版社 1960 年版，第 261—262 页。

中华文化而言，它们的存在时间不过只有短短百年。"在当下的大众话语中有如此众多的'革命话语'影响着国人的思维和语言体系，也可以说'马克思主义中国化'已经达到了一定程度的'无意识'状态，因为人们如此频繁而平常地使用这些马克思主义术语，基本意识不到这些原本属于'外来'的'革命话语'。"①

同马克思主义哲学的中国化相似，马克思主义哲学话语系统的汉语化同样不是一蹴而就的，而是历经波折。以《共产党宣言》开头第一句话"一个幽灵，共产主义的幽灵，在欧洲游荡"②中的"幽灵"一词为例，从1907年德文Gespenst第一次出现汉译，到1995年新版《马克思恩格斯选集》出版，88年间一共出现了9个汉语词汇来对应Gespenst，分别为"异物、妖怪、怪物、巨影、幽灵、精灵、怪影、魔影、魔怪"③。这表明马克思主义哲学基本概念中国化的过程往往需要经历一个众多词汇共存并相互竞争的阶段，之后才会逐渐归于统一。在此需要注意的是马克思主义哲学中国化过程中的一个特殊现象，即对马克思主义及其哲学著作的翻译不是为了翻译而翻译，即翻译的根本目的不是为了进行纯粹的学术研究，而是为了解决当时中国所面临的重大问题。"《共产党宣言》也是在中国的社会问题空前严重的时期被引入汉语的，那些译者们和马克思恩格斯一样是饱学之士，但他们翻译《共产党宣言》却不是作为学者来进行学术翻译，而是感到《共产党宣言》的内容和中国问题的深切关联，觉得翻译乃是他们带头变革中国社会的崇高行动的一部分，他们才从事翻译的，这和马克思恩格斯之所以撰写《共产党宣言》堪称殊途同归。"④既然翻译的根本目的不是为了纯粹学术研究，而是为了"变革中国社会"。用我们熟悉的语言来说，即不是为了解释世界，而是为了改

---

①　刘兴民：《马克思主义中国化研究的新视角》，《人民论坛》2011年第2期（总第315期）。

②　《马克思恩格斯选集》第1卷，人民出版社1995年版，第271页。

③　马天俊：《对〈共产党宣言〉中国化的一点反思——Gespenst如何说汉语？》，《马克思主义与现实》2009年第1期。

④　同上。

变中国。"中国人选择马克思主义，目的是寻求解决中国向何处去的根本道路问题。"① 这就意味着在汉语词汇的选择上就不是以精确性为唯一选择，而必须进一步考虑到普通中国人的可接受性，只有借助于中国人易于接受的语言形式，马克思主义哲学才能够通过影响普通中国人的思想观念来引导他们从事改变中国的行动。

翻译是如此，研究和传播更是如此。在中国研究和传播马克思主义哲学的卓越代表艾思奇曾经明确指出，"哲学不能单只是说得好听的东西，还要能指导我们做事。它的'重要的问题是在于要改变世界'！"② 在谈到关于马克思主义中国化问题时，艾思奇更是一针见血地指出："问题是在于要能正确地研究和把握中国社会的客观现实，并正确地决定革命的任务和战略策略，而不是在于从名词上来争执什么才叫作'化'，什么不是'化'的问题。"③ 可见，马克思主义哲学中国化的过程，从一开始就继承了马克思主义哲学改变世界的根本旨趣，并且对于当时正面临救亡图存之任务的中国而言，具有更加突出的意义。具体而言，就是马克思主义哲学中国化的历史证明，中国化绝不局限于词语之争，最为重要的经验在于它突出的实践导向和问题导向。这一点，对于我们今天建构马克思主义哲学的中国话语体系而言，同样具有特别重要的启示意义。

（二）让马克思主义哲学讲汉语的根本路径：改造与创造

从历史上看，作为一个具有悠久历史和深厚文化底蕴的文明古国，中国的语言和文化具有很强的稳定性和包容性。在与外来文化的交流中，中华文化总是从本国语言的词汇中寻找相应的词汇来解读外来文化；与之相应，外来文化要真正进入中国并实现中国化，就必须借助汉语词汇中的对应词并予以语义上的改造。从历史上看，汉唐之际的佛教中国化是如此，百年来马克思主义哲学中国化的历程也是如

---

① 余品华：《论"马克思主义中国化"与"马克思主义哲学中国化"》，《湖南科技大学学报》2010 年第 1 期。

② 《艾思奇文集》第 1 卷，人民出版社 1981 年版，第 159—160 页。

③ 同上书，第 480 页。

此。比如我们以上提到过的众多术语：革命、资本、阶级、封建、劳动、解放、矛盾、价值、意识、人民、理论、实践、唯物论、辩证法、意识形态、经济基础、上层建筑、生产关系、社会主义、共产主义、政治经济学、布尔什维克……，除了布尔什维克为音译之外，其他均为汉语词库中的既有词汇。德国学者李博在《汉语中的马克思主义术语的起源与作用》中曾对此予以总结："像其他所有现代汉语术语一样，任何马克思主义术语在中文中的发展史都以初造词为开端。也就是说，中文在吸收来自西方的概念时，必须在中文中为它找到相应的语言形式以作为它恰当的物质载体。"① 只有这样，才能使中国读者产生一种先天的亲和力，从而有助于他们理解和接受马克思主义哲学，以最终推动马克思主义哲学在中国的传播和发展。

需要注意的是，汉语中的既有词汇在成为马克思主义哲学重要术语的同时，其原有含义逐渐被淡化，乃至遗忘，新的含义则打上了鲜明的时代烙印。比如"封建"一词，汉语中原意指："封土建国""封爵建藩"，《诗·商颂·殷武》："命于下国，封建厥福"谓大立。《左传·僖公二十四年》有"昔周公吊二叔之不咸，故封建亲戚，以蕃屏周"，后以"封建"来译 feudal，遂有了社会形态和社会制度层面上的含义，后来在引申意义上又有了"前现代""落后""思想保守"等含义。这距离"封建"的古义已相距遥远，但也从一个侧面印证了语言乃是一条流动不居的河流，流动越久，距源头越远。语言之河在流动过程中不停地吸收沿岸支流，这些汇聚的支流不断改变着河流自身的构成。正是在这种永不停息的继承与改造之中，语言获得了蓬勃的生机和活力。

从现实上看，马克思主义哲学中国化的生命力在于深入实践、把握时代。要完成这一使命，就不仅需要利用马克思主义哲学中国化的话语体系来解读中国问题，而且需要从社会实践和现实生活中挑选出理论和时代所需要的新话语，并予以提炼和创造，使之成为马克思主

---

① 李博：《汉语中的马克思主义术语的起源与作用》，赵倩、王草、葛平竹译，中国社会科学出版社 2003 年版，第 1 页。

义哲学话语系统中最具生命力的部分。毛泽东在此方面堪称典范。以实事求是一词为例，实事求是最初出现于东汉史学家班固撰写的《汉书·河间献王传》，讲的是西汉景帝第三子河间献王刘德"修学好古，实事求是"。唐代学者颜师古在给这段话作注时写道："务得事实，每求真是也。"意思是说必须要以事实为根据，以求得正确的结论。1941 年，毛泽东依据革命实践的需要，撰写了《改造我们的学习》一文，文中借用了"实事求是"一词，并对其做出新的解释。"'实事'就是客观存在的一切事物，'是'就是客观事物的内部联系，即规律性，'求'就是我们去研究。"① "实事求是"指从实际对象出发，探求事物的内部联系及其发展的规律性，认识事物的本质。此后，实事求是逐渐成为了中国共产党的思想路线和行动指南，深刻改变了现代中国人的生活和实践。

需要注意的是，让马克思主义哲学说汉语绝不意味着马克思主义哲学研究应当沉浸于现实世界之外的概念推演和语言分析之中，这种研究方式恰恰是马克思所反对的"解释世界"哲学的惯常做法。回顾历史，马克思主义哲学自从进入中国以来，就一直通过对中国问题的深刻反思和中国道路的不懈探索改变着中国人民的历史命运。可以说，马克思主义哲学中国化的百年历程以历史画卷的方式形象地展现了马克思主义哲学的根本性质：改变世界。面向未来，中国的马克思主义哲学不仅要说人民群众喜闻乐见、新鲜活泼的现代汉语，而且要将自己思想的触角牢牢植根于中华民族的精神土壤之中，敏锐捕捉中国人民的光荣与梦想、痛苦与希望，深刻把握世界历史发展的时代逻辑和现实矛盾。唯有如此，马克思主义哲学中国化的历史使命才能够得以实现，唯有如此，中华民族的复兴之路才能够越走越宽。

（本文主要内容刊发于《山东社会科学》2012 年第 7 期，
原标题为《让马克思主义哲学说汉语：旨趣与路径》，
收入本书时作者对文章进行了修改和补充）

---

① 《毛泽东选集》第 3 卷，人民出版社 1991 年版，第 801 页。

回忆艾思奇同志

——《论文化和艺术》前言[*]

丁　玲

艾思奇同志在我们见面以前，我早就知道他的名字，并且看过他写的《大众哲学》。这是一本早期宣传辩证唯物论的通俗读物，在青年中普及马克思主义的认识论和方法论，引导青年走上党领导的革命道路，起了很好的作用。他在上海发表的一些文艺理论和文学评论文章，用哲学观点阐明文艺问题，中肯而深刻，可以说也是不朽之作。后来在延安，又读过他发表的许多关于文化、艺术的论文和杂文。这些文章，大都紧密结合实际，文字通俗，观点明确，说理清楚，宣传党的路线和政策，是文化战线上的得力之作。观在时隔多年，读起来仍然感到亲切。人们常说，文如其人，确实这样。我对艾思奇同志的为人，也有很深很好的印象。只要一谈到他，我总是不由得升起敬重和怀念的深情，我永远不会忘记这位优秀的哲学家、文艺理论家。

1939 年冬天，我正在马列学院学习的时候，中宣部部长兼马列学院院长洛甫（张闻天）同志找我谈话，要调我去边区文协工作，同时兼筹办延安文化俱乐部。我到陕北已经三年了。三年来开始是做点文艺组织工作和编辑工作，接着是学习。这时，我很想专门从事写作。但在这里，好像还没有人不做工作而专事写作的。我那时很单

---

* 艾思奇：《论文化和艺术》，宁夏人民出版社即将出版（丁玲写此文时，该书尚未出版，其出版年为 1982 年）。

纯、很幼稚，只以为服从组织是天经地义。尽管我想写作，但对成立文化俱乐部究竟要做些什么，脑子里一点影子也没有。我去中组部转组织关系时，李富春同志也给了我鼓励。我带着简单的铺盖、换洗衣服、日用什物，由兰家坪马列学院涉过延河到杨家岭后山沟的边区文协去报到了。那时边区文协的主任是艾思奇同志，柯仲平是副主任。住在这里的，有二十来个"文化人"。

李富春同志同我谈话中，有一句话曾使我很担心。他说："你在西北战地服务，做团结工作还是有经验的。边区文协有一些文化人，需要有一个人经常住在那做日常工作。"是的，艾思奇同志当时住在中宣部，也在中宣部的文化工作委员会工作。柯仲平同志领导民众剧团常常下乡，也不在家。现在把我调去住机关，我将陷入一些无休止的人事问题中。这怎能创作呢？我听后，心里惴惴不安。可是，我到了文协，相处一阵之后，我感到大家相处得很好，很和谐，同志们彼此亲近，根本没有什么令人烦恼的人事纠纷。这里党员数目少一点。但是几个非党员都表示渴望早日解决他们的党籍问题（后来也都陆续解决了）。我细细观察，细细思索，我觉得机关里这样团结和睦的气氛，是同领导人艾思奇同志的工作作风和为人品德很有关系的。艾思奇同志是一个温和忠厚的人，遇事从不急躁，对同志诚恳和气，什么事情都好商量。他向我介绍文协每个同志的思想生活和来历，总是说他们的好话、长处。我知道的确有几个同志因为和原单位处得不大好才要求调来的。来文协之后，他们生活得很平静，都兢兢业业工作，埋头写作。另外一些同志，是从国统区到延安由中组部介绍来的。一位学哲学的同志在机关管总务，隔三天给大家发一次蜡烛。每当他在窗外叫唤："发蜡啦！"我心里就感到一阵歉意，急忙放下工作，跑出窑洞领蜡。一位学历史的同志管理图书室，书籍不多，整理得很有条理。机关开始只有一个老炊事员，一个事务员，一个勤务员，其余事都由这些所谓文化人自己担当。艾思奇同志过几天，或一个星期来一次，同大家开会谈心。他对我是完全放手的。我刚到文协，没有名义，大家把我当作副主任。1940 年，边区开过第一次文代会以后，由吴玉章同志担任主任，艾思奇和我担任副主任。这时因为他的工作多，文协的事，他管得少了，却仍很关心机关的生活，遇事找他，他都尽力帮助解决。我们相处一年多，我有缺点和弱点，从来也不用担心他会趁机整人。他从来也不会，也没有向上级领导谎报军情，背后说同志的坏话，或者用笑谈方式在领导同志面前讥讽同志，造成对一些文化人的坏印象。他是一个好党员好领导，是一个忠厚的长者。不止我一个人这样看，全文协的同志都有类似的看法。他和我，还有师田手同志、雷加同志、吴伯箫同志等一块工作，和衷共济，患难与共，环境再艰苦，条件再差，工作再紧张，大家心里始终是高兴的。我调到解放日报社，主编文艺栏，和艾思奇同志来往少了。一年以后，我调回文抗，参加领导文抗机关的整风学习，常去中宣部，又常碰着他，他还和先前一样，他不是一阵热、一阵冷的人，也不是一阵风、一阵雨、随风转舵的人。像他这样正直的人，即使在延安，也并不是普遍的。人的一生最难的就是在死后，在离世很久之后，当人们再想起他，谈论他的时候，却总也想不到，找不出他有什么不好，和对不起人的地方。艾思奇同志在文协工作岗位上许多年，身居要职，并不煊赫一时，从不令人生畏，而只是令人怀念，深深怀念。我想，革命者还是应该取这种忠厚，而不会去羡慕那些权势和权术。

我在《太阳照在桑干河上》的"重印前言"里，曾提到艾思奇同志。这部小说能够于1948年在大连出版，艾思奇同志是尽了力量的。那时他受胡乔木同志的委托，审阅这本书的原稿。他读了之后，给过我很大鼓励，说这本书是最早地最好地反映了中国农村的阶级关系和阶级斗争，建议有关方面早日出版。他不会说假话。他是用欣喜的神情同我谈这些话的。多少年的同志式的关心和感情，使我感激。我很愿意和这样的同志相处。可惜，因为工作关系，我们还是分开了。新中国成立后，我们见面就更少了，虽然彼此仍然很关心。前年我从东北农村回来，找寻一些老熟人时，其中艾思奇同志已不在人世多年，再也无法见到他了。

我回来后，王丹一同志曾几次来看我，见面时，自然要谈起艾思奇同志，谈起他的书。我早就想写点回忆艾思奇同志的文字，现在趁他的这本集子出版的机会，我很愿意写几句话，以表示我对他的尊敬和怀念。

（原载《新文学史料》1983 年第 3 期）

怀念启蒙老师

吴冷西

艾思奇同志是我的启蒙老师。那是 1935 年"一二·九"学生抗日救亡浪潮把我卷入爱国运动的时候，我参加了广州"一二·一六"的示威大游行，之后又参加了广雅中学全校关门大罢课（要求提前放寒假下乡宣传抗日救亡），这两次行动都获得成功。但是随后发动的广州市中学生"罢考"（反对毕业会考）却失败了。我陷入迷茫之中。这时，一位高年级的同学（后来才知道他是共产党员）介绍一本书给我看，那就是艾思奇同志新出版的《大众哲学》。

艾思奇同志的这部著作，曾经在《读书生活》杂志上连载过，也曾汇集成书《哲学讲话》出版，但我都没有看过，那时我尚未投身抗日救亡运动。我在"罢考"未成之后，在整个暑假，除在乡下宣传抗日救亡活动外，专心细看了《大众哲学》。我花了很大的劲才看了开头两章。这两章讲的是哲学最基本的理论，虽然作者力图从日常生活讲起，但我仍然似懂非懂，硬着头皮往下看。到了第三章以后，作者的一些标题吸引着我，如"卓别林和希特勒的分别""由胡桃说起""岳飞是怎样死的""雷峰塔的倒塌""猫是为吃老鼠而生的"等，从具体事例中阐述哲理，打开了我脑海的新天地，从日常生活、国家大事到国际形势，从朦胧中看到光明。虽然我知识很少，但艾思奇同志确实是我的启蒙老师，他启发我要做新青年，要做抗日救亡的先锋，要做改造社会的栋梁。

我从此成了"杂志迷""读书迷"，《读书生活》《世界知识》《自修大学》等成了我的伴侣，我甚至开始啃艾思奇同郑易里合译的

《新哲学大纲》。我参加了读书会、歌咏队以及多种多样的抗日救亡活动，直到抗日战争爆发，我随身带着艾思奇同志新出版的《哲学与生活》，跟同学们一道北上延安。我忘不了艾思奇同志的启蒙之恩。

但是，对艾思奇同志，我只知其名，不见其人。我到了延安，先在抗大学习，给我们上哲学课的是张如心同志。后到马列学院学习，也没有听到艾思奇同志的课。直到我进入马列学院研究室，才偶尔见到艾思奇同志，他那时任哲学研究室主任，他指导杨超（绰号黑格尔）、黄乃（辛亥革命先驱黄兴的儿子）等同志边学边教（当哲学小教员）。而我则在马列主义研究室，没有交谈，虽然神往，仍然陌生。

后来，1939 年秋，我调到中共中央宣传部工作，才经常同艾思奇同志见面。那时他是中共中央文化工作委员会秘书长，住在蓝家坪中宣部的第二排窑洞里。我在中宣部编审科当干事，同另一位干事余宗彦同志一起，就住在他旁边。他经常在中宣部山下的俱乐部（也叫"救亡室"）开哲学讨论会，开始是毛主席创设的哲学小组，后来正式成立新哲学研究会。我和编审科的同事有时也去旁听。

艾思奇同志后来兼任陕甘宁边区文化协会主任，他主持出版了当时抗日根据地唯一的文化期刊《中国文化》。他的秘书是王匡同志。王匡和我是广东同乡，他经常告诉我艾思奇同志如何忙于文委的工作。但依我看来，艾思奇同志更专心于研究哲学。他有时也外出讲课，还给延安干部学习的小教员（大多是马列学院的研究生）做辅导报告，但更多的时间是在窑洞里编写（同我们的编审科长吴亮平合编）《科学历史观教程》和《哲学选辑》等书。

在人们的印象中，似乎艾思奇同志是"唯物""唯心"等哲理不离口的学者，但在同他住在邻近的两年中，我发现他是一位感情丰富的诗人和歌手。他经常在研究间隙走出窑洞来朗诵德国古典诗人海涅的诗，有时又用他那浑厚深沉的男低音嗓子唱出《伏尔加船夫曲》《马赛曲》以及我听不懂的日本民间小调。有一次我还看到他在中宣部前面的延河边上，面对山崖引吭高歌。就在那个地方，他的哲学好友和培元同志 1940 年夏天游泳时身亡。和培元是当时延安有名的青年哲学家，他帮助毛主席收集和整理哲学书籍，很受毛主席赏识。

艾思奇同志生活非常俭朴。王匡同志告诉我，艾思奇同志有一件从上海带到延安的棉袍，但我每年冬天看到他穿的是公家发的普通棉衣（1944 年"丰衣足食"时他只换上了一身边区自纺自织的毛呢棕色棉衣，左右袖子都打了补丁），夏天也跟大家一样穿粗土布衬衫。当时边区经济困难（皖南事变后国民党拒绝供给十八集团军本来就很少的粮饷），中央提出生产自救，后来又提出"自己动手，丰衣足食"，艾思奇同志也参加开荒生产。艾思奇同志伙食吃中灶，每月供给标准为：每人每月猪肉三斤，食油一斤半，盐一斤，菜三十斤，石炭（伙房用）六十斤，小米每日一斤四两。据我从吴亮平同志饭盒中看到，这种"中灶"伙食比我们一般干部的"大灶"好不了多少，每餐只是多一盘土豆炒肉丝之类而已，但艾思奇同志安之若素。他在窑洞门前的一小块土地上种了玉米、土豆等。他经常蹲着仔细观察这些庄稼。有一次我看到他在久久端详长得不太高的玉米，我跑过去问他发现有什么不寻常，他告诉我，玉米从发芽到灌浆、成熟的过程，是一个辩证法的过程。

艾思奇同志敦厚谦和、平易近人。在中宣部，人人都叫他"老艾"。上自洛甫同志（他当时主管中宣部，也住在蓝家坪的窑洞里），下至"小鬼"（延安时期的小勤务兵昵称），没有人称他"主任"或"秘书长"的，原因在于他一点官架子也没有，日常接触中如此，上台讲课时亦如此。"老艾"这个昵称，给人以亲切感，一直沿用到新中国成立以后，沿用到他的终生。据我所知，在他同辈的老同志中，很少有人像他那样不被人以"首长"称呼。

在延安，我同艾思奇同志一起工作时间最长的是在《解放日报》工作时期。延安《解放日报》是 1945 年 5 月创刊的中共中央机关报，艾思奇同志是 9 月间从中宣部调《解放日报》任副总编辑兼副刊部主任。我也同时和几位中宣部的干事一起调到那里，我在新闻部当编辑。自此直到 1947 年延安撤退前夕，我同"老艾"经常接触。

老艾率领的副刊部有副主任丁玲和舒群、陈企霞、林默涵、温济泽、黎辛、陈涌（当时名为杨思仲）等编辑，其中林、温跟我一样是从中宣部去的，几个编辑部门中，副刊部工作最为活跃。毛主席很关心这个部门的工作，开始时曾亲自召开座谈会，为副刊组织稿件。陆定一同志在七大后到中央宣传部工作，余光生离延赴东北时，艾思奇同志曾接替他们任总编辑。他同陆定一等编委们住在清凉山半山腰的第一排窑洞，我和一些编辑住在靠近山顶的第二排窑洞，距离比蓝家坪中宣部远了一点。

在清凉山的五年中，有两件事情我印象最深。一件事情是，1942年报社开始整风，编辑部贴出了名为《春风》的墙报。我写过一篇稿子，是谈报社民主的。我在稿中提出，报社现行制度不民主，许多大事编辑们还不知晓，编委会（社长、总编辑和副总编辑为编委）就做出决定，这不民主。我主张编辑部的大事，一定要编辑大会讨论通过，否则编委会不能做出决定。墙报贴出后，议论纷纷，引起轩然大波。副总编辑余光生（主管我们国防版的）和总支书记陈坦同志找我谈话，批评我无组织无纪律，我不服。后来，艾思奇同志在编辑部两排石窑洞外面的山坡上碰到我，他也说我的观点不妥。他告诉我，他抗战前在上海办《读书生活》，是同人办杂志，规模小，编辑人员志同道合，有事大家商量着办，也很顺手。现在办的是党中央机关报，同《读书生活》大不一样，要有组织有纪律，民主是有组织有纪律的民主，一切听从党中央的指示。编委会是党中央决定的，它受权领导整个报社，它也得按中央决定办，重要的事情都要向中央请示报告。这次陆定一同志传达毛主席的指示，《解放日报》要在整风（当时叫作"改版"）中"从不完全的中央机关报变为完全的中央机关报"。报社同党中央必须息息相关，吸呼相通，按博古（当时任《解放日报》社社长）同志说的，一句话、一个字都不能向中央闹独立性，不能搞极端民主，不能搞无组织无纪律，不能搞无政府主义。这同过去办《读书生活》根本不同。艾思奇要我好好考虑。他这番话给我震动很大，特别是说我们现在不是同人办杂志，而是办党中央机关报，对我很有启发。我开始考虑我那样的想法和做法是否合乎党中央机关报工作人员的要求。后来陆定一同志传达毛主席指示知识分子要克服绝对平均主义和极端民主思想这两种小资产阶级个人主义表现，我才恍然大悟，开始自我检讨。

另一件事情是：1943 年夏，国民党反动派发动第二次反共高潮，胡宗南率部进犯陕甘宁边区，延安军民紧张备战，整风运动转入"抢救运动"即"抢救"那些被错误地认为国民党特务的"失足者"。这是康生搞乱党的队伍的部署，中央各机关紧张异常，风声鹤唳，草木皆兵，"特务"如麻。《解放日报》社也是这样。有一天中午，我同艾思奇同志一起到清凉山脚下的印刷厂看校样。我是编辑，看的是国际版清样，艾看的是各版编辑看过的四个版的全部大样。途中他问我，新闻编辑部情况如何？我说，"抢"了一些人，但有些同志义正词严，坚持不承认，我们不但无可奈何，反而产生敬意。他说，他们副刊部一个人也没有"坦白"自己是特务。他问我是不是有那么多特务，我说特务可能有，但不会像现在"抢"的那么多，有些事情前后不合情理，说不通为什么好端端的一个抗日青年会当国民党特务。他告诫我：要重证据，不重口供，没有就没有，不要硬"抢"出特务才算完成任务。我说，许多同志苦口婆心地劝别人坦白，确是真心实意，满腔热情，就是"抢救"不过来，别人矢口否认，坚持得很不简单，可能搞错了。后来事实证明，艾思奇同志认真谨慎，实事求是完全正确。好些"坦白"的同志"翻供"了，说是"逼供信"出来的。毛主席发现后迅速刹车，制止"抢救"，搞错了的一律平反。他自己亲自在中央大礼堂大会上赔礼道歉。艾思奇同志头脑清醒，实事求是，这在当时报社的领导层（名叫"学习委员会"）中是不多见的。他给我深刻的印象是没有"书卷气"。

在延安的十年，艾思奇同志一直是我尊敬的师长。过去他给我启蒙，学习如何为人，这十年又在关键的时刻教我如何做一个真正的共产党员。这是我一生难忘的。

可惜，延安撤退后，我一直没有机会再受到艾思奇同志的直接教益。我继续做新闻工作，他则忙于理论工作和教学工作。新中国成立后一直如此。艾思奇在"文化大革命"前夕英年早逝，我党痛失英才。而我在"文化大革命"一开始就被打倒在地，被陈伯达踏上一只大脚了。

艾思奇同志离开我们 35 年了，由于种种原因，我一直没有为文悼念。今谨以此文表达深深的怀念和敬意。

（本文选自《常青的〈大众哲学〉》，红旗出版社 2002 年版）

延安时期的艾思奇哲学
与毛泽东哲学

石仲泉

20 多年前，笔者在中央文献研究室工作期间，曾负责主持编辑《毛泽东哲学批注集》，其中就有毛泽东读艾思奇哲学著述的批注。这里，就笔者所了解的情况，谈谈对延安时期的艾思奇哲学与毛泽东哲学一些关系的认识。

一 艾思奇在延安时期参与
毛泽东的若干哲学活动

艾思奇是 1937 年上海"八一三"会战后，与文化界一些知名人士一起，于 10 月到达延安的。这时，他的《大众哲学》不仅再版多次，而且已出版了《新哲学论集》《思想方法论》《哲学与生活》等著述，成为著名的通俗马克思主义哲学的青年哲学家。到延安后，最初在抗日军政大学和陕北公学任教。1938 年年底，马列学院成立后调往该校，任哲学教研室主任。1939 年调任中宣部文化工作委员会秘书长。1941 年夏，马列学院改组为中央研究院，又任该院中国文化思想研究室主任，仍主要从事哲学教学和研究工作，同时负责组织领导边区的文化活动。

毛泽东得知艾思奇到延安后很高兴："噢，搞《大众哲学》的艾思奇来了！"在延安时期的前期，艾思奇参与了毛泽东的若干哲学活动。最重要的有 8 次：

一是 1938 年 9 月底，参加毛泽东倡议成立的新哲学会。那时，中央正在召开扩大的六届六中全会，根据毛泽东的提议，新哲学会由艾思奇、何思敬两人主持，负责研究、翻译马克思主义新哲学。学会成立时，举行学术报告会，有二三百人参加，规模空前，气氛热烈。毛泽东设宴祝贺新哲学会的诞生和学术讨论会的成功，号召广大干部努力学习和研究马克思主义新哲学。9 月 30 日出版的《解放周刊》第 53 期介绍了新哲学会缘起的情况。

二是 1939 年上半年毛泽东组织学哲学小组。经常参加活动的，除毛泽东外，就是艾思奇、何思敬，还有陈伯达、和培元、杨超等。哲学小组每周活动一次，持续活动了 3 个月。在毛泽东的带动下，中央各机关也纷纷成立哲学小组。艾思奇调中宣部工作后，也参加中宣部的哲学小组活动。当时的组长是张闻天，他为指导员，参加该组学习的有朱德、李维汉、徐特立等。每周学习前，艾思奇拟好提纲，发给大家研究讨论。后来还参加了张闻天组织的《资本论》学习小组，两周一次在张的窑洞里学习讨论半天。来此学习的，还有王首道、王学文、吴亮平、何锡麟、邓力群等十来人。这个学习组历时 1 年多，坚持将《资本论》第 1 卷的 25 章全部学完。小组成员轮流做各章的中心发言人。

三是 1939 年 5 月，艾思奇编辑出版了《哲学选辑》。当时延安的书籍甚缺，哲学书更难找到。新哲学会为了配合广大干部学习哲学理论的需要，由艾思奇负责编辑《哲学选辑》。该书荟萃了延安的中外新哲学著作的精华。他在"编前"中说：这是"把现在所有的各种教本抽出其中较为专长的部分，集成一本选辑"。《哲学选辑》有 37 万多字。毛泽东很重视这本书，认真地研读，写的批注共约 3200 字。该书不仅成为毛泽东重点研读的哲学书籍之一，而且后来中央领导层开始整风时也被指定为中央研究组和各地高级研究组必读的书籍之一。

四是 1939 年年底，艾思奇参加中央政治局会议，介绍关于陕甘宁边区文代会报告的准备情况。他在介绍中说，新文化的性质是资产阶级民主主义的文化，特殊地说是三民主义的文化，还有无产阶级彻底的民主主义和共产主义的文化。正是在这次会上，毛泽东听了艾思奇的发言后，讲了两个重要问题。一个是对新文化性质的认定。毛泽东说，我认为不提三民主义的文化为好，因为三民主义的本质就是民主主义，而民主主义有两派。一派是彻底的民主主义，一派是不彻底的民主主义。以提中华民族的新文化为好，即彻底的民主主义文化。新文化可以采用这样四个口号：民族化（包括旧形式）；民主化（包括统一战线）；科学化（包括各种科学）；大众化（鲁迅提出的口号，我们需要的）。边区的教育方针应该是民主主义的，应该宣传当前民主主义的任务，同时又宣传共产主义思想体系。因此，学校也不能只教共产主义思想体系，而忽视当前的实际任务。再一个是马克思主义中国化。他针对当时的一些说法指出，不能说马克思主义早已中国化了。马克思主义是普遍的东西，中国有特殊情况，不能一下子就完全中国化。毛泽东讲的这两个问题对于我们当前的宣传和教育工作仍有指导意义。

五是1940年1月，陕甘宁边区文化协会第一次代表大会召开。艾思奇代表文协做了经过中央政治局讨论的《抗战中的陕甘宁边区文化运动》的报告。也就是在这次会上，毛泽东做了《新民主主义的政治与新民主主义的文化》的长篇演讲，即后来修改发表的《新民主主义论》。

六是1940年6月，延安"新哲学学会"举行第一届年会。艾思奇做了会务报告。毛泽东到会讲话，强调哲学工作者要加强理论研究。他说，今天开这个会，我心里很高兴。回想前年新哲学会成立的那一天到现在，已两年了，工作有了成绩。今年开过这个年会后，一定会更好。接着，他讲了理论研究问题，指出，理论这件事是很重要的，中国革命有了许多年，但理论活动仍很落后，这是大缺憾。革命如不提高革命理论，革命胜利是不可能的。过去我们注意得太不够，今后应加紧理论研究。现在的条件比过去好了，有许多文化工作者与哲学家聚在这里。但必须承认，我们现在的理论水平还是很低，全国的理论水平还是很低，大家才能负起克服这种现象的责任。我们要求全国在这方面加以努力，首先要求延安的人多多努力。会后，毛泽东设宴招待了与会的哲学家。

七是 1941 年 7 月，根据毛泽东《改造我们的学习》报告精神，艾思奇工作的马列学院，改组为马列研究院，不久改名为中央研究院，成为用马列主义方法研究中国历史与现实问题的公开学术机关。毛泽东出席成立大会，做了题为《实事求是》的报告，要求学院一定要以马列主义基本原理为指导，以研究中国革命实际问题为中心，调查研究敌友我三方面的历史和现状。艾思奇响应毛泽东的号召，集中精力研究中国的现实问题，首先研究抗战中的哲学领域的斗争状况，撰写了《抗战以来几种重要哲学思想的评述》，叙述了辩证唯物主义的发展情况，批判了蒋介石的"力行哲学"、陈立夫的"唯生论"和阎锡山的"中的哲学"等。

八是 1942 年上半年，根据毛泽东的指示，艾思奇主编《马克思、恩格斯、列宁、斯大林思想方法论》一书。1941 年 9 月政治局扩大会议在中央领导层进行整风学习以后，从 1942 年始在全党开展整风学习运动。是年 2 月上旬，毛泽东连续做了《整顿党的作风》和《反对党八股》两个报告。会后，毛泽东召集有理论工作者参加的座谈会，提出要把马克思、恩格斯、列宁、斯大林著作中关于思想方法的论述摘录出来，系统地编成一本《思想方法论》，以便帮助广大干部掌握马克思主义的思想方法，整顿党的学风和文风。他对艾思奇等人说，这是一件很重要的工作，参加这样的工作也是为中国革命的胜利而战斗。艾思奇等经过一个多月紧张努力完成任务。毛泽东亲自审看后出版。《思想方法论》是一本学习马克思主义哲学、学习马克思主义思想方法的重要读本，被指定为整风运动必读文件，对推动整风的干部教育起了重要作用。

二　毛泽东研读艾思奇哲学 著述的若干情况

艾思奇到延安时，毛泽东尽管研读了不少马列的哲学书籍，并做了包括《实践论》和《矛盾论》在内的《辩证法唯物论》的演讲，但是，仍"如饥似渴"地攻读马列哲学著作。20 年前出版的《毛泽

东哲学批注集》主要收入了在延安时期研读 8 本哲学书籍写的批注
（新中国成立后的只有 2 篇），其中涉及艾思奇的有 3 篇，可见艾编
和著的哲学书在毛的心目中的位置。这里，简要介绍毛批注艾书的一
些情况。

（一）毛泽东读艾思奇著《思想方法论》的批注

《思想方法论》是艾思奇 1936 年 10 月在上海生活书店出版发行
的约 4 万字的小册子。这是生活书店出版的"青年自学丛书"的通
俗哲学系列著作中的一种。该书共六章，毛泽东在第一章"方法论
和思想方法论"、第三章"认识论和思想方法论"上做了简要批注，
共写了 40 个字。他读这本书所写的这么短的批注，是延安时期的读
书批注中最少的。但是，该书给予了毛泽东一个非常重要的概念，这
就是"思想方法论"。20 年前，我们在所查阅到的国内文献中了解
到，在马克思主义学者中使用"思想方法"概念最早的是瞿秋白。
他在 1923 年从苏联回国后即从事马克思主义哲学的传播。1924 年 6
月，他在上海夏令讲学会做《社会科学概论》的报告中指出，哲学
作为"科学之科学"是不存在了，但它却是"综合各科学的思想方
法论"。毛泽东是否读过瞿书，已无从查考。但他通过读艾著《思想
方法论》，了解到哲学就是思想方法论的学问，这对他影响深远。艾
思奇是国内较早使用"思想方法"概念的学者。《思想方法论》的写
作在《大众哲学》之后，也是试图将马克思主义新哲学原理通俗化
并"具体地应用到中国的现实问题"所做的一种努力。《大众哲学》
主要以日常生活举例来说明抽象的马克思主义哲学原理，《思想方法
论》则更多地从方法论角度来浅释马克思主义哲学的基本理论观点，
并对思想方法论做了比较全面的阐述。艾思奇说明创作意图时写道，
希望读者读了以后，能够明白正确的思想方法是什么，并且能够实际
地去运用。为此，他对该书的篇章布局是做了精心设计。该书有六
章，后三章着重介绍唯物辩证法的具体内容，前三章则分别从方法
论、本体论和认识论的角度来讲解思想方法论。艾思奇解释他的构思
说："我们从本体论、认识论、论理学等各方面讨论了思想方法论的

问题，结果我们承认唯物辩证法是最正确最高级的思想方法。"《思想方法论》对"思想方法"的界定和对思想方法论的界说，给毛泽东以极大的启迪。

（二）毛泽东读艾思奇著《哲学与生活》一书的摘录

毛批读的《哲学与生活》是 1937 年上海读书生活出版社出版的。这是"批注集"中唯一的一篇读书摘录。它注明摘录该书的时间为"（一九三七，九月）"，并且手书了"艾著哲学与生活摘录"，作为 19 页摘录的封面。毛摘录该书有 3000 字，说明他不仅认真地读了，而且其中还写了不同意该书个别观点的意见。他还给艾写了一封短信，讲了自己对该书的评价。他说："你的《哲学与生活》是你的著作中更深刻的书，我读了得益很多，抄录了一些，送请一看，是否有抄错的。其中有一个问题略有疑点（不是基本的不同），请你再考虑一下，详情当面告诉。今日何时有暇。"① 毛泽东讲的是什么"疑点"呢？艾书说"差别的东西不是矛盾"。毛不同意这个看法，在"摘录"中写了一段不短的文字。他说："根本道理是对的，但'差别不是矛盾'的说法不对。应说一切差别的东西在一定条件下都是矛盾。一个人坐椅摇笔濡墨以从事作文，是因为人与作文这两个一定的条件把矛盾的东西暂时的统一了，不能说这些差别不是矛盾。大司父（师傅）煮饭，把柴米油盐酱醋茶在一定的条件下统一起来。半工半读，可以把工读统一起来。差别是世上一切事物，在一定条件下都是矛盾，故差别就是矛盾；这就是所谓具体的矛盾。艾的说法是不妥的。""差别就是矛盾"，这乃《矛盾论》中阐述过的观点。他要见艾，就是想切磋这个问题。在艾到延安后，毛曾将"辩证法唯物论（讲授提纲）"的油印本签送给艾，望他提出修改意见。艾也提了意见，毛大多采纳了。摘录《哲学与生活》后，又想与艾研讨。这既反映了毛的谦虚，也说明毛对一些哲学问题仍在认真思考。

---

① 《毛泽东哲学批注集》，中央文献出版社 1988 年版，第 204 页。

（三）毛泽东读艾思奇编《哲学选辑》的批注

《哲学选辑》主要辑录了四本书的部分章节，还有两个附录。选辑的四本书：一是西洛可夫、爱森堡等著《辩证法唯物论教程》中译本第 3 版。这是毛泽东在 1936 年 11 月至 1937 年 4 月间就多次批读过的，批注文字达 12000 字，是他那时写得最多的一篇批注。二是米丁主编的《辩证唯物论与历史唯物论》上册，这是毛在 1937 年 7 月前批读过的，写有 2600 多字的批注。三是李达的《社会学大纲》。这是毛在 1938 年 1 月至 3 月批读过的。毛很赞赏这本书，认为是中国人自己写的第一本马列主义的哲学教科书。他用了一个多月的时间批读此书，并写有读书日记，记载每天读书的情况和页数，还有若干评论，这在他当时批读过的书中也是唯一的。他对该书至少批读了两遍，写了 3400 多批注文字。四是米丁等编、由艾思奇和郑易里译的《新哲学大纲》。《哲学选辑》的编选很有特点。它不是简单地将上述四本书的内容拼在一起，而是不露痕迹地使该书成为一个完整的体系。它共有五章，包括绪论"哲学的党性"、第一章"唯物论和唯心论"；第二章"辩证法唯物论"、第三章"唯物辩证法的诸法则"、第四章"认识的过程"。如果不注明各章选自哪本书，很难发现它是一本"选辑"。这说明艾思奇很用了一番心思。《哲学选辑》的两个附录，一是博古译的斯大林著《辩证唯物论与历史唯物论》。此书在 1938 年 12 月翻译出版后，博古曾送给毛一本，毛当时看了此书，既做了较多的批划，也写了批注文字。从毛的批划和批注看，他对斯大林的这本书似不那么欣赏。他写的批注文字不仅少，且多为疑问性的，还画有不少问号。《哲学选辑》将此书作为附录，毛对它没有再作批注。另一个附录是艾本人写的《研究提纲》。这个研究提纲系统地阐述了艾的哲学观点，可以说是他构想的将来准备写的教科书的详细、完整的提纲。它有 100 多页，占全书的五分之一左右，有 7 万来字。毛对这个《研究提纲》写了较多批注，发表了不少意见。毛读《哲学选辑》的全部批注有 3200 多字，而对《研究提纲》写的批注就达 2000 多字，占了全部批注的三分之二。可见，毛对艾的观点有不少想法。

三 对毛泽东哲学与艾思奇
哲学关系的若干认识

　　毛泽东从年龄说，对艾思奇是长者；但从以主要精力研究马克思主义哲学而言，艾思奇则早于毛泽东。当毛泽东在延安如饥似渴地攻读各种哲学书籍时，艾思奇已成为备受广大青年拥戴的著名哲学家。按照时髦语言，他的"粉丝"遍布全国，是进步青年的偶像。当时不少青年都是读了《大众哲学》才投奔延安的。艾到延安时，许多地方贴有欢迎青年哲学家艾思奇的标语。从毛泽东对《大众哲学》的评价和该书对"两论"的影响看，两人将马克思主义理论特别是哲学理论中国化的思想是相通的。因此，毛对艾敬重有加，让他参与了上述许多重要哲学活动。

　　从毛批读艾书的情况看，在延安时期，两人的哲学关系可以从这样三个层面来认识。

　　一曰获益。前述毛致艾信说得明白，读了《哲学与生活》"得益很多"。但在我看来，毛受益于艾，最重要的还是艾思奇《思想方法论》那本书。因为在那本书中，阐述了这样几个重要观点：一是世界观与方法论的一致性、思想方法论就是学习正确的思想方法、克服错误的思想方法的理论；二是形而上学的思想方法在历史上起过积极作用，但随着历史发展，必须用唯物辩证法去代替它；三是思想的方法论与行动的方法论是同构的，正确的思想方法一定能够转化为正确的行动的方法，并要用实践来检验；四是唯物辩证法是最正确最高级的思想方法，唯物辩证法的三大规律就是认识客观事物正确的思想方法论，这种方法论不要求"背诵经典"，而要求"把原则在具体事实中去活用"，"在客观事实中去发现活的真理"。[①] 这些观点与毛的"两论"阐发的思想完全一致。艾将辩证唯物主义理论当作思想方法论来认识所进行的理论命题的转换，以及所阐释问题的视角，对于实

---

　　① 《思想方法论》，生活书店 1937 年版，第 33—34 页。

现马克思主义哲学的"中国化"起了重要作用；同时，对毛泽东结合中国革命实际深入研究思想方法问题、大力倡导马克思主义思想方法论起了直接的推动作用。

"思想方法"这个概念比起哲学教科书的那些纯理论概念而言，一个很大好处，就是通俗易懂，便于普及。整风学习开展后，毛泽东开始在党内大讲"思想方法"问题，并成为他使用频率最高的词汇之一。1941 年 10 月 30 日，他在中共中央西北局高级干部会议上做关于"思想方法"问题的专题报告，进一步将马克思主义哲学理论的基本观点具体化为一个个重要的思想方法。为了加强整风学习的领导，党中央成立的领导小组就叫"思想方法"学习小组，毛亲任组长；并指示各地成立高级学习组，在研究理论方面，"以研究思想方法论为主"。在随后发布的关于干部教育的决定中，还提出思想理论方面"以马克思主义的思想方法论为学习材料"。由于艾思奇著有《思想方法论》，毛泽东指示让艾编辑《马克思、恩格斯、列宁、斯大林思想方法论》一书，作为整风学习的"干部必读"。通过整风学习，全党通过学习思想方法论，受到一次生动的马克思主义教育。这是艾思奇哲学不仅使毛泽东个人受益、而且使我们全党受益的一个重要贡献。

二曰超越。"后来居上"，就事物发展的总体而言，带有客观规律性；但就个体而言，则因人、因事而异。就毛泽东哲学与艾思奇哲学的关系言，从总的方面看，可以说是"后来居上"。毛泽东哲学在某些方面获益于艾思奇哲学，但从总体来看，超越了艾思奇哲学。这个超越突出地表现在这样两点上。

一是毛泽东的"两论"在马克思主义哲学中国化和现实化方面堪称典范。艾著《大众哲学》为我国第一本通俗哲学著作，曾被毛誉为"真正通俗的而又有价值的"[①] 书，但如艾本人所言，过去的哲学只做了一个通俗化运动。把高深的哲学用通俗的语句加以解释，这在打破哲学的神秘观念上，使哲学与人们的日常生活接近，有极大意

---

① 《毛泽东书信选集》，人民出版社 1983 年版，第 80 页。

义。然而，通俗化并不等于中国化和现实化。也因为没有完全中国化和现实化，所以也就意味着不够充分的通俗化。毛的"两论"由于对中国社会实际的哲学分析和对中国革命经验的哲学总结异常深刻，因而将马克思主义哲学的中国化和现实化提升到了一个新高度，既使马克思主义哲学的传播由通俗普及型上升为理论研究型，又使其传播由日常生活型上升为总结革命经验型。艾本人对此也很敬服，认为"两论"在丰富的中国革命实践经验基础上系统地阐明了辩证唯物主义哲学，毛主席的哲学是从革命斗争中概括出来的，有实际，有理论，深入浅出，是我们学习的榜样。[①]

二是毛泽东的思想方法论是个重大的理论创造。前已指出，艾思奇的思想方法论对毛泽东有巨大而深刻的影响，但是也要承认，艾的思想方法论主要从认识的形成过程，即感觉、表象、概念、判断、推理、分析与综合、归纳与演绎这些方面来提出和分析问题，因而带有更多的学理性。毛的思想方法论既源于艾又高于艾，以更广阔的视野把马列主义基本原理与中国革命实际相结合，更多的是从主观与客观、理论与实践的关系来论述思想方法论。特别是他将马克思主义经典作家经常讲的立场、观点、方法思想纳入了思想方法论，更加强调了马克思主义哲学的阶级性和实践性两个特点，也更加强调了对革命实践的指导作用。这就不仅建构起了具有中国作风、中国气派的"思想方法论"理论体系，而且更加展现了我们党的"思想方法论"的革命功能。

三曰修正。这从对艾的《研究提纲》的批注看十分明显，毛的一些观点比艾的认识更为准确、全面、深刻。前面说过，毛摘录艾著《哲学与生活》达3000字，并致函望面晤，讨教个别不同观点。但是，仅隔两年，尽管仍很敬重艾，却对《研究提纲》提出了较多意见，他的2000多字的批注，大多是修正、补充或批评艾的观点的。这种修正不涉及个人关系，而是对学术问题的切磋。毛泽东有丰富的

---

① 《一个哲学家的道路——回忆艾思奇同志》，云南人民出版社 1985 年版，第120 页。

革命实践经验，经过刻苦攻读和对革命实践经验的系统总结，理论水平有了空前提高，哲学修养进入新的境界，对许多问题有了更加深刻的认识，这是很自然的事。

事实上，经过延安时期，艾思奇的哲学思想受到毛泽东的哲学思想的很大影响，使他更加注重马克思主义哲学中国化和现实化研究，并在这条新开拓的哲学道路上做出了重要贡献，成为如毛泽东所誉为的"党的理论战线上的忠诚战士"。

艾思奇是我们这一代人无不敬重的哲学前辈，也是我们党自己培养的马克思主义哲学大师。笔者认为，他在中国马克思主义哲学史上，创造了四个第一：一是在我国将马克思主义哲学通俗化，开创通俗哲学普及宣传的第一人；二是撰写马克思主义思想方法论著作的第一人；三是主编中国辩证唯物主义和历史唯物主义教科书的第一人；四是长期在教学一线的课堂上讲授马克思主义哲学，在大师级中是第一人（仅在中央党校就 18 年）。其他不论，仅此"四个第一"，就功德无量，名垂千古。

我们研究艾思奇哲学思想与马克思主义中国化最新理论成果，就应当学习大师解放思想、实事求是、与时俱进，将毕生精力奉献给马克思主义中国化、特别是马克思主义哲学中国化的伟大事业，努力做一名热诚研究和宣传马克思主义中国化两大理论成果、特别是最新理论成果的忠诚战士。

（原载《理论视野》2008 年第 6 期）

怀念艾思奇同志

林默涵

抗日战争前夕，我在上海认识艾思奇同志。那时他已经是一个卓有声誉的青年哲学家。当时在《读书生活》上连载的他的《大众哲学》，获得了广大的读者。我也是其中之一。虽然艾思奇同志不过大我几岁，但却是我哲学方面的启蒙老师。正是《大众哲学》和艾思奇同志的其他哲学论文引起了我的兴趣，我才进一步阅读了马克思主义的哲学著作。

有人说《大众哲学》包含了不少缺点，后来艾思奇同志自己也是这样感觉的。但是，只有他第一个用那样通俗而饶有兴味的形式去宣传和讲解辩证唯物主义的思想，适应了时代的需要，吸引了广大青年接近马克思主义以至走上革命的道路，这个功绩却是谁也抹杀不了的。把马克思主义理论通俗化的工作，本来是很不容易做的，任何一个小学生，在长大成人后也不会笑他的启蒙老师的"缺点"，我对于艾思奇同志是始终怀着尊敬的。

那时艾思奇同志正和韩湜同志合编《读书生活》半月刊。我在上海流浪，迫于生计，便试写一点文章，想弄几文稿费买饭吃。我从日文书刊上找到一些科学材料，改写成科学小品，投到《读书生活》，居然被登了出来。由韩湜同志介绍，我曾到读书生活出版社编辑部去看望艾思奇同志，他给我的第一印象，是一个敦厚而不善辞令的人，宽阔的前额，炯炯的眼神，一看就觉得正是一个善于思考的哲学家。

1936年，在艾思奇同志领导下，在上海成立了一个哲学研究会，参加的是一些青年文化工作者，每周或两周举行一次座谈会，由艾思奇同志主讲西洋哲学史。座谈会是在旅馆开房间秘密举行的，每次要调换一个地方。

抗日战争爆发后，我参加了钱亦石同志率领的第八集团军战地服务队。日本侵略军在金山卫登陆，东南前线溃败。我们一直撤退到浙西的江山，而在国民党的控制下，连向群众做一点宣传抗战的工作，也很少可能。不久，我就离开战地服务队，跑到武汉去了，在那里遇见刚从延安出来的陈楚云同志，才知道艾思奇同志已经去了延安。

不久，我也到了延安。我看望的第一个人就是艾思奇同志。他住在延安城内的边区文化协会，那时延安城还没有遭到日本飞机的轰炸。后来我进马列学院学习，艾思奇同志是我们的哲学老师。他虽然没有像悬河奔泻那样的口才，但他讲的内容是很扎实的，是经过认真准备的，同学们是欢迎他的讲课的。

1940 年，党中央创办了一个综合性的理论刊物《中国文化》，由艾思奇同志主编。组织上把我调去做他的助手。毛泽东同志的具有伟大理论意义和现实指导意义的《新民主主义论》（原题《新民主主义的政治与新民主主义的文化》），就是作为《中国文化》的发刊词在第一期上发表的。艾思奇同志和我可以说是最早读到这篇著作的普通读者，但在当时，我并没有真正了解它的重要意义。

回想起来，《中国文化》上发表了不少有价值的文章。那时的编法，是每期按商定的计划，由我把稿子集拢来，交给艾思奇同志审阅编定。稿子要送到离延安几十里路外的安塞印刷厂去排印。每期付印时，我就借一匹老马，骑了到安塞去看清样，我总觉得自己很有点像那位有名的愁容骑士堂吉诃德，心里不禁暗暗好笑，不过这匹马虽然又老又瘦，但它还是气喘吁吁地尽力奔跑，不辞劳苦，这是我至今也不能忘记的。

艾思奇同志主张，在学术问题上应当允许不同意见的争论。当时，关于中国历史问题，尹达同志写了几篇不同意范文澜同志的观点的文章，艾思奇同志也不完全同意尹达同志的意见，但尹达同志的文章都在《中国文化》上发表了。这种编辑态度，今天也还可作为榜样。

1943 年，艾思奇同志到延安《解放日报》主持副刊编务。我又被调去做他的帮手，还有温济泽同志等也在一起。《解放日报》副刊有一个特色，就是紧密地同现实斗争相结合，也跟报纸的其他各版同一步调，密切配合，与过去的报纸副刊（所谓"报屁股"）完全不同。过去的许多报纸副刊是一种特殊情况下的产物，它们的报纸立场往往是反动的，或者是迎合反动统治者的，而副刊却可能由比较进步的人士编辑，但又不能明显地宣传进步思想，因此只好采取曲折、隐晦、旁敲侧击的办法透露一点东西，有如从密封的罐头中，刺一个小孔，通一点气，那是万不得已的做法，而《解放日报》是在我们自己的根据地出版的，它完全是一张革命的报纸，当然用不着采用那种方式了。

《解放日报》副刊，是一个综合性的副刊，凡是群众所关心的问题，也就是副刊所关心的问题。它发表议论性和知识性的文章，也发表文艺创作、报告文学等，还辅导群众写作。当时蒋介石反动派几十万大军包围陕甘宁边区，想把陕甘宁边区吞掉。我们副刊上发表了许多揭露国民党反动阴谋的报道和杂文，有如匕首投枪，起了刺穿敌人假面具的作用，其中不少杂文是艾思奇同志写的。在国民党反动派的包围下，边区经济极端困难，党中央发起生产自救运动，动员全边区干部、群众，开荒生产，纺线织布，边区军民不但没有被困死饿死，而且实现了丰衣足食，这是一个伟大的成就。副刊上发表了许多反映生产运动的报告文学和生动地介绍农作物优良品种的小品文章，引起了读者广泛的兴趣。1944 年春节，延安文艺界和机关干部，响应《在延安文艺座谈会上的讲话》的号召，在党的文艺为工农兵服务的方针指引下，开展了蓬蓬勃勃的新秧歌活动，受到广大群众的热烈欢迎，我们的副刊发表了许多介绍和评论优秀秧歌的文章，艾思奇同志还为报纸撰写了社论《从春节宣传看文艺的新方向》，对文艺同政治的密切结合、文艺面向群众和文艺工作者到群众中去，给以热情的赞扬和支持。

就在这时候，延安开展了审查干部的运动，由于受到那个作恶多端的康生的干扰，产生了逼供信的偏向，《解放日报》也不例外。但是，副刊部的运动却比较稳当，我们对被审查的同志的情况，从各方面做了调查，反复进行了研究，实在看不出他们有什么政治问题，所以没有太搞逼供信，这与艾思奇同志的实事求是的作风是有关系的。但是，这样一来，副刊部就没有打出一个"特务"来，而艾思奇、温济泽和我却被认为是一个"包庇特务的宗派"，斗争锋芒便转到我们身上了。首当其冲的当然是艾思奇同志，已经开过好几次批判会，弄得他瞠目结舌，晕头转向。接着就要轮到我了。有一天，组织上突然通知我：周副主席要我去谈话。我有点奇怪，因为我只是远远地见过周恩来同志，听过他的细密而有深刻分析的富有魅力的报告，却从来没有直接接触过，怎么他会找我谈话呢？

这是 1944 年冬天，恩来同志从重庆回到延安不久。我按照指定的时间，去到杨家岭他住的窑洞前，他看见了我，走到窑洞前把我引了进去。天气很冷，但窑洞里却很暖和。他让我坐下后，给我倒了一杯热开水，头一句话就问报社的运动搞得怎样了。我告诉他还在进行。他似乎很了解报社的情况，没有再问下去。他说：

"今天找你来，是想跟你商量一件事：重庆许多同志希望你到重庆去工作，你愿意去吗？"

这完全出乎我的意料。我心里想：审干运动还未结束，我这时出去合适吗？但我没有说出来，只回答：

"组织上要我去，我就去。"

"那好，你回去告诉你们的组织，赶快准备一下，把工作交代一下，什么时候走，会通知你。"

他送我到窑洞门外，握手告别时，他望着我的眼睛，我觉得他的眸子里有一种锐利的光芒，似乎可以照透每一个人的灵魂。

我怀着兴奋的心情，一路上想：在审干运动结束前，组织上让我到大后方去工作，这表明组织上对我是信任的，心里很高兴。但想到远在米脂工作的我的妻子，她作为教育工作者到延安出席了边区文教工作会议，刚刚回去，在我离开前不能再见她和在她身边的女儿一面，心里又有点怅然。

　　回到报社，我就把周副主席的谈话告诉了艾思奇同志，他也为我的调动高兴，因为这样可以避免一场即将到来的批斗。临走前夕，我去向他告别，一盏小油灯照着他的有些消瘦的脸，虽然强带笑容，却可以看出他的心情有点黯然。他拿出一包稿子，是他翻译的海涅的诗《德国——一个冬天的童话》，这是他利用工作的余暇，一点一点地翻译出来的。他要我带到重庆交给黄洛峰同志，请他帮助出版。

　　我们那次从延安到重庆，正是蒋介石处心积虑要消灭陕甘宁边区、大闹摩擦的时候。同行的有而复同志、韦明同志和汪琦同志。我们的车子经过国统区，每到一个地方吃饭或添油，国民党军警都横着上了白晃晃的刺刀的枪，把我们的车子团团围住，如临大敌。其实我们身上连一支手枪也没有，是根本造不了反的。我们在宝鸡的一家旅店住宿，发现旅店人员一下子都换成了便衣特务。我最担心的是怕遗失艾思奇同志的译稿，我把它放在挎包里，白天背在身上，晚上枕在头下，一直带到重庆，交给了黄洛峰同志，才如释重负。不久，这书就由读书生活出版社出版了。

　　艾思奇同志是哲学家，他对文学也有很高的修养。他读了很多中外文学名著，他的哲学论文往往带有文学气味；他还写过不少关于文艺问题的文章，有许多独到见解，不是人云亦云。我记得他的一篇论述鲁迅哲学思想的文章，指出鲁迅先生比较早就取得了辩证法和唯物论的观点，虽然在历史观方面有过于强调个人和精神作用的唯心论的倾向，但他的反庸众、反愚昧、非物欲的思想是有进步意义的。

　　自从我离开延安后，不久，日本投降，又开始了翻天覆地的解放战争，我们生活在两个不同的世界，关山阻隔，音信难通，而人事匆忙，也顾不上写信。偶然得到《解放日报》，还经常读到艾思奇同志用笔名写的文章，我在国统区报刊上发表了一些小文章，有的也在《解放日报》上转载了，可见艾思奇同志还在关心着我的工作。

　　1949 年 9 月间，我从香港回到北京。我到中央党校去看望艾思奇同志。五载别离，相见极欢。他留我吃了饭。我们在校园里走了一圈又一圈，谈得很多。我向他建议，把他在《解放日报》上发表的文章集成一本书出版，并自告奋勇，愿意由我来收集选编，因为我知道他所用的笔名，也熟悉他的文章风格，他欣然允诺。我翻阅了几年的《解放日报》，请人把每篇文章抄录下来，经他最后编定，这就是后来由海燕书店出版的《"有的放矢"及其他》。这个书名也表现了艾思奇同志的治学目的和态度。

艾思奇同志是不大流露情感的，但你对他绝不用提防什么。他不是"当面输心背面笑"那样的人。赵超构先生在《延安一月》中讲到他对艾思奇同志的印象，是"方方的脸，沉默多于开口……"。的确，艾思奇同志是不喜欢多说话，甚至拙于言辞，只知扎扎实实做学问的人。他一点也不像有些人物，一出了名就自以为无所不晓，到处夸夸其谈，唾沫满天飞，真是一举成名天下知，"他可以修史，可以衡文，可以临民，可以治河，更可以办学校，开煤矿……"（鲁迅）。而艾思奇同志却默默地一辈子在编讲义，教哲学。他的几百万字著作，虽然并不如经天之日月，但是却有如闪烁的彗星，在暗夜里能给寻路的旅人投送一点微光，因而受到了人们的感谢，我就是在这许多感谢它的照引的寻路人中的一个。

艾思奇同志离开我们已经 14 个年头了。我最后一次看见他时，他的心脏已经停止了跳动。在阜外医院的一间小屋子里，他躺在周围摆着一些白花的灵柩里，他的脸上依然带着一个哲学家的严肃神情，我和白羽一道，向他行了最后的告别礼。时候已近黄昏，可能我们是向他的遗体告别的最后两个人。我深深感到艾思奇同志死得太早，他是还可以做许多工作的，他的身体看来一向很好。艾思奇同志自始至终抱着严肃态度从事学术研究，这种严肃态度，使他得到丰硕的成果。但可能也正是这种严肃态度，使他过于认真，呕心沥血，因而过早地失去了生命。如果他是一个跟风转向、朝立暮改、二三其德、把一切只当玩笑的人，也许可以活得较长久的吧。不过，我相信，艾思奇同志是不会羡慕那样的生活的。

丹一同志告诉我，忆念艾思奇同志的文集将要出版，问我愿不愿意写点什么。我说，我是应该写的。但是，事务繁冗，思想芜杂，总不能静下心来把零乱的印象理出个头绪来，因此，迟迟不能动笔。现在，交稿的日期不能再拖延了，只好匆匆记下这些杂乱的回忆，算是了却这一桩心愿，以纪念这位严肃的诚实的思想战士。文章虽然不好，但我对这位诚实的思想战士的怀念之心却是诚实的。

（本文选自《一个哲学家的道路——回忆艾思奇同志》，

云南人民出版社 1985 年版）

我所知道的艾思奇同志

王 匡

我知道艾思奇同志，是在"一二·九"学生运动时的《读书生活》上。那时我正追逐着他的成名之作——《大众哲学》。《大众哲学》是《读书生活》中的一个专栏，它在我们这一群初学社会科学的青年学生的心目中，具有非常高的威信；它讲的是人们日常生活中的事理，但通俗易懂，寓意深刻。记得其中讲到一个青年人，他可以是个"青年"，同时又可以是个"店员"，借以批驳那些认为青年就是青年，店员就是店员的形而上学观点，讲得清楚、明白，很有道理。

我对哲学感兴趣，可以说，就是从这里开始的。我读完《大众哲学》，进而又读完他和郑易里合译的《新哲学大纲》，然后再进而涉猎世界的和中国的哲学史、思想史。虽然几十年来在哲学方面我还是一个小学生，但思奇同志对我的启发、引导，和在我那荒芜杂乱的思想园地上所播下的种子，使我永不能忘。

1939 年年底，我从延安马列学院被调到中央文委。文委的负责人是张闻天同志，艾思奇同志是秘书长，我是秘书，咱俩"一个领导，一个群众"，在蓝家坪的半山上住了两年。为什么要调我去同他在一起呢？这是我后来才知道的：就在我学习《大众哲学》的时候，因为有一两个问题，我并不同意他的意见，因而写信同他"商榷"。当时用的是我的原名，未料到在抽查我的历史档案中，给他发现了，他决定把我调到他身边。"记得你曾给我写过信吧？"谈起这件往事时，他笑眯眯地望着我。"你提的意见是对的。你大概已经注意到，后来出书，我已根据你的意见做了订正。"他那虚怀若谷的态度，使我非常感动！我想，怎么一个整天浸沉于思考与写作的哲学家，对一个无名小卒的一两点零星意见会这么重视呢？

艾思奇同志给我最深的印象，是他的勤奋。他自从调到延安之后，就要在抗大、陕公等校做讲演，在高级院校中教书，为此，他得亲自编写教材，做好备课工作。1940 年《中国文化》创刊，他是主编，这刊物由他撰写长篇大论《哲学提纲》。除此之外，他主持了当时的延安哲学研究会的报告会，和经常给大后方的进步刊物写批判托派的文章。他不得不夜以继日地工作，他的那张破旧的白布门帘，通宵闪映着摇曳的烛光。记得有一次，天刚亮，他拿了一大叠稿子（大约有一万几千字）对我说："昨晚到现在，我写了这一大堆，现在连我自己也看不清写了些什么了，请你帮我看一遍。"我知道他一夜未睡，答应为他当个校对。真的，在校阅过程中，我发现了好些地方由于精力不支而造成的笔误。例如，他把"工人"写成为"工人阶级"。说这个工厂"有三千个工人阶级在做工"。……我看到这里，不觉哈哈大笑。等我把这些告诉他，他也不由得哈哈大笑！

思奇同志为人朴素、踏实，从不居功自傲。他夜以继日地工作，有时连饭也忘了吃（他是吃"中灶"的。打开他的饭盒子，常常会发现有两三个又冷又硬的馒头），但是他总是感到自己做得很少，好像对不起人似的。看他桌面上堆着的文稿，就算干它一辈子，恐怕也干不完的，可是他还是一件接一件地去做，除非他病倒了。

有一次，他同我谈到那本风行一时的《大众哲学》。他说："这本书之所以深受欢迎，不是由于我有什么特殊创造，我只不过把马克思主义哲学的基本原理，用比较通俗的形式表达出来罢了。""这本书在抗战前夕得以畅销，有其客观的原因：一个是当时党的统一战线的政治路线的正确；二是红军二万五千里长征和北上抗日行动的胜利；三是广大知识青年在抗日救亡运动中理论和实践上的需要。就是由于以上的几个原因，更激发起人们对新哲学（马克思主义哲学）、对'左'倾的东西的兴趣。不然的话，新哲学到我国来近二十年了，为什么唯有此时才受人注意？因此，这本小书之所以受到读者欢迎，应当归功于党的政治路线，归功于伟大的长征战士，因为没有这些光辉的胜利，就不可能有抗日救亡的革命形势，没有抗日救亡的革命形势，就找不到这样多迫切需要革命理论的青年读者。"

思奇同志懂德文和日文，但他仍感到懂得太少，他很想学会俄文。他常常感喟于许多文章的引文，有些译文错漏，有些语意不明，尤其糟的是，一时"你引我，我引你"的，形成一种很坏的风气。"我们不可以提倡学一两种外国语么？"要使搞马列主义理论的人，都能看懂马恩列斯的原著。那时我也正在学俄语，他对我的学习，一直采取宽容、鼓励的态度，从没有在我学习的时间内，给我派出过公差。

思奇同志待人非常宽厚。所有同他有过交往的人，对他的为人都是没有二话的。他从不发脾气，即使是遇到不了解他的人向他要态度的时候，也是这样。有件事给我的印象颇深：有位搞哲学的同志，拿了他自己在延安哲学研究会上的"学术报告"，硬要思奇同志在《中国文化》上予以发表。那个所谓学术报告，说实在的，根本就不是什么理论文章。它要表达的是关于斯大林在《联共党史》中讲过的一句话——"事物是螺旋形发展的"——他为了讲清楚这一句话，曾在黑板上画了一个大田螺，他的这种"自己不知道还以为别人也不知道"的幼稚行为，早已引得哄堂大笑了。现在还硬要拿来发表，这自然是办不到的。可是这位同志不但缺乏自知之明，而且疾言厉色，想向艾思奇同志施加压力。思奇同志很耐心地劝慰他，并请他考虑是否另写一些别的文章。……事过几天，我们都为这咆哮如雷与心平气和的两种态度而感到诧异。可是，思奇同志也自有他的看法。他说："本来嘛，文章不被采用，用不着生气，多写几篇就是了。多写几篇，人家就有选择的余地。一篇文章被否定了就开口骂人，并不说明你的本领高强，相反，说明你没本事，因为你的本事就仅只此一篇了。""发脾气是一种主观主义的表现。因为它不了解事物的必然性。这位同志还没意识到自己的文章不好，却反过来怪别人瞧不起他。在我们看来，像他这样的文章，一无实践经验，二无新的观点，只抓住斯大林的一句很平常的话，牵强附会，随意引申，能够写出什么来呢？这是教条主义者的通病，我们既然了解这种必然，就用不着同他生气。"从此，我理解到他对发脾气的看法，这也可以算得是一点意外收获。

思奇同志喜爱文艺，对党的文艺工作起过好的作用。他是个哲学家，又是一个文学批评家。他常用"崇基"的笔名写些短小的文艺评论。文艺批评可以说是他的新哲学在文艺方面的应用，虽然这只不过是一种尝试。在这个思想领域里，他的笔尖有时显得十分锋利。他推崇鲁迅先生，1940 年，上海的鲁迅纪念委员会老远地给他寄来一套《鲁迅全集》。他非常高兴，不管怎样忙，他也要挤出时间来阅读。他还把《鲁迅全集》转借给我，嘱我务必要把它读完（创作部分）。他的全部精力虽然都放在哲学上，但他十分注重当时文艺界的情况。他私下曾同我谈到过延安的许多新老作家的作品，如艾青、贺敬之、郭小川、鲁藜等人的作品，他都向我推举过。我还清楚记得，他对《白毛女》歌剧的评价，他认为这是"划时代的杰作"。1946年，我从中原前线回到延安，他叫我暂时住到清凉山（解放日报社驻地），同他住在一起。那时他同我谈得最多的，恐怕要数文艺方面的问题了。这时他花了相当多的时间去看文艺作品。

思奇同志十分喜爱诗歌和音乐，这大概是很少人知道的。闲下来的时候，他喜欢朗诵海涅的诗，歌德的诗，拜伦的诗……至于对音乐的爱好，他简直要使人大吃一惊！除了我国民间音乐如郿鄠、道情以及他的乡音云南民歌之外，他还非常喜欢外国的古典音乐。我永远不会忘记的是，在一个狂风暴雨的夜晚，在雷鸣闪电之中，他独个人放声高歌舒伯特的歌剧《魔王》！

思奇同志的趣味是多方面的，他的才能也是多方面的。为了研读哲学书籍，他不得不浏览许多自然科学、医学著作；为了钻研诸子百家的作品，他经常翻阅《说文解字》和《康熙字典》。他的哲学著作如《大众哲学》《思想方法论》等，每一次版本，他都认真做了修改。所谓精益求精，也真足以说明思奇同志的治学精神。

从外表上看，他似是一个一动不如一静的书生，其实他是一个内心生活十分丰富多彩的人。他多么期望能到我国名山大川、各处胜地去旅行啊！但是他所到过的地方却是很少很少，我每次到北京去看他，他都以教务羁身，不能前往为憾，他竟连广东也没有去过。我当然知道他是个遵守纪律的模范，他不会丢下工作不管，独自去游山玩水的。因此，我总是说："不要紧的，就等以后的机会吧！"但是，1966 年春，噩耗忽然传来，思奇同志不幸遽然长逝了！他永远也不会有南来的机会了！

（本文选自《一个哲学家的道路——回忆艾思奇同志》，
云南人民出版社 1985 年版）

走哲学和科学的结合之路

高士其

从青年时代起，艾思奇同志就是我的挚友，我们曾经一起度过了许多令人难忘的岁月，也在一起探讨和研究了许多科学与哲学上的问题。

我以为一个有成就的哲学家应当具有丰富的自然科学知识，并随时观察、注视自然科学的新动向和发展趋势，不断地研究自然科学中所提出的一系列哲学问题。思奇同志无疑是这样一位卓有建树的哲学家。也正因为这样，思奇同志才能成为一位有建树的哲学家。

回顾思奇同志的一生，我们就会看到，他在研究和宣传马克思主义哲学的实践中，留下了大量的涉足自然科学领域的踪迹。

思奇同志早年留学日本，学的是采矿冶炼专业，回国以后在上海泉漳中学任理化教师，只是由于当时日益严重的民族危机，才使他毅然选择了研究、宣传马克思主义理论的道路。尽管这样，他从来也没有间断过对自然科学的学习和研究。他始终关注着自然科学与哲学的内在联系，致力于促进自然科学与哲学的这一联盟。30 年代他在上海发表了《进化论与真凭实据》，《现代自然科学的危机》《神话化的自然科学》《怎样学习自然科学》等一系列文章，在杂志上回答了读者所提出的自然科学问题。新中国成立以后，他在马列学院、中央党校任哲学专业教授，讲过《社会发展史》。还讲过《自然辩证法》《反杜林论》等经典著作。他写了《以辩证唯物主义武装自然科学》等文章，并主持编写了国内第一本系统的《自然辩证法提纲》。甚至在思奇同志去世前不久，他还积极参加了关于坂田昌一的《新基本粒子观的对话》的讨论，鲜明地阐述了物质无限可分的原理，并在《红旗》杂志上发表了《唯物辩证法是探索自然界的理论武器》一文。思奇同志为什么要高度重视研究自然科学呢？其根本原因就是因为哲学与自然科学的关系本来就是相互依存和相互促进的。

在这里我特别要提到艾思奇同志为我国早期的科普文学创作和繁荣所做的重要贡献。1934 年，鉴于当时我国广大人民群众的科学文化知识水平的落后状况，思奇同志就撰文主张"自然科学的大众化"。他幽默地说道："板起面孔来谈自然科学，一定会使中国的大众退避三舍，就等于让摩登女郎走到最偏僻的乡下，一般人总是看不惯"，因此"愿作一篇科学小品"。随后，他身体力行，接连不断地创作了十多篇思想性和战斗性极强的科学小品文，发表在《太白》杂志和《读书生活》杂志上，并且翻译了中篇科幻小说《火星》，在《通俗文化》杂志上连载。

在 30 年代那些风雨如晦的岁月里，我们根据中国当时的艰难时局和社会、群众的需要，探讨了科学与哲学的大量问题。他的哲学思想启发了我的科普创作，我以科学知识丰富了他的哲学思想。我的第一本科学小品集《我们的抗敌英雄》，就是在他的倡议下编成的。我的一篇科学小品《肚子痛的哲学》，也正是按照他所阐述的辩证法原理写成的。

在这期间，我有 20 多篇科学小品文在《读书生活》杂志上发表，这和艾思奇同志的热心支持是分不开的。1937 年，我们还在一起参加了上海著作人协会，并且同往万国殡仪馆瞻仰了鲁迅先生的遗容。然后他又陪我去通俗文化出版社，安排出版我的科学小品集《细菌的大菜馆》。

抗战爆发后，我们先后来到延安。他从社会科学出发，我从自然科学出发，我们共同找到了革命的真理。从那以后，我们仍然经常见面和互相探望。

在长期的相处中，我十分了解和敬佩思奇同志的为人。他的正直与质朴的品质，他的勤奋与坚韧不拔的毅力，以及他为共产主义崇高理想忠诚而踏实的奋斗精神，都给我留下了深刻的印象。他的一生著作甚多。在这些著作中，思奇同志十分注重科学性和思想性的结合，因为他认识到任何轻浮和荒诞的东西都会给读书带来极大的危害。他的这种严肃认真的治学精神和创作态度是值得我们认真学习的。从我和思奇同志初交到现在，已经是 50 年过去了。50 年，这对于一个人来说是漫长的生活岁月，而对于历史来说则是弹指一瞬间。然而在这50 年中，整个世界的科学与哲学却在不断地向前发展，相互的渗透和交叉也比以往任何一个时候都更为紧密。今天，时代与形势迫切要求：哲学家走进科学的领域，从科学的发展中去充实哲学的内容，开阔哲学的眼界；科学家走进哲学的领域，以哲学的思想来指导科学的研究，充分运用哲学的立场、观点和方法。这两种力量的结合，势必会产生、同时也已经产生了一种不断改变人类生活状况的全新力量。回顾 50 年前，思奇同志早就以自身在科学与哲学领域的探讨与实践，体现了历史的这一必然进程。

现在当我们重读思奇同志的一些科普文章，可能会感到过于浅显，有些思想与内容也已经落后于时代的发展。但是从这里，我们恰恰可以看到一个严肃的哲学家所走过的思想历程，看到了一个有见地的哲学家在科学与哲学结合的园地里所进行的拓荒形象。思奇同志在哲学结合科学、理论联系实际方面，为我们树立了一个很好的榜样。这一榜样的力量，对于我们，尤其是对于今天的青年一代哲学工作者和科学工作者，无疑是有着深刻的启示意义和指导意义的。

（本文选自《马克思主义哲学家艾思奇——纪念
艾思奇同志逝世二十周年》，中共中央党校出版社 1987 年版）

艾思奇与《大众哲学》

于光远

艾思奇的《大众哲学》在它问世后的 65 年的今天重印出书了（中国社会出版社 2000 年 10 月版）。我认为这是一件令人高兴的事。

这是一本通俗宣传马克思主义哲学的优秀著作，虽然只有薄薄的一本，但是它在历史上却产生过很大的影响。几年前，有一位老同志对我说，他接受革命思想、进一步学习革命理论，就是从读了《大众哲学》以后开始的。我想不少老同志都会这么说。因为这本书就是写给当时仅仅在政治上倾向革命、但是对马克思主义理论还没有接触过的年轻人看的。它用生动的笔调，浅显的例子，把马克思主义哲学的一个一个基本的命题作了解释。它没有用艰深的语言，把读者吓跑，而是使他们感受到马克思主义是大众学得懂的、在思想上能给自己许多启发的。

我认为今天重印艾思奇这本书的意义之一便是告诉大家：对于像这样的通俗著作绝不应轻视、漠视。

大约 10 年前，我写了一篇题为《通俗》的"超短文"，收在拙作《碎思录》中，只有 73 个字："通俗者，沟通世俗世界，用现代语言来说，即沟通群众之谓也。离开群众将一事无成。与群众沟通，要写群众能够看得懂的文章，讲群众能够听得懂的道理。对这一点我倒是一直看重的。"正如列宁所说的："最高限度的马克思主义 = 最高限度的通俗化。"[①] 中国的《淮南子·诠言训》中"非易不可以治

[①] 《列宁全集》第 36 卷，人民出版社 1959 年版，第 467 页。

大，非简不可以合众，大乐必易，大礼必简"。在那篇短文中我借古人之口，加强了自己的论点。

《大众哲学》开写宣传马克思主义的通俗著作风气之先。《大众哲学》成书之前，在刊物上以《哲学讲话》为题连载。在《大众哲学》取得很大成功之后，就有各色各种的"讲话"出版。我也曾"东施效颦"，新中国成立后与胡绳、王惠德合作在《学习》杂志上连载《社会科学基本知识讲座》。这本书中我们没有包括哲学，因为这个领域有艾思奇的《大众哲学》了。

通俗读物不限于写科学普及著作，通俗文学作品也属于这个范围之内。《大众哲学》是科学普及性质的通俗读物。很多人谈科普读物，就以为它是普及自然科学和技术的书籍，这当然是不准确的看法。科普读物还应该包括普及哲学知识社会科学知识的读物。普及自然科学知识十分重要，不普及真的自然科学知识，伪科学就会畅行无阻地传播、毒害人们的身心。普及自然技术知识，也很重要。要实现现代化，群众缺乏现代技术知识这怎么行？同时我们要看到普及哲学社会科学知识，包括我说的"社会技术"的知识，也有迫切的需要。尤其是普及马克思主义的知识，由于马克思主义的声誉，多年来被那些自称为马克思主义者的人搞坏了，社会上很多人对它十分冷淡。其实马克思主义的哲学社会科学是可以使大家发生兴趣的，问题是一方面我们不要再把它当作套话来讲，同时迫切需要有写得很好、宣传得很好的科普著作，使人们对马克思主义产生好感。我想利用重印《大众哲学》的机会，为马克思主义的哲学社会科学的普及读物受到高度重视和畅销呼吁。

2000年3月，是艾思奇诞生90年的日子。在这个时候重印《大众哲学》是对他诞生90年的最好纪念。1995年我写过一篇《忆艾思奇》的文章，其中写了"闻名""见面""相识""同事""朋友""不平"这么几节。最近我专门查了他到延安后在1937年、1938年的材料，觉得可以对他那两年的事迹做一些补充，也作为对他诞辰90年的一种纪念。

由于艾思奇成名时很年轻，在《大众哲学》风靡全国时，他才二十五六岁。其实他只比我长五岁，可是由于他的成就，由于他老成持重的外貌使我一直过高地估计他的年龄。他去世时才 56 岁。

《大众哲学》是他的成名之作。在这本书出版后不久他又写了一本《生活与哲学》。这是一本以答读者的形式写的书，在 1937 年 4 月由上海读书生活出版社出版。但是到它开始发行时，"抗战"爆发了。广大知识青年投身到抗战的实践中去，反而没有时间读书了，加上北平、上海相继沦陷，这本书的影响就无法与《大众哲学》相比了。

也就在这时候党中央非常重视根据地的文化思想建设，要求原先在上海工作的我们党的文化思想上有成就的骨干到延安工作，艾思奇等十几个人就在 1937 年 11 月到达延安。从这时候艾思奇开始了一生中另一个重要的时期。

这个时期艾思奇的经历我想从两个方面来讲。

第一个方面还是在哲学工作方面。毛泽东是很重视《大众哲学》的。艾思奇在 1937 年出版的那本《生活与哲学》也受到毛泽东特别重视。毛泽东亲自对这本书做了长篇摘录，而且写了这样一封信给艾思奇：

思奇同志：你的《哲学与生活》是你的著作中更深刻的书。我读了得益很多，抄录了一些，送请一看，是否有抄错的。其中有一个问题略有疑点（不是基本的不同），请你再考虑一下，详情当面告诉。今日何时有暇，我来看你。

毛泽东

信末没有写时间，但可以肯定是在 1937 年 11 月或 12 月，在这之后不久的 1938 年 1 月 12 日，毛泽东又写这样的信给艾思奇：

思奇同志：我没有《鲁迅全集》，有几本零的，《朝花夕拾》也在内，遍寻都不见。军事问题我在开始研究，但写文章暂时还不可能。哲学书多研究一会再写还更好些，似不急在眼前几天。梁漱溟到此，他的《乡村运动理论》有许多怪议论，可去找他谈谈。有空可来谈，但请在星期一、星期五两天以外之晚上。

毛泽东

一月十二日夜

写这封信前，毛泽东与艾思奇都有些什么交谈，我没有看到什么材料。但从这信的本身，还是可以看出似乎艾思奇特别关心毛泽东当时很想做的事情。在此信发出的四个月后毛泽东就写了《抗日游击战争的战略问题》和《论持久战》这两篇文章。尤其是《论持久战》，这是篇力作，它在分析中国战争的特点和规律性中生动地阐发了辩证唯物主义哲学的原理。看来毛泽东对与艾思奇交换意见是很有兴趣的。

还有一个方面是艾思奇到延安后在文化领域中的工作。

我手边正好有 1937 年 9 月起到 1938 年年底的延安《新中华报》，其中有不少有关艾思奇的报道。

1937 年 10 月 4 日还在艾思奇等到达延安之前，该报有一条消息说艾思奇、周扬、李初黎等五人已离沪北来陕北公学担任教授，同时报道已聘定吴亮平、李富春等八教授和约定毛泽东、洛甫常到陕北公学讲话。

……

材料难得，我就作了这样一个索引，供研究艾思奇的同志参考。

（本文选自《常青的〈大众哲学〉》，红旗出版社 2002 年版）

怀念艾思奇同志

李凡夫

艾思奇同志逝世已有 14 周年了。我怀念艾思奇同志，这不仅因为我过去在上海做地下工作时，曾与艾思奇同志有过直接的工作联系，我们之间建立了战斗的友谊；更主要的是因为艾思奇同志生前做了许多有益于人民的工作，特别对宣传马克思主义哲学做出了贡献。尽管陈伯达等污蔑"艾教员是九品官"，"是阎王殿里的人"。艾思奇同志受尽了种种压抑，甚至在他逝世后，在"文化大革命"中，连广大工农大众读者要求再版他的遗著，也遭到了阻挠。这一方面说明了艾思奇同志的著作确是深入工农大众，为他们所欢迎；另一方面也正说明了艾思奇同志所以受到这种种的压抑，绝不是一个人的问题，而是整个马列主义理论战线所受到压抑的一个反映。这也正暴露了那些阴谋家野心家愚民哲学的拙劣表演。

在党中央粉碎了"四人帮"及其极"左"路线以后，艾思奇同志的遗著也得到了再版，并在书店里与广大读者见面了。这是多么令人鼓舞的事！

艾思奇同志在理论工作上的贡献比较突出的，我认为有两个方面：一是对待马克思主义哲学的态度问题，特别是对哲学与实践的关系问题，基本上解决得比较好；二是哲学怎样做到为大多数人服务的问题，也解决得比较好。哪怕在某些问题上还存在着缺点和错误，那是认识的局限性问题。

艾思奇同志是怎样对待马克思主义哲学的呢？哲学并不神秘，更不是少数专门家的私有品。哲学是人类社会的共同财富。马克思主义哲学则是无产阶级战胜资产阶级的锐利武器。它是从社会实践中概括起来的一门科学。因此，学习马克思主义的哲学、运用马克思主义哲学的原理去解决实际问题，都不能离开社会实践。艾思奇同志就是这样对待马克思主义哲学的。他从 30 年代开始学习马克思主义哲学，1933 年参加了上海的左翼文化组织——"社联"（社会科学家联盟），1935 年入党，成为光荣的无产阶级的先锋战士。他初步在社会实践中学习和运用马克思主义的哲学原理去说明社会现象，并注意到在斗争中把学习马克思主义哲学与批判各种反动哲学思想结合起来。当时我在工作中与他经常有联系，在那个过程中，深感他那勤奋刻苦的学习精神和勤勤恳恳的踏实的工作作风，特别是他善于把马克思主义的哲学原理与社会实践联系起来，很值得我们学习。从 30 年代他就开始批判各种主观唯心主义，如初步批判了胡适的实验主义和张君劢等鼓吹的主观唯心主义和形而上学的观点，同时还批判了叶青等人夸大外力，抹杀民族自主的内在力量的谬论。同时，他面向工农大众，写了不少比较好的文章。他勇于创新，在引导工农大众学习马克思主义的哲学方面迈出了新的一步。如在 30 年代，正当许多人怀疑哲学能不能做到通俗化的时候，艾思奇同志排除了这些疑难，大胆地写出了通俗化的哲学著作——《大众哲学》（原名《哲学讲话》），在宣传马克思主义哲学的启蒙运动中起了积极的作用，得到广大工农大众读者的欢迎。仅就该书的发行量来看，从 1935 年第 1 版起到 1938 年，仅仅两年多的时间，就印行了 10 版。当然，这是艾思奇同志早期的著作，免不了还存在着缺点，但主流是应该肯定的。

在抗日战争爆发以后，艾思奇同志到了延安，特别在他参加了延安的整风运动，直接受到马列主义、毛泽东思想的教育，更进一步认识到改造客观世界与改造主观世界是分不开的。他说："这个运动教育了广大的共产党员和革命干部，我自己在这个运动中也受到了很多的教育，在这些教育的帮助下，才开始认识了和改正了自己许多知识分子的缺点。"（《"有的放矢"及其它》前言）整风运动确是伟大的马克思主义教育运动，它把马克思主义的普遍真理与中国革命的具体实践结合起来，用辩证唯物主义的方法，改造我们的世界观，提高我

们的认识水平，具体地反对了主观唯心主义，既反对僵死的教条主
义，也反对狭隘的经验主义。在那个运动中，艾思奇同志针对当时有
许多人误解"实事求是"的问题，写了《不要误解"实事求是"》
一文，阐明了"必须从事实中求出它的所'是'。不是单纯做调查工
作，而必须把调查所得的材料加以分析研究。""在指摘某一现象时，
必须明了它在现象全体中所居的地位，而不是离开全体来孤立看
待。""同时，在揭发事实，理解事实的时候，要有伴随着一套解决
事实问题的方法，才叫做真正的'实事求是'。"对这种实事求是的
精神，艾思奇同志说："我们可以从毛泽东同志那里学习到许多东
西。我们只要举出他在 1929 年红军第四军第九次党代表会议所作的
决议来看……就可以看出，他怎样善于在分析每一件事实的时候，就
同时考察出正确地对症下药的办法。"这篇文章的发表，对当时在延
安参加整风学习的一些同志起了积极的辅导作用。

　　经过整风学习，艾思奇同志更深入学习了马列主义、毛泽东思
想，进一步掌握了辩证唯物主义和历史唯物主义的理论武器。比如在
蒋介石掀起的反共高潮中，正当蒋介石反共集团为了配合对抗日根据
地的疯狂进攻，抛出了《中国之命运》一书，企图以此欺骗人民的
时候，艾思奇同志又写了《〈中国之命运〉——极端唯心论的愚民哲
学》一文，予以驳斥，指出这本书是"中国式的买办封建性的法西
斯主义的政治学，和反对科学唯物主义，提倡迷信盲从的法西斯主义
的唯心论哲学"。艾思奇同志同时积极地宣传了毛泽东思想。他说，
"铁的事实已经证明，只有毛泽东同志根据中国的实际情况发展了和
具体化了的辩证唯物论与历史唯物论，才是能够把中国之命运引到光
明前途去的科学的哲学，才是人民的革命哲学。"艾思奇同志在该文
中剖析了"大地主大资产阶级所以要宣传唯心论的哲学，就因为他
们需要把一切道理颠倒，……在物质上垄断了政权，在思想上也就垄
断了真理，……明明是腐败政治摧毁了民众的抗日积极性，却说
'国民'对国家民族的道德不高尚。嘴上是'公'，实际上是借此为
'私'。这些颠倒是非混淆黑白的道理，我们领教得多了，中国人民
受蒙蔽也不会太久了"。"总而言之，《中国之命运》的哲学是愚民哲

学，在'真知'的名义下要求人民无知，在'力行'的名义下要求人民盲从，我们应该反对这种欺骗人民的极端有害的哲学。"这样，就揭破了蒋介石集团反共反人民的封建买办性的法西斯主义的真面目。

在全国解放以后，在党中央和毛泽东同志的号召下，又开展了反唯心论的斗争，艾思奇同志又积极地投入到这场斗争中。比如他写了《胡适实用主义批判》和《批判梁漱溟的哲学思想》等论文，更进一步比较系统地批判了主观唯心主义和形而上学的谬论，比较深入地揭露了胡适的实用主义哲学反动的反科学的本质；指出了梁漱溟的封建复古主义的反动的唯心主义的大杂烩。他阐明了在反对资产阶级的唯心主义的斗争中，同时也必须彻底消灭封建复古主义思想的残余。艾思奇同志这些论断，不但具有历史意义，在今天，对于彻底肃清林彪、"四人帮"的流毒，也是有现实意义的。林彪、"四人帮"不正是利用了唯心论的实用主义哲学和愚民哲学来颠倒是非混淆黑白，制造宗教式的现代迷信吗？他们一伙跟代表大地主大资产阶级利益实行法西斯统治的蒋介石又有什么不同呢？

如何对待马克思主义的哲学（包括学习和运用马克思主义的哲学原理去解决实际问题），不仅是个态度问题，也是立场、观点和方法问题。没有正确的世界观、正确的认识和适当的方法表达出来，不可能达到应有的目的。这就要有一条正确的思想路线，也就是要有一条马克思主义的思想路线。这一条思想路线，必须是马列主义普遍真理与中国具体实践结合起来的马列主义、毛泽东思想的路线，也就是实事求是的思想路线。

在理论战线上宣传马列主义、毛泽东思想，没有全心全意为人民服务的精神，没有适当的方法，也就达不到为大多数人服务的目的。艾思奇同志之所以能够对宣传马克思主义的哲学做出贡献，除了他能够用正确的态度对待马克思主义哲学之外，还由于他大胆创新，找到了为大多数人（工农劳苦大众）最容易接受的形式，即写作的大众化和通俗化的形式。他善于把世界观、认识论与方法论的一致性表达出来，遵循着马克思主义的思想路线，向科学化进军。他热情地支持工农大众学哲学、用哲学，使哲学从哲学家的课堂里解放出来，成为大众的哲学，这对解放思想，开动脑筋，促进脑力劳动和体力劳动相结合，促进社会生产力的发展，培育共产主义新人，都具有深远的意义。在为实现我国社会主义现代化的新长征中也具有不可忽视的现实意义。

毛泽东同志曾指出："中国文化应有自己的形式，这就是民族形式。民族的形式，新民主主义的内容——这就是我们今天的新文化。""这种新民主主义的文化是科学的。它是反对一切封建思想和迷信思想；主张实事求是，主张客观真理，主张理论和实践一致的。"而"这种新民主主义的文化是大众的，因而即是民主的。它应为全民族中百分之九十以上的工农劳苦民众服务，并逐渐成为他们的文化"。艾思奇同志的关于哲学方面的一些较系统的著作，正是毛泽东同志所概括的民族化、大众化和科学化的新民主主义文化的一部分，和进入社会主义革命时期的新文化的一部分。这就是艾思奇同志在中国的新文化运动中所做出的贡献。当然，艾思奇同志值得我们学习的优点还很多，如他在社会主义革命和社会主义建设中有不少的贡献，我仅就记忆所及，略述一二。我以上所说的只是他在理论工作的两个方面的贡献，就很值得我们学习了。

（原载《哲学研究》1980 年第 4 期）

忆艾思奇同志

刘惠之

时间要回溯到 1927 年，在日本东京近郊大岗山，我们几个云南籍的留日学生等待着一个从家乡来的新留学生。他来了。他个子不高，宽额下一双大眼睛闪亮。手里提着一只小箱子。当他和我们握手时，操着浓重的昆明腔："您家请好好的？"身在异国听到乡音，格外亲切。经过自我介绍知道他名叫李生萱，这是我和艾思奇同志的第一次见面。不过艾思奇这个名字是七年后他发表著名的《大众哲学》时用的。此后，除了熟悉的老友外，很少有人再喊他的本名了。

日本的樱花，和那樱花映辉时的富士山是非常迷人的；不夜的"银座"也近在咫尺；但这一切对 17 岁的艾思奇难以动心。他到东京后，整日坐在"榻榻米"上用功，就连我们住处附近，有一个叫"洗足池"的小公园，是饭后散步可达的地方，在那段时间，他竟然一次也不曾去过；唯有对神田区的书店，他却不是疏客。那时的日本，正向军国主义发展，对外侵略，对内迫害日共和左翼活动，但在首都东京还维持一定范围的资产阶级民主。例如，书店里还允许出售马列主义著作。艾思奇就如饥似渴地学习起这些著作来。在我的印象里，他的头发总是老长老长也不理，衣服总要过了很久才换洗，为的是多挤出一些时间学习。他买回来的马列主义书籍，是德文原著，他就学德文，买回日译本，就学日文。

1928 年 5 月，日本军阀制造了"五·三"济南惨案，屠杀我无辜军民，激起了留日学生的义愤，抗日救国的情绪激昂。留日学生和旅日爱国华侨在中共东京特别支部领导下成立了"留日各界反日大同盟"。在东京总会下，组成了归国宣传的分会，我停学（东京高师）参加了这一队伍，于5月中旬第一批返回上海。艾思奇在我离日后也返回祖国。一年后"留日各界反日大同盟上海分会"的工作告一段落，组织上决定我于1929年5月重返东京。艾思奇略后一些时日也返回日本。由于他勤奋学习，相当熟练地掌握了日文，不久，他考取福冈工业学校，到那里就学去了。

1931年我和艾思奇先后返回祖国。1933年我再到上海时，应他相邀一同住在法租界格罗西路，我们同在"日本研究所"从事翻译工作。未几，组织上派他到李公朴先生（"七君子"之一）主编的《读书生活》社担任编辑工作。这个时候，正是他构思、酝酿创作一本写给工农大众阅读的、用通俗易懂的语言介绍马克思哲理的书。他曾不止一次谈起此事，他这心愿很快地付诸实现了。这本书写作快的原因：一是他要讲课用；二是他在《读书生活》看到大量的读者来信，要求解答问题，他了解广大读者的需求。这就是《大众哲学》成书的缘起。这书是分节连载发表在《读书生活》上的，初出书时叫《哲学讲话》。何以初叫《哲学讲话》？当时实际情况就是先写出提纲来，用于讲话的。事情是这样的：上海《申报》董事长史量才被蒋介石杀害后，《申报》为了纪念他，创办了一个以史量才命名的业余学校，学员主要是职工群众。李公朴先生担任校长，艾思奇受聘当老师，主讲哲学知识。艾思奇写出的哲学课提纲，先用来讲给学员听，根据听众接受能力、理解程度并吸取学员意见，再加增删，然后成文逐篇发表。此书构思新、思想准备充分；指导思想、对象、观点、目的明确；写作的过程又是通过实践不断修改、不断完善提高；特别是此书在写作方法上大胆创新，采用通俗的笔法阐述哲学原理。李公朴先生早在1935年就说过："用最通俗的笔法，日常谈话的体裁，溶化专门的理论，使大众的读者，不必费很大气力就能够接受，这种写法在目前出版界中还是仅有的贡献……这一本通俗的哲学著作，我敢说是可以普遍地做我们全国大众读者的指南针，拿它去认识世界和改造世界。"此书问世后受到广泛的欢迎，一版再版，几个月间发行了4版，待出到4版始易书名为《大众哲学》。两年时间出10

版之多。到 1948 年的出版数已超过 30 版了。时隔 44 年，1979 年冬，在长沙召开的全国出版工作座谈会上，国家出版局的负责同志说："全国出版工作者，要组织有艾思奇风格的人，写新的《大众哲学》。"足见这本书的影响之深远了。

1935 年，艾思奇同志光荣地成为中国共产党党员了。他对自己的要求更严格了。那时的上海，处在国民党法西斯暴政之下，加之帝国主义的殖民统治，地下党员的战斗环境是很艰苦的。为了很好地工作，他不分昼夜顽强地战斗着。他编辑的《读书生活》，国民党反动派严令禁止出刊，他便同其他同志一块儿，重新组织战斗，另行出刊《读书》杂志，出刊几期又遭查禁。他们再创刊《生活》杂志，主编改由陈子展（复旦大学的教授）主持。艾思奇改任《认识》杂志主编，这个杂志是个水平较高的理论性刊物。与此同时，艾思奇和黄洛峰（现任全国政协委员）、郑易里（现任全国政协委员）三人接办"读书生活出版社"。这颗种子，在党的领导下，在抗日战争期间，在国民党统治区里，到处开辟文化阵地，传播新文化，传播马列主义。在武汉、重庆、广州、贵阳、桂林、西安等 12 个大城市设立了分支机构。后来再与"生活书店""新知书店"组合成"三联书店"，更大地发展了，这是后话了。

在这期间，艾思奇除从事编著、翻译工作外，参加社会活动更加频繁起来，他参加"政治经济学会""社会科学家联盟""文艺界救亡协会"等组织活动。我俩虽然同住一栋小楼，他住在二楼，我住在他的楼上，只有一层楼板之隔，除了工作中必要的交谈，也都各忙各的工作，在家中的相会不比在参加组织活动中会面多。记得在他的家庭生活中发生过这样的事：他的爱人为使他有所休息，特借来留声机，曾把开唱着的留声机摆到他的写字台上，尽管唱片在唱针下旋转，散播出美妙的音乐，艾思奇竟能集中精力，继续处理着待发的稿件。我确曾看见他边吃饭边处理稿件的事。他的勤奋和革命干劲是惊人的。他著的书，一本一本地出版着，直到他 56 岁与世长辞时，计有《哲学与生活》《实践与理论》《历史唯物论 社会发展史》《辩证唯物主义纲要》等 20 来部；并写了讲稿、短文数百篇。被誉为

"马克思主义哲学家"。

回忆起在 1935 年秋,我离开和他三载相处的小楼,去到杭州暂住。那是为了翻译《日本资本主义发展》一书,该书原著只有杭州图书馆里有,该馆又不允许长时期地外借,我只得住到杭州,每天去到图书馆搞翻译。记得,他交稿拿到了稿酬,一则手边有了点钱;二则这时艾志诚同志(已故,逝世前任国家化工部药政司副司长)恰巧由武汉到了上海,同住大岗山的老战友团聚,机会实也难得,在我俩双双邀请下,艾思奇赞成同游杭州。从国外到国内,奔波过了多少春秋,能有此一日共赏西湖,畅览江南风光,这唯一无二的同游甚感可贵,特摄影留念。一晃 45 年过去了,至今,合影三人痛失其二,艾思奇和艾志诚同志均与世长辞了。念挚友,哀思涌心!看今日,祖国革命事业前途似锦,他俩在天有灵,当可告慰。

(本文选自《马克思主义哲学家艾思奇——纪念
艾思奇同志逝世二十周年》,中共中央党校出版社 1987 年版)

我的哲学启蒙老师艾思奇

廖盖隆

我冒昧地称艾思奇为大众哲学家，因为他是使马克思主义辩证唯物论在中国通俗化、大众化的先驱。他的成名之作——《大众哲学》，于 1934 年在他主编的《读书生活》杂志上连载，在 1935 年结集成书出版之后，立即风靡全国，在解放以前连续印了 32 版之多，成为极罕见而大受欢迎的通俗的社会科学畅销书。这件事的社会意义就是在于，它对数以几十万计的青年知识分子进行了马克思主义的启蒙教育，激励他们奋勇投入中国空前伟大的全民族抗日救亡高潮，接着又奋勇投入空前伟大的人民解放战争高潮。经过这两次革命高潮，中国人民在毛泽东思想指引下，在中国共产党的领导下，在 1949 年取得了新民主主义革命的全国胜利，使半殖民地、半封建的旧中国变成工人阶级领导的人民民主的社会主义的新中国，进入社会主义的初级阶段。正是在这个基础上，中国人民在 1978 年 12 月中共十一届三中全会以来，又在邓小平建设有中国特色社会主义理论指引下，在中国共产党领导下，进行全面的既包括经济、政治、精神三个领域，又以经济为中心的社会主义改革和全面的社会主义现代化建设。22 年来，中国由于全面的社会主义改革和建设的成功，即中国式的、新模式社会主义建设的成功，已作为世界上经济发展最快的国家，作为维护世界和平和促进世界经济发展的坚强的力量而崛起；并为在下个世纪中叶把中国建设成为富强、民主、文明的社会主义现代化的国家，真正对人类做出较大贡献而奋斗。在这样的时候，我们来重温和进一步认识艾思奇和其他先进人物所做的马克思主义启蒙教育工作的重大意义是很必要的。

为什么对人民大众进行马克思主义的启蒙教育、进而进行提高的教育是必要的，而且效力这样巨大呢？因为正如毛泽东在 1945 年 4 月《论联合政府》报告中所说："人民，而且只有人民，才是创造世界历史的动力。"也可以说而且应当说，大众，而且只有大众，才是我们党的智慧和力量的源泉。马克思主义只有为大众所掌握，才能成为改造旧社会、建设新社会的强大物质力量。所以，毛泽东在 1957 年 11 月莫斯科各国共产党和工人党代表会议上的讲话中，提出要使唯物辩证法从哲学家的狭小圈子里，走到广大的人民群众中间去，并为他们所掌握。在此以前和以后，他反复讲了这条真理。这条真理本来是唯物辩证法所包含的必然要求。

因此毫不奇怪，艾思奇在毛泽东提出使哲学大众化的要求以前，早就这样做了，而且已经大见成效，实际上大大促进了中国伟大革命的发展。在 1937 年艾思奇到达延安以后，毛泽东也很爱读艾思奇的书，并且虚心地向他请教。当然，《大众哲学》和艾思奇发表的其他哲学论著，大体上主要是对大众、对党内外积极分子起了启蒙教育的作用，但这种启蒙教育是必不可少的。这种启蒙教育，是进行哲学提高教育的基础。

1937 年，毛泽东在延安抗大讲授《辩证唯物论提纲》，特别是讲授《实践论》《矛盾论》，在这以前和以后，又撰写、发表和讲授了《中国革命战争的战略问题》《论持久战》《抗日游击战的战略问题》《论新阶段》《战争和战略问题》等一系列发展了马克思主义哲学和军事科学的著作，那就是在更高的层次上所做的马克思主义哲学的提高教育工作了。这些总结了中国丰富的独创性经验，而写成的哲学和军事科学著作，哺育了一代又一代的中国人，培养了成千成万的高素质的抗日战争和解放战争的中坚干部，对于保证中国革命胜利，起了决定意义的作用，并且它们的作用和影响，又不是只以中国为限。

笔者自己的经历就说明，无论是艾思奇的唯物辩证法的启蒙教育，或是毛泽东哲学著作的提高教育，对于中国革命和社会主义建设一批又一批的干部成长和发展，都是完全必要的。当艾思奇的《大众哲学》在杂志上连载和成书出版时，我还只有十五六岁，还在一个中学（广东信宜怀新中学）初中二三年级学习。在读《大众哲学》以前，我已经接触和接受了些马克思的社会主义思想，愿意为中国的民族解放和社会解放尽力。那时我们的进步同学共有七八人（后来在1935年到1938年在广东高州中学读高中时，我交往的进步同学扩大到二三十人），我们经常在一起阅读进步书报，讨论天下国家大事。那时除艾思奇以外，邹韬奋以及其他好几位进步作家的文章我们都很爱读，他们的著作使我们知道了中国和世界的大事，他们都是我们走上革命道路的启蒙老师。我们这些进步学生所结合成的没有名称的进步学生团体，曾经和艾思奇、邹韬奋通过信，并且得到了他们的答复。我们发现，艾思奇原来是一个坦率、真诚、直来直往的人。有一次我们给他写信，说我们正在读陈某某编写的《辩证法唯物论教程》，请问他，这是不是一本好书。他答复说，这本书内容没有什么错误，可以参考，但它抄引苏联哲学书太多，不结合中国的实际，因此不能算是一本好书。

1937年"七·七"抗战爆发后，我和一些暑假留校的进步学生立刻组成抗日救亡宣传队，下乡作抗日救亡宣传；以后又组织了抗战剧社，每星期六晚演出救亡话剧；还组织书报合作社，推销进步书报杂志。1938年7月高中毕业后，我们中的10个进步学生，经一位抗大三期毕业生介绍，结伴到广州八路军通讯处考取了陕北公学，随即于8月初到达陕甘宁边区关中分区的陕北公学，先后在普通班和高级班学习了一年。也是在1938年8月，我申请并得到批准参加了中国共产党。1939年8月，我被选送延安马列学院深造，这个学院的院长是张闻天，仰慕已久的艾思奇这时成了我的哲学课老师；1944年初我调到党中央机关报延安《解放日报》（社长是博古、总编辑是陆定一）国内评论部工作后，因艾老师已是这个报纸的副总编辑兼副刊部主任，因而和他有较多的接触。我感觉到，他为人朴实真诚，以平等、民主的态度待人，但性格有些内向，不爱多说话。然而使人印象深刻的是，他不崇拜名人和权威。比如有一次他说，陈伯达影射蒋介石的《窃国大盗袁世凯》是仿效马克思的《拿破仑第三政变记》

的，但是没有写好。我听后有些吃惊，因为我那时还是迷信陈伯达的"权威"的。因而我心中疑惑，未敢表示可否。但事实证明，艾思奇的论断是对的。

艾思奇讲哲学课是很有深度的，他写成文字的东西，因为是想好了才写，写出后，又反复作了修改的，文笔都很生动精练。但他的口头讲话，可能是由于不是想好了再讲，而是随想随讲的缘故，使人感到他不擅长说辞，语言比较平淡，甚至有时不太连贯，而且他的云南口音很重，因而对听众不大有吸引力。

艾思奇是云南腾越（今腾冲）人，原名李生萱，又名李崇基，出生于1910年。他于1927年春至1928年春到日本留学，参加了中共东京支部组织的社会主义学习小组；1930年至1931年再度到日本留学。1931年"九·一八"事变后，他激于爱国义愤回国。1932年他参加了上海反帝大同盟。1933年参加社会科学家联盟。1935年参加中国共产党。1937年他到延安后，任抗大主任教员，马列学院哲学教员，中共中央文化委员会秘书长，中央研究院文化思想研究室主任，延安《解放日报》副总编辑，《中国文化》杂志主编。新中国成立后，历任中共中央马列学院哲学教研室主任兼北京大学教授，中共中央高级党校副校长，中国哲学会副会长，中国科学院哲学社会科学部委员。他是中共七大、八大代表，第一届全国政协委员，第一至三届全国人大代表。他于1966年3月22日过早地在北京病逝，这时他才56岁。

他的著作，除了《大众哲学》外，还出版了《历史唯物论——社会发展史》。延安整风时，根据毛泽东的提议，他同陈伯达一起主持编辑出版了《马恩列斯思想方法论》，中共中央规定为整风学习的必读文件。新中国成立后他主持编辑出版了教科书《辩证唯物主义和历史唯物主义》。他去世后还出版了《艾思奇文集》。

我所尊敬的启蒙老师艾思奇已经逝世30多年了。现在，他的勤奋好学，勇于开拓创新，善于以平等的民主的态度待人，而又直来直往，无私无畏的严肃的音容，正浮现在我的眼前。我想，艾思奇在伟大的中国革命中，特别是在马克思主义哲学方面所起的重大启蒙作用，是值得我们中国人民永久纪念的。因此，我不揣浅陋，写了这篇文字。

（原载《社会科学辑刊》1980 年第 5 期）

艾思奇在哲学上的杰出贡献

温济泽

艾思奇同志离开我们整整 20 年了。

这 20 年，是大变化的 20 年。艾思奇是在 1966 年 3 月 22 日去世的。在这之后两个多月，我国就进入了动乱时期。唯心主义横行，形而上学猖獗。辩证唯物主义和历史唯物主义遭到严重的践踏、摧残、破坏和歪曲。党的十一届三中全会以后，拨乱反正，破旧立新。其中也包括：拨唯心主义、形而上学之"乱"，返辩证唯物主义和历史唯物主义之"正"；破唯心主义、形而上学之"旧"，立辩证唯物主义和历史唯物主义之"新"。这项工作取得了很大成就，但仍需要长期继续进行。在去年召开的党的全国代表会议上，邓小平同志又一次提出了学习马克思主义理论的任务。学习马克思主义理论，一个非常重要的方面，就是要学习辩证唯物主义和历史唯物主义。经过 20 年的变化，在今天这样大起飞的时刻，面临着这样的学习任务，我们纪念艾思奇，自然不能不更加深切地怀念艾思奇。

艾思奇是我国著名的马克思主义哲学家，是党的理论战线的光辉战士。他从 23 岁的时候起，就开始了传播马克思主义哲学的活动。到他逝世时，他刻苦努力、坚持不懈、开拓进取、卓有成效地做了 33 年的马克思主义哲学的研究、宣传和教育工作，做出了杰出的贡献。郭影秋同志写过一首悼念他的诗，其中云："起居从未忘艰苦，呼吸犹存即斗争。谁使斯人宏胆略，灵魂深处有真经。"这可以说是对艾思奇一生的公正评价和真实写照。

艾思奇在哲学上的杰出贡献主要有三个方面：

第一，在马克思主义哲学的传播方面。

艾思奇在 30 年代的代表作《大众哲学》，在新中国成立前，共出版了 32 版。这本书，受着时代的局限，环境的影响，同时作者在开始写作时才 23 岁，因而不可避免地有某些缺陷，但是把哲学从书斋里，从神秘状态中解放出来，把它变成人民大众能够掌握的思想武器，却是一个重大的突破。它点燃了千千万万青年人心灵的火花，对他们起了启蒙的作用，引导他们走上了革命的征途。毛泽东在总结五四运动以后 20 年间文化革命的历史时说，这个时期中国有了由无产阶级和中国共产党领导的新的文化生力军，他们摆开了自己的阵势，向着帝国主义和封建主义文化展开了英勇的进攻，在社会科学领域和文学艺术领域的各个方面，都有了极大的发展。我以为，这种发展也包括哲学在内，而艾思奇正是其中的一员勇猛的战将。

艾思奇 1937 年 10 月到延安，在抗日军政大学、陕北公学、马列学院等院校讲授过哲学。是延安新哲学会的发起人和主持人之一；是毛泽东亲自组织和领导的哲学小组成员；是中央宣传部干部哲学学习小组的指导员。还先后主持过马列学院哲学研究室和中央研究院文化思想研究室（以哲学为主）的研究工作。他在到延安后的一个时期，哲学修养更加成熟。他写了大量的哲学文章和教材。应当特别提及的是，在 1942 年延安整风运动开始的时候，在毛泽东的提议和指导下，艾思奇参加主编了《马恩列斯思想方法论》一书。这本书是为了反对主观主义、宗派主义和党八股，帮助同志们真正掌握马克思主义的科学的思想方法而编纂的。它是整风运动的重要学习材料之一。对整顿党的学风、党风和文风起了积极的作用。这本书到今天仍然是我们应当学习的。

新中国成立前，艾思奇就在华北解放区重建的马列学院讲授社会发展史。新中国成立后，党决定在全国干部中开展社会发展史的学习。艾思奇全力投入这项工作。他到许多单位做过报告，以后整理讲稿编成《历史唯物论——社会发展史》一书。1951 年，中央人民广播电台举办社会发展史讲座，请他主讲。他又在这本书的基础上重写讲稿，以后编成《历史唯物论——社会发展史》出版。当时由中央宣传部发出通知，在全国有组织的听讲者达 50 万人。这个讲座帮助广大听众了解了社会发展的客观规律，和全人类都要走向共产主义的必然前途。艾思奇主讲的这个讲座和出版的这本书，其影响之深广，不亚于、甚至可以说超过了他的《大众哲学》。

在新中国成立以后的 17 年间，艾思奇的主要工作岗位仍在宣教战线上。他任中共中央高级党校哲学教研室主任、副校长，兼北京大学教授、中国科学院哲学社会科学学部委员等职。他还是中国新哲学研究会的发起人和主持人之一。他在这期间，又写了许多哲学论文、讲义和讲稿。1961 年，中央宣传部和高等教育部共同组织编写高等学校文科教材，由艾思奇主编的《辩证唯物主义　历史唯物主义》一书，是新中国成立后第一本系统地论述马克思主义哲学基本原理的教科书。在艾思奇去世 20 年后的今天，许多高等学校仍用它作教材。从《大众哲学》到《历史唯物主义　社会发展史》，到《辩证唯物主义　历史唯物主义》，这是艾思奇在传播马克思主义哲学 33 年历史道路上留下来的主要记录。他把马克思主义哲学传播给上百万青年人，其中有些人已经成为理论工作者。这个功绩是永远不可磨灭的。

第二，在哲学的中国化和现实化方面。

艾思奇在 1938 年 4 月，在武汉《自由中国》创刊号上发表的《哲学的现状和任务》一文中，首先提出了哲学中国化和现实化的问题。他指出，"辩证法唯物论是最和实践一致的哲学"①。在抗战中中国哲学工作者的任务，"是要从各部门的抗战动员的经验中吸取哲学的养料，发展哲学的理论。然后才把这发展的哲学理论拿来应用，指示我们的思想行动，我们要根据每一时期的经验，不断地来丰富和发展我们的理论，而不是要把固定了的哲学理论，当做支配一切的死公式。"② 以后他在《论中国的特殊性》等文中，又系统地论述了马克思主义中国化的问题。他认为，马克思主义中国化，就是要坚决地站在马克思主义的立场和观点上，用马克思主义的基本原则和科学方

① 《艾思奇文集》第 1 卷，人民出版社 1981 年版，第 388 页。
② 同上书，第 387 页。

法，来具体地客观地研究和解决中国革命实践中提出的各种具体问题。他说："马克思主义者所谓的精通马克思主义不仅是指马克思主义的理论研究，而同时是指要能在一定的具体环境之下实践马克思主义，在一定国家的特殊条件之下来进行创造马克思主义的事业。"①艾思奇正是努力这样去做的。

艾思奇非常重视用辩证唯物主义历史唯物主义研究中国哲学史，特别是五四以来哲学上的各种思潮。早在 1933 年，艾思奇就写了《二十二年来之中国哲学思潮》一文，分析批判了自辛亥革命以来，输入我国的各种资产阶级哲学思想，以及我国的封建哲学传统，指出马克思主义哲学在我国的传播，开辟了"中国哲学的新时代"。② 40 年代，艾思奇写过《孙中山先生的哲学思想》，分析了知难行易学说中的唯物论要素，肯定了他"有着不少的宝贵的贡献"。③ 他又写过《鲁迅先生早期对于哲学的贡献》，指出鲁迅早期在进化论的科学思想基础上，引申出了唯物论的见解和辩证法的思想方法，在我国近代思想发展史上是有重要意义的。他又研究和分析了抗战以来的哲学思想，写了《抗战以来几种重要哲学思想评述》，概述了马克思主义哲学在我国抗战初期的发展情况，着重批判了陈立夫的"唯生论"，蒋介石的"力行哲学"和阎锡山的"'中'的哲学"，指出它们的唯心主义、形而上学的实质，及其阶级基础和反动的社会作用。针对蒋介石的《中国之命运》一书，他写了《〈中国之命运〉——极端唯心的愚民哲学》，揭露了蒋介石要求人民无知和盲从的反动实质。新中国成立以后，50 年代中期，党中央号召开展反对唯心主义的斗争，艾思奇积极参加了这一工作。他批判了胡适的实用主义哲学，还批判了梁漱溟的哲学思想，指出他们的主观唯心主义的实质。他通过这些评述和批判，宣传和阐述了辩证唯物主义和历史唯物主义。

艾思奇对毛泽东思想的研究、宣传和阐发，是艾思奇对马克思主义中国化所做的一项更为重要而有意义的工作。早在 1939 年 5 月发

---

① 《艾思奇文集》第 1 卷，人民出版社 1981 年版，第 481 页。

② 同上书，第 64 页。

③ 同上书，第 389 页。

表的《怎样研究辩证法唯物论》一文中，他就把毛泽东的《论持久战》《论新阶段》等著作，列为学习辩证唯物主义的必读书。他认为，学习马克思主义哲学必须联系中国革命的实际，毛泽东的著作就是学习和应用马克思主义的典范。艾思奇十分注意阐述毛泽东关于理论联系实际的思想。在延安整风时期，他写了《反对主观主义》《谈主观主义及其来源》《不要误解"实事求是"》《"有的放矢"及其他》《关于唯物论的几段杂记》等文章，在延安中央研究院（当时艾思奇是中央研究院整风学习领导成员之一）做了《怎样改造我们的学习》的报告。在这些文章和报告中，艾思奇着重论述了理论联系实际的问题，强调毛泽东关于马克思主义必须与中国革命实践相结合的思想的重要意义，批判了只把外国的经典名著看成是马克思主义，而不把中国的马克思主义政党领导者的名著看作马克思主义著作的错误倾向。新中国成立后，艾思奇在宣传和阐发毛泽东思想方面做了大量的工作。他花了巨大的精力辅导干部重新学习《实践论》《矛盾论》等哲学著作，指出这有助于进一步克服教条主义和经验主义，"使一切参加革命的实际工作和研究工作的干部更善于在马克思主义的绝对真理的长河中游泳，更善于担当起认识世界和改造世界的任务。"①

第三，在研究自然辩证法方面。

艾思奇很重视研究自然辩证法，汲取自然科学新成果来研究和丰富哲学。他在日本福冈，高等工业学校学的是冶金专业。回国后，曾在上海一个中学做过理化教员。他读了不少自然科学名著，是有比较扎实的自然科学知识基础的。在开始从事哲学活动以后，他仍经常注意自然科学的学习。在 30 年代初，他写过《现代自然科学的危机》《形而上学与现代科学》等自然辩证法论文，还写过一些科学小品。1936 年，他在上海发起组织自然科学研究会。到了延安以后，积极参加边区自然科学研究会的活动。新中国成立以后，他在这方面的活动有了更广阔的天地。他常常告诉哲学研究工作者，要学习自然科

---

① 《艾思奇文集》第 2 卷，人民出版社 1983 年版，第 124 页。

学，要了解自然科学发展的动态，要认真研究其中的哲学问题，要十分重视恩格斯的关于科学上每一次的新发现都使唯物论表现出新的形态的教导。1960 年，在艾思奇的指导下，编写成《自然辩证法提纲》，这是我国编写的第一部比较完整、比较系统的自然辩证法著作。1965 年，他就日本物理学家坂田昌一发表的《关于新基本粒子的对话》，撰写了《唯物辩证法是探索自然秘密的理论武器》一文。他提出自然辩证法研究要面向整个自然科学领域，既要研究理论科学中的哲学问题，也要研究应用科学和技术科学中的哲学问题。这些见解，在新技术革命的今天，仍是很有现实意义的。

我们现在正在为把祖国建设成为现代化的，高度文明、高度民主的社会主义强国而奋斗。我们曾经有过一段唯心主义横行、形而上学猖獗的痛苦经历。今天我们比以往任何时候都更迫切需要加强辩证唯物主义、历史唯物主义的学习、研究和宣传工作，需要使它成为广大人民特别是广大干部所能掌握的思想武器。在学习、研究和宣传中，要坚持贯彻理论联系实际的原则，要密切联系四化建设和学术发展中的各种实际问题，要努力对这些问题做出辩证唯物主义、历史唯物主义的正确回答。还要随时注意世界自然科学发展和新技术革命的动向，努力吸取其新的成果，以丰富和充实我们对哲学的研究。艾思奇一生，在传播马克思主义哲学、使哲学中国化和现实化、吸取自然科学新成果等方面做出了光辉的榜样。虽然在他的著作中也有一些缺陷和偏颇，但是他努力的方向是正确的，开拓奋进的精神是值得我们学习的。哲学工作者应当学习、继承和发扬他的这种精神，奋发努力，开拓前进，才是对艾思奇同志最好的纪念。

（本文选自《马克思主义哲学家艾思奇——纪念艾思奇同志逝世二十周年》，中共中央党校出版社 1987 年版）

创造性地研究宣传
马克思主义唯物论

吴秉元

艾思奇同志是我国著名的马克思主义哲学家。他从青年时期就开始积极投入我国理论战线宣传马克思主义唯物主义的活动，在 30 多年中做出了杰出的贡献。现在我们已经处在新的历史时期，正在从事社会主义现代化建设的伟大事业，十分需要针对新的实际，加强马克思主义基本理论的指导。我们来回顾一下艾思奇同志研究和宣传马克思主义唯物主义哲学的宝贵经验和重要贡献，对于我们在社会主义新时期加强马克思主义哲学理论工作是有现实意义的。

一 在 30 年代，以通俗生动的形式，创造性地
传播了马克思主义唯物主义

艾思奇同志从 17 岁至 21 岁，两次到日本学习期间，就刻苦地自学了许多马列主义经典著作，钻研了马克思主义哲学。1932 年回国到上海工作，参加共产党领导下的革命活动，从此便开始写作和发表哲学文章，翻译苏联的《新哲学大纲》等著作，介绍马克思主义唯物主义哲学。当时正处在日本帝国主义侵略中国，国民党反动派对内镇压革命，对外投降日本帝国主义，民族危机日趋严重的情况下，迫切需要用马克思主义唯物主义世界观武装我国广大青年和人民群众，克服唯心主义错误思潮的影响，以便正确地认识形势，看清国家和民族的发展前途。艾思奇同志不仅进行了反对唯心

主义的斗争，更重要的是大力开展了通俗生动地宣传马克思主义唯物主义的工作。他在 1934 年至 1935 年间，不仅写了许多哲学文章回答了读者提出的在现实生活中遇到的大量问题，特别是为了把哲学大众化，出版了《大众哲学》，赢得了广大的读者，在 1949 年之前印行了 32 版之多。

正如艾思奇同志所说："《大众哲学》所要讲的全是新唯物论方面的东西。"它的内容结构"是尽可能地依着新哲学的最近成果来布置的"①。这本宣传马克思主义唯物主义新哲学的书，包括了世界观、认识论、方法论各部分内容。这是一部通俗生动的马克思主义哲学教科书。它从哲学并不神秘谈起，说明了哲学对社会生活的关系是很密切的，哲学并不是从天上掉下来的东西，而是从人类社会生活中产生出来的，没有人类社会，也绝没有哲学。哲学之所以神秘，主要是被唯心主义者加上了一重神秘的迷雾。他提出打破哲学神秘的方法："一面在日常生活的实践中努力清除神秘的要素，同时对于最进步最正确的哲学系统也得加以研究。""最进步的哲学系统是全人类历史的最优良的成果，它可以帮助我们更敏速，更正确地解决所要解决的问题。"② 艾思奇同志阐明了哲学是人们对世界一切的根本认识和根本态度。哲学上的认识和态度，是最普遍的，最有一般性的，它最能普遍地应用于一般事物的认识和态度。哲学和具体科学的区别是在于，科学认识各种有限的范围内的事物法则，而哲学则研究最普遍最一般的法则。他指出，哲学的主要任务是能够真正解决人类生活上事实上的问题，哲学不能单只是说得好听，更重要的问题是在于要改变世界。

艾思奇同志把世界观与哲学根本问题联系起来作了科学的论述。他认为，哲学上的根本问题，就是主观与客观怎样发生关系的问题（实质上就是说的思维与存在的关系问题），世界观的根本性质，也只要看它怎样解决这个问题，就可以决定了。把主观的事物加以夸

---

① 艾思奇：《大众哲学》，生活·读书·新知三联书店 1979 年版，第 279 页。
② 《艾思奇文集》第 1 卷，人民出版社 1981 年版，第 135 页。

大，当作最先的存在和最高的存在，把客观的事物当作附属品，就是唯心论的世界观。反之，承认客观事物的独立存在和独立法则，又承认主观是由客观中派生出来，这就是唯物论世界观。他指明了新唯物论（即辩证唯物论）的世界观承认物质自身会运动，运动有一定的法则，会发生性质的变化和发展。他不仅揭露了唯心论与宗教的世界观的荒谬性质，而且阐明了辩证唯物论世界观与二元论、机械唯物论的质的区别。

在认识论方面，艾思奇同志首先阐明了唯物论的可知论，指出人们是能够认识周围事物的。他批判了不可知论，认为不可知论的认识论，最终总会成为二元论。他认为，人的认识在形式上是主观的，在内容上是客观事物的反映。"主观的形式与客观的内容结合着，这叫做主观与客观的统一，我们认识一切，都是在主观与客观的统一中实现的。"① 唯物论的认识论是反映论。这种反映，同照相虽有相同的方面，但又有区别，因为人的认识是从实践中得来，反映事物的本质和根本特性的理性认识，不是照相所能反映的。艾思奇同志深刻地说明了认识由感性到理性的发展过程，以及感性认识与理性认识的辩证关系，指出经验论和唯理论的错误是在于偏袒感性认识或理性认识。更为可贵的是，他对实践在认识中的重要作用做了颇为详细的论述，指出实践是重要的，实践就是改变事物。论证了要在实践中去矫正主观的错误，实践能使主观和客观统一，以及认识和实践的螺旋式的发展。同时，他对客观真理、绝对真理和相对真理也做了科学的论述。他还从实践与理论统一的观点出发，深刻地阐明了哲学的党派性问题。他写道："哲学不是书斋里的东西，只有站在改变世界的立场上，在实践中去磨炼出来的哲学，才是真的哲学。最进步的哲学，一定是代表着最进步的实践的立场，没有进步的立场，决不能得到进步的真理，我们常听说所谓哲学要有党派性，不外是这个意思。"② 显然，他所阐明的认识论

---

① 《艾思奇文集》第 1 卷，人民出版社 1981 年版，第 171 页。
② 同上书，第 191 页。

的内容已是相当全面和丰富的。

在方法论部分，艾思奇同志仍然是从认识论的角度来做论述的。他阐明了认识论和辩证法、论理学（即逻辑学）的统一关系，他指出，人类的认识是一种历史的运动，认识论就是这种历史运动的概括。不但要了解认识会运动，并且要知道它是依着什么法则而运动，思想的运动法则，同时是反映着外界事物的运动法则的。新哲学认为，在这里，运动的逻辑、认识论和世界观是同样的东西。艾思奇同志在这部分虽然用的是"方法论"的大标题，但实际上也说明了世界观问题。他对唯物辩证法的对立统一规律、质量互变规律、否定之否定规律，以及基本范畴，都作了生动的阐明。值得我们注意的是，艾思奇同志在这部分中已提出了在哲学上要进行"两条战线上的斗争"。也就是说，要坚持新唯物论，既要反对唯心论，又要反对机械唯物论。他认为，这两种错误思想是相通的。屈服于环境，"听天由命"的机械唯物论态度，也会通向唯心论。他写道："我们对付环境，既不能依照客观主义的机械唯物论，也不能依照主观主义的观念论。我们不能像绵羊一样的一味只是对环境屈服，我们要奋斗，要做一些能够推进社会的事业，但我们又不可仅只知道理想，而不顾事实，应该研究环境中的种种条件，好好地利用这些条件去奋斗，去求达到我们的目的。"① 最后，艾思奇同志在"目的性、可能性和现实性"中指出，要使真正的可能性成为现实性，必须打破阻碍和矛盾，新社会的可能性，不是坐等可以实现的，而是要积极努力奋斗才能实现的。很明显，这些哲学道理，如今对我们进行社会主义现代化建设，仍然有着重要的指导意义。

1935 年，李公朴在为《哲学讲话》所写的编者序中评价说："这本书是用最通俗的笔法，日常谈话的体裁，溶化专门的理论，使大众的读者不必费很大气力就能够接受。这种写法，在目前出版界中还是仅有的贡献。""尤其值得特别一提的是这本书的内容，全是站在目前新哲学的观点上写成的。新哲学本来是大众的哲学，然而过去却没

---

① 《艾思奇文集》第 1 卷，人民出版社 1981 年版，第 241 页。

有一本专为大众而写的新哲学著作。这书给新哲学做了一个完整的大纲，从世界观、认识论到方法论，都有浅明的解说。"① 李公朴认为，艾思奇同志写这本书在理论体系上是很用了心力的，对新哲学许多问题的解释，比一切其他著作更明确，有许多深化的地方。他说："这一本通俗的哲学著作，我敢说是可以普遍地做我们全国大众读者们的指南针，拿它去认识世界和改造世界。"②

在 30 年代，艾思奇同志的《大众哲学》的发表，有着十分重要的意义：第一，在我国较早地创造性地全面而系统地传播了辩证唯物论的基本原理，给中国广大人民群众特别是知识青年提供了第一部比较完整的马克思主义的哲学教科书，极大地促进了马克思主义唯物主义哲学在中国的传播和中国无产阶级哲学思想的形成进程。第二，这部著作在我国是第一次把哲学从哲学家的课堂里解放出来，成为广大群众手里的尖锐武器。艾思奇同志是把马克思主义唯物主义哲学大众化的杰出的先驱者。这部著作教育和帮助了我国广大青年和人民群众树立科学的无产阶级世界观和人生观，起了极为重要的作用。有许多青年在《大众哲学》的启蒙教育下，走上了革命的道路，对中国革命事业做出了重要的贡献。第三，这部著作的马克思主义哲学理论与广大群众和青年知识分子的结合，引起了广泛的反响，从而也就促进了马克思主义哲学与中国革命的具体实践相结合。《大众哲学》与毛泽东同志的《实践论》《矛盾论》以及李达同志的《社会学大纲》等一起，标志着中国马克思主义哲学思想在 30 年代已经形成，应当承认这在中国哲学史上具有划时代的意义。毛泽东同志对艾思奇同志的《大众哲学》《哲学与生活》等都甚为重视，也可以说，这对于促进毛泽东哲学思想的形成也有过一定的重要的意义。当然，由于历史条件的限制，《大众哲学》难免有这样那样的缺点和不足之处，但它在中国无产阶级哲学的形成发展史上的光辉是永远不可磨灭的。

---

① 艾思奇：《大众哲学》，生活·读书·新知三联书店 1979 年版，第 1—2 页。
② 同上书，第 3 页。

继《大众哲学》之后，艾思奇同志在 1936 年又发表了《思想方法论》等著作，进一步依据辩证唯物论的基本原理，结合中国革命的实际，比较系统地论述了辩证唯物主义的思想方法，特别是对认识论作了更为深入的论述，对于帮助广大青年知识分子树立科学的思想方法，起了重要的作用。

二 在抗日战争和解放战争时期，坚定地为使马克思主义唯物主义哲学理论的中国化、现实化和具体应用于中国革命实际而斗争

1937 年 10 月，党中央把艾思奇同志由上海调到革命圣地延安工作。1938 年 9 月，在毛泽东同志倡议下，成立了延安"新哲学学会"，由艾思奇、何思敬同志主持。艾思奇同志在马列学院任教，翻译了马克思恩格斯《关于历史唯物主义的信》。1939 年艾思奇同志参加毛泽东同志组织的哲学小组的工作，编了《哲学选辑》一书，与吴黎平同志合作编写了《科学历史观教程》一书。1940 年艾思奇同志在他主编的《中国文化》刊物上连载了他所写的"哲学讲座"。1942 年，在毛泽东同志的主持下，参加编辑《马克思、恩格斯、列宁、斯大林思想方法论》等。可以看出，在这一时期，艾思奇同志在党中央的直接领导下，做了大量的马克思主义唯物主义哲学的宣传教育工作和研究工作。

艾思奇同志在我国抗日战争的复杂的艰巨的革命斗争时期，为了更好地用辩证唯物论武装革命干部和群众，发挥辩证唯物论的指导作用，提出了哲学中国化的主张。他在 1938 年 4 月发表的《哲学的现状和任务》一文中，分析了当时的哲学存在着两方面的问题：一种是没入各个实际问题里的哲学；一种是空理论及滥用公式的哲学。前者是容易流入狭隘的经验主义；后者的空理论更是危险，最低限度会使我们脱离实际任务。只有正确的哲学运动，才能从思想方面帮助团结，防止分裂，使抗日的力量迅速坚强起来。为此，他指出了"现

在需要来一个哲学研究的中国化、现实化的运动"①。艾思奇同志认为，过去的哲学做了一个通俗化的运动，把高深的哲学用通俗的词句加以解释，打破从来哲学的神秘观点，使哲学与人们的日常生活接近，是有极大意义的。这也是中国化、现实化的初步，然而在基本上，整个通俗化并不等于中国化、现实化。所以还不能适应激变的抗战形势。那么，要怎样进行哲学的中国化、现实化的运动呢？它不是书斋课堂里的运动，不是滥用公式的运动，艾思奇同志提出："哲学的中国化和现实化！现在我们要来这样的一个号召。"② 这就需要"从各部门的抗战动员的经验中吸取哲学的养料，发展哲学的理论。然后才把这发展的哲学理论拿来应用，指示我们的思想行动，我们要根据每一时期的经验，不断地来丰富和发展我们的理论。"③ 这就是说，要实现哲学中国化，就要善于总结中国现实斗争的经验，发展哲学理论，再用来指导我们的思想行动，指导中国的革命斗争，并不断地总结新经验，丰富和发展它。这也才能使哲学现实化。艾思奇同志鉴于辩证法唯物论是人类哲学史的最高的总结，它会以极大的包含性吸取一切哲学合理的、积极的精神，它是最和实践一致的哲学。因此，他提出，哲学的中国化和现实化的运动的中心，应是结合中国的实际对新哲学、辩证法唯物论的研究。在这里，艾思奇同志为哲学理论研究和宣传工作指明了前进的方向。

　　1938 年 10 月，毛泽东同志指出："马克思主义必须和我国的具体特点相结合并通过一定的民族形式才能实现。马克思列宁主义的伟大力量，就在于它是和各个国家具体的革命实践相联系的。对于中国共产党说来，就是要学会把马克思列宁主义的理论应用于中国的具体环境。""因此，使马克思主义在中国具体化，使之在其每一表现中带着必须有中国的特性，即是说，按照中国的特点去应用它，成为全党亟待了解并亟须解决的问题。"④ 艾思奇同志提出的哲学的中国化

① 《艾思奇文集》第 1 卷，人民出版社 1981 年版，第 387 页。
② 同上书，第 388 页。
③ 同上书，第 387 页。
④ 《毛泽东选集》合订本，人民出版社 1964 年版，第 522 页。

和现实化的主张，与毛泽东同志的"使马克思主义在中国具体化"的指导思想是完全符合的、一致的，所以是十分正确的。

在抗日战争时期，艾思奇同志正是按照这个指导思想和方向，努力从事哲学中国化的工作的。他在 1939 年 3 月发表的《关于形式论理学与辩证法》一文中说："我自己一年多来正努力做这工作，但还没有充分把握。然原则上不外两点：第一要能控制中国传统的哲学思想，熟悉其表现方式；第二要消化今天的抗战实践的经验与教训。"① 艾思奇同志所坚持的这两条原则，也就是实现哲学中国化的必经的重要途径：一是要与中国传统的哲学思想和表现形式结合，二是要与抗战的实践斗争经验和教训结合，这样才有可能使哲学中国化。这对于促进马克思主义哲学在中国的发展，显然有着极其重要的指导意义。

在提倡哲学中国化、现实化时，艾思奇同志进一步强调了必须把辩证唯物论与实际行动结合起来，成为革命行动的指南。他在 1939 年至 1942 年间，发表了《怎样研究辩证唯物论》《辩证法唯物论怎样应用于社会历史的研究》《关于研究哲学应注意的问题》《怎样改造了我们的学习》等一系列文章，阐明了应如何学会把辩证唯物论应用于实际斗争。艾思奇同志写道："辩证法唯物论是无产阶级的世界观，因此，它就是最彻底的革命的世界观。""无产阶级的任务（一般的说）是改革世界，而辩证法唯物论这哲学的'重要问题'也正是'在于改革世界'。哲学要能担负起改革世界的任务，就必须与革命的实际行动结合，成为指导革命行动的观点，必须'把握大众，成为物质的力量'。"② 真正的辩证唯物论，应当存在于无产阶级与广大人民的革命行动的正确指导中，如果脱离了实际问题的解决，也就不成其为真正的辩证唯物论。

艾思奇同志认为，"马克思主义不是教条，而是行动的指针"，这句话，对于辩证唯物论也是适用的。既不应把辩证唯物论当作死记硬套的公式，也不能认为"哲学无用"。要能够把握辩证唯物论的真

---

① 《艾思奇文集》第 1 卷，人民出版社 1981 年版，第 420 页。

② 同上书，第 449 页。

正精神，需要采取一定的研究步骤：第一，要认真学习把握辩证唯物论本身的基本观点；第二，要对所遇到的现实事物的本身作具体的考察；第三，要在辩证唯物论的指导下，分析事实材料的各方面，把握其各方面的联系，具体地解决实际问题，从而依据新的事实材料来充实和发展辩证唯物论。

同时，学习、研究和应用辩证唯物论，不能离开唯物史观。这是因为，在革命实践中，必然要遇到社会历史问题，要遇到革命的性质和战略策略等问题，要依靠唯物史观的指导，才能正确地解决。艾思奇同志认为，一则只有辩证法唯物论能够把唯物论的观点推广到人类历史的研究上，所以，只有辩证法唯物论是最彻底的唯物论；二则只有唯物史观能够在我们进行革命的实践中，提供正确的方法与指针，以便客观地、实事求是地解决一切具体问题，所以辩证法唯物论才成为最革命的哲学思想。可见，辩证唯物论的彻底性和革命性，恰恰在于它同唯物史观分不开。离开了唯物史观，就不可能真正把握应用辩证唯物论。由此可以看出，唯物史观在马克思主义唯物主义哲学中的重要性。现在有些哲学工作者认为唯物史观不是哲学，这种观点明明是站不住脚的。

不仅如此，艾思奇同志还认为，需要努力去精通马克思主义其他理论，才能精通辩证唯物论，善于具体运用，避免公式主义的错误。比如，要把握彻底的、革命的辩证唯物论，就不能不同时把握马克思主义的经济学说、科学社会主义，以及革命的战略战术。的确，马克思主义各个部分之间也是有机联系的，作为世界观、理论基础的辩证唯物论，它是不可能脱离马克思主义全部理论的。所以，艾思奇同志辩证地指明："要正确把握辩证法唯物论，必须努力研习马克思主义的全部理论，把它具体表现于革命的理论和实践。同样，要在马克思主义的理论和实践上不走错路，也必须正确的把握辩证法唯物论的哲学。"①

艾思奇同志十分深刻地指出，所谓精通马克思主义，不仅是指对

---

① 《艾思奇文集》第 1 卷，人民出版社 1981 年版，第 459 页。

马克思主义的理论研究，同时更重要的是要能在一定的具体环境下实践马克思主义，在一定国家的特殊条件下进行创造马克思主义的事业。所以，他极为重视应用马克思主义的科学理论和方法研究中国的特殊性。他反复说明了哲学的中国化的目的，也就是要做到善于在中国应用辩证唯物论，来正确地研究中国社会的特殊性，把握中国社会的客观现实，并正确地决定中国无产阶级在本国革命斗争中的任务和战略策略。换句话说，辩证唯物论者绝不能不看中国社会的任何具体条件，离开中国社会客观事物来解决中国革命问题。艾思奇同志明确指出，要做一个唯物论者，既要从一般马克思主义理论书中学习社会发展和革命发展的一般规律的知识，作为一般的指导原则，又必须注意到，每一个具体的社会和具体的工作环境，又有它特殊的规律，必须要能发现这些具体环境中的特殊的规律，必须要能了解特殊的规律与一般的规律的联系，必须要在应用一般的原则的时候，依据特殊的规律来加以补充，加以具体化，才能够对于革命的斗争行动给予正确的指导，必须学习马克思、恩格斯、列宁、斯大林和毛泽东同志如何从具体事物中引出一般规律，以及如何把一般规律具体运用的模范。① 所以，一个辩证唯物论者应当做到：第一，一切从具体的客观实际出发；第二，要能够善于找出客观事实发展的规律；第三，要能够善于使一般的规律与特殊的规律联系起来，善于把一般的指导原则具体化起来。

由此可见，艾思奇同志在延安工作的时期里，完全是根据理论联系实际的原则，坚持把马克思主义的普遍真理与中国革命的具体实践相结合的原则，来提倡哲学的中国化和现实化，提倡在实际斗争中应用辩证唯物论的。其意义是重大而深远的。第一，他提倡哲学理论的研究和宣传，都要按照中国化、现实化，适应实际斗争的需要来进行，这就为哲学理论工作具体地指明了正确的道路。第二，他主张学习和把握辩证唯物论的理论，要能用于实际斗争，正确地解决实际问题，从而为广大青年和干部学习哲学理论指明了正确的方向和方法。

---

① 参见《艾思奇文集》第 1 卷，人民出版社 1981 年版，第 545—546 页。

第三，他努力引导哲学理论工作为抗日斗争以及解放战争的斗争服务，从而也促进了马克思主义唯物主义哲学在中国得到丰富和发展。

三 在新中国成立以后，大力宣传了社会发展史、历史唯物论，以高度的热情开展了系统的辩证唯物论和历史唯物论的世界观和方法论的宣传教育工作

1949 年 10 月，中华人民共和国成立后，我国无产阶级及其政党已经掌握了全国政权，中国的历史已开辟了一个新时代。有广大的新干部和数百万知识分子在党的领导下参加了新中国的建设。为了搞好我国的社会主义事业，为实现社会主义工业化和社会主义改造，建设社会主义的政治、经济和文化，需要对广大干部和知识分子进行辩证唯物论，进行共产主义世界观的教育，反对和克服资产阶级唯心论的影响。这是新时代赋予党的理论工作者的重大任务。

毛泽东同志在 1950 年就提出了明确的指示："对知识分子，要办各种训练班，办军政大学、革命大学，要使用他们，同时对他们进行教育和改造。要让他们学社会发展史、历史唯物论等几门课程。"① 他要求从猿到人讲起。后来，他又反复强调指出，要在党内外五百万知识分子和各级干部中，宣传方使他们获得辩证唯物论，要"有几万万人读马克思主义的理论基础，即辩证唯物论和历史唯物论，反对各种唯心论和机械唯物论"②。与此同时，党中央对干部和知识分子的理论教育，宣传唯物主义，批判资产阶级唯心主义做过多次指示。

第一，艾思奇同志在新中国成立初期，积极响应了党中央和毛泽东同志的号召，以满腔热忱投入了关于从猿到人、社会发展史——历史唯物论的宣传教育工作。一方面，他花了许多精力和时间亲自到中央人民广播电台、许多大学、机关做这方面的讲演；另一方面，为了

① 《毛泽东选集》第 5 卷，人民出版社 1977 年版，第 23 页。
② 同上书，第 144—145 页。

帮助广大干部和知识分子树立共产主义的革命的世界观和人生观，写作出版了《历史唯物论 社会发展史》等著作和文章。毛泽东同志曾经深刻地指出，要解决知识分子又红又专的问题，要红就要解决世界观问题，而要树立正确的世界观，就"要真正弄懂什么是无产阶级，什么叫无产阶级专政，为什么只有无产阶级有前途，其他阶级都是过渡的阶级，为什么我们这个国家要走社会主义道路，不能走资本主义道路，为什么一定要共产党领导等问题"①。艾思奇同志正是遵循这些重要指示，努力进行社会发展史——历史唯物论的宣传教育工作的。

艾思奇同志从事历史唯物论的宣传教育，就是为了引导广大干部、知识分子和人民群众，为在中国实现社会主义和共产主义而奋斗的。他说："我们中国是要经过新民主主义这个过渡时期，达到社会主义社会和共产主义社会的前途。我们学习历史唯物论，就是要清楚地了解为什么人类历史一定会走向这个前途；就是要了解人类历史走向这前途的基本发展规律是什么；就是为要用这些规律知识作为方法，来研究我们工作和斗争中遇到的问题，来解决这些问题，来正确的指导我们进行斗争。"②他根据当时广大干部、知识分子和人民群众的思想情况，明确地提出了进行社会发展史历史唯物论的宣传教育，主要是要达到较有系统地建立起马克思主义的几个基本观点：（1）劳动创造世界的思想；（2）阶级斗争的思想；（3）马克思主义的国家学说。他认为，人们掌握了这些基本观点，许多思想上不了解、弄不通的问题就可以迎刃而解了。

在劳动创造世界的问题上，艾思奇同志阐明了劳动创造人，劳动创造了人类社会，劳动群众创造了历史的基本理论，说明树立生产劳动观点，群众观点，走群众路线的重要意义。他特别强调指出，人类劳动的发展，生产的发展，是人类社会发展的基础，劳动群众的活动是任何历史时代社会发展的根本动力。社会历史发展的决定力量是作

---

① 《毛泽东选集》第 5 卷，人民出版社 1977 年版，第 489—490 页。
② 《艾思奇文集》第 2 卷，人民出版社 1983 年版，第 8 页。

为生产主体的劳动群众。人类历史首先是生产者的历史，劳动人民的历史。人类社会生产力的发展，是社会进步发展的根本原因。人类社会的发展，归根结底是由社会生产力决定的。我们要建立一个新中国，就必须有一定高度水平的社会生产力。就需要努力发展我国劳动人民的生产力，为着这个目的，就要扫除一切阻碍生产力发展的障碍。这是决定革命政策的最根本的理论基础。很显然，艾思奇同志在这方面的论述极为重要。我国在"左"倾思想指导下的失误，一个重要原因就在于忽视了发展社会生产力这一根本任务。所以，党的十一届三中全会以来，邓小平同志和党中央一再强调社会主义的根本任务是发展社会生产力。

在阶级斗争问题上，艾思奇同志阐明了学习阶级斗争的思想，在阶级社会要有阶级斗争的观点，学会阶级分析的方法，在工作中决定政策必须作阶级分析，要学会正确地划分阶级，懂得对不同阶级要采取不同的阶级政策。

在国家学说问题上，艾思奇同志阐明了马克思主义国家学说，是依据社会发展规律来指明国家的阶级性质的。国家是社会上产生阶级后，由政治上的统治阶级运用来压迫被统治阶级的工具。他说明了我国人民民主专政的国家性质和任务。必须实行人民民主专政，才能保卫革命的成果，人民才有民主自由。人民只有正确认识国家的性质和任务，才有真正的政治觉悟。特别可贵的是，艾思奇同志在1954年10月就专门写了论文，论述了人民民主专政的重要职能是组织社会主义经济。他指出："工人阶级领导的人民政权必须'在空地上'把社会主义经济从头建立起来"，"人民政权必须担当从开始到完成的全部社会主义经济建设的任务。没有人民的政权，就根本不可能有社会主义的经济。""人民政权把组织社会主义经济作为自己的主要任务。"① 他提到了要按社会主义基本经济法则，国民经济有计划按比例发展的法则来组织社会主义经济。但由于当时经验还不多，对国家政权应如何组织社会主义经济建设，还未能做出更具体的论述。

① 《艾思奇文集》第2卷，人民出版社1983年版，第242页。

第二，努力提倡和帮助广大科技人员和文艺工作者学习掌握马克思主义唯物主义。

艾思奇同志为了帮助自然科学工作者认识掌握辩证唯物论的必要性和重要性，1955 年 8 月在《以辩证唯物主义武装自然科学》一文中对这个问题做了有力的论述。他指出：（1）自然科学对经验和实证知识材料的研究，需要正确的理论思维，需要依靠哲学上的逻辑推断。正确的理论思维方法，就是唯物辩证法。自然中的一切都是辩证地运行着的。"自然科学家如果能自觉地掌握辩证唯物主义世界观，就可以大大地增进研究的成效，就可以推动科学加快地向前进步。"①（2）只有自觉掌握辩证唯物论世界观，才能克服和战胜资产阶级唯心论和形而上学的错误世界观和方法论的影响。因为在科学研究中进行理论思维活动时，如果不是应用唯物论辩证法的思维方法，就会受到唯心论和形而上学的影响，就容易滚到唯心论的陷阱中去。19 世纪以来，某些科学家由于电子的发现而做出"物质消灭了"的唯心论结论，就是活生生的例子。艾思奇同志具体地说明了，恩格斯曾根据科学发展的历史事实指出，过去的自然科学的发展曾经因为错误的世界观的障碍而推迟了多少年，资产阶级唯心论思想在我国科技工作中，曾带来许多破坏作用，如造成建设工程中的错误和严重浪费，就是明显的例子。不掌握辩证唯物论，往往不能正确地学习和吸取外国的先进经验等。因此，他引用列宁的论述指出："我们必须懂得，任何自然科学，任何唯物主义，如果没有充分可靠的哲学论据，是无法对资产阶级思想的侵袭和资产阶级世界观的复辟坚持斗争的。为了坚持这个斗争，为了把它进行到底并取得完全的胜利，自然科学家就应该做一个现代的唯物主义者，做一个以马克思为代表的唯物主义的自觉拥护者，也就是说应当做一个辩证唯物主义者。"② 艾思奇同志以充分的理由说明了反对唯心主义和经验主义，学习辩证唯物主义，提高我们理论思维能力，这对于中国的知识界，对于自然科学界，是非

① 《艾思奇文集》第 2 卷，人民出版社 1983 年版，第 285 页。
② 《列宁选集》第 4 卷，人民出版社 1972 年版，第 600—609 页。

常必要的。他热情地向自然科学界推荐恩格斯的《自然辩证法》，希望很好地以辩证唯物主义武装自然科学，以便为社会主义事业发挥出最大的力量。

第三，为了适应社会主义建设事业发展的需要，用辩证唯物论世界观和方法论武装青年和广大干部，艾思奇同志不仅用很大精力讲了很多课，并且写作出版了《辩证唯物主义纲要》等著作。

在 1956 年前后，艾思奇同志专门为生活在社会主义时期的青年们写了《什么是唯物论，什么是唯心论》等通俗易懂的书，他告诉青年们，学习划清唯物论和唯心论的界限，掌握辩证唯物论，这对于各方面参加革命工作的人们，在思想上都有头等重要意义。只有掌握辩证唯物论这个马克思列宁主义的科学武器，我们才能够在一切工作中正确地观察问题，找出适合于客观情况的解决问题的方法，保证我们的各项革命工作，社会主义建设工作获得胜利。

艾思奇同志对广大干部进行辩证唯物论的宣传教育工作，根本目的是要帮助他们掌握辩证唯物论的世界观和方法论，求得正确地认识世界和改造世界。他在 1957 年出版的《辩证唯物主义讲课提纲》（后改称《辩证唯物主义纲要》）一书，从哲学上总结了我们党的丰富的革命实践经验，也概括了他数十年研究哲学的重要成果。他在这本书中深刻地写道："学习哲学的目的不是要死记住一些辩证唯物主义的基本原理，而是为着要解决世界观问题和认识方法，思想方法问题，是为着要做到真正领会辩证唯物主义的各项原理，善于应用这些原理来作为我们在实际工作中，科学研究中观察问题和解决问题的方法武器，使我们对各种实际问题和科学问题有可能获得正确的认识。掌握正确的认识方法或思想方法既是学习哲学的中心任务，因此也可以说，认识的问题，就是哲学的中心问题。"① 这就是说，学习研究辩证唯物主义各项原理，最根本的就是要解决认识方法问题，求得正确地指导实践，改造世界，为社会主义建设事业服务。

艾思奇同志还指出，马克思主义的全部理论和策略都是建立在辩

① 《艾思奇文集》第 2 卷，人民出版社 1983 年版，第 423 页。

证唯物论和历史唯物论哲学基础上的，只有学习掌握了辩证唯物论和历史唯物论，才能真正领会马克思主义理论和路线、政策、策略，并善于把它应用于实际工作中去。同时，他以中国革命历史正反两方面的经验证明，党的领导者如果不能正确掌握辩证唯物论，思想方法上走上主观主义，在党的实际工作中就会造成路线政策的错误，使革命事业遭受重大损失。只有在干部中进行辩证唯物论的教育，克服了主观主义，革命才能迅速获得胜利。因此，我们党的干部必须坚决反对和克服唯心主义、主观主义，努力学习掌握辩证唯物论。

艾思奇同志以高度的马克思主义的科学态度，给我们的广大革命干部学习掌握辩证唯物论指明了重要意义和正确的方向。他亲切地说明了，我们的革命干部只有遵循这一正确方向去学习辩证唯物论，才能真正掌握它和应用它，才能在社会主义建设的各项实际工作中发挥巨大的力量。

艾思奇同志这部《辩证唯物主义纲要》，为全国广大哲学工作者和干部学哲学都提供了很好的教材，受到普遍的欢迎。在 50 年代末，曾被译成俄文在苏联出版，苏联一些马克思主义哲学家，曾发表过多篇评论文章，给以好评。艾思奇同志后来还发表了《进一步学习掌握无产阶级世界观》《辩证唯物主义的认识路线》等著作，也都是为了继续实现上述他的目的和愿望。

在此应当提到，他还对工农群众学习和应用马克思主义哲学，给予了热情的支持，并宣传、推广他们的学哲学用哲学的宝贵经验。他坚持把哲学从哲学家的课堂上和书本里解放出来，变为群众手里的尖锐武器。尽管当时工农群众学哲学用哲学曾有某些简单化和形式主义的错误倾向，但是应当肯定，把哲学武器交给广大工农群众，求得哲学的解放，这一方向无疑是正确的。

在"大跃进"的几年中，艾思奇同志为了反对当时主观主义的"共产风"、浮夸风等，曾写文章并多次亲自在一些县里向基层干部宣传坚持唯物论。他在一篇文章中写道："作为科学的共产主义者，是不应该仅仅凭着空想和热情来指导行动的。""破迷信后一定要立科学，而一点也不能离开科学，冲天干劲一定要与实事求是的精神结合起来。这是我们胜利的保证，也是我们的一条重要经验。"他批评了搞无科学根据的高指标，反驳了"人有多大胆，地有多大产"等错误口号。他非常恳切地对干部们说："做工作的时候，真正要实事求是解决问题，自己经过研究，的的确确应该这样工作，按照唯物论来办事情。别人如何说你右倾保守，那你不要怕，要敢于顶住。"他认为，要切切实实地坚持唯物论，坚持实事求是，做好社会主义建设工作，必须坚持民主集中制，坚持群众观点、群众路线，坚持唯物辩证法。他说："要使我们的思想能够很好地反映客观情况，最好的方法，就是走群众路线。"唯物论和群众路线分不开，要实行唯物论，一定要通过群众路线。同时，他认为，"要坚持唯物论，就一定要坚持辩证法。"坚持两点论，全面地看问题，才能避免片面性和主观主义。①

第四，还必须专门指出，艾思奇同志在 60 年代主编了《辩证唯物主义　历史唯物主义》的哲学教科书，为全国大专院校、党校和广大干部提供了系统的马克思主义哲学基本原理的权威性的读物，为在全国青年和干部中进行马克思主义唯物主义哲学理论教育，创造了很重要的条件。

编哲学教科书是党中央提出的光荣任务，在 1959 年年底至 1960 年，艾思奇同志就领导中央党校哲学教研室的同志做了准备工作，并着手写了初稿，并邀请一些省市的哲学工作者开了关于编写哲学教科书的讨论会。1961 年中央宣传部和高教部联名组织编写高等学校文科教材，艾思奇同志任哲学组组长，主编《辩证唯物主义　历史唯物主义》。他组织了一批力量，自己付出了许多心血，来领导编写这本书。他提出编写哲学教科书的原则主要是：编写哲学教科书的目的，是要给学习的同志讲解马克思主义哲学的基本知识；要力求比较准确地阐明马克思列宁主义哲学的一般原理，同时又在阐明马克思列宁主义的一般原理的基础上，说明毛泽东同志对马克思列宁主义哲学的发展。要结合中国革命和中国社会主义建设的实践来阐明马克思列

---

①　参见《热情普及哲学，反对主观主义》，《中州学刊》1983 年第 4 期。

宁主义哲学的发展。教科书既要适应教师的需要，又要适应学生的需要。在编写过程中，艾思奇同志从总体结构到各章内容，从基本观点到材料的选用，他都逐章逐节，字斟句酌地进行了修改。这本书坚持了理论联系实际的原则，用马克思主义哲学原理分析、说明问题，概括了实际斗争经验，批判了各种错误哲学思想，成为新中国成立后第一本比较系统准确地论述马克思主义哲学基本原理的教科书，已经历了20多年的历史考验，证明这是一本好书，深受广大干部和群众的欢迎。它成为后来进一步编写各种类型的哲学教科书的良好的基础，在我国马克思主义哲学教材的建设工作上，艾思奇同志所做的奠基工作，人们是永远不会忘记的。

综上所述，我们可以看出，艾思奇同志一生献身于创造性地研究和宣传马克思主义唯物主义哲学，有许多可贵的经验和品格很值得我们学习。第一，他忠于祖国和人民。为了救国，为了挽救民族的危亡，启发青年和人民群众救国的觉悟，向种种错误思潮作斗争，他从日本回国后就立即献身于宣传马克思主义唯物主义哲学。为了使广大青年和群众能够接受辩证唯物论新哲学的思想，创造性地采用了通俗生动的宣传形式，因而创作了著名的《大众哲学》。由30年代开始，经历了抗日战争和解放战争，直到社会主义时期，他整个的哲学理论活动，都是为了祖国和人民的利益而以最大的热忱工作的。

第二，他忠于党和无产阶级的革命事业。他的全部哲学理论工作，都是自觉地紧密地为着我国革命和社会主义建设事业的需要服务的。例如他在抗日战争时期提倡哲学的中国化、现实化，在实际斗争中运用哲学，在新中国成立后宣传历史唯物论，社会发展史——批判唯心论，系统地宣传辩证唯物论与历史唯物论，都是积极地响应党中央和毛泽东同志的号召，根据革命和建设的实践斗争的需要而进行的。虽然他也有过个别问题的失误，但从总体来看，他的哲学理论工作都是紧密地正确地配合了党的革命事业的需要，而起了极为重要的作用的。

第三，他富有创造、开拓的精神。例如，他在24岁时创作的《大众哲学》，成功地冲破了哲学神秘的旧观念。在抗日战争时期，与毛泽东同志倡导马克思主义中国化的思想和号召相配合，大力提倡了哲学的中国化、现实化，把哲学变为革命斗争的真正的指南。在新中国成立后创造性地编写出版《辩证唯物主义纲要》，主编《辩证唯物主义　历史唯物主义》教科书，这都是在中国哲学战线上做了开拓性的推进工作的。艾思奇同志不愧为我们党的忠诚的马克思主义理论战士，是我国杰出的马克思主义哲学家，他在我国现代哲学史上占有重要的地位。

　　现在我国的哲学理论工作已经取得很多新成就，但也有许多不足之处。特别是在满足社会主义现代化建设的实践需要，满足人民的需要方面，做得不够。还没有能够很好地把我国社会主义革命和建设的丰富实践经验，提高到哲学理论的高度加以总结，有些同志对于现实问题采取回避的态度，这是不对的，应当克服的。我们应当学习艾思奇同志一心为祖国，为人民，为我国革命事业的需要，勇于创造、开拓的精神，积极响应党中央的号召，紧密配合党在新时期的建设具有中国特色的社会主义的伟大历史任务，坚持理论与实际结合的原则，做好马克思主义哲学理论的研究和宣传工作，为我国社会主义现代化的建设事业做出应有的贡献。

（本文选自《一个哲学家的道路——回忆艾思奇同志》，

云南人民出版社 1985 年版）

艾思奇和他的《大众哲学》

郑易里

艾思奇同志离开我们已 12 年了，现在又重印他早期的有名著作《大众哲学》，使我们心情激动，对他无限怀念。

艾恩奇同志在中学时代就很爱好哲学。1926 年冬他中学毕业后来到南京，和他哥哥同住。他哥哥是个革命青年，有一天反动军警忽来搜捕，其兄不在，将他抓去。后在亲朋营救下，他恢复了自由，就到了日本东京，和我同住一屋。学完日语初级课程后，他买了一本日文本《黑格尔哲学》，作为进修日语的主要读物。我当时对哲学一无所知，认为在备考时期不该如此浪费时间。他说他爱哲学，借此容易搞通日语，一举两得。不久，他患胃扩张病，病情颇重，他却毫不在意，仍努力自修。他读了不少日文本的马克思主义经典著作，但为了能够阅读原著，他还自修了英文和德文。

1931 年九·一八事变后，留日同学同仇敌忾，纷纷弃学回国，我们也回到了昆明。

1932 年，艾思奇同志在昆明的活动受到反动政府的注意，处境危险。于是他怀着革命的热忱，到了上海，在南市泉漳中学担任化学教员，该校是福建华侨集资兴办的一所中学，师生进步，富有爱国革命热情。1934 年秋，反动军警突然查封学校，捕去教员多人。艾思奇同志住在校外，得以幸免。当时，不得不靠写文章维持生活。这时，正是中国革命继李立三"左"倾机会主义路线后，在王明"左"倾机会主义路线的领导下，遭受到空前挫折的时候，广大青年，彷徨歧途，迷雾重重。但党领导的左翼文化运动正在发展，进步的文化工作者正如鲁迅所引喻的那样，是"涸辙之鲋，相濡以沫"，在艰难的条件下不停地战斗着。

1934 年艾思奇同志参加李公朴先生主持的申报图书馆，担任该馆在《申报》编刊"读书问答"栏，解答各地读者提出的各种思想问题。"艾思奇"就是他这时候开始用的一个笔名。艾思奇同志在《申报》"读书问答"栏中撰稿后，读者日益增多，该栏已远远不能满足要求，在李公朴先生等奔走下从《申报》独立出来，改出《读书生活》半月刊。艾思奇同志是编辑之一，主持内部编辑业务。这时他和广大青年读者已结成了千丝万缕、洋溢着革命热情的关系。他深深知道，这一时期弥漫在广大知识青年心中的时代苦闷，是由于没有正确的世界观。所以他决心用马克思主义思想冲破哲学迷宫，用"深入浅出"手法，通俗的语言，浅近的事例叙述辩证唯物主义理论，冲破了千百年来的这一神秘禁地，使哲学以全新姿态展现在广大群众面前，成为广大人民群众日常生活思想中天天可以照见自己的一面镜子。就这样，他开始为《读书生活》每期写一篇哲学的讲话，后来集结成书，就用《哲学讲话》为书名。这是一次尝试，正如作者所说："是没有人尝试过，甚至没有人屑于尝试的。"由于当时白色恐怖，写文章需要巧妙、隐晦，又要用容易懂的话来阐明深刻的道理，是不容易的。

《哲学讲话》于 1936 年 1 月初版后，深受广大读者喜欢。国民党反动派则怕得要死，不久便以什么"宣传唯物史观、鼓吹阶级斗争"的罪名查禁。以后稍加修改，改名《大众哲学》再版。到 1938 年，在短短两年期间，《大众哲学》已出到第 10 版，到 1948 年已出到第 32 版，可见《大众哲学》在广大群众中影响极大。不少青年也的确因为看了这本书，对马克思哲学发生了兴趣，走上了革命的道路。马克思主义哲学在中国已不是生硬的书本知识，已能够在广大群众思想认识的湿润土壤中生根发芽了。记得贺敬之同志曾在他的一首诗内这样吟诵说：

> 传递着，传递着，我们的"火炬"——
> 啊！我们的《新华日报》，

我们的《大众哲学》，

我们的《解放》周刊，

我们的《活跃的肤施》。

《大众哲学》已成为人们艰苦奋斗中的有力武器之一了。后来，每当有人称赞这本书时，艾思奇同志总是说："当时以毛主席为首的党中央领导着工农红军取得了长征的胜利，正在进行着伟大的革命实践，广大革命群众向往光明，迫切追求真理，在这样的时代潮流下，这本小册子才能起一点作用。"

1936年日寇侵华日紧，爱国有罪，发生了"七君子事件"，李公朴先生等七人被捕入狱。次年8月13日，日寇大举进犯上海。艾思奇同志在这时主编的《认识月刊》也在战火纷飞中被迫停刊。随后，他和周扬、周立波等同志相继离开了上海，到达革命圣地延安。

艾思奇同志到延安工作，这对他来说，是一个极为重要的转折点。那时正是毛主席写成《实践论》和《矛盾论》的时期，毛主席的光辉哲学著作，正是马列主义哲学发展新阶段的典范。在上海时，艾思奇同志主要是从马克思主义理论上进行宣传，到延安后就在毛主席党中央直接领导下更好地领会马克思主义与中国革命实践相结合的重要性，认识到马克思主义必须不断地受到客观实践的检验并在实践中使它不断地丰富发展。日本投降后，《大众哲学》一直在各地销行很广，这说明它仍然反映着时代的要求，仍然很受欢迎，但他感到原版本内容不能满意，所以下决心在工作之暇进行修改。现在这个重印本便是1948年的修改本。这个修改本，他也还是不满意的，可是我们现在已经只能怀着哀思来重印这个本子了！

从1937年起，艾思奇同志的主要精力和时间都用于党要他从事的工作，尤其是党内教育工作。为了更进一步理解变革客观实践的理论，新中国成立以后，他曾四次下农村去参加实际工作。在这期间，他写过不少论文和讲稿，其中主要的有：《历史唯物论社会发展史讲义》《社会发展史首先是生产者的历史》《胡适哲学思想批判》《梁漱溟哲学思想批判》《辩证唯物主义纲要》《辩证唯物主义 历史唯物主义》《毛泽东思想是马列主义与中国革命的结合》《学习〈矛盾论〉、学习具体分析具体事物的科学方法》《毛泽东同志发展真理论》《以辩证唯物论武装科学》《从毛泽东同志〈关于农业合作化问题〉学习马克思列宁主义哲学武器》《无限和有限的辩证法》《毛主席对马克思主义哲学的主要贡献》等。艾思奇同志为普及马列主义哲学和毛泽东思想做出了不可磨灭的贡献。

　　《大众哲学》初版到现在已经经过了 42 个寒暑。中国已由一个横遭凌辱的半殖民地半封建国家一跃站立起来了，成为社会主义的新中国。打倒"四人帮"后，在以英明领袖华主席为首的伟大的中国共产党领导下，我们正在继续新的长征，万众一心，奔向共产主义明天，前程无限光明远大。然而今天，我们周围的世界现实仍然很复杂，唯心主义、形而上学的种种谬论还需要继续批判，若能在研读了毛主席的《实践论》《矛盾论》等光辉哲学著作基础上再来阅读《大众哲学》，我想，这对于我们在这新旧交替、万象回春的大变革过程中，提纲挈领，比较正确地认识一切，还是有所裨益的吧！

（原载《出版工作》1978 年第 15 期）

我所知道的老艾同志

吴伯箫

出于亲切、诚挚，大家称呼艾思奇同志为"老艾"。这样称呼的时候，在我更是常常想到艾思奇同志对人诚恳，处事稳健，意志坚贞，革命热忱等种种品德的。毛泽东同志在抗日战争初期曾说过："老艾同志不是天下第一个好人，也是第二个好人。"

20世纪30年代初期，当《大众哲学》成为知识青年学习哲学的必读书的时候，老艾同志才二十几岁。那本书像在读者心里点了一把火，引起许多青年对学习马克思主义发生了炽烈的兴趣。使他们初步认识了什么叫观念论、唯物论，什么叫形而上学、辩证法。那本书引谚语、成语，用通俗的文字，采取谈话，讲故事的体裁，使抽象观念趣味化；生动，形象，浅显易懂。把哲学从神秘玄妙的宫殿里拉向了十字街头、日常生活。洛阳纸贵，影响很大。抗日战争初期印行到第10版。那时进步的知识青年谁不知道《大众哲学》呢？而且提到《大众哲学》就想到艾思奇。书名和作者的名字几乎成为同义语。不久，又出版了"他的著作中更深刻的书"《哲学与生活》。无疑，他的著作对广大知识青年是指向马克思列宁主义哲学大道的一个鲜明的路标。

1935年老艾同志加入了中国共产党。

我认识老艾同志是1938年初夏，在延安城里。那时他正给千多名抗大学员上露天大课。学员们坐在地上，各就膝头做笔记，既肃静整齐，又愉快活泼。灰色军装汇成的湖面上，阳光灿烂，微波荡漾。周围还站着一伙一伙衣着斑驳的听众，那多半是像我一样，刚刚到延安,像渴了找水喝,饿了找饭吃,由于慕名而鹜集旁听的。当时我曾想到了第一次国内革命战争后听鲁迅先生一次讲演的情形。

鲁迅先生那次讲演是 1929 年 6 月 2 日晚上在北平第一师范学院(即师范大学)风雨操场讲的。那时鲁迅先生在阔别 3 年之后从南方重返他生活、战斗过 14 年的北京。先在燕京大学、北河沿北大三院和第二师范学院讲演,那是第四次。到执笔的今年,时间过去了整整 50 年,他讲的一些片段我还记得很清楚。他说,1926 年夏天所以逃出北京,原是由于遭到"正人君子"的诬害而奔向青天白日之下的。……那是为了找革命。可是到上海的时候,革命还没来,说是在广州;当辗转到了革命的策源地广州,却听说革命北上了,那里已经变成了革命的后方;现在赶回北平,又听说革命成功了,天下已太平无事。所以,我始终没有遇到革命。不过世界究竟是大变了,"正人君子"和党国英雄"咸与维新"了。到处已由五颜六色的国旗换上了青天白日满地红,而且为清一色计,他们正在防止赤化和排除异端,甚至从红皮书到红嘴唇都被禁止了。自然这也是洋大人所希望的。难道不是"懿欤盛哉"的事吗?……一段话,把大革命因蒋介石叛卖而失败做了多么有力的总结啊!字字金石,铿锵有声。像弹丸一样射到每个听众的心里,在听众的心里激起炽热的感情:对大革命失败是沉痛,对反革命罪行是愤慨。言外更是无声的召唤:要革命胜利,必须在全国点燃燎原大火,掀起漫天风暴。正像《无题》诗里写的:"心事浩茫连广宇,于无声处听惊雷。"那次鲁迅先生讲演的场面,真像烈火在燃烧一样,一直是热气腾腾地。不用说风雨操场里挤得水泄不通,就是讲台上、窗台上也站的、坐的都是人。还有因人多挤不进风雨操场,就簇拥在门口窗口外边。

老艾同志讲课的场面,已经是鲁迅先生响亮的召唤变成活生生的现实了。讲的内容是民族民主革命,火热的抗日战争,革命理论与实践的结合。老艾同志讲课非常认真,仿佛时时都在想把自己理解的真理完整地让听众也能同样理解。有讲稿,但不是照着念。声调不高亢,也不讲究抑扬顿挫,但明白流畅,娓娓动听。

散课后,我到他简陋的平房住室去看他,作了自我介绍。我比他大四五岁，算是老学生。他给我在纪念册上写了这样的话："团结全国为争取抗日最后胜利及建立自由幸福的民主共和国斗争到底。艾思奇　五·五"。题词表达了抗日民族统一战线和《论持久战》的精神。那天是马克思诞辰 120 周年。作为新学员，我被编入抗日军政大学第四期一大队。到今天整 40 年，想起来像昨天一样，这在我是值得纪念的。

从 1939 年 5 月起，在陕甘宁边区文化协会我们相处了 3 年。编《文艺突击》，筹备文化代表大会，接待从"大后方"先后到延安的文艺工作者，成立延安文艺界抗敌协会，都是在这个时候。

老艾同志身躯不是很高大，但非常敦实壮健。走路脚踏实地，一步一个脚印；坐下来像磐石那样镇定，仿佛摇撼也摇撼不动。说话不急不躁，平易近人。对人表扬或批评，都一样温文和蔼，没见他发过脾气。相处越久，彼此了解越深，"久而敬之"。遇到意外的什么事，他处之泰然，从不惊慌失措。记得在一次俱乐部的晚会上，有人为一件生活小事向大家搞突然袭击，把匕首从皮靴筒里拔出来，猛然往桌子上一插，嘴里嘟嘟嚷嚷，说什么"别怪我不客气！"大概有两三秒钟，空气紧张，全场默然。就在第三秒钟的时候，老艾同志在座位上从容地说："你这是干什么？有意见好好讲嘛！想吓唬谁？别看错了地方和时间。这里驻的是长征的英雄部队，大家在抗日。我们需要的是团结一致对付日本帝国主义，拿匕首对谁？"说着，用右手食指轻轻地一指，严峻地说："收起来！"三个字，声音不大，但斩钉截铁，无可抗拒。就这样，那食指指处昂着的头低了下去。——从那以后，每逢遇到向党、向群众逞强梁、耍威风的人，我就常常想到老艾同志处理那次插曲的场面。

我们相处的时候，生产劳动老艾同志总跟大家在一起，他捻过线，种过菜。不过文化娱乐他却很少自动出节目，仿佛有点古板。可是很久以后听说，他在故乡昆明读中学的时候，很会讲故事，说笑话。为支援"五卅"大罢工，进行反帝宣传，还组织同学唱歌演戏，在男学校找不到女角，他甚至自告奋勇扮演易卜生名剧《傀儡之家》里的娜拉。——1925 年因"不安分"被云南军阀唐继尧追捕，那时他才 15 岁。

老艾同志会游泳。在狄青牢崖下延河那处水深的地方，我们一道跳水、潜水，他的功夫最深。仰泳他能手叠脑后躺在水上。后来读《水调歌头·游泳》，我就常常联想那时的逸致豪情，只是"极目楚天舒"换成"极目秦天舒"罢了。他 40 多岁练溜冰，锲而不舍，50岁可以滑"燕飞"，那花样不容易。老艾同志更富于深沉的精神生活，喜欢音乐，一个人用深厚的嗓音唱《伏尔加船夫曲》，唱得很有感情。长年写在座右的是这样一些话："实事求是"；"劳谦"；"博学之，审问之，慎思之，明辨之"；"鸢飞于天，鱼跃于渊，言其上下察也"。而自己都是照着实践的。

老艾同志除了从事哲学著述研究而外，对文学也是爱好的，并且有深湛的造诣。我很喜欢他从德文海涅原著翻译的《德国——一个冬天的童话》，流利、押韵，保持了海涅诗歌的隽永幽默、情感炽热的特点。我学习翻译的《波罗的海》就是从老艾同志收藏的一种海涅诗歌英译本翻译的。在延安抗日战争年代里他主动借给我那本书又鼓励我翻译它，那是治学中无私的帮助，令人至今深切地怀念。《波罗的海》译稿清样，我寄请他校订，他立刻复了信：

> 谢谢你寄来的译诗集，庆贺解放的中国出版了海涅的第一部译诗！我读了几首，我很喜欢它译得自然！……
>
> 很可惜的是，不论德文原文，以及英译本，在延安撤退时都丢弃了！这是很大的损失。但当时的情形，不容许避免这样的损失，所以我不能帮助你完成愿望，这是很难过的！
>
> 有空盼望常常通信！

信是从北京马列学院寄到长春东北大学文学院的，那是 1949 年3 月 26 日。

到北京以后，只要有机会我总去拜望老艾同志。无论分手多久，他待人的热情诚恳始终不变。而生活上的艰苦朴素，也永远保持着延安时期的优良传统。最初，他跟王丹一同志在颐和园附近住两间小房子。房子里除了书桌和木板床，地上堆的都是书。一次，他一个人在洗衣服，见面急忙擦手招呼。热天，他招待我吃西瓜，连切两个嫌不好，又要切第三个。依旧像住窑洞的时候一样，木炭火上煮红枣，哪怕只有半搪瓷茶缸，他都拿出来给大家享用。

等到 1963 年，我到中央党校学习的时候，老艾同志是副校长。他住的楼房虽然是通明敞亮的，但除了更多的中外图书和半导体收音机，却很少增添新的家具什物。从宿舍到办公室他喜欢骑脚踏车。经常散步到我们学员宿舍。不讲阔气，不摆架子，看不出进城 20 年一般人所常有的那种变化。

老艾同志著作很多，成部的书 20 余种，文章和讲稿近 300 篇。60 年代初期他主编的《辩证唯物主义　历史唯物主义》是高等学校的文科教材，比较系统地准确地阐述了马克思主义哲学的基本原理，批判了唯心主义和形而上学，在广大读者中仍受到欢迎。只是十多年来遭受"四人帮"的禁锢封存，直到"四人帮"被粉碎后才得重新再版。1978 年印的《胡适实用主义批判》和《批判梁漱溟的哲学思想》两书，是他 20 多年前写的，对当前肃清唯心论和形而上学的流毒，亦有现实意义。老艾同志谦逊敦厚，从不因富有著述而炫耀自满。有的野心家因为他有社会影响而嫉妒他，他却从没把自己的声誉和影响作为个人捞取什么的资本。

（本文选自《一个哲学家的道路——回忆艾思奇同志》，
云南人民出版社 1985 年版）

忆艾思奇同志

张岱年

　　1966 年 3 月，我和任华同志在朝阳区王四营公社白鹿司村参加"四清"工作，一天阅报，看到艾思奇同志逝世的消息，感到十分悲痛。当时远在郊区，未能参加悼念艾思奇同志的活动，至今引为憾事。时光迅速，到现在，又过去了 20 年了。追忆往事，感慨系之！

　　艾思奇同志在 30 年代之初，在上海出版的《读书生活》杂志上发表论文多篇，不久即写成《大众哲学》，深受广大青年的欢迎。这是一部宣传马克思主义的辩证唯物论与历史唯物论的著作，文字活泼流畅，内容深刻全面，真正做到了深入浅出。出版之后，风行一时，以通俗易懂的语言，说明深邃正确的原理，在当时的哲学书籍中，读者最多，影响最大。后来，艾思奇同志又出版了《新哲学论集》《哲学与生活》《实践与理论》等著作，也都受到哲学工作者的欢迎。新中国成立后，主编《辩证唯物主义　历史唯物主义》，也是一部影响深远的哲学著作，仍为今日研究哲学的人们所必读。

　　解放初期，盛传艾思奇同志三进清华的故事，一时传为佳话。清华园解放，在北京城区解放之前。1948 年 11 月，人民解放军打到清华园，于是清华大学回到人民的怀抱。当时到清华大学办理接收工作的是钱俊瑞同志和张宗麟同志。清华大学解放不久，即开设"大课"，请艾思奇同志来校讲了三次。艾思奇同志用通俗的语言，讲解了辩证唯物主义与历史唯物主义的基本原理，全校师生都受到深刻的教育。后来学校领导还邀请艾思奇同志多讲几次。艾思奇因工作太忙，不能再来，介绍孙定国同志来讲了几次，效果也都很好。

解放之初，学术界受当时苏联学者的影响，对于形式逻辑采取了否定的态度，把形式逻辑与辩证法摆在互相排斥的地位。当时金岳霖先生曾经就形式逻辑问题和艾思奇同志进行商讨。其后不久，苏联哲学界肯定了形式逻辑的价值，艾思奇同志在一次讲话中明确肯定"形式逻辑是一门科学"，于是这个问题得到圆满的解决。

1948 年冬季，我应哲学系同学的要求，并得到金岳霖先生的同意，开设了"辩证唯物论"课程，就我当时的理解进行讲授。一次哲学系召开座谈会，请艾思奇同志参加了。冯友兰先生对他说明清华开设辩证唯物论课程的情况，当时艾思奇同志说，"清华园解放了，辩证唯物论也解放了。"全系师生听了都很高兴。

在那次座谈会中，冯友兰先生还向艾思奇同志说，金岳霖先生的《知识论》已经写成了，其基本观点是唯物主义的，希望能设法出版。艾思奇同志也表达了深切关怀的态度。艾思奇同志对于旧大学的哲学系的关怀，是令人难忘的。

1957 年 1 月，北京大学召开中国哲学史问题讨论会，当时就关于哲学遗产的继承问题展开了辩论。在会议的最后一天，请艾思奇同志出席讲话。艾思奇同志着重指出：关于文化遗产的继承问题，还应注意毛泽东同志著作中的有关论述，毛泽东同志《新民主主义论》等著作中，关于文化遗产的继承问题有过明确的指示，是我们今后工作的指导方针（大意如此）。当时艾思奇同志这一讲话，非常切中肯綮，与会同志听了都感到深受启发。

艾思奇同志离开我们已经 20 年了，作为马克思主义哲学家，他的理论贡献是永存不朽的，人民将永远怀念艾思奇同志宣传马克思主义理论的巨大功绩。

（本文选自《马克思主义哲学家艾思奇——纪念艾思奇同志逝世二十周年》，中共中央党校出版社 1987 年版）

《大众哲学》的历史作用永垂不朽

许涤新

我认识艾思奇同志比较早，是 1932 年，他在泉漳中学当老师，我当时是"社联"书记。泉漳中学是一所进步学校，也有党组织，如刘芝明等都是党员，还有"上海反帝大同盟"这样的进步群众组织，他们的工作是经常上街写标语、散传单，搞飞行集会，艾思奇也参加了反帝大同盟。杜国庠到泉漳中学检查工作，发现了人才，说艾思奇很用功，有理论基础，常上街写标语、散传单，对他不一定合适，与我商量，同意将他调到"社联"。

我们接受他到社联，他投稿《中华月报》，笔名李东明，写了《抽象作用与辩证法》，这是他第一篇较长的哲学论文。

1933 年，李公朴说服史量才在南京路办起了《申报》流通图书馆，读者在读书中提出不少问题，柳湜同志（党员）提出希望组织有较高理论水平的盟员去工作，我与"文总"商量，派艾思奇到流通图书馆的"读书生活"（是上海《申报》第八版）工作，专门解答读者的问题，很合适。

当时国民党施行不抵抗政策，国家内忧外患，艾思奇用马列主义理论联系实际的方法，解答读者提出的各种问题，收到很好效果，在读者中产生很大影响。

1935 年 2 月上海第三次大破坏，我被捕入狱，1937 年关在苏州陆军监狱，直至 1937 年抗战之后，因国共合作释放政治犯，才放出来。到了上海，没有衣服，没有钱，我去募捐，艾思奇捐献五元钱和一套西装。当时大家都很穷，听说他也常无米下锅。"读书生活"已从《申报》独立出来，并单独出刊物。艾思奇出版了《大众哲学》，影响之大，出乎意料，可说在 30 年代地下工作出版最多的一本书，新中国成立前出了 32 版。

艾思奇的《大众哲学》在《金陵春梦》中有描写，共产党的《大众哲学》害死人，蒋介石为此大骂陈立夫，他说，共产党能写出大众哲学，你们身为国民党党员就写不出来，你们这帮该死的，白吃饭，不做事。所以我说《大众哲学》的作用是永垂不朽的。

（本文选自《马克思主义哲学家艾思奇——纪念
艾思奇同志逝世二十周年》，1987 年版）

辩证法论战中之艾思奇

李振霞

50 多年前，以上海为主要阵地，展开了一场围绕辩证法问题的持续数年之久的论战。它作为文化"围剿"与反"围剿"的一个组成部分，发生了较为深广的影响。在这场论战中，作为马克思主义方面代表人物之一的艾思奇同志，以他杰出的贡献，在中国现代哲学史上留下了深深的足迹。

一

20 世纪 30 年代是世界风云变幻，国内搏斗激烈的年代。"四·一二"反革命政变后，国民党新军阀逐步在全国建立起反动统治，残酷镇压和屠杀革命民众。而人民则在毛泽东、周恩来、朱德等共产党人领导下，高举武装斗争的大旗，奋起抗争。"九·一八"事变后中日民族矛盾逐渐上升。全国人民要求抵抗日本帝国主义的侵略，而国民党政府顽固坚持"攘外必先安内"的反动政策，对外屈膝投降，对内高举屠刀。这就构成了这一时期的特点："一方面反革命的'围剿'，又一方面革命深入。"关于这一特点的内容，毛泽东同志有过一段精辟的论述。他说："有两种反革命的'围剿'：军事'围剿'和文化'围剿'。也有两种革命深入：农村革命深入和文化革命深入。这两种'围剿'，在帝国主义策动之下，曾经动员了全中国和全世界的反革命力量，其时间延长至十年之久，其残酷是举世未有的，杀戮了几十万共产党员和青年学生，摧残了几百万工农人民。从当事者看来，似乎以为共产主义和共产党是一定可以'剿尽杀绝'的了。但结果却相反，两种'围剿'都惨败了。"① 发生在 1931 年至 1936 年期间的关于辩证法问题的论战，就是当时文化"围剿"和反"围剿"斗争的一个有机的组成部分。

当时，残酷的白色恐怖笼罩着全国。可是，马克思主义的传播和应用，却以不可阻挡之势前进着，尤其是哲学。正如艾思奇所说，"直到 1927 年，辩证法唯物论的洪流席卷了全国"②。这是一种不可遏制的"洪流"。特别是第一次国内革命战争的失败，使一些革命者更加认识到广泛传播和普及马克思主义世界观的重要性、急迫性。于是一批革命的知识分子，埋头于从事马克思主义哲学的译著。马克思主义哲学的许多经典著作，如《哲学的贫困》《反杜林论》等，都一一被译为中文。同时，还编辑了论文选和专题选。如 1930 年 2 月社会科学研究会出版的《马克思论文选译》（第一卷，李一氓译），卷首就是以列宁的《卡尔·马克思》作代序。其中，对马克思的哲学思想，列宁论述得十分精粹。专题论文集，有《辩证法经典》《马克思主义的民族革命论》《恩格斯论文学》等。关于马克思主义哲学的节译本、节选本就更多了。

当时，一些大学还开设了马克思主义的课程。例如，在北京的北平、中国、中法、师范等大学，由李达、黄松龄、吕振羽、范文澜、马哲民、齐燕铭、施存统、张友渔、陈翰笙、许德珩、侯外庐等著名教授和学者，就开过马克思主义学说的课程。其中有些学者，就是直接讲马克思主义哲学的。这样，到 30 年代，唯物辩证法不仅为一些先进分子所拥护，而且成了不少学者所公认的研究一切学问的基础，甚至一些不懂辩证法的人，这时也来充一下时髦。邓拓在 1933 年所写的文章中，生动地描绘说："其实，在今日谈唯物辩证法的人也的确是太多了。任何人，不管他是否真正懂得了唯物辩证法的应用，总喜欢充一下时髦，也弄一弄辩证法，对于一切问题，也都喜欢用辩证

---

① 《毛泽东选集》第 2 卷，人民出版社 1991 年版，第 695 页。
② 《艾思奇文集》第 1 卷，人民出版社 1981 年版，第 60 页。

法来'辩证'一下。好像这样一来，立刻就成了时代的理论家似的。"① 就是反对马克思主义哲学的张东荪也不得不承认："这几年来坊间出版了不少关于唯物辩证法的书。无论赞成与反对，而唯物辩证法闯入哲学界总可以说是一个事实。"②

面对这样的情况，国民党反动派一方面以政治高压手段，封闭打击进步团体，迫害革命者与进步文化人士，禁止和焚毁进步书刊。他们颁布了许多法令，如《图书杂志审查办法》《宣传品审查标准》等等，仅北京（当时称为北平）一地，1934 年就焚毁书籍达千余种以上。另一方面，他们唆使反动文人阻挠，破坏革命文化运动，提倡"尊孔读经"，鼓吹奴化思想，推崇个人独裁，竭力禁锢和毒化人们的思想，以巩固其封建法西斯的统治。而当时对于辩证唯物主义的进攻，正是对国民党文化"围剿"的一个重要配合。

在向唯物辩证法进攻中，有两个代表人物是很卖力气的，一个是张东荪；一个是叶青。不过这两个人物出场的形象很不一样。前者是赤膊上阵，后者是披着马克思主义外衣的。

当时，张东荪是以新康德主义为武器，向马克思主义哲学进攻的。用他自己的话来讲，他的学说，"大体上可以说是'修正的康德主义'""所以大部分与康德相同"。在他的著作中，指名道姓地诋毁马克思，狂妄地宣称："马克思之说必可不攻而自破矣。"③ 从 1931 年起，张东荪陆续发表了《认识论》《道德哲学》《多元论重述》《唯物辩证法之总检讨》等文，并编了《唯物辩证法论战》的论文集，攻击马克思主义哲学。

向辩证唯物主义进攻的，除这位公开的新康德主义者外，还有"披着唯物论的外装的另一种唯心论"者，这就是上面谈到的叶青。胡绳同志回顾当时的情况时说："在三十年代的上海出版界中有不少假马克思主义者的喧嚣。在中国社会史问题论战中的一些托派分子和在艾思奇当时的有些文章中给以批判的叶青就是属于这样的人。他们

① 《新中华》杂志第 1 卷，第 23 期，第 52 页。
② 《唯物辩证法论战》，第 135 页。
③ 张东荪：《道德哲学》，第 628 页。

自吹自擂，装腔作势，傲慢地把自己说成是真理的唯一拥护者。"①
叶青当时冒充马克思主义者，发表了《哲学到何处去?》《关于物质—精神—物质》《理论与实践》《观念论不可吸收吗?》等文章，也编辑了《哲学论文集》，对张东荪进行所谓的"批判"。所以，关于辩证法的论战，就是张东荪、叶青等人挑起的。他们的互相争论，不过是唯心主义者之间的内部争吵。他们在实际上反对辩证唯物主义是一致的，可是，一个有伪装，一个没有伪装。他们进攻的主要矛头，首先还是对准与唯心论根本对立的辩证唯物主义。

共产党人清醒地看到，对于马克思主义哲学的传播和运用来说，这种新康德主义者和"披着唯物论的外装的另一种唯心论"，是严重的障碍。这种唯心论迫使"正确的唯物辩证法不能不另用一番心力与之抗争，与之分裂"②。"新哲学一方面反对观念论，一方面和机械主义作战，要在这两条战线的夹攻中，打出一条血路来。"③ 这次论战中，马克思主义方面的主要代表人物是艾思奇同志和邓云特（即邓拓）同志。这两位都是大家熟知的。在论战中，邓拓把批判的重点指向张东荪，艾思奇则把批判的锋芒直指叶青之流。他们协同作战，配合得十分默契。

艾思奇同志发表了《论黑格尔哲学的颠倒》《几个哲学问题》《关于内因与外因论》《生产力与生产关系的相互作用》等一系列文章，还有著名的《哲学讲话》等，对张东荪、叶青进行了有力的批判，捍卫了马克思主义哲学。他在斗争实践中，对马克思主义哲学原理做了创造性的运用，成效显著。

1937年毛泽东在延安抗大做了关于《实践论》《矛盾论》的报告，丰富和发展了马克思主义哲学，全面地阐明了辩证唯物主义世界观的一系列根本问题，实际上为这次论战做了科学的总结。

---

① 《人民日报》1982年2月9日。
② 《艾思奇文集》第1卷，人民出版社1981年版，第66页。
③ 同上书，第90页。

二

在这场论战中，艾思奇主要回答了以下几个问题：马克思主义辩证法的产生对于人类认识史发展的伟大意义；辩证法的基本规律是否具有普遍性、客观性；运动和静止的关系究竟是怎样的；内因和外因在事物发展中各起什么作用；对于基本矛盾该如何认识等。

（一）马克思主义辩证法的产生对于人类认识史发展是否具有伟大意义？

张东荪和叶青都认为没有。两个人提出的所谓"理由"虽有所不同，但基本观点是一致的。张东荪认为"马克斯（思——引者注）的辩证法是对于黑格尔的误解，而不是他的倒过来"①。叶青则说黑格尔的哲学分成了两个部分，一部分是他的观念论的体系，另一部分是他的方法论。方法论（即辩证法）是与他的体系对立的，方法论是"纯粹的""逻辑公式"，和新唯物论的运动公式"完全是一个"。② 因此，新唯物的创始者"加尔只是辩证法的检证者，创立者为黑格尔"③。又说："加尔底颠倒是这样：把黑格尔哲学分成方法和体系两部分；而抛弃其体系，保存其方法……而所谓方法，就是辩证法。"④

艾思奇同志在《论黑格尔哲学的"颠倒"》一文中，对他们的观点，给予了深刻的剖析与批判。艾思奇指出，不能把黑格尔哲学截然割裂为两部分。方法在黑格尔哲学的内部，究竟是一个观念论的方法论。依着叶青的见解，一个哲学者的研究方法，竟然可以和他的哲学本身截然分开，观念论的哲学方法，竟然和唯物论的哲学方法"完全是一个'东西'"。由于这种形而上学的机械分割法，黑格尔哲学

---

① 张东荪：《动的逻辑是可能的么》，《新中华》第 1 卷，第 18 期，第 7 页。

② 叶青：《〈黑格尔——其生平其哲学及其影响〉序言》，参见《艾思奇文集》第 1卷，人民出版社 1981 年版，第 112 页。

③ 同上书，第 113 页。

④ 叶青：《颠倒黑格尔哲学的真解》，《新中华》第 4 卷，第 11 期，第 45 页。

在叶青的眼中成了截然对立的两部分，而对黑格尔哲学的颠倒，也就成了简单的分割。艾思奇举例说好像屠户割肉，哪块好，现成地割下来就去出卖。把新唯物论看成是这种贩子显然是十分荒谬的。

艾思奇同志说："凡懂得一点西洋哲学的人，没有不知道黑格尔哲学和新唯物论的关系的。新唯物论紧接着黑格尔之后而建立起来，它从黑格尔取得了很重要的遗产，加以批判，改作，才成为一个划时代的新哲学。"① 艾思奇同志同时谈道："自然，使新唯物论成立的更根本的基础，是当时欧洲社会里新的现实条件和要求，没有新的条件和要求，新哲学决不会从黑格尔的旧卵壳里孵化出来。"② "不管黑格尔哲学里有多少唯物论的种子，新唯物论决不能把它像割肉一样的整块地割来现成应用。不但不能把他的方法论囫囵地'作为一个体系而接受'过来，连'他的观念论的体系'也不能就笼统地'作为材料而抽取'接受他的方法论，是要加以批判和改作的，抽取材料，也一样要通过批判和改作来抽取。"③ 艾思奇还着重谈到马克思主义创始人拯救辩证法的问题。他说："批判与宰割不同。批判的接受是要经过一番改造的。新唯物论创始者的'颠倒'黑格尔哲学，就适当地加以改造过，不仅是取消了'理性'观念论等等的形容词，而且也要改正那被压歪在黑格尔哲学里的辩证法的公式。"④

为了否定马克思主义哲学产生的划时代意义，叶青还制造了所谓的哲学消灭论。硬说，哲学已融汇于科学中，黑格尔为哲学的高峰，马克思却走向科学、政治、实践中去了。他在《科学与哲学》《关于哲学存废问题》《哲学与科学》等文章中，反复谈到这种哲学消灭论的思想。当受到批评后，他在自我辩解的文章《关于哲学消灭论》中还硬说："嘉尔和恩格斯也主张哲学消灭论。"⑤

在批驳叶青的谬论时，艾思奇指出，哲学并没有消灭，它仍然有

---

① 《艾思奇文集》第 1 卷，人民出版社 1981 年版，第 111 页。
② 同上。
③ 同上书，第 115 页。
④ 同上书，第 116 页。
⑤ 叶青：《关于哲学消灭论》，《研究与批判》第 2 卷，第 7 期。

自己的独立研究领域和对象。马克思主义的辩证唯物论的研究对象，就是"世界发展的最普遍最一般的法则"。艾思奇反复阐明"哲学消灭论"是错误的。

艾思奇说："要像从前一样，想保持一种超乎科学之上的哲学或玄学，是不正当的，但同时，要把哲学这一门学问，完全消灭掉，使它没有一个自己特有的领域和对象，也是机械论的错误。"① 新唯物论的解决是：把哲学也当作一门科学，和其他的科学部门并立着，叫作"哲学科学"。这样一来，旧有的超科学的纯哲学，自然可以否定了，但这和叶青的哲学消灭论不同。新唯物论不把哲学消散在各门科学里，它使哲学仍保持着独立的领域和对象，那对象就是世界发展的最普遍最一般的法则，也就是自然、社会、人类思维运动变化的总法则，即辩证法。

这样，对于叶青否定与歪曲马克思主义哲学，以及抹杀它的产生对于人类认识史发展的意义的谬论，艾思奇都一一予以驳斥，肯定了马克思主义哲学的产生具有划时代的意义。

（二）唯物辩证法的规律是否具有客观性、普遍性？

在《哲学讲话》（按：即《大众哲学》）中，艾思奇为了说明"矛盾统一律是很普遍的"②，曾举了一个例子"这青年是一个店员"，以此来证明，不论我们说一句什么话，就是最简单最平凡的，也逃不出矛盾统一律的支配。可是，叶青却硬说艾思奇的这个观点是错误的。他摆着一副精通辩证法的面孔说："我要批评艾思奇对于矛盾统一律的应用。他以'这青年是一个店员'为矛盾统一律，因为'青年不一定是店员，店员也不一定是青年，店员和青年是矛盾的，然而我们却可以毫不怀疑地把这青年和店员连到一起'，所以那个命题是矛盾统一律底应用。因此那个命题'是在动的逻辑底管辖之下的'。这实在错误至极！"③ 这里所谓"动的逻辑"，是指"辩证逻辑"，也是当时人们对辩证法的一种称呼。叶青的这些话，写在1936

---

① 艾思奇：《几个哲学问题》，《读书生活》第 2 卷，第 12 期，1935 年。
② 《艾思奇文集》第 1 卷，人民出版社 1981 年版，第 230 页。
③ 叶青：《形式逻辑与辩证逻辑》，《研究与批判》第 2 卷，第 2 期。

年 5 月 15 日他的《形式逻辑与辩证逻辑》一文中。10 天以后，即同年 5 月 25 日，艾思奇在自己的文章《关于形式逻辑与辩证逻辑》中批驳说，我说"青年是店员"里有矛盾，是要指出形式逻辑本身也不能严守同一律。形式论理学者运用这个命题，当然没有想到里面有着矛盾，因此这命题当然不是矛盾统一律的应用，但我们仍不能否认这一类命题，在本质上已包含着矛盾的统一。艾思奇还引用了列宁的论述。他说，伊里奇在《哲学笔记》里也说，就是一个简单的判断，也是矛盾的统一。例如"伊万是人"这一个命题里就有着"特殊等于一般"的意味。这一点不知道叶青懂得否？把艾思奇正确阐明这一规律的言论说成是错误的，这正表明叶青对唯物辩证的否定。

这里也联系到差别与矛盾的关系。叶青否定差别可以转化为矛盾。艾思奇针锋相对地予以批驳，并且阐明了一个重要观点，即差别在一定条件下可以转化为矛盾。他说："差别的东西，当然不是矛盾，所以笔、墨、椅子之类不是矛盾，但如果是真'懂得'辩证法，'懂得'推移和变化的原理的话，就应该知道差别的东西在一定的条件下也可以转化为矛盾。"① 这"一定的条件"是指什么呢？艾思奇明确谈道："倘若这两件差别的东西是同时同地在一起而且发生互相排斥的作用的话。"② 艾思奇紧接着揭露了叶青对矛盾的形式主义的理解，而且，将叶青同张东荪联系在一起进行了批判，说："如果你一定死咬着善与恶，男与女等等才算矛盾，其他就不能转化为矛盾，这种形式主义的划分法，和张东荪的划分'相反，矛盾，对待'等等的举动有什么分别？这会是'懂得'辩证法的人的思想吗？"③ 艾思奇的上述分析，向我们指明，叶青、张东荪对待矛盾，都是形式主义的。他们只看到表面的对立，而不能把矛盾作为一个过程来看，不懂得"推移"与"变化"的辩证法。从而否认了客观现实中矛盾的存在，否定了矛盾的普遍性。所以，口口声声说别人不懂辩证法的叶青，自己才真正不懂辩证法。

---

① 《艾思奇文集》第 1 卷，人民出版社 1981 年版，第 310 页。
② 同上。
③ 同上书，第 310—311 页。

　　叶青歪曲质量互变规律的手法，是承认有质变，但是认为量变太缓慢了，用他的话来讲，就是"在未发生质变前，我们都可以说没有变"①。因此，他"以为质量互变不能算基本的规律之一"②。而张东荪则只承认量变，否认质变。认为"从量转化为质"，不是"事物的变"。③

　　艾思奇同志在批驳叶青、张东荪等的过程中，对质量互变规律，有较为周详的论述，而且颇有独到见解，至今看来还有新鲜感。主要谈了这样几个观点：

　　（1）质量互变也是一个根本法则。

　　艾思奇说，马克思主义的创始人在改造黑格尔的辩证法时，把质量互变规律提到了根本法则的地位。在黑格尔那里，质量互变规律是作为一般性的规律，或事物发展变化的现象而存在的，只是低级的第二义的变化。马克思主义的创始人把黑格尔看做第二义的存在抬高到第一位上来，就特别看重质量变化，而将质量互变的规律和矛盾统一律，否定之否定律等并列起来，质量互变律就由低级的法则提高到"根本法则的地位上来了"④。这是一个很大的贡献。

　　（2）存在自身有质量的运动。

　　艾思奇指出：将质量互变规律作为一个根本法则的结果，唯物论的方法论和观念论的方法论才有了实质上的区别。这样一来，才能说明一切运动并不是纯逻辑的或理性的运动，"而是存在自身的有质量的运动"⑤。

　　（3）质量互变律有特殊的意义。

　　艾思奇还指出，质量互变规律，在唯物辩证法中，起着它的独特的作用。用他的话说，"是有普遍的高级的意义的"⑥。他说矛盾统一

---

①　叶青：《形式逻辑与辩证逻辑》，《研究与批判》第2卷，第2期。
②　参见《艾思奇文集》第1卷，人民出版社1981年版，第117页。
③　张东荪：《动的逻辑是可能的么?》第1卷第18期，第5页。
④　《艾思奇文集》第1卷，人民出版社1981年版，第117、117—118页。
⑤　同上。
⑥　同上。

律和否定之否定律，都不能离开质量变化而孤立存在。事物的矛盾，是有质量的存在自身的矛盾，事物的否定之否定的过程，也必须是通过质量变化而发展的过程。

我们通常讲辩证法的三个基本规律，都强调对立统一规律作为辩证法的实质与核心的特殊意义。这当然是对的，是需要的。但是，对于质量互变规律在三个规律中的这种特殊意义，却很少强调。艾思奇同志所谈到的这个问题，深刻地给人以启迪。

张东荪和叶青对于否定之否定规律，都是持否定态度的。张东荪公开声称否定之否定不是客观规律，"所谓否定只是'不见'了而已"①，"这些名学上的专用名词不能移用于事实界"②。叶青则认为，"否定之否定是一个不适当的名词"，如果"把否定之否定看成一个法则，那么肯定和否定也各自独立成为一个法则了"。他还声称"用否定之否定包括全部，在逻辑上便为不通"③。

在批驳张东荪、叶青的谬论时，艾思奇明确表示，反对把否定之否定看作在"事实界"所不存在的，反对把它神秘化。在《论黑格尔哲学的"颠倒"》一文中，艾思奇指出："辩证法的规律，尤其是否定之否定律，常常被人看做黑格尔的神秘主义，也有的人认为太机械，这原因恐怕就是由于黑格尔的理论的难懂和他的观念论的体系的作祟。如果我们不像黑格尔那样作纯论理的解释，而加以合理的现实的把握，那我们就很容易了解为什么否定之否定律，既不神秘也不机械。"④

艾思奇指出，解决处于不断运动变化过程中的事物的矛盾，一定要通过否定之否定。他说：我们知道事物是不断的向上发展，运动变化的事物决不会永远停滞在一定的阶段。事物要从一个阶段进展到另一阶段，必须将旧的矛盾解决了才行。如果永远维持着旧的矛盾，那

---

① 《唯物辩证法论战》上卷，第 168 页。
② 同上。
③ 叶青：《〈黑格尔——其生平其哲学及其影响〉序言》，参见《艾思奇文集》第 1 卷，人民出版社 1981 年版，第 120 页。
④ 《艾思奇文集》第 1 卷，人民出版社 1981 年版，第 119 页。

怎能算进入新阶段呢？如果资本主义的生产关系和生产力的矛盾没有解决，它怎能走进新的社会去呢？这旧的矛盾是怎样解决的？辩证法的答复是："通过肯定和否定的阶段，到否定之否定的阶段上实现的。否定之否定包含着两次的否定，这就是将旧的矛盾中的对立物双方都否定了的意思"①，"把否定之否定作为一个规律，不过是表示矛盾的解决"②，因此，艾思奇的结论性意见是"否定之否定是解决矛盾的总枢纽"③。

（三）静止是运动的特殊形态，不是"运动的停留"

艾思奇著作的一位热心读者张友仁，写信表示对叶青攻击《哲学讲话》的行径很反感，而且希望有些问题请艾思奇进一步指教。他特别谈到：叶青虽然在口头上承认运动是绝对的，静止是相对的，实际上他已经把两者同等看待了。因为叶青说："运动是静止的积累，静止是运动的停留，两者相生相成，互为规定。"张友仁对于这种看法，明确表示反对。

艾思奇在公开答复张友仁等的信中，阐明了唯物辩证法关于运动与静止相互关系的原理，批判了叶青对于辩证法的曲解。艾思奇指出："正如张君所说，静止只是运动的特殊形态，静止的东西，本质上仍是运动的。"④ 对于这一基本观点，艾思奇举例进行了分析，譬如事物在量变的过程中，它的性质不变，这时，在性质方面，我们可以说它是相对静止的，然而在量的方面，它始终是在运动。石头在表面上不变不动，然而它的内部仍不断地进行着量变的过程。封建社会的变化常常很迟滞，但你不能说它没有变化。

艾思奇还说："因为相对的静态根本上仍是动态的一种表现，所以对于相对的静态，我们也仍然要用辩证法去研究，才能够看得很深刻。"⑤ 指出这一点很重要。因为，如果用形而上学的方法，往往会

---

① 《艾思奇文集》第 1 卷，人民出版社 1981 年版，第 119—120 页。
② 同上书，第 120 页。
③ 同上。
④ 同上书，第 307 页。
⑤ 同上书，第 307—308 页。

陷入孤立、片面与表面地看问题。只看到静态，看不到动态，从而会片面夸大静的一面。这会导致"天不变，道亦不变"的错误论断。

艾思奇同志指出，叶青在运动与静止的关系问题上陷入了折中主义、诡辩论。叶青说运动是静止的积累，静止是运动的停留。这种理论并不是他的独创。它只不过是对古代的诡辩论的一种抄袭，"这种理论，两千年前希腊的诡辩论者早已发过了。他们把运动看做空间中的无数停留点的总和，于是就结论说只有无数停留点，而没有运动"①。艾思奇同志还说："这种诡辩论，不料竟在'二十世纪'的叶青嘴里还魂，真令人要'叹为观止'了！"②

（四）关于内因和外因在事物发展中所起的作用问题

艾思奇重点批驳了叶青的"外烁论"，阐明了马克思主义哲学关于内因与外因的一系列观点。

艾思奇揭露了叶青在内因与外因的作用上没有区别主次，"事实上是把两者同等看待"③。玩弄的是折中主义手法。艾思奇着重指出："辩证法是把内因看做一切事物发展的根本动力的。辩证法对于外因虽然并不忽视，但认为内因是基础，是本质，是发展的必然性的决定的原因。如果他至少要在表面上标榜辩证法的话，他就不能不承认这一点。"④ 但是，"他的这种承认，始终只是一个标榜"⑤。为什么说是"标榜"？因为，"他也只承认了内因论的本质性的一个幌子，转一个弯又说在某些国家的发展里不能用内因说明"⑥。艾思奇的这种揭露，是实事求是的。因为，叶青坚持"外烁论"，即认为中国的历史发展全然是由于外来的原因造成的。他说，"一般之中有特殊"，中国的发展是"不合规律"的，"欧洲史是合规律的……中国则不然"。⑦"中国底历史，不是合规律的。因为我们所有的哲学、科学、

---

① 《艾思奇文集》第 1 卷，人民出版社 1981 年版，第 3 页。
② 同上书，第 310 页。
③ 同上书，第 325 页。
④ 同上。
⑤ 同上。
⑥ 同上。
⑦ 参见《艾思奇文集》第 1 卷，人民出版社 1981 年版，第 324 页。

文化堆满了书店和流行于学校的，都从外国来，纯属采用性质"，"中国历史底发展在这里，显然是外烁的"。① 应当"予外因论以适当的位置"②。

艾思奇在《关于内因论与外因论》一文中，对这种"外烁论"，从理论上进行了分析与批驳，指出叶青在中国问题上，夸大了外力，抹杀和否定了辩证法的最高原则。辩证法对于外因虽然并不忽视，但认为内因是基础，是本质，是发展的决定性的原因。艾思奇还说，中国近代历史的发展，外力有很大的作用，这是不能否认的事实。然而，不能因此就说，中国的发展，全然没有内在的规律性。要说明中国历史发展问题，就得以中国社会内部的矛盾作基础，研究这些外力是怎样通过内部矛盾而发生影响。叶青夸大外力，抹杀内在的推动力，把一个国家的变化，说成是全面"由外力造成"，把民族解放的前途，说成是要"受外力的左右"，这种荒谬的观点，不过是为了替帝国主义侵略中国有功的"外烁论"辩护。

叶青为了论证托派的政治主张，而有意夸大外因的作用，抹杀内因的决定作用，但却采取狡猾的手法，倒打一耙，诬蔑马克思主义者"排斥外因"，"轻视外因"，他说，"辩证论者往往一味主张内因，排斥外因。这可以辩证论通俗化者艾思奇为例"，"他只主张内因，排斥外因，重视内因，轻视外因"。③

艾思奇在《关于形式逻辑与辩证逻辑》一文中，针锋相对地批驳了叶青。他说："叶青口口声声说艾思奇'排斥外因'，'否定外因'，这完全是瞎讲栽诬。我自己已经指出来过：'谈到事物的必然性，若忽视了外因，是不对的。'"④ 艾思奇已经肯定外因对事物发展"有很重要的影响"⑤，叶青仍然认为不够，还诋诬他"排斥外因"。

---

① 叶青：《全国专家对于读经问题的意见》，《教育杂志》第 25 卷，第 5 期，1935 年 5 月 10 日。

② 叶青：《外因论与内因论》，《研究与批判》第 2 卷，第 2 期。

③ 同上。

④ 《艾思奇文集》第 1 卷，人民出版社 1981 年版，第 311 页。

⑤ 同上书，第 270 页。

这说明叶青这个外因论者，只要把外因提高到起决定作用的地位，从而篡改唯物辩证法关于外因对唯物发展只起影响作用的原理。

（五）马克思主义辩证法是彻底的，绝不是"物质论和观念论的统一"

艾思奇写了一系列的论文，回答与批驳了叶青下述的种种谬论，即辩证唯物论是"物质论与观念论底统一"，"思维决定存在或精神产生物质"，"思想者事实之母"，"实践来于理论"，"实践和理论必然分离"，"认识就是实践，实践就是认识"，以及"精神—物质—精神""理论—实践—理论"的公式，也包括历史是"人类表演了的戏剧"等。

第一，艾思奇强调"思想是发展着的客观物质世界之反映"①。

艾思奇说："认识是什么，认识就是客观事物在我们头脑里的反映，我们认识了某一件事物，就是指某一件事物的形象反映在我们的头脑里。我们的思想，我们的思想的内容，都是从周围世界取得的。"② 艾思奇特别强调思想是派生的，而不是起决定作用的。"主观必以客观世界为基础"③，"主观是客观世界的产物"④，"这是一切唯物论所共通的理解，也是新哲学的最起码的观点"⑤。"唯物论无论如何要承认客观世界是基础，而主观世界只是一种派生的东西。"⑥ 因此，叶青所谓的"思想者事实之母"，"思维决定存在或精神产生物质"，不过是观念论的无稽之谈。

第二，唯物辩证法并不否认主观能动作用。

艾思奇指出："主客的统一中，不仅是抽象地有差别，而且是在实际上有对立，有矛盾，有斗争。主观对于客观是能动地作用着的，是能于将客观施以加工改造的。"⑦

---

① 《艾思奇文集》第1卷，人民出版社1981年版，第8、330、91、101、93页。

② 同上。

③ 同上。

④ 同上。

⑤ 同上。

⑥ 同上。

⑦ 同上。

所以，辩证唯物论在反对观念论时，同时又反对机械论。正如《从新哲学所见的人生观》一文中，艾思奇谈到的新哲学，即辩证唯物论，一方面反对观念论，一方面和机械主义作战，要在这两条战线的夹攻中，打出一条血路来。因为，人具有感觉和理性，具有认识事物的能力，而且，人可以借助这种能力无限地认识现实，能够在生活中与现实相适应，与现实作必要的斗争，进而支配现实。在不断地战胜现实、支配现实的过程中，才有人类的历史和生活。"但这主观的能动性，在新哲学里，并不会被抬高到创造主的地位。"①

第三，"实践是人类认识的基础"。

在论战中，艾思奇曾多次谈到实践是认识的来源，是认识的基础。他说："新唯物论虽然也不能否认思想是客观世界的反映，但这反映是怎样才能达到呢？新唯物论者的主张是，在实践的活动中达到的。"② "实践是辩证法唯物论的理论之核心。"③ 他还具体分析了这里所讲的实践，就是改造客观世界的实践。"人类在实践之中，能从朴素的感性底直观而更进一步洞察到这直观的根柢里所隐藏着的一般底东西，实践使人类的认识力一层层地掘进事物的深心里，实践的发展，便成为知识的精确度之增高。"④ "实践是人类认识的基础，没有实践，也就没有认识。"⑤ 可见，关于认识来源问题的马克思主义原理，艾思奇论述得很准确。这就为人们批判叶青将认识与实践等同，曲解认识来源等谬误，提供了批判武器。

第四，"理论是从实践中产生的"，它指示"前进的路程"。

艾思奇首先表明，马克思主义并不否认理论的作用。相反地，它十分重视这种作用。认为"理论就是我们做事的基础"⑥。他还把理论比作地图。说"理论是地图，它指示你前进的路程，有了理论才

---

① 《艾思奇文集》第1卷，人民出版社1981年版，第8、330、91、101、93页。

② 同上。

③ 同上。

④ 同上书，第44页。

⑤ 同上书，第331页。

⑥ 同上书，第107页。

不至于为了眼前的阻碍而失去了前进的信心。忽视理论，是不对的"①。但是，艾思奇同时指出："理论的用处，我们也不能把它过分地夸大"②，因为"理论是从实践中产生的，也就是以事实为基础的。我们今日在书本上所学得的理论，正是前人的实践的产物"③。叶青把问题颠倒成"实践来于理论"。这样，理论便成了本源，显然是犯了过分夸大理论作用的唯心主义错误。艾思奇还仔细分析了这种错误的危害。他说前人的理论在原则上固然可以指示我们一条道路，但我们在自己的实践中，也常常可以发现许多新的事例，而为旧的理论中所不曾包括在内的。如果我们把理论当作一个万能的图式来运用，势必丢开具体的新的事件，这种理论就成了空洞无用的理论。

第五，人类的行为"都必须依循着事物的必然法则"。

针对叶青的"历史就是人类表演了的戏剧"④，"思维决定存在……在社会方面说则有其正确性"⑤ 等谬论，艾思奇批驳说："在哲学上说人的思想是客观世界的反映，在历史理论上就说，'社会的存在决定人的意识'，'思想是社会环境造成的'。"⑥

然而，艾思奇并没有片面理解社会存在与社会意识的关系，在谈到社会存在的决定作用后，紧接着，就阐明社会意识的反作用问题。他说："人的意识虽然是决定于他的社会的存在，但意识之力量，同样能帮助着人去改变社会……所以我们的意识，又能够对客观环境起积极的反作用。"⑦ 艾思奇还针对一些人对马克思主义哲学的误解，对这个问题做了进一步的阐明。他指出，人是依着他自己的决断去行动的，有一定的能动性，这显出了自由意志的外观。但是，人们对自己行动的选择能力，是有一定范围的，要在客观条件容许的一定的限度之内。街上的乞丐决不会走进跳舞厅。所以，人的意志，决没有绝

---

① 《艾思奇文集》第 1 卷，人民出版社 1981 年版，第 108 页。
② 同上。
③ 同上书，第 109 页。
④ 叶青：《历史哲学概论》，《新中华》第 3 卷第 5 期，第 35 页。
⑤ 叶青：《观念论不可吸收吗?》，《研究与批判》第 2 卷第 7 期，1937 年 1 月 1 日。
⑥ 《艾思奇文集》第 1 卷，人民出版社 1981 年版，第 103 页。
⑦ 同上书，第 103 页。

对的自由。而这"客观条件容许的一定程度",是指什么呢?艾思奇指出,这就是历史发展的必然法则,"人类的行为,不论是伦理的或其他的行为,都必须依循着事物的必然法则"①。艾思奇还引证了关于"自由是来自必然的认识"一语,说明也唯有知道了事物的必然法则,而依循着它来行动,这行动才能如意,才能自由。"反之,不认识必然,空定观念的标准,想把天下万物都装进一个人为的模型中,则这一种想望是决不会达到的。"②

这里谈到的人们所应遵循的必然法则,究竟是指什么呢?艾思奇指出:社会历史发展的法则,即规律,最主要是生产力与生产关系的矛盾运动,"生产力和生产关系交互作用,交互影响,在社会的统一体中形成了一个不断的矛盾,而社会也才会运动"③。

艾思奇同志在论战中,对上述一系列唯物辩证法基本原理的阐明,不仅表现了他对马克思主义哲学的认真钻研,深刻理解和联系实际的创新精神,体现了 30 年代对马克思主义哲学的研究成果,而且对于今天也有很多的启发和教益。

三

《实践论》《矛盾论》是毛泽东同志的两篇哲学名著。它是在延安抗日军政大学的讲演,本身并不是为了参加这次论战而写的。当时主要是为了反对曾经一度在党内占统治地位并给革命事业造成极大危害的"左"倾教条主义,同时也反对了经验主义。但是,其中关于马克思主义认识论与唯物辩证法原理的科学论断,实际上,为这次论战提供了科学的结论。

说它是对辩证法论战的总结,是否有点牵强呢?并非如此,这是有历史事实作为依据的。首先,毛泽东在写作《实践论》《矛盾论》

---

① 《艾思奇文集》第 1 卷,人民出版社 1981 年版,第 74 页。
② 同上。
③ 艾思奇:《生产力和生产关系的交互作用》,《读书生活》第 2 卷,第 6 期,1935年 7 月 25 日。

的过程中，对唯物辩证论战的情况，叶青等对马克思主义哲学的进攻，共产党人的回击，以及所阐明的马克思主义观点，是注意了解和分析研究的。从当时的书信往来中，能够比较明确地看出这一点。比如，在1937年毛泽东《致艾思奇》的信中，就曾谈到读了艾思奇的《哲学与生活》一书后的一些看法和意见。《哲学与生活》，是艾思奇继《大众哲学》之后，以答读者问的形式写的一本宣传马克思主义哲学的著作，1937年4月由上海读书生活出版社出版。我们上面所引用的艾思奇对叶青的批评文章，许多都被收集到这本著作里。比如《形式逻辑与辩证逻辑》等。毛泽东不仅读了这些文章，而且给予积极的评价，并在个别问题上提出了商讨意见。在《致艾思奇》的信中，毛泽东说："你的《哲学与生活》是你的著作中更深刻的书。我读了得益很多，抄录了一些，送请一看，是否有抄错的。其中有一个问题略有疑点（不是基本的不同），请你再考虑一下，详情当面告诉。今日何时有暇，我来看你。"[1] 上海4月出书，毛泽东看了，并做了摘录。10月艾思奇到延安不久，就写信约他面谈。可见，毛泽东对此事的重视。

信里讲的"抄录"，是指1937年9月毛泽东的《艾著〈哲学与生活〉摘录》。在这里，对艾思奇的许多观点，表示了赞同与支持。比如，这个摘录的第一页，就曾写道："艾思奇哲学与生活摘要：我们所用的一切名词（或概念，范畴），例如'绝对''相对'等等，都是现实事物的反映。世界上有现实的马，才有马的名词。相对，绝对两名词，也不是和现实事物离开的。日常生活中常常有绝对主义在作怪，例如信命运，以为事情是不变的。又如认某处生活环境不适于己，要求他移，也以为环境是不能变的，又如认周围的人是不觉悟的，不知道人也会变化。黑暗不是绝对的、光明也不是绝对的。"[2] 这只是"摘录"的第一页，诸如此类的艾思奇对于辩证唯物主义观点的论述，都属于毛泽东所讲的"我读了得益很多"之列。

---

[1] 《毛泽东书信选集》，人民出版社1983年版，第112页。
[2] 转引自《艾思奇文集》第1卷，人民出版社1981年版。

《致艾思奇》的信中，所谈到的"其中有一个问题略有疑点（不是基本的不同）"。这是指艾思奇批评叶青否定辩证法，阐明唯物辩证法基本规律的文章，即《形式逻辑与辩证逻辑》一文中的一个问题。即在谈到差别与矛盾时，叶青否认差别可以转化为矛盾，艾思奇予以驳斥，说了一段话。对这段话毛泽东做了摘录，即"差别的东西不是矛盾，例如笔、墨、椅子不是矛盾。但如果懂得推移和变化的原理，就知差别的东西在一定条件下也可以转化为矛盾，倘若某两件差别东西同时同地在一起且发生互相排斥的作用时，就成为矛盾了。例如店员与作家本无矛盾的，如果某店员有了写作兴趣而想成为作家时，二者就在统一体里互相排斥，也就成为矛盾了。"毛泽东在摘录艾思奇这个论点后，写了以下一段话："根本道理是对的，但'差别不是矛盾'的说法不对。应说一切差别的东西在一定条件下都是矛盾。一个人坐椅摇笔濡墨以从事作文，是因人与作文这两个一定的条件把矛盾的东西暂时的统一了，不能说这些差别不是矛盾。大司父（师傅）煮饭，把柴米油盐酱醋茶在一定的条件下统一起来，店员与作家也可以在一定条件下统一起来。半工半读，可以把工读统一起来。差别是世上一切事物，在一定条件下都是矛盾，故差别就是矛盾，这就是所谓具体的矛盾。艾的说法是不妥的。"①

可见，毛泽东对于辩证法论战中的文章，不仅读了，而且读得很仔细。对于艾思奇批评叶青否认差别可以转化为矛盾的观点，他认为"根本道理是对的"。至于他所感到的不妥之处，也对艾思奇提了出来。同时表明自己的看法，即差别在一定条件下都是矛盾，"故差别就是矛盾"。这个"差别就是矛盾"的观点，他写进了《矛盾论》里。

其次，从内容来说，我们在前边几节中谈到的辩证法论战中双方争论的主要问题，《实践论》《矛盾论》中都论述到了。而且是在解决党内的主观主义的错误的基础上，做了更高更深刻的论述。不仅进一步发扬了艾思奇等共产党人在论战中所取得的成果，而且对许多问

---

① 《毛泽东书信选集》，人民出版社 1983 年版，第 113 页。

题提供了科学的结论。从这一具体事例中也可以看出，毛泽东思想确实是"中国共产党集体智慧的结晶"。《实践论》《矛盾论》就是当时中国共产党人和党外马克思主义哲学家对辩证唯物主义研究成果的集中概括，反映了那个时代的中国马克思主义哲学的最高水平。

四

30 年代发生的这场关于辩证法问题的论战，是整个文化战线上"围剿"与"反围剿"斗争的有机组成部分。它的历史功过，当然也要联系对这一年代全部斗争的评价去探寻，而这不是这篇文章所能担负的任务。

但是，有一点是没有人能够否认的。这就是毛泽东同志在著名的《新民主主义论》中所概括总结的：

"作为军事'围剿'的结果的东西，是红军的北上抗日；作为文化'围剿'的结果的东西，是 1935 年'一二·九'青年革命运动的爆发。而作为这两种'围剿'之共同结果的东西，则是全国人民的觉悟。这三者都是积极的结果。其中最奇怪的，是共产党在国民党统治区域内的一切文化机关中处于毫无抵抗力的地位，为什么文化'围剿'也一败涂地了？这还不可以深长思之么？"①

接着，毛泽东同志指出："而共产主义者的鲁迅，却正在这一'围剿'中成了中国文化革命的伟人。"② 我们可否借用这句话的意思说，同样在这次反对文化"围剿"的斗争中，年轻的马克思主义哲学家艾思奇同志脱颖而出，在同旧哲学思潮和假马克思主义的论战中，为传播和普及马克思哲学开拓新路，做出了卓越的贡献。在中国现代哲学史上留下了深深的印迹。同时，也成了为他作为哲学家的一生中，最灿烂的一章。

当然，马克思主义哲学是随着历史的发展而不断前进的。当已经

① 《毛泽东选集》第 2 卷，人民出版社 1966 年版，第 662—663 页。
② 同上书，第 663 页。

攀登到相当高度再回首展望时，道路的崎岖是可以看得更清楚的。半个世纪后的今天，重读艾思奇同志当年的文章，是不难发现其中某些不够精当，甚至错误之处。不过，后之视今，亦犹今之视昔。特别作为时代喉舌与尖兵的哲学，必然具有那个时代的特点。既具有那个时代的长处，也难以避免那个时代的短处，这是每一个历史唯物主义者都视为常识的道理。从这一点出发，我们对哲学战线上的先辈，只能像列宁所教导的那样去要求："判断历史的功绩，不是根据历史活动家没有提供现代所要求的东西，而是根据他们比他们的前辈提供了新的东西。"① 按着这个标准去衡量，那么艾思奇同志在 30 年代辩证法论战中贡献的新东西是十分显著的，也是众所公认的。在此期间，由他在《读书生活》杂志上的哲学讲话汇编而成的《大众哲学》一书，受到热烈欢迎。新中国成立前已印行 32 版，历久不衰，就是明证。

　　一位经历了这一段战斗历程的老同志，对艾思奇同志这一时期哲学活动的评价，是公正而客观的。他说："马克思主义哲学，在毛泽东同志的引导下，从哲学家书斋里解放出来，成为人民大众直接掌握的思想武器。艾思奇同志早在 30 年代，就做了这方面的工作。对《大众哲学》的评价，不能只限于它把哲学通俗化，更为重要的是，它是把哲学推向人民中间去的一个重大突破。《大众哲学》点燃了无数人心灵的火花，引导无数人走上革命道路。正因为如此，艾思奇同志为哲学，同时也就为中国革命做出了卓越的贡献。"②

　　这样的评价，对于艾思奇同志，应该说是当之无愧的。

（本文选自《马克思主义哲学家艾思奇——纪念
艾思奇同志逝世二十周年》，1987 年版）

---

① 　《列宁全集》第 2 卷，人民出版社 1984 年版，第 150 页。
② 　刘白羽：《〈一个哲学家的道路〉序》，云南人民出版社 1985 年版，第 1 页。

忆恩师艾思奇同志

萧　前

在读初中的时候，艾思奇同志的《大众哲学》就迷住了我。它以"牛角尖旅行记""卓别林和希特勒的分别""追论雷峰塔的倒塌"等为题，把一些深刻的哲学道理讲得既形象又生动，以至漫长的岁月也冲淡不了当年的印象。当时我虽没读懂其中的深意，但它那深入浅出的论述却给我开辟了一个崭新的开阔的思想天地。可以毫不夸张地说，是这本书决定了我一生的方向，走向革命，走向哲学。从此，艾思奇同志本人在我心目中树立了一个崇高的形象。

1948 年年初，艾思奇到太行长治北方大学，拟组织编写中国近代思想史，我是多么渴望投在他的门下。只是当时在校外参加土改，无法也不敢贸然表达自己的愿望。直至 5 月，北方大学从长治迁往邢台的前夜，回校归队，才见到了他。他那宽阔的前额、炯炯的眼神，呈现出的有深邃思想的哲人形象，更是百倍地强化了我的这种愿望，愿望越强就越怕失望，不敢冒失自荐，经王南同志的介绍，居然遂了我的心愿，成了他编写组的第一个成员。

由于革命形势的迅速发展，华北两大解放区完全连成一片，中央决定北方大学迁往正定与华北联合大学合并为华北大学，艾思奇同志任该校研究部副主任兼哲学研究室主任。这时革命形势真是瞬息万变，正在准备迎接解放北平时，傅作义突然奔袭石家庄，迫使华北大学不得不暂时南迁邢台，这时正是 10 月，艾思奇却被调往马列学院任教，离开了华北大学。

从 5 月到 10 月这短短的几个月中，编写中国近代思想史的工作实际上并没有开始，最遗憾的是，甚至没有拟订一个初步设想的提纲。在那激烈动荡的岁月，也容不得他自身安排。两校合并前，在邢台，他要帮助北方大学解决三查三整运动的遗留问题。合并后，他又被吴玉章校长留在校部参与繁忙的建校工作。同时，他还要参加为筹建华北人民政府而召开的华北人民代表大会。刚进入解放区的蒋管区的学生们对推选学生代表表现了极大的热情，他们搞起了热闹非凡的竞选活动，也暴露了不少资产阶级民主思想。总结这次竞选活动，循循善诱地从世界观高度解决这些思想问题的任务也落到了艾思奇的身上。在这段时间，他还应中宣部的要求，针对土改运动中发现的一些思想问题写了《反对经验主义》，发表于1948年7月17日的《人民日报》。我认真地学习了这篇重要文章，并有幸看到了他亲手校改的清样，使我对认真读书、理论联系实际，有了一定的认识。这一连串的工作，使得艾思奇同志不可能具体抓我们的学习和研究。可是在日常接触中也得到一些终身难忘的教益。在当时的政治学习中，我认真读书，热烈发言，好争论并固执己见，因而有自高自大不虚心的反映。为了怕影响入党，我一反常态，来了个"不争论"。针对这种不正常的表现，艾思奇同志向我指出，谦虚不是一个伦理学的范畴，不是要人做个谦谦君子，这是一个深刻的认识论范畴。言语不多，诚恳透辟，刻骨铭心。艾思奇同志调往马列学院后，为迎接全国的解放，全力以赴，赶写社会发展史，使他不得不放弃原来的写作计划。从此华大哲学研究室也就解体。

华北大学迁至北平后，我被调往政治研究所（高级民主人士和高级知识分子的政治思想学习班）任秘书干事。给这些高层人士授课只有德高望重、学识渊博的同志才能胜任，因而，不能不找到艾思奇同志的头上。这时南京尚未解放，胜负似乎还未最后决定。社会上思想情况特别复杂混乱，政治思想工作任务十分繁重。艾思奇同志除了在中央广播电台播讲社会发展史外，还要应很多单位的请求做专场演讲，忙得他东奔西走，一时连个固定住处都没有。那时，电话不灵，为了请到他，学校不得不特地给我派辆吉普车到处寻访，无论怎样忙，他总是热心支持我们的工作，使我有了系统听他讲社会发展史的机会。除此之外，他还为我们出主意，建议采用毛主席在广州农民运动讲习所曾用过的民主评卷的方式来考核这些高级学员。为了锻炼培养年轻干部，他要求我撰写标准答案的初稿，交他改定，然后在他指导下由我宣讲。这样做，丝毫没有减轻他的负担，反而增加了他的工作量。但是，这对我却是一次难得的提高的机会。这也有利于改变来自旧社会的高级知识分子对共产党的青年干部的印象，为我们进一步开展工作提供了便利。

1950 年，中共中央决定，在华北大学的基础上，请苏联专家帮助建立正规的新型综合大学——中国人民大学。已被调往马列学院的艾思奇同志，仍被任命为马列主义基础教研室主任，实际上他已照顾不过来了。在苏联专家到来前，他还为全校师生上课，讲社会发展史。这时我已调到马列主义基础教研室做教师，给学生作辅导和领导课堂讨论。由于马列学院和社会工作等繁重任务缠身，艾思奇同志每次讲完课就不得不走。因而，私下接触的机会也就少了。苏联专家到来后，全部教学工作都在苏联专家指导下进行。本来就忙得顾不过来的艾思奇同志，就只是挂了教研室主任一个空名。我只记得他只来过教研室一次，匆匆地看望大家，不一会儿就走了。可是，在他和我之间，已建立了牢固的联系。他是我终身难忘的恩师。每当我在教学研究上有疑难，在思想上有困惑时，都会想到找他请教。他组织领导的一些写作班子，也往往吸收我参加。

1953 年，中共中央公布了我国过渡时期的总路线。学术界对如何理解过渡时期的经济基础和上层建筑问题上发生争论。徐琳同志和我也提出了自己的观点，为 1954 年年底中国人民大学召开的科学讨论会提供了论文。在论文写作过程中，我们曾专程向艾思奇同志请教。他从总体上肯定了我们的观点，并向我们介绍了马列学院内部争论的情况，特别是介绍在争论过程中，有关上层建筑的问题，他也曾有过错误的混乱的想法。至于对经济基础的观点，他是正确的。这次会见，给我留下深刻印象的不是谈话的理论内容，而是享有盛名的前辈在我们年轻后辈面前坦诚地谈论他自身曾有过的思想混乱和错误；是他这种胸襟开阔，实事求是，坚持真理，修正错误，谦逊朴实的学者风范。

新中国成立初期，我国高等院校哲学教学书都是苏联教材，1959年，中共中央宣传部要求写出突出毛泽东思想的中国自己的教材，当时布置中央党校、人大、北大、湖北、上海、吉林各写一本，共写6本。1960年春集中到中央党校讨论书稿。此时，适逢庐山会议后来势迅猛的反右倾运动，"左"倾思潮的冲击，对各本书的写作都带来了或多或少的影响。其中有一本最为突出，几乎处处都谈论毛泽东同志的发展，以致淡化了马克思主义哲学的一般原理。在讨论时，艾思奇同志指出，必须实事求是地对待毛泽东对马克思主义哲学的发展，要做到这一点，首先得搞清楚马克思列宁主义哲学的一般原理。在对这6本书稿讨论的基础上，中央宣传部和高等教育部决定要编一本哲学教科书《辩证唯物主义 历史唯物主义》，艾思奇同志被委任为这本书的主编，我被吸收参加该书的写作班子，并参加最后的统稿定稿工作。在这段时间，我除了在理论上有所提高外，感受最深的是他要求我们在写作中注意贯彻实事求是的原则，这本书是在当时"左"的氛围笼罩中写出的受"左"的影响最小的教材之一。此书在1961年11月出版。在经历"文化大革命"十年浩劫后，经过稍许修改，于1978年重印出版，还能基本适应教学的需要，直到1991年还第11次印刷出书。这充分说明，在艾思奇同志领导下，写作班子还能保持比较清醒的头脑。我还清楚地记得，他曾不怕触犯当时最大的禁忌（所谓反三面红旗的右倾机会主义错误）向我们揭示"大跃进"中一些严重失误。例如，一些煤矿为了"放卫星"，全力抓采煤，放弃抓掘进，撇开虚报、谎报不说，确实使产量也能一时成倍地增长，造成跃进的虚假形象，等到已有的掌子面上的煤被采完，就一落千丈带来一个一滑到底的大滑坡，以致连一吨煤也挖不出来。他指出，三年困难主要是一些不实事求是的做法带来的。这些话无疑是极为有效的清醒剂，可以较好地保证我们能真正以唯物主义的态度来写唯物主义的教材，使它能够经受住时间的考验。

1962年，我邀请艾思奇同志到中国人民大学哲学系做了《关于哲学教科书的一些问题》的讲话，他指出：教科书的内容要具有相当的稳定性，尽量避免一些在学术界还有争论或争论还没有完结的问题写进教科书；也不要把一些眼前正在试验的还没有经过实践检验的措施写进教科书。要反对两种倾向：一种是，只注重谈马克思列宁主义哲学的一般原理，而忽视毛泽东对马克思列宁主义哲学的贡献；另一种是，脱离马克思列宁主义哲学的一般原理，或对马克思列宁主义的原理还没有搞清楚，就任意用贴标签的方式，空谈毛泽东同志的发展。教科书要适应它的对象，分量不能太大，哲学的基本原理又必须讲得全面，内容的阐述应力求简明扼要；联系实际力求避免用很多的、繁杂的例子，只要能够说明问题就够了。贯彻学术上"百家争鸣"的原则，而教科书尽量避免直接涉及理论界有争论的问题，恰好是为了不让教师和学生有先人之见，在课堂上敢于自由讨论，保持活跃的学术空气。这些思想都成了我后来编写教科书所遵循的指导思想。

艾思奇同志主编的《辩证唯物主义　历史唯物主义》刚刚在高等院校推广应用，在 1964 年开始刮起一阵风，即一切教科书都不行了，要一律直接用毛泽东同志的著作作教科书。讲唯物主义用《实践论》，讲辩证法用《矛盾论》，讲历史唯物主义用《关于正确处理人民内部矛盾的问题》，而且这股风愈刮愈猛。在艾思奇同志的支持下，我们中国人民大学哲学系顶住了这股风，仍然系统地讲授这本教科书。艾思奇同志告诉我，这股风不符合毛泽东思想。当年毛泽东同志在延安讲马克思列宁主义哲学时，也是系统地从哲学中两军对战讲起，有物质论、运动论、时空论、反映论、真理论……《实践论》只是他讲唯物论的最后一讲，至于辩证法，他的确只讲了《矛盾论》。可是就在讲矛盾论时，他明确表示还准备讲质变量变规律、否定之否定规律以及范畴论。后来只因抗日战争爆发，打断了毛泽东同志原来的计划。《关于正确处理人民内部矛盾的问题》不是讲述历史唯物主义基本范畴和各种原理的教材，是对已经懂得历史唯物主义的党员干部的讲话，是对历史唯物主义在我国社会主义建设中的应用和发展，因而不需要对唯物主义的基本范畴和基本原理作展开的阐述。是艾思奇同志的这些思想影响，才使我们在教学中能够坚持系统地讲授这本教科书。1965 年我带领学生到第一机床厂搞半工半读的试点时是这样做的，1966 年我带领学生到农村，到前沙涧搞半工半读试点仍然是这样做的，直到十年浩劫来临之前夕。

在组织半工半读试点工作时，我始终记住他的教导。"工"的一半的安排是硬性的，不会落空，但同学们终归是来读书的，千万要抓紧"读"的安排，要把"读"落在实处。要尽可能地把"工"和"读"结合起来。我们这样做，还的确使这个班的同学读了些书，打下了一定的基础，并写出了理论结合实际对社会有一定影响的好文章。

1966 年年初，当我得知他患严重的心脏病时，曾到医院看望过他两次，第二次是我带领哲学系学生去前沙涧的前夕，向他告别去的。我还清楚地记得，他一再叮嘱我，半工半读的试点工作是件新事物，一定要向校领导、向郭影秋校长多汇报多请示。这次见面时，他精神状态很好，身体的自我感觉也还可以，谁知这竟是最后的告别。我是在农村，从广播中得知他逝世的消息，没有能赶上向遗体告别，只是参加了中央党校为他举行的隆重的追悼会。令人告慰的是他在思想理论战线的功绩得到了党和人民的充分肯定，毛泽东同志和中央领导同志都送了花圈。转眼，艾思奇同志逝世已 30 周年，他的音容笑貌至今还清晰地印在我脑海里，他是我终身难忘的恩师。

（选自《缅怀与探索——纪念艾思奇
文选（1981—2008）》，中共中央党校出版社 2010 年版）

一代哲人艾思奇

卢国英

艾思奇原名李生萱，1910 年生于云南腾冲和顺乡，青少年时代成长于昆明。1933 年在上海走上革命道路，1935 年加入中国共产党。1937 年奉调到延安，先后担任过抗大主任教员，中央文委秘书长，陕甘宁边区文协主任，党中央机关报《解放日报》副刊部主任、副总编、总编，新华通讯社总编等职。全国解放后，历任中央党校哲学教研室主任、副校长，聘为北京大学教授，并任中国科学院哲学社会科学部学部委员。

艾思奇工作的年代，经历了党领导下的抗日战争、解放战争时期，经历了社会主义革命和建设的头 16 年。这正是民主革命社会主义革命建设翻天覆地的伟大时代。作为时代的一员，他和时代同行，受到了极大的教育和锻炼，又为这个时代贡献了全部的力量。

艾思奇在革命道路上的 30 多年里，为党和人民做了大量工作，在哲学、新闻、文化战线上卓有建树，业绩显著。《艾思奇全书》是他一生业绩记录，是他主要成果的汇集。艾思奇是 20 世纪一位杰出的学人，是我们中华民族一位出类拔萃的哲人。

一　主要贡献

艾思奇酷爱哲学。他充分意识到哲学是时代精神的精华，马克思主义哲学是无产阶级和人民解放的精神武器。艾思奇从求学时代开始，就把自己定位在哲学上。他在革命过程里，始终没有离开过哲学，哲学成了他终生奋斗的事业。因此，他对党和人民的贡献，最主要的是在哲学方面。

艾思奇走上革命道路的时候，是 20 世纪 30 年代初，马克思主义及其哲学传入中国还不久，在社会上，整个学术界、思想界，在大学的讲坛上，到处充斥着封建主义的、资产阶级的哲学。反动势力一方面从西方搬来时髦的种种唯心主义，另一方面又使陈旧的封建哲学复归，妄图用来抵挡马克思主义哲学的传播和发展的汹涌潮流。

年轻的艾思奇高举起战斗的唯物主义旗帜。他针对当时有代表性的西方柏格森的生命哲学和中国的"中庸"哲学，写了《直观主义与理智主义》和《中庸观念的分析》等文章，进行了勇敢的批判战斗。

接着，艾思奇又和叛徒叶青进行了一场辩证法的论战。叶青曾任国民党中央宣传部副部长、代部长，披着马克思主义的外衣，篡改马克思主义辩证法。艾思奇写了一系列文章，揭露叶青对运动和静止原理的篡改，批判了"外烁论"和所谓"哲学消灭论"等谬论，赢得了很大胜利。

艾思奇在上海时期和延安时期，对当权的大资产阶级大地主国民党的世界观——以陈立夫为代表的唯生论和力行哲学，进行了批判，又批判了自成系统的阎锡山"中"的哲学；特别是集中批判了蒋介石的《中国之命运》，把这个反共反人民的法西斯主义的愚民哲学，批得体无完肤。他还对胡适从美国贩来的实用主义哲学，进行过系统的批判。

艾思奇所进行的批判战斗，击破了地主资产阶级的唯心主义和形而上学谬论，捍卫了革命的真理，为马克思主义哲学在中国的传播，做出了重要贡献。

艾思奇对马克思主义哲学又一个重要贡献，是大众化、通俗化宣传。他在 24 岁至 26 岁期间，写成并出版了《大众哲学》。这本书以深入浅出、生动活泼的形式，开创了通俗阐述马克思主义哲学的先河。

《大众哲学》将生活实际和哲学密切联系起来，用中国老百姓喜闻乐见的语言，用日常的成语、格言、俗语作比喻，来说明哲学上的深刻道理，例如，从"一块招牌上的种种花样"说起，说到"观念论和二元论"的错误；"用照相作比喻"，来解释"唯物论的认识论"；以"追论雷峰塔的倒塌"，来阐释"质量互变律"；以"笑里藏刀"的格言，来说明"形式和内容"等。他用日常生活中这些家喻户晓、妇幼皆知的事例，生动地阐述马克思主义哲学的基本原理，就像磁铁一样，吸引住读者的思想，打破了哲学的神秘感。

《大众哲学》行文叙事，就像和朋友聊天，作者侃侃而谈，言出肺腑，谆谆善诱，步步深入，这就使作者和读者感情融通，引起共鸣，引人入胜。

《大众哲学》体系新颖，结构别出心裁，逻辑严密，在理论上也有许多创新，尤其在认识论上更有独特之处，丰富和发展了马克思主义哲学原理。毛泽东在延安就将《大众哲学》视作珍品，并将许多思想吸收进了他的哲学专著《实践论》《矛盾论》。

该书赢得了广泛的赞誉。胡愈之称赞："这本书，是青年们认识世界的一盏明灯！"邹韬奋说："《大众哲学》哺育了大众！"诗人贺敬之称之为革命的"火炬"。蒋介石则哀叹："一本《大众哲学》，冲垮了三民主义的思想防线。"广大青年称这本书为革命的书，"救命的书"，如久旱逢甘雨，争相购买，前后出了32版，引导了大批青年走上了革命道路，起了不可磨灭的历史作用。艾思奇是哲学大众化的第一人。

新中国成立初期社会发展史的学习，是一场马克思主义历史唯物主义哲学普及教育运动，艾思奇又做出了重要贡献。

这场教育运动，其规模之大，学习人之多，普及之广，堪称历史之最。通过教育使广大工人、干部、知识分子，掌握了马克思主义哲学历史唯物主义的基本理论，有力地促进了各项工作。

当时在社会上、在党内，深入研究过社会发展史、历史唯物论的人还不多，艾思奇可谓是凤毛麟角的人才。他恰又担任中央马列学院教员，历史任务把他推上了主讲教员的位置，起了主角的作用。

一是编写教材。一份是《历史唯物论——社会发展史讲授提纲》；一份是《历史唯物论——社会发展史讲义》；一份是《历史唯物论 社会发展史》广播稿。工人出版社出版的《讲义》，累计发行46万多册，"广播稿"三联出版社印数为32万多册。

二是培训教员。经领导同意抽调马列学院第一期毕业的学员数十人，先由艾思奇帮助备课，解答疑难，然后出外讲授，共有100多个单位，共讲1200次。

三是亲自主讲。除应邀到各单位讲授外，尤其是中央人民广播电台应邀举办讲座，第一遍连讲23次，接着又播讲第二遍。据统计，听众有50多万，加上各省电台转播，总数有百万人之多。

艾思奇所编的教材和广播稿，系统地讲授了社会发展史、历史唯物主物基本原理，尤其是广播稿的前三题，讲了劳动创造人，劳动创造了人类社会，劳动群众创造人类历史，讲得深入浅出，生动而又深刻，适应了当时学习的需要，受到了广泛欢迎。许多人回忆，形象地把那场学习称之为"猴子变人"的教育，帮助他们掌握了劳动观点、生产观点、革命观点、国家观点、人民群众的观点等，从而树立起科学的世界观、人生观和价值观。艾思奇在这场伟大的普及教育运动中，做出了比《大众哲学》更大的贡献。

我们还应当肯定，艾思奇对毛泽东哲学思想的研究和宣传上，所做出的重要贡献。

毛泽东哲学思想是毛泽东思想的灵魂，是毛泽东时代精神的精华，是马克思主义中国化的光辉成果。生活工作在毛泽东时代的艾思奇，充分觉悟到用毛泽东哲学思想教育广大干部和群众，是党和人民事业的需要，是义不容辞的职责。因此，他集中了很大精力，来从事研究和宣传，写的文章最多，讲课最多，成果也最多。

艾思奇在延安时期，和毛泽东就有许多交往，熟悉毛泽东思想。在延安整风期间，就写过《"有的放矢"及其他》一书，汇集了宣传毛泽东的实事求是的思想的成果。在解放初期，《实践论》《矛盾论》公开出版后，更写了一系列文章，并向干部和群众多次辅导毛泽东这两篇哲学专著。特别是在中央党校给学员所作的《党史引言报告》《世界观问题》《〈实践论〉、〈矛盾论〉在党的历史发展中的作用和意义》，别开生面，另辟蹊径，从党的历史的高度，阐明了毛泽东的哲学著作的重大意义。艾思奇说：《实践论》《矛盾论》，"是党在紧要关头，毛主席对党的贡献，非常有力的战斗武器，是对以后的胜利起决定作用的"。

艾思奇认为，毛泽东对马克思主义哲学理论有全面的发展，包括唯物主义、认识论、辩证法、历史唯物主义等，但就其最主要的来说，毛泽东的发展是三个方面：一是正确地解决了认识从何而来的问题；二是系统地解决了分析矛盾、解决矛盾的方法问题；三是明确地强调了社会主义社会的基本矛盾问题。①

艾思奇认为毛泽东在哲学上的一个伟大贡献，就是把马克思主义全部哲学原理，概括为"实事求是"四个大字，作为党的指导思想的根本原则，解决了思想路线的大问题。一切错误都是由于离开了这条思想路线，而我们党之所以能从错误挫折中转危为安，并从胜利走向胜利，最根本的就是因为坚持了实事求是的思想路线。

艾思奇对于毛泽东哲学思想，不仅向广大干部和群众进行广泛的宣传教育，而且深入研究，取得许多独到的见解，做出了重要贡献。

艾思奇一生还有一个重要贡献，就是用哲学来教育、培训广大干部和群众。

艾思奇一生乐当教员。他在延安就担任过很高职位，但调任马列学院，只当教员，他没有异议，没有一点怨言。人们称他为"艾教员"，他总是欣然答应。正是教员的崇高职业，使他做出了重大的贡献。

教员的主要任务是讲课。在上海时期，他就讲过许多哲学课。《大众哲学》起始于为量才业余学校的讲课，还多次到陶行知组织的工人、失学青年的"山海工学团"讲课。在延安时期，他在抗大、马列学院、党校、陕北公学、妇女大学等学校，承担了大量讲课任务。新中国成立后在社会发展史学习运动中，讲课的次数就更多了。

---

① 详见《谈谈毛泽东对马克思主义哲学的主要发展》，《艾思奇全书》第 8 卷，第 120—129 页。

在中央党校的 18 年里，他给各个班次讲了大量课，教员是他的主要工作，即使担任了副校长，讲课的任务却更多更重。

他讲课的内容广泛多样，从哲学的原理到哲学经典原著；从哲学史，到逻辑学（形式逻辑和辩证逻辑）、自然辩证法；从哲学上讲党史、讲政治经济学；从通俗的讲解，到疑难问题的解答；等等。针对听课的不同对象和教学要求，讲得林林总总，丰富多彩。

听课的对象，有工人、农民和知识分子；有大学生，也有教授；有科学家，也有作家、艺术家；有一般干部，也有许多高中级干部。听课的有时数十人、数百人，甚至上千人，广播讲座更有数十万人；但有时听课者只有一个人（越南胡志明主席）。不论人数多少，他都仔细准备，认真讲授。每次讲课都受到好评。

艾思奇是一个名副其实的人民的好教员，他用马克思主义哲学教育了广大群众，培训了一大批党的高中级干部，培养了众多的我们自己的政治理论师资。从他所做的工作、学术造诣和受到的尊敬来看，堪称理论教育的一代宗师。

二 哲学思想

艾思奇对马克思主义哲学，不仅在捍卫、传播、普及、宣传、教育方面有贡献，对马克思主义哲学理论方面的丰富发展，也有重要贡献。

艾思奇是坚定的马克思主义者，他坚信马克思主义哲学是人类历史上哲学发展的最高成果，是颠扑不破的关于自然界、人类社会和思想发展最一般规律的科学真理。因此，他始终沿着马克思、恩格斯所开创的，而后为列宁、毛泽东等所发展的哲学道路前进。也因此，他始终以马克思主义哲学辩证唯物主义、历史唯物主义体系为蓝本，而没有另外的独立的体系，没有与马克思主义哲学原理根本不同的东西。

但是，艾思奇在对马克思主义哲学的系统深入研究中，在宣传和教学的工作里，紧密和时代的实际相结合，做了大量的创造性说明和发挥，产生了许多独特的见解，形成了相当丰富的哲学思想，从而丰富和发展了马克思主义哲学。集中起来，可以从三个方面来说明。

第一个方面，是对马克思主义哲学原理的高度概括。

艾思奇在深入研究马克思主义的哲学著作时，从众多的原理原则中，揭示或强调了那些最主要、最重要、最根本的内容，并加以系统的高度概括。

在辩证唯物主义认识论上，他高度概括说："认识问题，就是哲学的中心问题。"他说："我们学习哲学、学习辩证唯物主义，主要地就是要在思想上明确地、深刻地解决这样的两个大问题：（1）什么是正确的认识？（2）如何才能获得正确的认识？即要通过什么道路和采用什么方法，才有可能获得正确的认识？"他写的《辩证唯物主义讲课提纲》，就是按照这个以认识问题为中心的体系构建的，这就把唯物主义、辩证法和认识论联结成一个整体，使整个辩证唯物主义哲学更加系统化。他还做出"认识路线"概括，认识始终是一个过程的概括，认识总规律的概括，等等。

在唯物辩证法上，艾思奇根据列宁和毛泽东的思想，发挥和强调了要抓住辩证法一、二、三层本质的观点。他指出：辩证法的对立统一规律、量变质变规律、否定之否定规律，是事物发展的本质；对立统一规律是辩证法的核心，是本质中的本质；而对立统一规律中的矛盾普遍性和特殊性、矛盾的同一性和斗争性，又是辩证法本质中的本质。

在历史唯物主义上，艾思奇阐明了历史唯物主义的系统性。他认为，"历史唯物主义是把辩证唯物主义推广到社会历史的研究方面；是马克思主义哲学不可分的一个部分；学习历史唯物主义的目的是要认识人类社会发展的普遍规律；把握认识社会和改造社会方法的理论；把握研究各种社会科学和研究人类历史的方法的理论。"这个定义中，包含了研究的对象、目的和基本方法，是更为完全的定义。他还说："历史唯物主义所要研究的主要问题大体上有三个方面：首先是研究经济基础的变化规律；第二是经济基础如何规定政治法律和上层建筑；第三是经济基础和政治法律、上层建筑如何反映到意识形态方面，又如何受到意识形态的影响。这些问题可以说是历史唯物主义的基本矛盾问题。最后还要研究人民群众在历史上的作用问题，研究经济基础、政治法律、上层建筑的相互变化发展的规律，如何通过人的活动表现出来，这是历史唯物主义的基本问题，这样来研究历史唯物主义就有系统性了。"他还最先概括出历史唯物主义的核心，是生产力和生产关系、经济基础和上层建筑这两对社会基本矛盾；而生产力和生产关系的矛盾，是社会基本矛盾中第一个基本矛盾，是核心中的核心；而生产关系一定要适合生产力发展性质的规律，充分表明了发展生产力，又是生产力和生产关系矛盾中的核心，是社会基本矛盾中更加核心的内容；而对这个核心内容，他又创造性地规定为："生产关系不能长久地落后于生产力发展的性质，同时也不允许人为地超过生产力的发展情况。"

艾思奇对于马克思主义哲学所做的高度概括，是实践经验的总结，是他多年研究的成果，大多是国外和国内的前人或别人所没有做过或没有完全做过的，这不仅使我们的干部和群众更易于从根本上把握马克思主义哲学，而且使马克思主义哲学更系统、更深化了。列宁所概括的辩证法的核心是对立统一规律，毛泽东所概括的哲学就是认识论。众所公认，这种高度的概括，就是对马克思主义哲学的一种深化和发展。艾思奇所做的无疑也同样具有深化和发展的意义。

第二个方面，是对马克思主义哲学原理的创新观点。

艾思奇在长期的研究宣传教育工作里，对马克思主义哲学原理，提出了许多新的见解、新的观点。

像《大众哲学》那样通俗化的阐释中，他对辩证唯物主义认识论的实践概念、实践是认识的来源，尤其是认识的过程及其规律性、认识论的结构等，也提出了颇有特点的新思想。

他在以后长期的教学和科研中，对马克思主义哲学原理，又有不少创新的思想。如关于认识路线和群众路线、逻辑路线相统一的原理；关于主观能动性和主动性关系的原理；关于物质和意识、生产力和生产关系、经济基础和上层建筑等矛盾双方之间，有第一位原因和第二位原因的原理；关于人的正确认识，包括马列主义、毛泽东思想，都是相对真理和绝对真理相统一的原理；主观反映客观近似性原理；关于矛盾同一性在事物发展中的作用和意义的原理；关于总的量变中部分质变的原理（最早提出）；关于事物曲折前进的周期性发展中，后退运动具有一定积极意义的原理；关于辩证逻辑中矛盾分析的原理；关于生产力和生产关系中着重发展生产力的原理，中心问题是生产关系一定要适合生产力发展性质的原理；关于人民群众的力量是无限和有限相统一的原理；关于领袖和杰出人物的产生是必然和偶然相结合的原理；关于哲学着重在方法上认识与解决问题的原理，如此等等。

这些原理都有马克思主义哲学的依据，都是从实际中提炼出来的，有些是更明确了，有些是补充了，有些是深化了，有些是更系统化了，有些是增加了，这就使马克思主义哲学原理得到了进一步丰富和发展。这也是国外和国内的前人或别人所没有做过或没有完全做过的，是属于艾思奇独到的哲学思想。

第三个方面，是对马克思主义哲学理论的具体化。

艾思奇所写的文章著作和讲稿，对马克思主义哲学整个观点，对每一个原理的解释和发挥，都是丰富的具体的，都是相当系统的具体化作品。

一是系统说明。就像他对中国化的马克思主义哲学代表作《实践论》《矛盾论》，所作的系统具体说明那样。对于辩证逻辑的概念、判断、推理以及其他形式和方法，艾思奇根据恩格斯一些分散的观点，加以集中，做了系统说明，形成了他对辩证逻辑相当完整的观点。

二是具体论证。艾思奇在阐述马克思主义哲学原理时，总是用大量的自然、社会和人的思想中的具体事例，用自然科学和社会科学的大量材料，用革命和建设中的历史经验和事实，来具体论证某一原理的不可辩驳的正确性。例如，论证了辩证法的基本规律，论证了认识的过程及其规律性。他根据恩格斯从猿到人的基本思想，用大量材料论证了劳动创造人类、劳动创造人类世界、劳动群众创造人类历史，使解放初期那场社会发展史的宣传，具有很大说服力。

　　三是全面解释。马克思在《哥达纲领批判》中所讲的由资本主义到共产主义的过渡时期，艾思奇说，不能像以往苏联那样解释，只过渡到初级的共产主义——社会主义，而应全面解释为过渡到高级共产主义社会。恩格斯在《反杜林论》中，强调的是对立的统一，而在《自然辩证法》中，则强调了对立面的斗争。恩格斯针对杜林所说的真理绝对性，强调指出了真理的相对性；针对耐格里所说的真理的相对性，又强调了真理的绝对性。艾思奇把恩格斯在不同著作中强调不同侧面的观点联系起来，做出了全面的解释。

　　四是深入阐发。就像艾思奇对冯友兰先生的《抽象继承法》提出意见时，深入地阐明了中国哲学史研究的方向和方法问题。艾思奇在回答中央党校学员提出的问题时，深入地阐明了矛盾规律为什么是辩证法的核心，解答了《矛盾论》中没有完全回答的问题。艾思奇对毛泽东哲学思想研究的众多成果，都可以说属于深入阐发的范例。

　　具体化这件事，看似容易，却很不简单。恩格斯有一句名言："即使只是在一个单独的历史实例上发展唯物主义观点，也是一项要求多年冷静钻研的科学工作。"何况具体化这件工作，不仅仅是一两个历史实例。艾思奇在阐述毛泽东哲学思想时说过，具体化就是一种发展。他毕生所做的最大量的工作，就是将马克思主义哲学具体化，并且获得了显著的成就。

　　总起来说，艾思奇对于马克思主义哲学，有高度概括的思想，有原理创新的思想，有具体化的思想，这三个方面综合起来，也就是艾思奇的哲学思想。《艾思奇全书》八卷，主要的就是他的哲学思想的结晶。艾思奇的哲学思想，为马克思主义哲学增添了新的东西，使得马克思主义哲学深化了、具体化了、丰富和发展了。所以，艾思奇对马克思主义哲学的丰富、发展，也做出了重要的贡献。

三　智慧之路

　　纵观艾思奇的一生，他之所以在哲学领域做出了如此众多的贡献，是因为他走着一条智慧之路。

智慧之路，也就是哲学道路。为什么要特别称之为智慧之路呢？因为它更能确切反映艾思奇一生的历程。

我们知道，哲学就是智慧之学。所谓智慧，一是指聪明，一是指认识问题和解决问题的能力。智慧的核心是思维的能力。哲学就是研究如何使人更聪明一些，认识和处理问题的能力更高明一些的学说。马克思主义哲学，总结了人类智慧之学的最高成果，是最科学的智慧之学，是无产阶级和人民认识世界、改造世界的最好的精神武器。

艾思奇不断沿着智慧之路，孜孜不倦地学习和研究，不断探索着智慧之学，力图通过宣传教育，传授他所掌握的智慧之学的成果，使我们无产阶级和人民群众，特别是党和国家的各级领导干部，更聪明些，能力更强些，少些失误，多些成功，使党的事业永远兴旺发达。

艾思奇怎样沿着智慧之路前进的呢？或者说，他所走的哲学道路的基本经验是什么呢？概括起来，就是中国化、大众化、现实化的道路。这是艾思奇在 1938 年 4 月《哲学现状和任务》一文中所提出的，他说："现在需要来一个哲学研究的中国化、现实化的运动。"加上他的《大众哲学》主张的大众化（包括通俗化）。这可以说是艾思奇自己以前所走哲学道路的概括，也指明了今后所走智慧之路的方向，事实上是他一生经验的基本总结。

第一，是中国化之路。艾思奇所走的智慧之路，中国化是首要的。我们中华民族是富有哲学传统的民族，但是，马克思主义的故乡是德国，列宁主义的发源地是俄国。要把国外产生的最高智慧之学——马克思列宁主义哲学，应用于中国的环境，应用于中国革命和建设的实践，首先必须中国化，才能成为我们党和群众手中的锐利武器，用以解决中国革命和建设中的实际问题，从而也才能丰富和发展马克思主义的智慧之学。艾思奇之所以大力研究和宣传毛泽东的哲学思想，特别推崇《实践论》《矛盾论》等著作，是因为他认为毛泽东的这些哲学论著，是马克思主义中国化的榜样。他自己所写的文章著作，所形成的一些独到的哲学思想，也都是针对中国实际，总结中国革命和建设的实践经验，并吸取中华民族的文化的优良传统，采取民族化的形式，运用中国老百姓喜闻乐见的语言，就是说，从内容到形式，都是马克思主义中国化的成果。他一生所走的智慧之路，始终在努力实现马克思主义哲学的中国化。

第二，是大众化之路。艾思奇所走的智慧之路，所追求的就是哲学大众化。他深知哲学只有成为大众解放的头脑，才能实现改造世界的历史使命。因此，他一走上马克思主义哲学道路，就把哲学大众化，作为自己的一项首要任务，并通过通俗化，来武装大众的头脑，变成群众的锐利武器。他所创作的《大众哲学》，就是这样一本成功的代表作。他的《哲学与生活》《社会发展史 历史唯物论》等，也都是大众化的深刻著作。他撰写的哲学论文、论著，尤其是讲课，也力求适合大众的口味，深入浅出地加以阐释，使大众易于接受。他还热衷于推荐和赞扬工农兵学哲学，认为哲学走出书斋，和人民大众相结合，是个方向。凡此种种，表明他在智慧之路上，同时走着大众化之路。

第三，是现实化之路。艾思奇在智慧之路上，所取得的一条十分重要的经验，就是注重现实化。他反复强调，只有密切关注我们所处的时代现实，才能产生适应时代需要的作品。艾思奇的文章著作，都是力求用马克思主义的立场、观点和方法，来分析总结所遇到的现实问题，从哲学上加以概括和总结，回答现实问题，指出解决问题的方向。例如，他根据社会主义建设的经验，指出矛盾的同一性也具有动力的作用和意义。他针对"大跃进"中的高指标、浮夸风等问题，写了《有限和无限的辩证法》一文，给头脑发热者一副清醒剂。他概括社会主义革命和建设曾出现过的曲折前进的正反面经验，强调了必须遵循生产关系一定要适合生产力发展性质的规律，如此等等。他的文字作品和口述作品，都是理论和实际相结合的产物，都是现实化很强的成果。

马克思主义哲学的中国化、大众化、现实化，是艾思奇毕生坚定不移地所走的智慧之路。这条道路是马克思主义哲学的历史使命所规定的，同时是我们党领导的革命建设事业所要求的。因此，他总是坚持哲学为革命和建设事业服务，为党的实际工作服务，而不能停留在书斋里，只作概念演绎、逻辑推理，专搞纯粹的理论研究。他所走的哲学道路和革命建设道路始终是紧密联系着的。

艾思奇所开拓的马克思主义哲学中国化、大众化、现实化之路，是一条广阔的正确道路，已成为中国哲学界的共识，表明这条道路具有普遍的深远的重大意义。

艾思奇所走的哲学道路，并不是一条平坦的大道。我们之所以称为智慧之路，是还想突出一个"之"字。世界上一切事物的发展，都走着"之"字路。艾思奇的生平历史也未能脱出这个规律。他一生有顺境，也有逆境；有成功，也有挫折；逢有和风细雨、沐浴春风，也遇有暴风骤雨、严寒霜雪。他坐过牢，挨过批，受过冤，遭受过重重打击。

尤其是曾经遭到窃取大权的阴谋家康生、陈伯达两次严重打击，一次是 1953 年秋，陈伯达策动以组织的名义，批判艾思奇，把功不可没的《大众哲学》，诬为"机械唯物论"，横加指责，并全盘否定艾思奇。另一次是 1958 年年初，康生操纵党校反右派运动，鼓动不明真相的某些群众，围攻艾思奇，企图把他打成"右派"，后内定为"中右"，戴罪下放。两次挨整，使艾思奇身心受到极大摧残。

现在，历史已做出结论，那些整人的人早已身败名裂，而艾思奇经受了种种磨炼，巍然屹立，党和人民给予了公正的评价，人民永远不会忘记他所做出的不可磨灭的贡献。

四 高尚人品

艾思奇 19 岁时对一位朋友说："我总想从哲学中找出一种对宇宙人生的科学真理，但古代哲学都说不清楚，很玄妙，最后读到马克思恩格斯的著作，才豁然开朗，对整个宇宙和世界的发生发展，有了一个比较明确的认识、合理的解释。"这说明艾思奇曾努力寻找宇宙人生的真理，经过自己的独立思考，才确立起对马克思主义哲学的充分信仰，奠定了哲人的思想基础。

正是这样的思想基础，决定了他立志从事哲学。有一位前辈曾问艾思奇，为什么学工的不搞工，却搞起哲学来了？艾思奇回答说，中国的出路只有改造社会制度，首先要改造人的意识形态，使人们都掌握正确的科学的宇宙观、人生观。这是哲学的现实意义。这个回答表明他弃工从哲更深的思想动机。

艾思奇走上革命哲学道路之后，始终矢志不渝，如我们上面所说，他为捍卫和传播、坚持和发展马克思主义哲学，做出了重要贡献，成为一代智慧卓越的哲人。

艾思奇又是一代学人。哲人也是学人。作为学人，重要的是治学的精神和治学的学风。

艾思奇在治学上，最主要的是贯彻理论和实际相结合的学风。他对马克思主义经典著作，曾反复研读过，精通其原理原则。他的哲学思想，他提出的一些创新观点，就是他长期研究的心得。即使经典著作中某些概念，个别字句，他也反复作过斟酌。列宁《谈谈辩证法问题》中关于发展"源泉"的概念，王明译成"钥匙"，艾思奇查阅俄文、德文、英文，认为还是译成"源泉"为好。向王明提出，反倒被扣了一顶"二元论"的帽子。可见，做一个学人或学者，很不容易。

艾思奇更注意时代的实际。他时时密切关注着时代的信息，寻找和利用各种机会到工厂、农村调查了解情况，他甚至把下放基层，也当作深入实际学习的好际遇。所以，他写的文章著作，都是时代实际的反映。他深有体会地说，人的认识始终是一个过程。恩格斯曾说，人类进入社会主义时，就从必然王国到自由王国的飞跃，似乎人们的认识就不再是一个过程了。艾思奇根据当时社会主义实践的经验，指出我们不能那样理解，我们对社会主义的认识，仍然有一个从必然王国到自由王国的过程。

艾思奇在治学上，还有许多优点。他好学不倦，博览群书。从少年时起就养成了手不释卷的习惯，直至病重住在医院也读书不辍。因此，他学贯中西、博古通今。除精通哲学外，对文艺、自然辩证法、历史、地理等也有相当高的水平。此外，对日文、英文、德文、俄文也达到能翻译的程度。他在学习中，善于思考，头脑中常装着一两个问题，思考起来，用志不分，如痴如呆。他很喜欢古代学者韩愈的格言："业精于勤，荒于嬉；行成于思，毁于随。"艾思奇治学上最大特点，是十分严谨，每写一篇文章，往往酝酿许久，反复构思，搜集材料，多方寻找理论和事实的根据。文章写成，征求意见，再三修改，又常常压上一段时间，以致错过时机。他主张文章要多写。他对年轻的理论工作者说，肩膀挑担是压出来的，文章是练出来的。只有跳入水中，才能学会游泳。文章写多了，到一定时候，就会达到得心应手、文思泉涌的境界。在他指导和帮助下的许多年轻教员，后来都成为教授、学者。

艾思奇是一个真正的好人。凡是和艾思奇相处过的同志，都知道他为人诚实、厚道、善良、谦逊、勤奋。他淡泊名利、克己奉公；严于律己、宽以待人；沉着冷静、宠辱不惊；等等。

艾思奇是一个优秀的共产党人。他是 1935 年入党的老党员，数十年革命中，经过种种磨砺，更加成熟和坚强。他是一个真正有高度觉悟的忠于党的共产主义先锋战士。

艾思奇反复强调，马克思主义是党性强烈的科学。他一再说，马克思主义哲学是颠扑不破的科学真理，是我们共产党人的世界观、方法论。这就是我们党的党性原则。他在自己从事的哲学工作中，时时处处地以这个党性原则为最高准则。

艾思奇在哲学研究中，提出自己一些新的见解，总是站在马克思主义立场上，以党和人民的利益为准绳。他坚决反对把理论研究和宣传教育，作为猎取个人名利的手段。有一次座谈会上，他强调要有坚强的党性，不能见利忘义，不能搞实用主义。他诙谐地说："主观主义＋个人主义＝实用主义。"他认为这是最要不得的无党性的恶劣学风。

艾思奇在党内生活中，从不以名流自诩，不当特殊党员，从不以党所给予的权力，牟取私利。他恪守党的生活准则，准时参加党的生活会，按时超额交纳党费。三年暂时困难时期，他一下拿出一万多元积蓄稿酬作为党费上交。凡此种种，均能充分说明他是一个卓越的共产党员。

艾思奇一生究竟如何？且看人民领袖和导师的评价。毛泽东对刘白羽说："艾思奇同志是一个真正的好人。"对吴伯箫说："老艾同志不是天下第一个好人，也是第二个好人。"又对舒群说："艾思奇是好哲学家，好就好在老实忠厚，诚心诚意做学问。"在当时中央党校校长、全国人大副委员长林枫所致的悼词中，毛泽东亲笔加上："党的理论战线上的忠诚战士。"

　　艾思奇是一代哲人、学人、真正的好人、卓越的共产党人，他为我们树立了榜样，犹如苍山青松，永远值得我们学习。尤其是他为我们留下了八大卷、550 万字的《艾思奇全书》。正像有些同志所说，《全书》就像哲学的宝藏。只要认真学习，就会获得莫大的教益，启迪我们承前启后，继往开来，使我们马克思主义哲学园地，开出更加灿烂的花朵，使中国特色社会主义的春天，更加美好，更加繁荣。

（原载《云南民族大学学报》（哲学社会科学版）2006 年第 5 期）

艾思奇同志的人品和作风

赵毅敏

受《大众哲学》影响的不是少数人，它影响了几代青年。有些青年学生在到延安去之前就读它，有些是到延安去之后在学校里学习接触到的。

在延安，我是管教育的，知道艾思奇曾在延安马列学院、抗日军政大学、陕北公学、鲁迅艺术学院等几个学校讲哲学课，并负责答疑和讨论。艾思奇讲哲学课学员们都很喜欢听。本来一般人提起哲学都觉得深奥难懂，但艾思奇的《大众哲学》使一般老百姓都可以懂，道理讲得让青年人容易接受。这是因为他书里多有生动活泼、来自生活的例子。这是艾思奇著作的一个特点。不像有些人把哲学故意讲得艰深玄奥。艾思奇来到延安后哲学水平更进一步提高了。如他的《哲学与生活》一书受到毛泽东的夸奖："你的《哲学与生活》是你的著作中更深刻的书，我读了得益很多……"又如他通过学习俄语，接受苏联哲学家米丁等人的影响，他的哲学总是结合着中国的实践斗争而讲，对马克思主义哲学大众化、中国化做出了巨大贡献。他的这种风格也影响了一代哲学工作者。

说到艾思奇的人品，我想起了毛主席对他的一个评价："艾思奇是一个真正的好人，好就好在老实忠厚，诚心诚意做学问。"我和艾思奇曾在中央宣传部一起工作，我们相处得很好，不仅工作上配合得默契，也是很好的朋友。甚至就他的个人问题我们都推心置腹地交谈过。他这个人就是忙，整天夹着个书包到处去上课，没工夫扯闲话。他做事又很认真踏实，不管备课、上课、开会或干其他工作，从来都不会马虎敷衍。别人夸他或他的书时，他总是表现得很谦虚，总说还做得不够好，尚需努力提高，实际上他也一直在努力学习，从不浪费时间。

艾思奇本来比我年轻，没想到他去世得那么早，我实在感到惋惜。我们党需要像艾思奇这样的忠诚战士，我们的理论工作者需要艾思奇这样的榜样，我们的人民需要艾思奇这样的大众哲学家。

（本文选自《常青的〈大众哲学〉》，红旗出版社 2002 年版）

我心目中的艾思奇

贺敬之

我认识艾思奇同志，但我俩始终没有说过话，我想后来他也会知道我。

记得我到北京工作以后，在文联的报告会上见过艾思奇同志一面。他在我心目中是一位令我崇敬的革命家和马克思主义哲学家。

我第一次接触马克思主义方面的著作，即《大众哲学》。在我写的《放声歌唱》中，写到了我到延安之前那段经历的时候，从中提到了《大众哲学》。诗中是这样写的：

> ……在传递着、传递着我们的"火炬"——
> 啊，我的《新华日报》，
> 我的《大众哲学》，
> 我的《解放周刊》
> 我的《活跃的肤施（延安）》！……
> ——"决定吧！"
> ——"决定了!!"
> 我们到"那边"去！——
> 到我们的延安去！……

在抗日战争时期，1937年台儿庄大战前夕，我和几位同学来到兖州读师范。进入学校不久，"七·七"事变已经开始，很快日本兵打过黄河，这样山东的所有学校一并迁移到后方，即河南、湖北等地。台儿庄大战结束后，学校成立了国立湖北中学，把山东的学校在鄂西北集中起来。学校搬迁后，我和几位同学沿铁路线边打听，边追寻学校。当时路途中经历了艰辛困苦，毕竟日本兵在徐州、郑州、武汉等铁路沿线开始了扫荡。找到学校不久，南京遇到了大屠杀。1938年4月举国上下保卫武汉。当时我14岁离家出走，在流亡过程中，我饱尝了炮火，这对我印象很深。后来抗日救亡的热情高涨起来，学校成立了学习读书会、歌友联谊会，同学们出墙报，下乡宣传，做抗日救亡宣传活动。虽然当时我年龄小，但还是参与了这些活动。同时读了不少课外书，兴趣完全不在课本上，而是在课外读物上。读书涉及苏联文学作品和政治经济学以及国内的诗歌、哲学。哲学方面的主要是《大众哲学》，它通俗易懂，是理论联系实践的读本，并且能联系到我自己的切身经历。

在湖北学校和离开四川到延安期间，我一直学习《大众哲学》，因此这本书我看了多遍，从中掌握了初步的辩证唯物主义基本常识并配合其他的一些文艺作品，对于我认识诗歌、写诗歌都起了很重要的作用，以至于后来我写了许多的抗战文艺作品。

从《大众哲学》中受益的不只是我一个人，对于当时抗日革命青年，促进他们思想的革命化和掌握辩证唯物主义基本知识都起了巨大作用。

刚开始听到艾思奇的名字时，我还以为他是苏联人，后来我到了延安便知道艾思奇同志也在这里。我当时在鲁艺学习和工作，知道他在马列学院工作。1939年延安解放以后，也知道他在延安《解放日报》当了总编，负责文艺版。印象最深的是1944年5月15号，他在延安《解放日报》上发表了一篇文艺评论——《惯匪周子山》，《周子山》（原名《惯匪》）是由我与王大化等同志集体创作的中型秧歌剧。评论该剧编得好，演唱得好，以革命历史戏的资格受到了广大群众的欢迎。群众爱剧中的情节，也爱它的歌曲。这篇评论文章给创作作者和从绥德地区演出后回到延安的鲁艺文工团以莫大的精神鼓舞，在延安文艺界产生了很大影响。

在延安文艺战线上，实践毛主席文艺思想，宣传延安文艺座谈会的讲话精神，艾思奇同志做出了许多贡献。其中还有对我参加创作的歌剧《白毛女》的支持。作品演出后虽然受到群众欢迎，但也受到文艺界部分同志不恰当的否定性非议和公开的尖锐批评。而艾思奇同志对《白毛女》热情地肯定，在他的主持下，延安《解放日报》版面上通过民主讨论，在争论中以理服人，分清了是非，也团结了同志。

后来艾思奇同志在"文革"前夕，由于意识形态战线比较复杂，运动频繁，加之工作认真，而又带病下放，不辞辛劳，导致英年早逝。但他仍然立场坚定，仍然以科学的态度，坚持真理。因此，艾思奇同志是我们值得学习的楷模。

（选自《缅怀与探索——纪念艾思奇
文选（1981—2008）》，中共中央党校出版社 2010 年版）

《大众哲学》与"一二·九"运动[*]

余建亭

时光如梭，60多年过去了。关于《大众哲学》，我能回忆起来的不是太多，我就所知道的、所能想起的谈谈这本书在当时的作用和影响。我接触《大众哲学》是在1936年，那时这本书名叫《哲学讲话》，作者是艾思奇同志。抗战开始以后改名《大众哲学》，当时正是"一二·九"运动后不久。大家知道，"一二·九"运动不仅是青年学生的爱国运动，也是一代青年的思想启蒙运动。在这次运动中《哲学讲话》深受欢迎，是产生了重大影响的一本课外读物。《哲学讲话》启发了一代进步青年，提高了他们的思想觉悟，它对中国人民的觉醒起了明显的作用。积极参加"一二·九"运动的学生是如饥似渴地学习《哲学讲话》的，我也是其中的一名积极分子。我记得我们这些人当时喜欢看的书刊，还有《生活周刊》《大众生活》《世界知识》《萍踪寄语》，以及《从一个人看一个世界》《政治经济学》等。但后来我们发现小册子比周刊或大厚本的论著更受欢迎，因为刊物上文章分量单薄，且有买到这期后未必买得到下期这样一个不连续的问题，而厚本的论著一般不那么通俗。艾思奇的这本书在1936年与读者见面的是个单行本的小册子，在进步青年中受到了热情欢迎。原因在于在学生运动中广大青年要求能够得到新的知识，而在旧社会我们对哲学的认识很不够，认为哲学只是一门学问，只有哲学家才能研究哲学。其实，哲学与每个人的思想、生活息息相关。后

＊ 本文由李宏伟记录整理。

来毛泽东曾指出，要把哲学从哲学家的讲堂里解放出来，成为广大群众的思想武器。在"一二·九"运动之前，我们是不了解这点的。

我参加了"一二·九"运动，那时我才十七八岁，在"一二·九"运动爆发之后，有一个民族解放先锋队，简称"民先"，成员大部分都是大学生或中学生。由于各校情况不同，"民先"队的处境也不同。我那时在燕京大学就读，在那里"民先"是个公开的组织，其他有些学校有公开或半公开的，在北平也有一些学校，只能秘密活动。燕京大学"民先"队员有一百多人，第一任队长是黄华，他那时名叫王汝梅。不久他就担任北平学联党团书记。我在"民先"队任过小组长，后来任总务，协助队长工作，"民先"队分成十几个小组，每组有十名左右的队员。"民先"队正式地把艾思奇的《哲学讲话》定为要学习讨论的一本书，而且是要精读。读这本书不是泛泛浏览，学习讨论也不只一两次。那时我们可以在东安市场买到这本书。大家很重视，如饥似渴地学习，接受新思想、新观点。我在大学一年级爱好自然科学，并不懂得什么叫唯物论，什么叫唯心论，这些概念都是从《哲学讲话》中学来的。还有什么叫"阶级"，什么叫"阶级立场"，读这本书前也不清楚，但在运动中大家都很渴求这些知识，所以我们学习的劲头很大。那时有些书是不可以公开读的，我们就在桌上放一本书做掩护，有人进来时把正读的《哲学讲话》或类似的书或秘密传单放到抽屉里，赶快读桌上另一本。也许正是因为这样，让人感到神秘，人们学习时更加注意，更为重视。我记得在这本书中有一篇《雷峰塔的倒塌》讲到质变与量变的规律。《哲学讲话》中还讲到，事物是运动、变动和发展的，从这个意义引申出来，资产阶级的政权是注定要崩溃的，从而使青年逐步认识到社会发展的规律是不以人的意志为转移的，提高了青年们的认识。当时在北平的上空看着日本飞机上的太阳旗，可以听到日军演习的隆隆炮声、刺耳的枪声；可以看到日本飞机在低空盘旋；在街上还有日本人收买的流氓、汉奸游行示威，要求华北自治。另一方面，国民党把故宫的古物南迁。这些深深刺激着北平学子。青年们不禁要问：为什么国家会变成这样，为什么国民党政府不抵抗？为什么汉奸们敢于在街上喊华北自治？我们思想越来越苦闷，由苦闷转为愤慨激昂，这是从政治上来说。从经济上来说，我们不仅看到老百姓们饥寒交迫，失业人数极多。我们也面临着毕业即失业这样一个问题。《毕业歌》中有："听吧，满耳是大众的嗟伤，看吧，一年年国土的沦丧。"这些现实对青年们刺激很大，而国民党政府却主张"攘外必先安内"。我们不仅痛恨日本侵略者，而且对国民党当局极为不满。

在大学我先是学物理的，"一二·九"运动后转入社会学系，刚入学时我整日埋头苦读，一心想着以后实业救国，开始对学生运动不很重视。可是后来思想疑问越来越多，校园变得不再安静，"一二·九"运动时有一句名言："偌大的华北已摆不下一张平静的书桌。"我和同学们都迫切希望有人来告诉我们，为什么社会是这样的？在这种情况下，《哲学讲话》发表了，它告诉我们，社会是分成阶级的，有资产阶级，有工人阶级，还有其他阶级。不同阶级认识问题有不同的立场。让我们懂得了帝国主义为什么会侵略殖民地、半殖民地国家；懂得了貌似强大的资产阶级政权总有一天是要崩溃的，社会总是要发展的，社会主义一定会战胜资本主义。当时我们看到了苏联这个榜样，接受辩证唯物主义和唯物史观的人很多。《哲学讲话》以通俗易懂的语言，结合社会现实，告诉我们许多道理。通过半年的认真阅读、讨论，"民先"队员的思想觉悟大大提高。燕京大学有八百多学生，"民先"队员有一百零几个人，"民先"队影响很大。在教学楼、宿舍楼出墙报，当时我们每天在未名湖边的体育馆早操时做宣传，唱救亡歌曲（我们有未名歌咏队），我当时是歌咏队队长，每个星期或每隔一周在适楼礼堂练习唱救亡歌曲，参加的人数多时百余人，少时几十个人。我也是北平音联（一个秘密组织）的委员。我还记得有一次吕骥同志在东北大学教唱《保卫马德里》和其他进步歌曲。我们最喜欢唱《救亡进行曲》《工人歌》《毕业歌》《五月的鲜花》《慰劳歌》《码头工人歌》等。这些歌曲和《哲学讲话》这样的书一样，起到了启发人、教育人、提高青年觉悟的作用。

马克思主义那时传入中国不久，不像现在这样广为人知。《大众哲学》具有大众化、通俗化的特点，它联系实际的朴实文风，适合群众运动的需要。许多人思想上都存在着种种疑问，对现实不满。《哲学讲话》让人认识到国民党的腐败反动是有它的阶级根源的，所以它才会"宁予外人，不予家奴"，才会必先"安内"。

我们一篇篇精读，一次次讨论，而且是自动的，对课本也没这么大热情。这是《哲学讲话》的魅力所在。因此，我们对这本书的价值应有足够的估计。它对启迪青年学生认识世界，树立正确的世界观、人生观起到了明显作用。

"一二·九"运动后，许多青年走上革命的道路，到了延安、华北、华中等根据地。到国民党统治区去组织"平津流亡同学会"，从事救亡活动。"一二·九"运动为建立各个根据地准备了人心、准备了思想、准备了干部。这与青年们树立了正确的人生观、世界观有很大关系。他们有了正确的哲学思想的引导。我 1937 年 6 月动身去延安，后来大部分"民先"队员和许多非"民先"队员都奔赴革命根据地。

我记得在延安有个哲学研究会，大家都十分重视研究哲学。我当时在八路军总政治部工作，全机关干部都学习哲学。《陈云文选》中有一篇文章叫《身负重任、学习哲学》。他讲道："哲学可以使人开窍，学好哲学，终身受用。"《哲学讲话》曾开启民智，鼓舞了一代进步青年。今天，重读《大众哲学》，其中的道理仍给我们很大启发。艾思奇同志为我国的马克思主义哲学事业做出了巨大贡献，人们是不会忘记的。

（本文选自《常青的〈大众哲学〉》，红旗出版社 2002 年版）

哲学大众化的拓荒者——艾思奇

侯树栋　袁训忠

在拨乱反正、开拓前进的今天，有一位哲学战线上优秀战士的名字，人们是永不忘怀的，这就是艾思奇同志。艾思奇（1910—1966年）是一位杰出的马克思主义哲学家，他为宣传马列主义、毛泽东思想，为丰富中国的现代哲学，特别是把哲学从哲学家的殿堂里解放出来，变为群众斗争的武器，做出了不可磨灭的贡献。他无愧为哲学大众化的拓荒者。

艾思奇同志的战斗历程，大致可分为三个阶段，即上海时期、延安时期和新中国成立以后。上海时期在他的学术生涯中占有重要地位。他就是在这里走上理论战线的，并且成为哲学界的一颗引人注目的璀璨新星。他之所以成功，关键在于一开始就选择了一条哲学大众化的正确道路。

1932年，仅仅22岁的艾思奇同志，从云南来到笼罩着满天乌云、但又汹涌着革命浪潮的上海。

残酷的现实和党的引导，使他深切地感到，要改造中国，必须有广大民众的觉悟，唤起民众则不能离开新的世界观，让广大群众掌握哲学，获得救国救民的真理和正确的生活道路。在这样的思想动机下，他坚定地投身于"没有人尝试过，甚至没有人屑于尝试"的哲学通俗化的探索，大胆创新，找到了为劳苦大众最容易接受的形式，写出了脍炙人口的《大众哲学》，在高深莫测的哲学殿堂里打开了一条新路。这本书在新中国成立前印行了32版，它在黑暗的中国，启发了千万颗苦闷彷徨的心，起了马克思主义的启蒙作用，许多青年在它的影响下走上了革命的道路。

形式上的通俗化，内容上同群众共呼吸，把自己的哲学研究同民族存亡、大众疾苦结合起来，这是艾思奇同志开拓哲学大众化的突出的特点。在《大众哲学》里，尽管因为"环境的困难，要说的话不能直说，要用的字不能不用别的字代替，要举的例子也只好不举"，然而，还是运用了大量反映民族存亡、大众生活疾苦的事例。例如反映中国人民反帝斗争的"一二·九"运动就提到五次之多。而"失业和生活难的问题"几乎贯通全书。

艾思奇同志开拓的哲学大众化、通俗化的道路，《大众哲学》是个开端。他始终坚持这条道路，并为之奋斗终生。他在1937年出版的《哲学与生活》，曾受到毛泽东同志的称赞，赞扬这是艾思奇同志的著作中更深刻的书，并且对这本书的一些精彩部分做了详细的摘录，成为领袖和哲学家深厚友谊的佳话。艾思奇同志在延安时期和新中国成立以后所写的一系列哲学著作，同样保持和发扬了大众化、通俗化的特点。他主编的《辩证唯物主义 历史唯物主义》，成为新中国成立后第一本通俗易懂，又是比较系统准确的马克思主义哲学基本原理教科书，直到现在仍然为广大干部群众所喜爱。

艾思奇同志说过，哲学虽是高入九霄的东西，但一定要脚踏实地。哲学既要面向群众，又要面向实际。哲学大众化，不仅仅是一个通俗化，它还包含着更深刻的内容——哲学中国化。这就是说，哲学不仅要与群众结合，更要与群众的斗争实践结合，与中国革命的实际结合，使马克思主义哲学具有中国特色。

艾恩奇同志1937年年底来到延安工作，这对他来说，是一个极为重要的转折点。那时，正是毛泽东同志写成《实践论》《矛盾论》的时期，毛主席的光辉哲学著作，正是马克思主义普遍原理同中国革命具体实践相结合的产物，是中国化的马克思主义哲学，是坚持、捍卫和发展马克思主义哲学的典范。艾思奇同志在毛主席、党中央的直接领导下，身临火热的抗战中心，他的思想有了一个新的飞跃，更深切地体会到马克思主义与中国革命实践相结合的重要性。艾思奇同志在《哲学的现状和任务》《怎样研究辩证法唯物论》《反对主观主义》《不要误解"实事求是"》等文章中，对于哲学中国化给予了透彻的论述，并且身体力行。这些论述，直到今天我们读起来仍不失其深刻性。

艾思奇同志认为，哲学中国化运动的中心，"就是对新哲学、辩证法唯物论的研究"。其他种类哲学思想的研究也不排斥，但必须围绕这个中心。中国化绝不是丢开马克思主义的立场，相反，它是以坚持马克思主义的基本立场为前提的。是"给马克思主义的总宝库放进一些新贡献"，而绝非离开马克思主义的基本原则去另搞一套。

艾思奇同志认为，哲学中国化最重要的是面向实践，特别是抗战的实践，把马克思主义的普遍原理与中国革命的具体实践相结合。理论的作用就在于解决实际问题，一旦离开实际，就会转化为"死教条"，成为主观的"空调头"，就不再是真正的"活理论"，"金子就会变成粪土"。

理论本身的成立，是紧紧依赖于实际的，离开了实际，理论只是在词句上而不是在实际上成立了。艾思奇同志在他的理论实践中，严格地力行了这些原则。他在这一时期写成的哲学著作，就是以面向实际、紧紧围绕抗战实践为特点的。

哲学中国化也要注意研究"中国马克思主义政党的领导者们的名著"。艾思奇同志举出毛泽东同志的《论持久战》《论新阶段》《新民主主义论》，以及毛泽东同志及朱德同志的关于游击战争问题的著作，都是"马克思主义中国化和辩证法唯物论应用的最大的历史收获"，是我们在解决中国抗战的实际问题上的"辉煌范例"。艾思奇同志在学习和宣传马克思主义普遍真理同中国革命具体实践相结合的理论——毛泽东思想上，做出了卓越的贡献。

艾思奇同志是一名学者，又是一名战士，而且是一名自觉的战士。他之所以能够在哲学大众化的道路上取得丰硕成果，很重要的一点就是把学者和战士结合起来。许多和艾思奇同志共同生活和战斗过的同志讲，艾思奇同志具有诚挚、谦虚、敦厚、正直、勤奋、好学、谨慎、深思等优秀品格。他的座右铭是："实事求是""活到老，学到老，改造到老""博学之，审问之，慎思之，明辨之""鸢飞于天，鱼跃于渊，言其上下察也"。

艾思奇同志上过小学，入过中学，也进过大学，但都没有毕业，没拿过一张文凭。然而，他有勇于攻关的毅力，勤奋自学的恒心，攻读了大量的哲学、文学、科学书籍。艾思奇同志非常注意改造自己的思想。他言必行，行必果。他严于律己，不仅热情地去认识客观世界，而且在逐步解决着自己的世界观、人生观，向着新的生活境界进发。他自幼生长在一个生活优裕的家庭，可以过比较舒适的生活，但他积极投入火热的革命斗争，不怕吃苦，逐渐走到受压迫、受剥削最深的工农劳苦大众的阵营里来。他参加过延安整风、多次群众运动，从不放过改造自己思想的机会；他受到党中央、毛主席和人民群众的高度赞扬，但从不骄傲，不借学术为阶梯，谋取什么"权威""地位"，他把一生当教员引以为荣；他也受过康生、陈伯达的排挤、打击，但从不消沉下去，总是埋头地工作着。他把全部精力投入哲学大众化的事业，虽然无暇去搞大部头的专著，却给人们留下了几百万字的哲学著述。

艾思奇同志，确实是一位大众的哲人，只有真正的大众哲人，才能写出真正的大众哲学，在哲学大众化的道路上开拓前进。

（原载《国内哲学动态》1986 年第 5 期）

忆二哥青少年时代

李生菀　李贤贞

　　我们和二哥生萱相处的时间较短，生活在一起主要是青少年时期的若干岁月。现在回忆当时生活的情景，虽则年事久长，却历历在目。我们家原籍云南省腾冲县和顺乡水碓村。二哥生萱两岁时便离开老家，只在祖父去世时大约他9岁那年曾回去一趟，而我们则是在昆明出生的。

　　我们的父亲李曰垓（梓畅），是一个具有旧民主主义思想的学者，在清光绪年间考入"云南高等学堂"，后被选拔到北京京师大学堂（北京大学前身），攻读古代哲学和经济特科。在校时，他加入了孙中山先生领导的"同盟会"。毕业后，"同盟会"派他回滇，组织秘密的反清活动。当时，他以"滇南沿边土民学堂"总办的职务作掩护，在滇南一带进行革命工作。辛亥革命期间，他是蔡锷先生的重要幕僚。袁世凯称帝时，父亲积极辅佐松坡先生讨袁，曾任护国军第一军秘书长。后来，反动军阀唐继尧窃取了云南的统治大权，他又受到唐的排挤打击，险遭杀害。父亲脱险后，乔装离滇，去香港、广州、上海等地，长期住在苏州，与章太炎、李根源先生等研究国学和先秦哲学，著有《天地一庵诗文集》。后来，唐继尧倒台，父亲辗转回到昆明，担任了云南省的民政厅长、殖边督办、云贵矿务督办，修过滇缅公路，在腾冲办过水利，搞过垦荒事业等。

　　我们家的生活，常常随着父亲处境的变化而动荡不定。父亲虽然做了官，但他为人耿直，在旧社会不善于左右逢迎，所以顺利的时间少。从民国元年定居昆明后，他只有在民国一、二、三、七、十一五个年头在昆明，其他时间都在外面，常常只留母亲和我们两人在家。大哥在外读书，二哥曾随父到过香港、苏州等地上学。

二哥7岁进私塾，11岁才转入国民小学，插班读四年级。14岁那年，在香港岭南大学附中小学读了一年，15岁二哥随父亲回昆明，插入省立一中二年级。读到初中毕业，因他积极参加学生运动，被军阀唐继尧通缉，又被迫逃到了苏州。当时，大哥李生庄在南京东南大学上学，二哥便想入该校中学学习。当时，北伐军就要打到江浙一带，军阀孙传芳处在没落的疯狂状态中，到处抓人，大哥当时已是共产党员，身份已经暴露，只身匆匆逃到上海，而二哥和另一同乡同学熊怡琴在大哥宿舍，被军警逮捕。后来父兄多方设法，经宗伯李根源营救出狱。17岁的二哥东渡日本留学，中途曾因病回昆明养病。19岁时第二次去日本，直到"九•一八"事变，激于义愤，弃学回国，在家小住后，很快又去了上海。从此，他走上了革命道路，抗战爆发后长时间杳无音讯，后来听说他到延安去了。

回忆二哥小的时候，我们兄妹曾经在一起念书。父亲和朋友合办了一所私塾，请了一位老先生，有七八个学生，读的是四书五经，天天念"子曰学而时习之"之类。老先生是很严厉的，书读不好，就要打手心。二哥自幼聪颖好学，老先生批他的作文，总是点头称赞，从没有挨过打。

二哥读书很用功，但是，回到家里他却是一个顽皮的淘气包。下河游泳、上树掏雀是常事。记得他和张百纲、寸时能是在私塾里最要好伙伴。他们三人有一次像马戏团一样，一个人站着另一个人肩上搭人梯上屋檐掏麻雀，二哥站在最下面，小三妹（即张煜同志，1937年到延安，现在沈阳工作）吓唬他们要告状，他们慌了要逃跑，最上面的张百纲摔了下来，把胳膊摔断了，被送到医院接骨。二哥为此挨了打。但是，他并没有改掉淘气的习性。

二哥从小胆子就大，不迷信。按昆明的旧风俗，狗和姑娘是不能上房的，说上房就会引起火灾。二哥偏不信。他自己抱了一只小狗，上了邻居的房顶，又招呼妹妹贤贞也上了房顶，恰好被邻居看见，邻居大骂了一顿，但并没有发生火灾。这次小小的试验，在我们弟妹们心里，种下了鬼神迷信是骗人的思想。

父亲对我们的要求严极了，整天要我们用功读书。而我们却总向往大自然，总想逃出书房。记得有一次，二哥约着张百纲、寸时能几个小朋友，在昆明东门外的八达河游泳。传说这条河有个"鬼门关"，河中间有几块大石头，水流急冲岩石，形成旋涡。人游到那里，一不小心，就会陷进去出不来。旧社会有些走投无路的人，总是在那里投河自杀。他们四五个男孩子，硬要去试一试，看看那里到底有没有什么神鬼。结果挨了父亲一顿打，祖母和母亲一起求情，才把他们放了。二哥从12岁起，就完全变样了。父亲也因为二哥读书用功，知过能改，照样很喜欢他。

二哥进了省立一中，我们不在一起念书。生菠是后来上的一中。我们知道一中学生在当时是很进步的，在学生运动中是"左翼"。唐继尧当时官办的一所"大陆中学"，是学生运动中的"右翼"，这两个学校常常唱对台戏。二哥在一中是一个骨干。我们看过他演戏，扮演女角，演得还真不错。我们看见过他参加过游行，二哥举着小旗，在头里走着。

二哥参加革命活动，引起了反动军阀政府的注意。我们父亲因为反对唐继尧，险遭不测，过了多年政治流亡生活。唐继尧得知二哥又在参加革命活动，气得暴跳如雷，对他的走卒狂叫："跑掉他老子，跑不掉他儿子，抓起来宰了！"

1926年夏天，正是放暑假的时候，一个晚上，在昆明兴华街青宁巷二号，忽然来了几个便衣和军警来家搜查，迫问我们母亲说："李生萱到哪里去了？你们去把他找回来，我们要请他去谈谈。"母亲知道事情不妙，用眼睛示意贤贞，贤贞机警地领会了母亲的意思。在特务们不防时，偷偷溜出街口等着。不久，二哥回来，贤贞急忙拉他到僻静处，悄悄把情况告诉他，他便赶紧溜走，躲在一个同乡的家里。不久，母亲为了安全起见，又把他转移隐藏在父亲的学生李沛阶家里，在顶篷上住着，躲了两个多月。后来，李沛阶先生多方设法，请一位美国牧师帮忙，把二哥乔装成牧师的家庭教师，趁他回国之机，由他出面弄了个护照，随同这个牧师离滇，经越南，到了香港，才同牧师分手，再乘船到上海，转赴苏州，到了父亲住处，才算脱了险。

二哥到了苏州，跟父亲在一起，父亲又要他研读先秦哲学的书。二哥自幼喜欢读哲学，受父亲和大哥的影响不小。在私塾、小学时，父亲在家，就教二哥读《老子》《庄子》这些书，并且一面读，一面讲解其中意思，那些深奥的哲理，使二哥受到哲学的启蒙教育。

我们大哥在南京东南大学也是学哲学的，他学的是西洋哲学，思想进步，见二哥对哲学有兴趣，也常常给他介绍外国哲学的思想，有好的材料，常寄回家来。二哥的青年时代哲学上的进步，也有大哥的一份心血。

二哥到日本留学太刻苦，生活又不注意，得了胃病，不得不回到昆明养病。回来时，带来了许多外文的马克思主义著作，诸如《共产党宣言》《费尔巴哈论》《反杜林论》《唯物论与经验批判论》《论列宁主义基础》等，主要是马列主义的哲学著作，有日本的、德文的、英文的各种版本。

在国民党反动派统治下，海关、路卡检查得很紧，对马列主义经典著作，是严厉查禁的，一旦发现，就被没收。二哥煞费苦心，想了许多办法，有的是换了封面，有的是混在其他科技书里，有的放在夹底箱里，好不容易运回昆明。一到家里，又怕查抄，就在当时住的青宁街家里，在低矮的厅堂前屋檐下的顶楼里，敲开一块活动板，秘密地收藏起来。对外面任何人也不说，只有极亲密的同志，才出借。

二哥一边养病，一边刻苦学习日文和德文，特别是抓紧时间，秘密阅读马列主义哲学经典著作。

二哥在日本学会了《国际歌》《伏尔加船夫曲》，还有《马赛曲》等，他译成了中文，经常在口里哼哼，还教我们和一些青年朋友一起唱，又介绍给中学时代的老朋友聂耳。这些歌曲也吸引了聂耳，聂耳很快学会，并在群众中教唱，在昆明成了风行一时的流行革命歌曲。

当时，大哥兼《云南民众日报》副刊《杂货店》主编，常用"老呅""小伙计"等笔名写文章。二哥在养病期间，用"小呅"

"店小二""SG"等笔名，写了不少杂文，隐蔽地宣传了一些马列主义基本知识。还翻译海涅的诗、高尔基的作品，翻译马、恩、列、斯的著作，改头换面登在报上，在闭塞的西南，对读者产生了一定的影响。

二哥对我们很好，感情很深，可惜相处的时间太短了。新中国成立后，我们都盼望着他能带着家属回家乡来看看，他也一直有这个愿望，可是总因为工作忙，未能如愿。这不能不是一个很大的遗憾。二哥过早去世，使我们悲伤不已！我们永远怀念着二哥！

二哥很早走上革命道路，在党的理论战线上做出了一点成绩，完全应归功于党的培养。人民给了他很高的荣誉，我们全家也感到光荣。我们要继承二哥的遗志，更好地学习和工作，为四化事业贡献自己一份力量，来感谢人民和党！

（本文选自《一个哲学家的道路——回忆艾思奇同志》，

云南人民出版社 1985 年版）

反思：大众之炬是必然还是偶然？

——为纪念父亲逝世 34 周年而作

艾一梅

在美国求学和奋斗多年，有幸与几位美国研究过我父亲艾思奇的学者邂逅，似乎都是偶然，但这些机遇却逐渐深化了我自幼对于父亲的感性认识，所有外国学者皆高度评价他的早年成名作《大众哲学》，但为什么我在他生前，对此竟一无所知呢？

一

我父亲的办公室和书房都在家中，我自幼最大乐趣就是在那里泛游书海。那数千册书分门别类排列在两间大书房里，从中外哲学、历史、中外文学名著、军事到各种大部头自然科学书籍（天文、地理、量子力学、土壤学、植物学、物理、化学……）应有尽有，还有黑格尔的逻辑学特别引人注目。我最喜爱的书包括《莎士比亚全集》《春秋战国策》《三国演义》《孙子兵法》，各种社科书籍，三十六计，百战奇略和各种自然科学书籍等。父亲工作很忙，我年龄小，偶有机会同他对话，话题总是离不开"学问"，从不涉及政治，以至直到他去世很久从一些同学那里我才听说有什么"入党做官"的世俗哲学这一说。但是，他年轻时成名书都不放在书架上。记得我上小学时问问过父亲："你不是哲学家吗？为什么还要看那么多自然科学书呢？"他看着我，很严肃地说："搞哲学一定要懂自然科学……"记得我们父女还认真讨论过为何在三十六计之中"走为上"是上计。

父亲对我是身教胜于言教，他从不过问我在学校的"分数多少"，但总是鼓励我尽自己最大的努力去学习。遵从父母对我说的"闻鸡起舞"教义，我们天天都是黎明即起，打太极，练剑，跑步，然后读外文。家中有英、德、日、俄几种文字的报纸杂志，父亲最后学的一种外语是俄文，用的不是中俄词典，而是英俄、德俄词典。父母亲坚持体育锻炼，父亲不但是游泳高手，40多岁还学了花样滑冰……也培养了我3个孩子锻炼身体的家风。父母亲工作之余最大的乐趣在"琴棋书画"、常诵国学名篇。父亲虽然天天工作到深夜，但书法也是每日必修，在他们的要求下，我也天天习大小楷，与他同桌对练。记得他给我讲过王羲之临池习字的故事，端砚的质量等趣事。

父亲常写的字如："鸢飞于天，鱼跃于渊""君子引而不发，跃如也""笃行之""天将降大任于斯人也，必先苦其心志，劳其筋骨，饿其体肤，行弗乱其所为……"但他最喜爱的两个字是"劳谦"。他曾要取劳谦为我的学名，我那时并不知此词出于《易经》中谦卦，觉得不像女孩名字，执意不肯，后与母亲商议他同意为"梅"。因为父亲最喜梅花，"争春而不居功"，具有"劳谦"之品格，与松竹兰共为"四君子"。

父亲酷爱音乐，他两次出国访苏，给留学生讲演，获外汇就购买了柴可夫斯基的成套交响乐，平日在家收听西方古典名曲，尤其喜欢贝多芬的交响乐曲，他每日都听音乐伴着他写那些长篇讲稿。他过去的同事王匡告诉我，父亲在暴风雨中于延安窑洞内高唱舒伯特的名曲《魔王》。但是直到他去世之后，我才从首次相见的三叔（李生菣）口中得知，他青少年时与音乐家聂耳是同乡挚友。有暇时日，父母还带我去逛"荣宝斋"，参观徐悲鸿故居，看京剧《空城计》……特别是看话剧《蔡文姬》《卧薪尝胆》。观后常在家中有一番有关历史背景的议论，特别是越王勾践的故事印象最深。

父亲从未向我们谈及他青年时代成名之事，在我们姐弟眼中，他仅是一个普通的"艾教员"；在我们幼小心目中，还以为他大概是出身不好的，最多不过是一位"政协委员"或民主人士，统战对象而已。至于祖父李曰垓曾参加同盟会和辛亥革命，尔后又辅佐蔡锷将军反对袁世凯的履历，著有讨袁檄文的史实，只有他去世之后才为我所知。家中来往的客人，主要是曾共同留学又同译过《新哲学大纲》的郑易里、国民党起义将领龙泽汇（我姑父）与卢汉（姑父的姐丈）、科普作家高士其、出版家黄洛峰，都是老同志老战友……没有一位是党政军国家要人。他的虚怀若谷、待人谦诚表现在他对所有人一致尊敬的态度上，无论是上级、同级、下级，还是普通的工人、农民、"四清"被批判对象，他都是一视同仁。

我自幼心中有一谜团未解，为什么父亲同我们在一起总是愉悦可亲，与别人相处总是亲切和蔼，而为什么在和同事的工作照片中常常显得十分严肃，以至于有几分不快呢？直到他去世之后，我才得知，父亲从1942年"抢救"运动开始，即早在与我母亲结婚前，就开始了他屡次受批的后半生。20世纪40年代初，延安审干阶段，由于他未能随波逐流、抓出一个"特务"而被打成包庇特务小宗派，当众被撤销编委会的领导职务；50年代初，在反对官僚主义运动中父亲受到更加严厉的批判，起因是由于讲课中提及恩格斯对于拿破仑的评论，为了解释必然性和偶然性的问题，父亲指出，在中国这样一个人口众多的国家，一个伟大的历史性革命必定会产生一个领袖人物，但是具体哪个人会成为这样人物则是有一定的偶然性。这一科学的论点却被当成"非常荒谬的错误"，为陈伯达导演的批判《大众哲学》当成借口，用卢国英教授之言，是一场"总清算"。父亲提出的理论（实际上是辩证唯物主义的理论），被指责为"一种恶劣的资产阶级自由主义思想的反映"。《大众哲学》中关于物质与精神的两大类提法，也被批判为"观点混乱和缺乏马列主义""敞开了走向二元论和唯心论的大门"。父亲被迫检查承认他"主张的宗教和资产阶级思想的进步方面是新民主主义中国上层建筑的因素之一的看法"为右倾，并保证《大众哲学》今后禁版。

或许是由于父亲从30岁出头就感同身受世间由社会地位或政治遭遇的不同，某些人经历的不公待遇，所以他会对于所有人抱以平等尊重的态度，面对他自己受到的任何批判他从未愤懑，从未向母亲披露，而是不断反省，思进补过。记得在 20 世纪 50 年代"反右运动"期间，父亲第二次下放农村。也是在他去世之后，我才知道他当时几乎由于"思维与存在的同一性"的学术之争被打成右派，最后以"中右"身份送去河南登封。我给他寄去了有生以来第一封信，真不知他一直把那张小纸珍存在他的办公桌里，直到去世。记得父亲从河南寄给我一个小礼品，一个二寸见方的小日记本，封面是一个农家小姑娘，高举一朵大红花，上写："劳动光荣——爸爸"。

20 世纪 60 年代"四清"中，他是校领导中唯一下放京郊东北旺的，这是自 40 年代第四次下放了。我寒假中专门去村里土炕睡了几天，参加老乡们的农田劳动，也亲眼见到父亲与农民同吃同住同劳动的日子。令我印象最深的是，父亲在农村食堂里他不顾自己有高血压、冠心病，大口吃着齁咸的大白菜与同去的大学生一起探讨"绝对与相对真理"问题，丝毫也没有师长权威的架子。更加意外的是，在村里组织的大批判会上，父亲对被斗的对象公社曹书记在人格上非常尊重，待他非常客气、平等，根本不像所谓"上面"派下来参加运动以至于去批判别人的领导干部。父亲在生命的最后几年，不仅很难再有什么艺术享受，还有写作自由也难了。父亲突患心脏病与世长辞前一个月，我们小孩子都禁止去探视，以至他没有留下一句遗言。我们姐弟尚未成年，无法了解他经受的坎坷。只有从母亲那里才得知他留下的终身遗憾：一个未竟的 20 年的工作计划——写一本全新的《大众哲学》，特别是一部完整的中国的哲学史！出乎我们意外，国家最高领导人毛泽东、刘少奇、周恩来、朱德、邓小平、陈云都对这个普通教员送了花圈，朱德亲笔题字，政治局委员彭真主持了隆重的葬礼。当时，我才第一次见到他的亲弟、我的三叔李生菡，并且了解到父亲的家世。

祖父先祖黑斯波为元朝蒙古人从西域带回的"色目人"。世代为戍边将领，曾祖为侨民，深感外国现代教育的重要性，在五子中选祖父李曰垓去李鸿章筹办的京师大学堂（北京大学部分前身）经济特科就读，专攻法律、经济、中国哲学（老、庄、墨子）。祖父李曰垓国学渊博，称"滇南一支笔"，李家四兄弟自幼师从其父学国学。父亲四五岁就熟读"四书五经",自学能力极强,后来又受到大哥李生庄所学西方哲学影响。父亲在跟从祖父的民主革命生涯中颠沛流离中,深受他的"以天下为己任"的民主精神熏陶。又是在祖父"工业救国"的思想指导下,父亲二次去日本,后在福冈九州大学(前身为福冈高等工业学校)院校读冶金工业。在日本,父亲在自幼习学的国学基础上,对西方各种哲学的博览和研究,产生了一次飞跃,为他后来写作《大众哲学》打下哲学基础,从此他走上了一条以战斗的笔介绍西方先进的科学、哲学和思想方法论,并将其与中国古代的辩证法思想融合,以唤起大众的崭新道路。

三叔当年还告诉我,父亲年轻时是一位谈笑风生、很富于幽默感的人,并非极其沉默寡言,结合后来从他的亲友、工作人员与同事(例如丁玲夫妇、温济泽、王匡)得到的信息,我才明白他的性格转变,与多年的坎坷经历分不开。中年以后,他基本停笔停嘴。十年动乱中,我们被迫几次搬家,四散飘零。在帮助母亲收拾东西的过程中,我一次见到毛泽东给父亲的信和抄录他著作的手稿,看到祖父在护国军起义中记有朱德军事行动的手迹,也看到祖父与蔡锷将军的合影。

更重要的是,我第一次读到了父亲的《读书与生活》《大众哲学》《辩证唯物主义纲要》等书。在后一部书目录中有"矛盾论""实践论""真理论"……特别是在父亲给军事院校的讲稿中,父亲指出,马克思主义在中国的发展主要有两点:精神对物质的反作用和实践出真知。当时我并不明白为什么他特别强调这两点,只有在留美求学之后比较了中西方的思维特点及进一步了解中国古代哲学的影响之后,我才认识到父亲所强调的"反作用",以及当年批判的所谓《大众哲学》"敞开了走向二元论和唯心论的大门"之课题,都是受到他深读国学,特别是老庄道易学中辩证法影响。墨家思想是古代工商阶层思想的代表,其"兼爱"与"非攻"的主题与西方某些主流宗教中博爱思想有异曲同工之处,而后者也是地中海地区游牧工商民族的思想产物。但是由于中国古代形成的以农业为基础的主流封建文化,工商手工业在社会阶梯中属于底层,墨家思想只流行了二三百年。祖父家近几代从商，所以墨家思想对祖父深有影响。就是因为家学与国学的影响，父亲才会用《大众哲学》将西方的唯物辩证法与中国古代的辩证思想方法融合为一体，去教育一代在国难深重中彷徨的青年。

四川省原省委书记任白戈曾任延安"中央研究院的思想研究室"研究员，当时父亲是室主任。任白戈在 1981 年亲口告诉我母亲，在 1942 年开展整风运动之前，在研究室里对是否学习中国古典哲学在看法上有分歧，一种看法认为，中国古代哲学内容丰实，应当加以研究；另一种看法认为，大敌当前，国难深重，没有条件和精力去钻研古书。艾思奇却认为，马克思主义哲学也好，中国古代哲学也好，都是内容极为深刻的学问，都需要好好地研究，要通过几代人的努力，深入钻研，才能将其弄懂弄通，取双方的精华，融会贯通，但是战争的环境尚不允许这一巨大的工程。

二

20 世纪 70 年代末的一天，美籍教授伊格纳修·曹（日新）来访，这是我第一次见到外国学者研究父亲的文章。曹在《艾思奇——中国共产主义的使徒》一文中提到《大众哲学》在 12 年中连出 32 版，创造了当时一个出版界的奇迹。80 年代初，曾任蒋介石高级幕僚的马璧教授回归大陆，特地登门访问我家，谈到他自己以及蒋介石、蒋经国都读过《大众哲学》，并提到蒋介石多次在军政要员会上讲到，国共相争，就是一本《大众哲学》搞垮了他们的思想战线！所以蒋介石要求他的部下读《大众哲学》。马教授在给艾思奇故居的题诗"一卷书雄百万兵，攻心为上胜攻城，蒋军一败如山倒，哲学犹输仰令名"。在注解中他写道："1957 年时蒋经国尚提到《大众哲学》的威力。"

1985 年，三叔的儿子李祖华在访美途中与纽约州立大学历史学家唐德刚教授恰巧邻座，唐教授说他当年是学哲学的，提到我父亲的名字，他马上回答："太荣幸了，我年轻时就受到《大众哲学》的很大影响。"

1989 年年初，我第一次到华盛顿，住在云南将领龙云四公子龙绳文先生的私宅，他是美籍华人的领袖，称我姑父龙泽汇为"小叔叔"。当时龙在他的"北宫"宴请好友弗吉尼亚大学历史学家约翰教授，我出席作陪，才得知唐教授与龙先生都是老朋友。约翰说他自己一篇文章中也提及我父亲，并特别告诉我，哈佛大学一位教授乔舒亚·弗格尔专门写了一本有关我父亲的书："你回去查一下，一定能在亚洲图书馆找到此书。"后来，我果然找到了。其后，约翰又两次给我来信：一信说，"近来相遇，极为愉快，我遇到弗格尔，他说他会和你联系"；第二封信附有他的文章，其中提到对弗格尔撰写的《艾思奇传》评价他说："在这本价值非凡的著作中，作者对传主的生涯作了审慎的评价。他是一个不可忽视的重要人物，而他的成人时期又是如此令人惊奇以至很难创作他的传记。"弗格尔提醒我们，"艾思奇起始于他自己的独立思考，而在他 25 岁时，也就是人民共和国创立 14 周年前，他做出了他最好的创造性的贡献。弗格尔发现，确实艾思奇的这一始点正是在他参加共产党的时期，从这一最好的'鹊起'来说，他既非一个惟命是从的党的工具，又非一个'管中窥豹'的革命者。他既是一个笔法非常流畅的文人、严肃的哲学学者和一个令人惊异的多产作家，又是一个为消除邪恶猖獗而战的战士，正确地将天才奉献给党的召唤的人。但可惜的是，他并未最终见到这一贡献的完成。"约翰还在信中说自己对我父亲的评价是受到弗格尔的影响，后者尽管已转到加州大学桑塔巴巴之分校任教，他还会对与我联系很感兴趣。

当年，我还遇到一位密执安大学历史系博士生泰瑞·伯登霍恩，他说他有一位美国学兄的博士论文是关于蔡锷将军重九起义与讨伐袁世凯，其中一章专谈到祖父李曰垓的事迹。可惜此人已去香港就职，我未能查到此文。泰瑞当时已在研究中国 30 年代几位学者，对胡适、叶青、陈立夫和我父亲进行比较。

他很奇怪，为什么我父亲 23 岁就能产生如此大的社会影响？他说："《大众哲学》的文风很像法国大革命时期的文风，有理论、有事例，是否你父亲读了很多当时的书？"我说："虽然家中当时的确有诸如伏尔泰这样法国学者的著作，但我并不能无根据地给予肯定的回答。我只知父亲留日时有机会博览各国理论家的著作的文风。当然《大众哲学》并非只有一种文风。"我发现中国与西方的论证的顺序，往往有相反的情况，中国人常用归纳的方式，论点在后，而西方论文则常用演绎方式，论点在前。由于父亲深厚的家学和对西方哲学的研究，《大众哲学》的写作方式似为中西结合式。

20世纪90年代末，泰瑞以《艾思奇与中国人身份的重新建构》的醒目标题，发表在重要的有关中国历史研究的杂志上。他指出，曹日新一个令人启发的论点需要进一步的展开和发展：那就是，为什么艾的文章能够吸引在国家危难的关头中挣扎的中国青年，他们在困惑中急需一种系统的理论去指导在感情和理智上的追求。泰瑞还指出，虽然弗格尔阐述了《大众哲学》的关键性内容（主观与客观、自由与必然的辩证性），更重要的问题则是深入挖掘艾如何从文字风格到心理上进行大众化，将救国救民的基本问题编织在一起。在"意识的作用"这一小标题下，泰瑞特别强调《大众哲学》推动环境决定论的灵活解释："人们不必局限于他们生活处所决定的世界观；他们可以从生活和斗争中学习，去建立进步的意识。"令我惊奇的是，泰瑞这一论断却多少与父亲在某学院讲课中提出的"着重实践"的辩证唯物主义哲学在中国的发展的观点不谋而合。泰瑞也点明艾对意识的类似结论："人必须学习哲学去指导正确的人生道路和世界观……去改造中国……知识与社会地位的关系不是绝对的……不能使一个人的阶级地位马上改变，人的生活哲学是可以改变的，因为人类具有一种积极的愿望，而人生本身并不是一成不变的。"泰瑞这一精辟见解又是与父亲在当年与高等军事院校讲课中强调的"意识对存在的反作用"观点不谋而合。在提出康有为、梁启超对于中国人身份建构的首创作用后，泰瑞又指出，艾改变了李大钊对于意志力作用的专注，转而强调了在新的和更加先进的逻辑（辩证逻辑）指导下的理性和科学的威力。他说："追随康梁，艾标明了一个以科学为基础的行动纲领，以创建一个值得尊重的社会"，"从而艾为迷然而彷徨的读者创造了一个颇具吸引力的中国人身份"。泰瑞所谓"中国人身份"所指的是作为一个中国人的意义，这一国民身份认同是当时中国在社会激变、中日对抗中，共同面临的心理问题，大众共同的中国身份使人们暂时克服了地域阶层造成的分化而共同奋起。泰瑞确实从当时历史现实的角度理解了《大众哲学》在中国近代史中的独特贡献。

后来，泰瑞在一个有关亚洲的学术会议上，报告了他对于父亲思想的研究。弗格尔就在听众之中。两人相见后，弗格尔十分赞赏他的观点，并同意他对自己关于《艾思奇传》一书中的不足之处的批评。

1993 年，我到纽约，终于有机会拜见了唐教授，他对我讲述了有关我父亲的哲学思想的看法及历史背景。他对我父亲的思想十分敬重，并说由此他受到了影响，对此十分赞赏。在长谈中，他讲述了自己对《大众哲学》与"两论"的看法。对此，我并未做出任何评价。当时，我们也提到龙绳文和伊格纳修·曹、弗格尔教授的书。唐教授说："他们都受过我写的文章的影响"，但我迄今一直都未读到他的此文。不幸，他在 2009 年逝世，他是李宗仁、张学良将军传记的著名整理者。

在 2000 年夏，我看到夏威夷大学研究员田辰山博士在美国《中国哲学》上发表的《艾思奇对于"存在与意识"的马克思主义的解释》一文，其中对父亲的哲学思想是具有入木三分的见解。田辰山提出："弗格尔属于少数人中敢于向西方舆论提出挑战的人。"多数学者认为：马克思是存在决定论者，而毛泽东是意识决定论者。他认为人们要看到为什么艾回避这一分歧（指两种不同的决定论），而弗格尔未能揭示艾如何成功地做到这一点："一个基本的传统中国思想，'变通'，使艾避开了这个分歧的途径。"田辰山用大量篇幅解释了起源于《易经》中国特有思想"变通"。他指出：艾明确地简述了马克思主义的中国化不仅包括学习中国历史、中国现状和中国经验，而且还要全面反映中国特有的思维方式和其从古到今的一切学派，对于艾来说，这个中国化的过程也包括努力学习自身的哲学和在我们自身传统中进一步发展唯物论和辩证法的内容。田辰山认为，弗格尔对于艾的看法并不十分清楚，以为他忽而是存在决定论，忽而是意识决定论，但弗格尔并没有揭示艾的中国人的身份怎样影响他对马克思主义哲学的解释，田说："我这里要提出一个争议，由于艾是中国人，他的观念就不会遵从绝对因果，一个如果这样就会那样的公式，如果从变通的角度去解释艾对社会与存在意识说的讨论，就不会看到那个物质与心理层面上的存在的分界线。反之，这两者——社会存在与意识，构成一个连续体，只有通过比较才能分辨，查明这一关键的中国词汇就可以为这种相对性的思想方式提供线索，这就是'变通'而不是一种单向性的因果思维。"

田发现，人们可以从变通的世界观去更好地理解艾的立场："艾到底反对'行为决定思想'还是'思想决定行为'呢？不支持任一极端。"在艾的立场中，"无论是意识与存在，或者是任何构成概念性极端的两个方面，都是相互依存的，共处于一个连续的统一体中。"田辰山进一步阐述道："艾虽然尊重恩格斯的观念，物质条件确实具有一种'最终的'决定作用，但他是通过'变通'的眼光去处理这一概念的，既强调了物质条件和精神生活的相互联系，又突出了精神生活的巨大意义……"马克思主义辩证法，始源于易经的范例。田的点睛之笔就在其文的结尾：新词汇与传统思想的结合产生了中国式的马克思哲学，这一独到精辟见解的确点明了为什么父亲会强调对"意识对存在的反作用"在马克思主义哲学在中间的发展。田辰山在这里从中国文化的角度出发看到了弗格尔与泰瑞理解不到的父亲哲学思想更深层的一面，那就是他的国学家学，以及中国人的世界观在与古代辩证法的深刻影响，包括从易学到老庄的对立统一思想的影响。其最简单的表达方式，就表现在道家阴阳太极之中。田辰山所谓的"新词汇"就是父亲从他的父兄处及在日求学中掌握的西方现代先进科学思想方法论。田辰山的所谓"变通"的世界观，即为中国国学在中国人世界观中的体现。也就是辩证法思想，它在历史上曾对黑格尔产生过影响，又融入新的观念和思想体系而传入中国。父亲是站在这两个支点（西方新社会科学思想方法论和中国古代朴素的辩证法思想）上完成了一个历史所赋予他的"大众化"角色。

去年我在同美国一位孔学权威的对话中，他特别指出，品德教育与教育立国是中国儒家学派在哲学史上所特有的贡献。我以为，这就是为什么从曾祖到祖父到父亲都如此尊崇教育在民众启蒙中的作用，也就是他们为什么去呼唤一代青年去学习，以改造中国社会向前发展的思想渊源。

就在同一周，当我与美国一位文化心理学界带头人的讨论中，他提到在中西文化研究中发现，中国古代最特有的思想方法就是辩证思维的方式，那就涉及对概念认识的相对性和模糊性的问题，即所谓的"变通"，这就是为什么父亲会对领袖和权威问题中必然性与偶然性会做出那种解释的原因之一。从他的立场与中国古代哲学与唯物辩证法的世界观来看，应该说在中国近代史中，出现沟通中西文化精髓的哲人是必然的，而具体是何人则是有许多偶然事件集合而成的。没有其父兄的国学与以天下为己任的思想影响，没有东渡日本学习的经历，没有国难当头的历史背景，甚至于没有"读书生活"书店老板郑易里的支持，就不会有大众哲学家艾思奇。在那个时代熔炉中，父亲是以造福中华与人类文明为使命，所以，他才能全心甘愿地忍辱负重，置其宏伟的哲学研究计划于度外，而将后半生默默地奉献于基础教学之中。唐德刚教授曾于 20 世纪 90 年代在台发表的文章中，称父亲为"帝王师"，并对某些人对他的不公待遇愤愤不平。而今天，当我读到外国学者对《大众哲学》的研究之后，我才明白为什么他是如此学识渊博而又虚怀若谷，为什么他会对于一切人生坎坷处之泰然。他是"天降大任"，临危受命的一介书生，他所追求的并不是他个人的哲学家声誉，而是如何用一支战斗的笔去回答时代的问题，如何用先进的西方科学与哲学思想方式去使中国古代文明的瑰宝——辩证统一世界观，在国难之中重放光彩，以唤起大众。《大众哲学》是一炬天火①，而执炳者则"必先苦其心志"，备受煎熬。

2009 年 8 月，一个重要的学术会议在加拿大多伦多召开。从麻省州立大学历史系教授维利·叶处得知，我久仰的弗格尔博士在那里

---

① 希腊神话中有普罗米修斯举天火之说。

的约克大学任"中日研究中心"主任和终身教授。我们约定在附近一个咖啡馆会面。

弗格尔告诉我，为什么要专写一本关于我父亲的书。1972 年他刚做研究生，当时哥伦比亚大学是美国亚洲研究的带头学府之一。他对中国马克思主义史极感兴趣，但是他仅仅开始学习中文不到几个月，他一面刻苦学中文，一面寻求课题，有位当·柯兰教授告诉他，艾思奇在中国有非常重要的影响，但可惜没有多少人研究，可供他做一个很好的选择课题。他就到图书馆借到一本《大众哲学》，他发现这是一个完美的书，读起来并不太困难。既满足了课题需要，又学习了中文。当时由于中国不开放，很难找到艾的生活信息，西方没有人知道艾这个笔名后面的真名，所以弗格尔仅写一篇关于艾思奇及马克思主义哲学的硕士论文。在 20 世纪 80 年代中期，正在哈佛大学任教的弗格尔在亚洲学年会上遇到一位朋友，希望他在"中国的知识分子创建者"会议上发表一篇关于艾的文章，这组知识分子指的是一批为了国家而强化毛泽东的知识分子地位的人。弗格尔在图书馆检索有关信息时，发现自他首篇论文后已出版了许多新的文章，所以，他当即决定将其发展成一本专书。他此前本已转入有关中日文化关系的研究。这次他对艾思奇留日对马克思主义研究在 30 年代和其后所产生的重要影响，表示十分惊奇。我告诉他父亲与许多日本朋友有深交，直到他去世后还有许多日本友人也在研究艾的著作。当他进一步知道中国社科院哲学所一位老研究员李今山先生已将他的书摘要译出时，他表示十分欣慰，并回信表示感谢。他马上在互联网上查询了哈佛大学图书馆关于艾思奇研究的藏书，并告诉我他的新发现。人们不会忘记艾思奇的，即使他或许不过是一个历史上的偶然事件，那本《大众哲学》也曾为一代普通民众带来过启迪的光辉，是一块曾经醒目的铺路石，为中西文化的结合，为解开未来的人类困难的症结，他默默地贡献了短暂的一生。

（本文选自《大众哲学家——纪念艾思奇诞辰百年

论集》，中共党史出版社 2011 年版）

艾思奇与马克思主义哲学的
中国化、时代化、大众化

李 青

一

黑格尔在《致 J. H. 沃斯的信》中说："路德让圣经说德语，您让荷马说德语，这是对一个民族所做的最大贡献，因为，一个民族除非用自己的语言来习知那最优秀的东西，那么，这东西就不会真正成为它的财富，……现在我想说，我也在力求教给哲学说德语。"① 黑格尔的话揭示了一个深刻的道理，这就是，要学习和掌握外来的优秀文化，必须首先把它转换为"自己的语言"，否则，它就不会真正成为自己的东西。而完成了这个转换，将是对一个民族所做的最大贡献。很显然，黑格尔在这里说的绝不仅仅是一个纯粹语言学的问题；"用自己的语言"主要是指用德国人的文化心理、语言习惯、思维方式来理解和解读哲学的含义。如同佛学传入中国，如果没有慧能的"坛经"对印度正宗佛教理论创造性的解读与转换，则佛教也很难被中国广大老百姓所理解、接受，并在中国人的精神生活中真正扎根。回顾马克思主义哲学中国化的历史，我们同样经历了这样一个"让哲学说中文"的过程，也就是将马克思主义哲学中国化、时代化、大众化的过程。在这一过程中，艾思奇是先驱者，并为此奋斗了一生。

① 黑格尔：《黑格尔通信百封》，上海人民出版社 1981 年版，第 202 页。

二

艾思奇开始从事马克思主义哲学中国化、时代化、大众化的时期是第二次国内革命战争时期。这一时期，马克思主义哲学中国化的历史进程以唯物辩证法的广泛传播为标志。

我们知道，从"五四"运动时期到第一次国内革命战争后期，马克思主义哲学开始在中国大地上传播。但是，由于当时的历史环境、现实斗争的需要以及早期马克思主义者的理论素养等方面条件限制，这一时期的马克思主义哲学的传播工作还存在着明显的不足。首先，这一时期被介绍到中国的主要是唯物史观，人们对作为马克思主义哲学另一个重要组成部分的辩证唯物主义还知之甚少，因而对马克思主义哲学还未达到整体理解的程度。其次，这一时期被介绍的唯物史观理论，大多来自二手材料的日文翻译，那时的日本学者对马克思主义哲学的翻译和理解，往往有不全面、不准确之处。最后，这一时期的马克思主义传播，还主要限于结论性的介绍，对作为一个完整理论体系的马克思主义哲学的发生和发展还不可能准确地认识和掌握。大革命的失败使中国共产党人不得不认真总结经验教训，他们逐渐认识到，要引导中国革命走向胜利，必须要有系统、完整的科学理论，以它为指导，才能对中国社会的特殊性、各种矛盾及其运动变化规律做出科学的分析，从而找到中国革命发展的正确道路。显然，仅仅停留在对唯物史观的一般理解上是远远不够的，这就必须借助于唯物辩证法。因此，从1927年开始，一个轰轰烈烈的宣传介绍唯物辩证法的热潮逐渐在中国兴起。

要接受和把握一种新的思想，首先必须要有正确的理解和辨析。而要达到正确的理解，准确的翻译是基本的前提。因此，对马克思主义唯物辩证法的宣传首先体现在对马克思主义经典著作的翻译出版和全面介绍上。在白色恐怖之中，一批马克思主义哲学工作者冒着监禁、杀头的危险，翻译出版了一大批马克思主义经典著作，如1928年8月、9月间李铁声根据法文翻译的马克思的《哲学的贫困》摘编；李一氓编译的《唯物史观原文》；1930 年华岗重译的《共产党宣言》；刘曼译的马克思《政治经济学批判》（译名《经济学批判》）；程始仁编译的包括马恩《神圣家族》《德意志意识形态》《哲学的贫困》、恩格斯《反杜林论》、列宁《唯物论与经验批判论》和《哲学笔记》等著作摘编在内的《辩证法经典》；向省吾译的《马克思、恩格斯关于唯物论的片断》等。1932 年 10 月张申府翻译了恩格斯《关于费尔巴哈的提纲》；1929 年出版了李膺扬译的恩格斯《家庭、私有制和国家的起源》；1929 年 10 月出版了杜竹君译的马克思《哲学的贫困》；1929 年至 1932 年由林超真等人翻译了恩格斯的《费尔巴哈论》的多种版本；1930 年吴黎平翻译了恩格斯的《反杜林论》；1932 年杜畏之译了恩格斯的《自然辩证法》；1935 年柳若水翻译的马克思的《黑格尔哲学批判》出版；等等。同时，进步的理论工作者还翻译出版了大量外国学者撰写的马克思列宁主义哲学著作。其中对中国哲学界影响最大的是 1932 年出版的由李达和雷仲坚合译的西洛可夫和爱森堡等人合著的《辩证法唯物论教程》；1936 年出版的由艾思奇和郑易里合译的米丁主编的《新哲学大纲》和 1936 年出版的沈志远译的米丁主编的《辩证唯物论与历史唯物论》（上册）。这三本书是苏联哲学界最新的理论成果，被哲学界视为最好的马克思主义哲学教科书。这是艾思奇为"让哲学说中文"，即马克思主义哲学中国化事业所做的最初的努力。

但是，也必须看到，这一时期的马克思主义哲学的宣传和介绍还多局限于对马克思主义基本原理、范畴和概念的理论上的解释和阐发，而更主要的是它传播的范围主要局限于革命的上层知识分子和领导阶层中间，并没有普及到广大人民群众中去。而一种理论要在中国生根，真正发挥作用、付诸实践，就必须首先被广大人民群众所了解和接受，才有可能变为人民群众手中的武器，于是，一个被时代呼唤的马克思主义哲学大众化、通俗化运动应运而生了。

马克思主义作为无产阶级的世界观，其实践性和革命性的特征和使命决定了它必须与无产阶级和无产阶级的革命实践相结合。但是，无产阶级和广大劳动人民不可能自发地接受和掌握这一理论。尤其是在半封建、半殖民地的旧中国，劳动人民几乎没有多少机会接受系统的文化教育，这一点就决定了中国的马克思主义者在研究和传播马克思主义哲学的同时，必须做好马克思主义哲学的大众化、通俗化工作。当时，以艾思奇为代表的一批革命的马克思主义理论工作者，从中国革命的实践需要出发，提出了"哲学大众化"的口号，掀起了哲学通俗化、大众化运动，极大地推动了马克思主义哲学的宣传和普及。

三

20世纪30年代新文化启蒙运动中的进步青年，由于受西方文化的熏陶和影响，大多喜爱西方的文学和艺术，认为新文学艺术的浪漫与尖锐是同旧势力斗争的最有力的武器。艾思奇也是从小喜爱历史与文学，对艺术、音乐也有浓厚的兴趣。早在中学时代进步的文艺演出中他就男扮女装充当过女主角。在与聂耳的交往中，也表现出他们有着共同的志趣。他翻译了俄国的《伏尔加纤夫曲》交给聂传唱。他还曾翻译过英国17世纪浪漫诗人约翰·济慈的诗《夜莺颂》和日本小说家木田独步的《孤独者》。甚至一直到延安时期，在繁忙的工作之余，他还断断续续地译完了海涅的政治长诗《德国——一个冬天的童话》。但命运没有让他成为一个文学家，却使他成为一个哲学家。我想，这固然是因为家学渊源，父兄的中西哲学功底和民主革命思想对他有着重要的影响，使他有条件从事哲学研究与宣传，更主要的则是由于时代的感召和知识分子良知的呼唤，由于他始终站在最广大人民群众一边的根本立场和心系大众民瘼的思想基础。

艾思奇深知，要改造中国与社会，就必须唤起民众，而要真正唤起民众，则首先要从思想上的启蒙工作做起。在这一点上，艾思奇与提倡"为大众的文学"和以"改造民族灵魂"为己任的鲁迅先生的心是相通的。鲁迅先生曾经呼唤："今索诸中国，为精神界之战士者安在？有作至诚之声，致吾人于善美刚健者乎？有作温煦之声，援吾人出于荒寒者乎？"① 可以说，艾思奇就是这样一位真心向着广大"荒寒者"发温煦之声，伸至诚援手的"精神界之战士"。他认为，"我们这个国家能有机会受教育的人不多，特别是广大劳动人民。我们写文章、做工作一定要把这些人当作我们的对象"。因此，他坚定地和鲁迅先生站在一边，始终关注民众切身利益，坚持和提倡在文化启蒙运动中走大众化、通俗化的道路。他在 1934 年 5 月 6 日于上海《中华日报》上发表的《连环图画还大有可为》一文中提出，艺术大众化问题必须"触到大众真正的切身问题"。五天之后，鲁迅先生便在同一刊物上发表了《连环图画琐谈》，明确指出："艾思奇先生说，'若能够触到大众真正的切身问题，那恐怕愈是新的，才愈能流行'。这话也并不错。不过要商量的是怎样才能够触到，触到之法，'懂'是最要紧的，而且能懂的图画，也可以仍然是艺术。"② 无疑，当时挣扎在困厄、苦闷生活之中的广大民众迫切地需要新的思想、新的理论为他们鼓起生活的希望、勇气和信心。艾思奇坚信，只有作为人类思想史上最进步的科学世界观和方法论的马克思主义哲学才有此威力。这就是他决心"用马克思主义哲学作武器批判旧世界、开创新时代"的原因，也是他走上马克思主义中国化、时代化、大众化道路的最初动力。

但是，究竟怎样使抽象、枯燥、玄奥的哲学大众化、通俗化？怎样使来自西方的马克思主义新哲学的科学思想、概念、体系为中国广大人民群众所理解、所掌握？怎样使它真正触及大众的心灵和他们"真正的切身问题"？确实是一件十分困难又具有开拓意义的工作。艾思奇曾经苦苦地思索。终于，艾思奇从鲁迅先生的话中受到启发，首先，"'懂'是最要紧的"！这就必须摒弃传统的、"纯粹的"书斋里的哲学语言，抛弃抽象的哲学议论，紧紧把握"哲学对于社会生活的关系"③，从日常生活里追寻"哲学的踪迹"；就是用老百姓都能听得懂的语言，用人们身边的日常生活举例，联系人们思想上迫切需

---

① 《鲁迅全集》（第 1 卷），人民文学出版社 1981 年版，第 234 页。
② 鲁迅：《且介亭杂文》，人民文学出版社 1973 年版，第 20 页。
③ 《艾思奇文集》第 1 卷，人民出版社 1981 年版，第 129 页。

要解决的问题，深入浅出地阐释马克思主义"新哲学"的基本原理。结果，一篇篇既可独立成文，联结起来又是完整体系的《哲学讲话》诞生了，一个个浅显易懂，又生动隽永的小故事引出的哲学道理呈现在大众面前。正如李公朴先生在"编者序"中指出的："这本书是用最通俗的笔法，日常谈话的体裁，融化专门的理论，使大众的读者不必费很大的气力就能够接受。"① 它一扫书斋哲学艰深晦涩、枯燥玄奥、令人生畏的缺陷，使新哲学的基本原理轻松地走到人民大众中去。作者承认写作这本书"是一件吃力不讨好的工作"。"因为这种通俗体裁还没有人尝试过，甚至是没有人屑于这样尝试的。"② 除了当时环境的困难"要说的话不能直说，要用的字不能不用别的字代替，要举的例子也只好不举"以外，作者还指出："顾虑到本书的读者对象，我以为要使更多的水准较低的读者了解，是应该把每一个问题反复申说才对的。"③ 并坦言："它不是装潢美丽的西点，只是一块干烧的大饼"，这样的大饼，对于"吃草根树皮的广大中国灾民，虽然已经没有能力享受"，"那我只希望这本书在都市街头，在店铺内，在乡村里，给那些失学者们解一解智识的饥荒。"④ 因此，他在本书的开篇就指出：哲学并不神秘。因为"哲学并不是从天上掉下来的东西，而是从人类社会中产生出来的……所以，我们日常生活中即使最普通的事件，也与哲学有着很大的关系，是不足为奇的。"⑤ 而哲学的主要任务是"要能够真正解决人类生活上事实上的问题"，由此，他顺理成章地引出了学习马克思主义"新哲学"的意义，因为"最进步的哲学系统是全人类历史的最优良的成果，它可以帮助我们更敏速，更正确地解决所要解决的问题"⑥。

　　由于心系民众，立足大地，在思想上与人民群众同呼吸，共命

---

① 《艾思奇文集》第 1 卷，人民出版社 1981 年版，第 589 页。
② 同上书，第 285 页。
③ 同上书，第 286 页。
④ 同上书，第 284 页。
⑤ 同上书，第 130 页。
⑥ 同上书，第 135 页。

运，所以把关怀民族存亡、大众疾苦与哲学启蒙紧密结合起来就成为
《大众哲学》的一个根本特点。于是，书中也就有了与人民群众现实
生活感受密切相关的"失业""生活难"等内容；也就有了关系中国
前途命运的"反帝""抗日""一二·九"运动等重大问题的议论；
也就有了"抬杠""钻牛角尖""七十二变"等人民群众熟悉的语
言、典故和与人们的现实生活紧密相联的大量具体生动的实例。《大
众哲学》在通俗化的同时，并不失其深刻。除了在对马克思主义哲
学基本原理的阐发方面有许多的独到之处以外，还用鲜明、生动的语
言，特别突出地强调了马克思主义哲学的核心思想——实践的观点。
如"我们对于世界的认识，是在实践中得来的。在实践中，几乎免
不了总要有一些痛苦的失败，一些血腥的牺牲，但也只有实践，才能
够给我们许多丰富而真实的教训，矫正我们的错误，给我们丰富的真
实的知识。"[①]"哲学不能单只是说得好听的东西，还要能指导我们做
事。它的'重要的问题是在于要改变世界'！"[②] 于是，这句镌刻在马
克思墓碑上的名言，就以《大众哲学》的形式，打动了许许多多青
年的心，使他们对马克思主义哲学产生了兴趣，或由此走上了革命道
路。当然，正如作者自己所指出的，《大众哲学》也不可避免地存在
着这样那样的缺点和不足，但是，作为第一部真正面向广大民众的马
克思主义哲学通俗化的独立探索之作，《大众哲学》可以说是出色地
完成了自己的历史使命。

四

"让哲学说中文"不仅仅包含"用自己的语言"来习知那"最优
秀的东西"的通俗化、大众化的含义，还包含让新哲学思想与中国
的具体情况、时代特点和中国传统文化、传统哲学相结合的含义，这
就是要进一步将马克思主义哲学中国化、时代化。在这方面，艾思奇

---

① 《艾思奇文集》第 1 卷，人民出版社 1981 年版，第 159—160 页。
② 同上书，第 139—140 页。

也是最早的探索者。

艾思奇最早提出和倡导马克思主义的中国化与现时化。早在 30 年代初期，他参与唯物辩证法论战时，就提出了必须坚持"马克思主义的中国化"问题。1938 年 4 月 1 日，他在武汉的《自由中国》创刊号上发表的《哲学的现状和任务》一文中，则更加明确地提出了"哲学的中国化和现实化"概念。他指出："现在需要来一个哲学研究的中国化、现实化的运动。过去的哲学只做了一个通俗化的运动，把高深的哲学用通俗的词句加以解释，这在打破从来哲学的神秘观点上，在使哲学和人们的日常生活接近，在使日常生活中的人们也知道注意哲学思想的修养上，是有极大意义的，而且这也就是中国化现实化的初步，因为如果没有几分（虽然很少），做到了中国化现实化，是不能够获得相当成果的。然而在基本上，整个的通俗化并不等于中国化现实化。"① 此后，他还针对叶青对马克思主义中国化的咬文嚼字的曲解，批驳了他企图假借"中国化"之名来抛弃马克思主义的真正目的，深刻阐明了什么是真正的马克思主义中国化。他认为："在中国应用马克思主义，或使马克思主义中国化，就是要坚决地站在马克思主义的观点上，在马克思主义基本原则和基本精神上，用马克思、恩格斯所奠定了的辩证法唯物论的和政治经济学的科学方法，来具体地客观地研究中国社会经济关系，来决定中国无产阶级在中国民族革命斗争中的具体任务及战略策略。问题是在于要能正确地研究和把握中国社会的客观现实，并正确地决定革命的任务和战略策略，而不是在于从名词上来争执什么才叫作'化'，什么不是'化'的问题。"② 并指出：所谓马克思主义中国化"就是在于把马克思主义的真正精神，马克思主义的基本原则，应用到中国的具体问题上来，就是在中国的现实地盘上来把马克思主义加以具体化，加以发展"③。那么，如何使马克思主义哲学中国化呢？他认为："在原则上不外两点：第一要能控制中国传统的哲学思想，熟悉其表现方式；第

---

① 《艾思奇文集》第 1 卷，人民出版社 1981 年版，第 387 页。

② 同上书，第 480 页。

③ 同上书，第 553 页。

二要消化今天的抗战实践的经验与教训。"① 也就是说，要结合中国传统哲学思想并运用马克思主义哲学来总结中国革命的经验，去指导中国革命实践。显然，艾思奇对马克思主义哲学中国化的定义更加明确了，这就是，一方面要将马克思主义哲学与中国革命的具体实践相结合；另一方面要将马克思主义哲学与中国传统哲学相结合，借鉴其表现方式，使之具有中国作风、中国气派。同时，他还进一步论述了马克思主义之所以能够中国化的内在机制。指出："因为马克思主义有一般的正确性，——倘若它没有这一般的正确性，倘若它仅仅是特殊的东西，那就完全谈不到'化'的问题了。"② 这里所说的马克思主义有一般的正确性，就是指马克思主义揭示出的社会发展一般规律的普遍真理。正因为有"一般的"正确性，我们才能把它中国化，用以作为我们行动的指南。另一方面，他还指出："马克思主义之所以能够中国化，是由于中国自己本身早就产生了马克思主义实际运动，中国的马克思主义是在中国自己的社会经济发展中有它的基础，是在自己内部有着根源。"③ 艾思奇最先从什么是马克思主义哲学的中国化，马克思主义哲学为什么能够中国化，以及马克思主义哲学如何中国化等方面，全面、系统地论述了马克思主义中国化的理论。这一思想后来得到了毛泽东同志的肯定和更加深刻、全面的发挥。

艾思奇继撰写了《大众哲学》以后，除继续发表了大量文章以外，又连续出版了《新哲学论集》《思想方法论》《民族解放与哲学》《哲学与生活》等著作，在这些著作中，艾思奇根据马克思主义经典著作和学术界研究的最新成果，紧密联系时代特点和中国革命的具体实践，系统地阐述了马克思主义哲学的基本原理，提出了自己关于马克思主义哲学中国化的新见解。

30 年代，以毛泽东同志为代表的中国共产党人针对国际共产主义运动和中国共产党内把马克思主义教条化、把共产国际的决议以及苏联经验神圣化的错误倾向进行了坚决的斗争，创造性地运用马克思

① 《艾思奇文集》第 1 卷，人民出版社 1981 年版，第 420 页。
② 同上书，第 482 页。
③ 同上书，第 484 页。

主义的普遍真理，研究中国的国情，开辟了建立农村根据地，以农村包围城市、最后武装夺取城市的革命道路。1935 年，中国工农红军经过二万五千里长征到达陕北以后，面对国内外阶级矛盾和民族矛盾的新形势和抗日战争的新局面，面对大革命和土地革命战争以来中国革命的经验与教训，迫切需要进行理论上的系统分析和总结。所以，"毛主席一到延安就搜集马列主义的书，挤出时间，不分昼夜，发奋攻读"①，特别是马克思主义哲学。其中就有艾思奇的《大众哲学》《哲学与生活》等著作。也正是在这期间，艾思奇被调往延安。自此，毛泽东与艾思奇建立了真挚的友谊。他们经常在一起切磋理论，促膝长谈。毛泽东还对艾思奇著的《哲学与生活》进行了长篇摘录，并写信致意，称"你的《哲学与生活》是你的著作中更深刻的书，我读了得益很多"。这时，艾思奇担任了抗日军政大学主任教员，同时还在陕北公学任教，开始更加直接地宣传马克思主义中国化、时代化、大众化的理论与实践。

1938 年，毛泽东同志提议成立了延安"新哲学会"，由艾思奇、何思敬负责主持。在延安《解放》周刊第 53 期上，刊载了由艾思奇起草，18 人联名公布的《新哲学会员缘起》，明确阐述了新哲学会成立的目的和宗旨，就是推动马克思列宁主义在中国的发展。提出："为着要使理论更有实际的指导力量，在研究上不但仅仅要综合眼前抗战的实际经验和教训，而且要接受一些中外最好的理论成果，要发扬中国民族传统中最优秀的东西。"两年后，在延安举行了新哲学会第一届年会。艾思奇做了会务报告。毛泽东同志在会上讲话，充分肯定了新哲学会的方向和取得的成绩。新哲学会的活动推动了延安和全国各解放区对马克思主义哲学中国化、现实化问题的研究。

1939 年，毛泽东还亲自组织了一个 7 人哲学小组。由艾思奇、何思敬、和元培等同志参加，每周活动一次，地点就在毛泽东住的窑洞。每次总是由毛泽东同志提出问题，让大家准备，然后讨论。那时，讨论的主要内容是《实践论》和《矛盾论》。大家反复推敲，提

----

① 《毛泽东同志八十五诞辰纪念文集》，人民出版社 1979 年版，第 127 页。

出意见，毛泽东认真地研究后修改。此后，延安各机关的哲学学习小组也纷纷成立。艾思奇同时担任了中宣部哲学小组的指导员。每周的学习由艾思奇编写提纲提前下发，会上大家围绕提纲讨论，最后由艾思奇总结发言。为了配合学习，艾思奇编辑了《哲学选辑》一书，并与吴黎平同志合作，编写了《科学历史观教程》，成为当时对干部进行马克思主义哲学教育的基本教材之一。

1940 年 2 月，延安创办了《中国文化》杂志，艾思奇任主编。他除了负责编辑审稿工作以外，几乎每期都撰写专论，如他发表的《抗战以来的几种重要哲学思想评述》一文，除系统地评述了辩证法唯物论思想的发展情况，以及在马克思主义中国化和辩证法唯物论具体应用问题上的不同见解以外，还批判了陈立夫的唯心论和力行哲学、阎锡山的"中"的哲学，同时分析和评述了抗战以来马克思主义哲学在中国发展的三个阶段，并进一步强调了马克思主义的中国化"就是在于把马克思主义的真正精神，马克思主义的基本原则，应用到中国的具体问题上来，就是在中国的现实地盘上来把马克思主义加以具体化，加以发展"①。并指出："辩证法唯物论在中国是更进一步向着'联系实际'和'具体化'的方向走过来了。这里已经不是以介绍性质的研究为主，而是想根据中国自己的现实材料，在中国自己的地上，来发展辩证法唯物论的世界观，使它更能够成为改造中国、争取中华民族独立解放的锐利的方法论武器。"② 1942 年，延安整风开始。毛泽东同志提出要编写《马克思、恩格斯、列宁、斯大林思想方法论》，并把任务交给中央政治研究室和中央研究院中国文化思想研究室。当时已任中国文化思想研究室主任的艾思奇立即同中央政治研究室的同志们进行了认真的研究，随后带领全室的同志在蜡烛、油灯下苦干两个月，如期完成任务。此书成为整风运动重要的学习资料之一。翌年，艾思奇被调到解放日报社，直接、具体地从事马克思主义中国化、时代化、大众化的宣传工作。在国民党发动第三次反共高潮的前夕，蒋介石抛

---

① 《艾思奇全书》第 1 卷，人民出版社 2006 年版，第 553 页。
② 同上书，第 563 页。

出了反动的《中国之命运》一书，不久，艾思奇就在《解放日报》头版发表了一万多字的长文《中国之命运——极端唯心论的愚民哲学》，对蒋介石的反动思想进行了尖锐、透辟的批判，并明确指出："到了今天，铁的事实已经证明，只有毛泽东同志根据中国的实际情况发展了和具体化了的辩证法唯物论与历史唯物论，才是能够把中国之命运引到光明前途去的科学的哲学，才是人民的革命的哲学。"①

新中国成立以后，为了更加广泛、深入地宣传和普及马克思主义哲学，把马克思主义哲学中国化的伟大事业推向深入，艾思奇继续做出了巨大的努力。为了尽快提高广大干部、群众的政治觉悟和马克思主义理论水平，党决定在全国开展学习社会发展史的活动。艾思奇全力投入了这项工作。他首先在《学习》杂志创刊号上发表了《从头学起——学习马列主义的初步方法》一文，特别强调："学习马列主义毛泽东思想，是为着要掌握马列主义的正确的立场、观点、方法，作为我们解决各种工作中的实际问题的钥匙，不是为着简单的在我们的头脑里装满各种知识。""为掌握马列主义的基本的立场、观点、方法来读书，有着联系实际，解决问题，这是真正马列主义的学习态度。"这期间，他应邀到许多单位做报告，出版了《历史唯物论——社会发展史》一书，并于1951年3月在中央人民广播电台举办的《社会发展史讲座》进行了系统的教授。他针对学习中出现的问题和倾向，还写了《评关于社会发展史问题的若干非历史观点》《反驳唯心论》《学习马列主义的国家学说》《学习——思想领域的解放战争》等文章。这次学习，对于广大干部、群众进一步掌握马列主义的基本原理，树立无产阶级的世界观，提高建设社会主义的自觉性，起到了重要作用。当时，艾思奇除了身体力行，自己担负大量讲授任务以外，还培养了一批教学骨干。

艾思奇在长期致力于马克思主义哲学中国化的研究和实践中深刻认识到，马克思主义中国化的理论结晶，就是在中国革命实践中产生的毛泽东思想。这不仅是中国共产党几十年革命斗争历史的证明，也

---

① 《艾思奇全书》第1卷，人民出版社2006年版，第698页。

是他自己在多年从事马克思主义中国化研究过程中的切身体会。他从延安时起，就开始比较切实地研究毛泽东思想，特别是毛泽东思想的形成和发展过程。为此，他付出了相当大的精力。除了在各党政军机关演讲和做报告宣传毛泽东思想以外，他还发表了许多文章和学习毛主席著作的辅导材料，如《毛泽东同志发展了真理论》《关于〈实践论〉和学习方法的一些问题》《读〈关于纠正党内的错误思想〉》《〈实践论〉与关于哲学史的研究》《〈矛盾论〉问题解答》《从〈矛盾论〉看辩证法的理解和运用》《人类认识的总规律》等。1960 年，《毛泽东选集》第四卷出版。他又写了两万多字的读书笔记，以《进一步掌握无产阶级世界观》为题，发表在《哲学研究》上。在多年深入研究的过程中，艾思奇对学习毛泽东思想始终有自己独到的见解。他认为我们学习毛主席著作，其意义并不仅仅是学习毛泽东个人的思想和毛主席著作中的个别词句，而是学习毛泽东同志一贯坚持的马克思主义立场、观点和方法，即把马克思主义的一般原理与中国革命的具体实践紧密结合起来，创造性地解决中国革命的实际问题，这是毛泽东思想不断取得胜利和成功的关键。他还认为，马列主义、毛泽东思想的具体结论并非是僵死的、不变的。我们应该充分肯定毛泽东思想对马克思列宁主义的发展，同时也反对在没有弄清一般原理时就"任意用贴标签的方式说毛主席对它的发展，而认为必须结合中国革命和社会主义建设的实际，从理论和实践的结合上，给予充分的论证和说明"。他反复强调只有努力"运用马克思主义普遍真理对革命工作和科学研究的实际问题进行分析，做出结论，找出指导工作和斗争的方针、计划、方法，以此推动工作和斗争取得胜利"，才能真正掌握毛泽东思想的精神实质。而对于那种鄙薄中国革命的具体经验，一味强调学马列就只能照本宣科、逐章逐节、逐段逐句地读原著，似乎只有啃几本"大部头"才叫学习马列主义"不走样"，才算保留了"原汁原味"的教条主义态度是历来不赞成的。他始终认为学习马列关键在于学习马克思主义的立场、观点和方法，领会精神实质，而目的在于指导中国革命的具体实践。他指出："马克思主义者所谓的精通马克思主义不仅是指马克思主义的理论研究，而同时是指要能在一定的具体环境之下实践马克思主义，在一定国家的特殊条件之下来进行创造马克思主义的事业。"

艾思奇一生孜孜不倦地研究、宣传马克思主义，矢志不渝地实践马克思主义中国化、时代化、大众化的伟大事业。他一方面在中央党校担负大量教学任务，为提高党的领导干部的马克思主义理论水平呕心沥血；一方面笔耕不辍，出版了系统讲授辩证唯物论的《辩证唯物主义纲要》等著作，主持编辑了马克思主义哲学教科书《辩证唯物主义　历史唯物主义》，同时又多次下放，去基层、到农村，身体力行地积极支持和辅助广大工农兵群众学哲学、用哲学，让马克思主义哲学真正走进实践、走到群众中去。其间尽管也遇到了许多曲折和磨难，但他始终心系大众，紧紧地和广大人民群众站在一起，兢兢业业，锲而不舍地继续着"让哲学说中文"，即用中国人"自己的语言"来理解马克思主义哲学的工作。这无疑是对我们民族精神和思想文化的重大贡献。可以说，艾思奇的一生是学习、研究、宣传马克思主义哲学的一生，也是从事马克思主义哲学中国化、时代化、大众化的一生。当前，我们正面临着建设学习型政党，进一步提高全党马克思主义水平，不断推进马克思主义中国化、时代化、大众化的新时期，继承艾思奇的事业，研究和借鉴艾思奇的思想和精神，具有特殊的重要意义。

（原载《东岳论丛》2010 年第 2 期）

学习继承革命传统 纪念祖父

——艾思奇逝世 35 周年

李 冽

在我出生多年以前，祖父艾思奇已经辞世。我没能亲眼见过他、感受到他的慈爱和教诲。我的长辈，爷爷的朋友、学生，还有许多与爷爷素昧平生的人，经常回忆和谈论起他。从他们的回忆和言谈中，我似乎看到了爷爷清晰、伟岸的身影，就在我的身边。在我的成长岁月中，阅读过爷爷执笔的许多精品名作，看过纪念他的许多书籍和文章，在我的印象里，爷爷是一位热爱生活、关爱亲人的宽厚长者。正如《庄子·天道》篇所说："朴素而天下莫能与之争美。"他是一位生活俭朴、朴实无华的人。

在 20 世纪 30 年代，帝国主义势力肆虐九州大地，每一个有良知的中国人都为拯国救亡而困惑的时刻，年仅 21 岁的爷爷东渡归来，不仅学习掌握了日语、英语、德语、俄语，还特别刻苦学习掌握了马克思主义的哲学，他怀着远大理想要把马克思主义哲学中国化、大众化。1934 年他集结自己的思想智慧的精华，一年内发表了 24 篇哲学通俗文章，并以此为基础出版了《大众哲学》，打破了哲学神秘论，主张哲学来自生活，来自实践，产生了振聋发聩的作用，引发了广大人民学习新哲学的热潮，帮助在黑暗中徘徊的大批有志青年，看到了光明和希望，走向抗日和革命的道路。奶奶回忆说当时上海被白色恐怖笼罩，《大众哲学》是禁书，有志青年接触进步书籍，要冒着丧失生命的巨大危险。仅到新中国成立前，《大众哲学》就发行了 32 版，成为"新启蒙运动"的核心标志，成为马克思主义哲学大众化、中国化、时代化的开山之作。爷爷一生所走过的艰辛而坎坷的道路，为我们树立了光辉的榜样。

我通过爷爷的著作，通过专家的学术著述，还有同家人和广大读者的接触，对爷爷有了许多新的理解。在这里我向大家汇报一些学习体会和粗浅的认识。

一 对马克思主义中国化的贡献

马克思主义中国化，就是立足本国国情，遵循实事求是的思想路线，把马克思主义同中国实际相结合，紧密围绕中国革命、建设、改革的基本问题，在中国运用、发展马克思主义。毛泽东成功地开辟了马克思主义中国化的道路，为中国革命建立了毛泽东思想理论体系。他对爷爷艾思奇的著作十分重视。1936年毛泽东在写给西安八路军办事处的叶剑英、刘鼎的信中提出："要买一批通俗的社会科学自然科学及哲学书，大约共买十种至十五种左右"，还特别要求，"要经过选择，真正是通俗的而又有价值的书"，举的例子中便有艾思奇的《大众哲学》。从中可以感受到主席毛泽东对优秀理论书籍的强烈渴求。据专家学者的研究，这一时期，毛泽东写的《中国革命战争的战略问题》《实践论》《矛盾论》《新民主主义论》《论持久战》等名篇，为毛泽东哲学思想的体系化做出了一定的贡献。

《哲学与生活》是爷爷写的一本哲学文集。1937年在爷爷到了延安后，毛泽东曾认真研读了这部书，做了4000多字的摘录，在写给爷爷的信中说这部书"是你的著作中更为深刻的书，我读了得益很多"。如书中提出："外因不可忽视，却不能决定事物的必然性，决定必然性的是内因。辩证唯物论并不简单地否定外因的作用，然而必须同时承认事物变化本身的能动性。决定事物变化的必然性的，不是外因而是内因。"这些观点，对于毛主席写作"两论"，有着影响和启发。爷爷对马克思主义中国化和马克思主义哲学中国化方面的理论是有一定的贡献的。

二 对马克思主义大众化的贡献

爷爷毕生为之奋斗的一个目标，就是要让真理掌握群众，也就是让群众掌握真理。照常理米讲，哲学是自然科学与社会科学的总汇，是圣洁高雅的学术殿堂。但从爷爷的《大众哲学》《从猿到人——劳动创造人类世界》等著作中可以看出：他身处的，是从政治、文化、思想专制中求解放的年代。无数仁人志士都在为寻求救国救民的真理，苦苦求索，甚至献出生命。十月革命带给了我们马克思列宁主义，爷爷随后走上了马克思主义大众化的道路。当时，《大众哲学》引起了中国文化界和政治高层的广泛关注。前边说过，最有代表性的人物毛泽东在写给爷爷的信中讲：你的书我读了得益很多。另外，我们现在还知道，国民党总裁蒋介石也曾说过："国民党为什么没有出艾思奇这样的人？"可以说，艾思奇所选择的马克思主义大众化之路，正好适应了中国当时社会大变革、拯救民族危难的迫切需要。

三 对中国思想史的贡献

对于《大众哲学》的研究，过去多停留在他对马克思主义的哲学的大众化、通俗化层面，较少有人从思想史的意义上进行阐述。柴毅龙教授曾指出：事实上，《大众哲学》在改变中国人的思想观念、思维方式等方面，具有一种深刻的观念变革作用。《大众哲学》对马克思主义哲学的大众化、通俗化贡献，也有必要放进思想史的问题领域来解读，才能真正揭示出它的历史内涵及历史价值。其思想史价值主要体现在：一是《大众哲学》产生于五四新文化运动之后的历史时代，象征着中国人进行了一次文化选择和重大"精神洗礼"。以《大众哲学》作为标志，中国思想的"新启蒙运动"更加深化了。二是当时中国社会正处于向现代社会的转型期，不仅是物质、经济层面的转变，更是思想文化层面的转变。正是 20 世纪中国思想启蒙运动，成就了《大众哲学》深远的影响力。三是《大众哲学》是将启蒙和救亡两者自觉统一起来的积极的思想成果，是中国"新启蒙运动"的前驱。它像"火炬"一样，照亮了中国大众处于幽暗中的心灵。四是人民大众非常渴求科学思想，马克思主义哲学被引入中国，一开始就被当作科学思维的真理。因此《大众哲学》对马克思主义哲学的中国化、大众化、时代化，产生了"科学"启蒙、思想启蒙和理性启蒙的作用。在"新思想启蒙"运动中，《大众哲学》被公认是具有十分典型性的著作。

四　通过主持"新哲学会"这一平台，对毛泽东思想理论体系的形成做出贡献

毛泽东思想理论体系是中国共产党领导集体的智慧结晶。20 世纪 80 年代初，国民党军事顾问马璧先生带给我祖母、父亲的信息，使他们感到非常震惊。这就是：蒋介石败走台湾时，曾多次在战略反省会上说过：我们不仅是败给了共产党，也是败给了艾思奇先生的《大众哲学》。这其中的原因应当追溯到 1937 年。毛泽东曾发起成立"新哲学会"。这不仅是一个学术团体，而且对全国的文化理论界来说，也是发挥了全国的抗日统一战线重要作用的团体。它的主要成员有：毛泽东、艾思奇、何思敬、郭化若、杨超、和培元等人，很多在延安的党内领导参会学习。由祖父和何思敬负责主持日常工作。祖父起草的《新哲学会缘起》，使这一"新哲学会"成为"高瞻远瞩的思想机器"，发挥了巨大的历史作用。有了"新哲学会"这个研究平台，为毛主席很多重要的军事理论著作和社会理论著作、党内策略和社会决策的写作和制定，提供了重要的条件。"新哲学会"是马克思主义中国化的首个试验场和根据地，是毛泽东思想逐步建立完善的关键环节。

五　融会贯通东西方文化，传承家族学术风格

艾思奇的哲学思想不是无源之水、无本之木。长期以来，人们较

多地关注于它的社会科学方面的源流，而忽视了它产生的文化背景、自然背景。

首先，艾思奇学术形成于云南多种地缘文化基础之上。一是家乡腾冲受太平洋、印度洋季风的水温环境、周期性变化影响，使滇西地区的自然景观丰富多样；腾冲又是西南丝绸之路的国门要塞，而和顺乡是著名的历史悠久的侨乡，这都奠定了这个地区的人文基础。二是这一地区是由于特殊的地理环境，多国、多民族、多文化交融形成了独特的民俗文化。三是当时云南处于特殊的历史时期，它经过辛亥革命、护国战争、十月革命等运动的重要影响，形成了厚重的文化积淀，所以当地人们正气浩荡、学以报国的氛围很浓重。这些都是青年艾思奇思想形成的重要因素。

其次，追溯祖父艰苦的治学之路，还可以看到其独特广阔的开放思维的亮点：一是很注意避免"井底之蛙"的常见视角，人应站在历史的高度，对东西方文化作学科比较。特别是马克思主义哲学的思维形成为其核心价值观，强调实践检验真理，从而能够融会贯通、协调冲突、取其精华、去其糟粕，重视社会发展的方方面面的实践。二是善于对自然科学和社会科学进行比较研究，这也是他哲学思想成熟的原因之一。艾思奇在上海、延安、北京3个历史时期，先后主持了全国性的中国哲学会、自然辩证法研究会，也十分重视宣传科普知识，介绍爱因斯坦相对论，物理科学的发展，并关注李约瑟难题和中医研究等领域的发展。另外，祖母王丹一经常提到祖父的文学及音乐修养方面很早就达到了较高的修养水准。

现在我意识到对于祖父的学习认识只是起步，还谈不到研究。我自身也有很多需要学习的业务知识。如果云南省能成立艾思奇研究会、基金会等机构，创建这项研究的支持环境，搭建各方面学者专家学术交流的平台，对增强研究力度以及可持续性发展，对未来云南和全国社会科学创新，都将是大有裨益的。这是云南责无旁贷、当仁不让的事业。也期望更年轻一代了解它的重要意义，支持、开拓这方面科研课题。

21世纪是祖国发展建设的新时期，我也找到了自己人生的方向，要努力做好自己的业务专业。一方面作为一名金融工作者，树立正确的科学发展观，学习整套金融理论，掌握现代金融知识，为国家有效配置资源、调节市场经济、服务和谐发展，战斗在新中国金融领域的第一线。另一方面在学习哲学方面，我要继承爷爷的革命传统，学习爷爷的哲学思想，探索他毕生事业的重要脉络，坚持爷爷笔耕不辍的奋斗精神，继续探索科学真理。通过不断努力，为国家建设发展贡献自己的一份绵薄之力，才能不辜负老一代革命先驱托付给我们的光荣使命。

最后我想引用爷爷的挚友，著名教育家、人民大学前校长郭影秋先生写给爷爷的诗句来作为结束语："起居从未忘艰苦，呼吸犹存即斗争。谁使斯人宏胆略，灵魂深处有真经。"

（本文选自《大众哲学家——纪念艾思奇诞辰百年论集》，中共党史出版社 2011 年版）

两代情谊　山高水长

——纪念艾思奇逝世 30 周年

李希泌

　　艾思奇同志是我国著名的马克思主义哲学家。他虽离开我们已三十载，但思奇同志质朴、坚贞、稳健、讷讷寡言的性格和待人热情诚恳的态度，在我脑海中仍栩栩如生。思奇同志姓李名生萱，云南腾冲和顺乡人，和我是兄弟辈，我称呼他为二哥。

　　我和二哥最初会见是在 1927 年。1926 年冬，他从昆明来到南京，找他的大哥生庄，准备考学校。这时，生庄在南京东南大学学习，已是中共党员。军阀孙传芳派军警逮捕李生庄，幸好他没有在家，军警误把生萱当作生庄，抓了回去交差。生庄忙来苏州，请我父亲（按即李根源）营救二哥。孙传芳和我父亲曾在日本士官学校同学。我父亲致电孙传芳，证明李生萱是个无辜的 16 岁青年学生，请予立即释放。他被释放后，曾在苏州我们家里住了一段时间。我父亲要他定下心来准备功课。他是非常用功的，埋头复习代数、几何等课程，还练习书法。

　　抗战以前，我在苏州跟章太炎先生学习，专读古籍，极少接触新书。抗日战争爆发以后，我回到昆明，进西南联合大学历史系，读到从上海传到昆明的《大众哲学》，青年学生都争着阅读。我读了《大众哲学》以后，懂得了不少道理，认识到以前读书的范围太狭窄了，古籍以外，还有更广泛的新天地。别人告诉我，《大众哲学》的作者艾思奇，就是李生萱。有人说，李生萱最早写文章，用 SG 的笔名，艾思奇就是 SG 的译音。又有人说，艾思奇就是他崇敬与爱慕马克思与伊里奇（列宁）的意思。总之，我开始知道一点马克思主义的知识，是从《大众哲学》得来的，思奇是我学习马克思列宁主义的启蒙老师。

1950 年 5 月底，中央人民政府特邀我父亲到北京列席全国政协第一届第二次全体会议，我陪伴父亲来到了北京。朱总司令在颐和园设宴欢迎我父亲和从西南来北京参加会议的代表们。与我们阔别了近 20 年的生萱二哥，在这次宴会上欣然重逢。他亲切地问我父亲："大爹，还记得我吗？"我父亲愣了一会儿，在认出他是生萱后，惊喜交集，握住他的手，久久不愿放下。他关心地问我们两家在昆明的情况，我父亲均一一告之。

我父亲在北京，住在礼士胡同的招待所。一天下午，二哥来招待所。他对我父亲说："过两天，大爹将在大会上发言。中央办公厅通知我来帮大爹整理发言稿。"我父亲于是把要讲的内容跟他谈了半个多小时。他边听边作记录。次日下午，他把整理好的发言稿送来。我父亲当即读了一遍，感到很满意，竟未改动一个字。我父亲在大会上宣读了这篇发言稿，讲话虽然不长，仅几分钟，但表达了他对新中国发自肺腑的拥戴，语言朴素真实。当我父亲念毕"报道中苏条约签字，老夫欢喜喝千杯"的诗句，全场掌声雷动，经久不息。会后，我父亲的老朋友章士钊先生对我父亲说："你的讲话太感动人了！坐在我旁边的北京大学哲学系教授樊弘听了你的讲话，竟自感动泪下！"

1951 年 6 月，我父亲携带我和我的妻子儿女来到北京，准备在北京定居，度过他的晚年。王炳南、齐燕铭两位同志和二哥在火车站迎接我父亲，二哥一直送我们到绒线胡同寓所。

我父亲在北京定居后，每带我们去游颐和园，一定先到马列学院（今中央党校，原址在颐和园前面）看看二哥和二嫂丹一同志，一叙家人之情。他们有时也来绒线胡同看望二老。

我对二哥尊敬，二哥对我也是多方面关心的。1950 年 6 月，他建议我在全国政协会议闭幕后，进华北革命大学政治研究班学习一期。他写信介绍我去见华北革命大学负责同志。后来革大批准了我入学，但我父亲需要我陪他去苏州，只得放弃学习的机会，殊为可惜。

我在西南联大学习时，学了点俄文。1953 年，我从苏联《历史问题》杂志上译了《评〈历史问题〉杂志》一文，发表在《光明日报》上。二哥看到我的译文后，写了封信给我。信上说："看到《光明日报》上你的译文后，才知道你在俄文方面的造诣，非常高兴。我在外语方面，掌握日、德两国语言，但译俄文还不能得心应手。希望你继续翻译一些俄文重要论著。"这给予我很大的鼓舞。

二哥是非常谦虚的，对自己的成就，从不沾沾自喜；自己不在行的，就虚心探索，学而不倦。他在北京图书馆做完纪念斯大林同志的报告后，馆长冯仲云招待他参观北京图书馆馆藏善本书和文津阁《四库全书》。他认真倾听管理善本书的同志给他讲解善本书知识，听得津津有味。他有时不耻下问。他对我说："先秦诸子和我国古代著名学者的哲学思想是很值得研究的，我很想钻研。听说你曾跟章太炎先生学习过，汉学有基础，希望在这方面帮助我。"他和我谈到了明代著名学者李贽。他说："李贽在中国哲学史上别树一帜，李贽的哲学思想值得研究。"他希望我查一查北京图书馆藏有多少李贽的著作。我编了一份北京图书馆藏李贽著作目录寄给他。他接到目录后，复信给我，准备按目录借阅。

二哥对待同志热情诚恳。毛泽东同志曾说过："老艾同志不是天下第一个好人，也是第二个好人。"

1966 年春，二哥患心脏病，3 月 22 日，得知他逝世的噩耗，我母亲和我以及全家都沉浸在悲痛之中。

（本文选自《大众哲学家——纪念艾思奇诞辰百年论集》，中共党史出版社 2011 年版）

怀念姨父艾思奇

达 生

艾思奇是我国著名的哲学家，现在的年轻人似乎知道他的少了，而在老一辈知识分子和广大党员干部中，几乎是无人不晓。20 世纪 30 年代他写出《大众哲学》，第一次把深奥、神秘的哲学用生动的语言、形象的例子，深入浅出地介绍给大众，成为广大知识青年走向革命的启蒙读物和有力武器，曾连出 32 版，创下一个奇迹。1937 年他到延安，在文化战线历任重要工作。20 世纪 50 年代初，艾思奇在中央人民广播电台做有关《社会发展史》的广播讲座风靡全国，听众达 60 万人。60 年代，他主编的《辩证唯物主义　历史唯物主义》是全国高等学校的统一的政治教材。

一　初次见面

1957 年夏季的一天，我和弟妹随父母来到青岛八大关疗养区，看望到青岛度假的姨父一家。在一栋绿茵环抱的小楼里，第一次见到久已敬仰的姨父和姨妈一家人。记得当时大家都很高兴，父亲和姨父谈得很投机，他们谈青岛，谈时事……姨父个子不高，穿一身中山服，戴一副眼镜。说话不多，浓重的南方口音，一派学者风度，没有干部架子。下午到附近的海水浴场游泳，看到穿泳衣的姨父身体敦实，一身结实的肌肉，倒像是个运动员，全然不是文弱书生模样。姨父游泳很棒，海水浴场可以单独游好几个来回。表弟说："爸爸在颐和园可以从万寿山横渡到龙王庙哩！"

二 亲切的教诲

1961 年，我国正处在困难时期。那年我已经是一名大学生，暑假回家探亲，一路上听到不少从未听过的话，见到不少学校里、书报上从未见过的情景。途中，我路过北京，看望姨父一家和外祖母。当时，有很多问题想向姨父请教，但见到姨父那样忙，我真不好意思开口打扰。不想，在离京返校的前一天晚上，姨妈对我说，姨父晚上要专门抽时间和我谈谈。对这次"接见"，我又激动又不安，这是我唯一一次和姨父作较长时间的面对面谈话。我抓紧时间，简要向姨父谈了我一路上所见所闻和模糊不清的问题，主要是想听听他的分析。姨父没有正面回答当时还不能公开的问题（如中苏关系问题），而是强调了一点：现在的困难和以前革命所遇到的困难相比，算不上困难。要坚信党和毛主席的领导，坚信困难是一定会被克服的。他的谈话和坚定的态度给了我一种勇气和力量。

我上大学时政治课本用的是姨父主编的《辩证唯物主义 历史唯物主义》。当时，我对学习这本书倾注了很大的热情，投入了不少精力。记得当年学习时常要写专题讨论稿，类似于小论文，每写这些文章我都要动不少脑筋，举例、论证、反复修改。对一般同学感到枯燥无味、要死记硬背的哲学课，我却学得颇有兴趣，成绩每每不错。我想，除了这本书编得好以外，艾思奇人格的魅力，以及我对姨父的崇敬也是重要原因吧。这段学习对我确立正确的世界观打下了坚实的基础，使我终生受益。记得在多少年后，在批判"两个凡是"的大讨论中，报纸上、理论界、日常生活里，各种观点争论激烈。而我对"实践是检验真理的唯一标准"概念非常清楚，这正得益于当年对《辩证唯物主义 历史唯物主义》的学习，这条原理在这本著作中早就讲得很清楚了！

三　最后的告别

1966 年 3 月，我已经大学毕业，分配在一家工厂工作。23 日清晨，忽然听到姨父艾思奇去世的消息，这个消息令我震惊。半年前姨父曾再次到青岛疗养时，他身体还是那么结实，怎么会突然去世？急切之中，我有一个想法：马上去北京，去和姨父做最后的告别！我请了假，赶上了最早一班去京列车。

1966 年 3 月 25 日上午，我臂戴黑纱，胸佩小白花，陪着姨妈和表弟表妹，和许多人一起参加了追悼大会。追悼大会在中共中央党校高级礼堂举行。会场的四周摆满了大花圈，我看到正面放着的是毛泽东、刘少奇、周恩来、朱德、邓小平等党和国家最高领导人送的花圈。毛主席送的花圈上写的是："艾思奇同志千古　毛泽东敬挽"。许多党和国家的领导人参加了追悼大会，有彭真、郭沫若、林枫、刘宁一、萧华、安子文、范文澜、蒋南翔、张劲夫、李四光等。时任中共中央政治局委员、书记处书记的彭真为追悼会主祭人，中央党校校长、人大常委会副委员长林枫致悼词，他说："今天我们怀着沉痛的心情，悼念党在理论战线上的忠诚战士艾思奇同志……艾思奇同志从青年时期开始，一直到他最后停止呼吸，都是在党的领导下，积极参加马克思列宁主义哲学的宣传教育工作。他谦虚谨慎、胸襟坦白……他毕生勤勤恳恳、全心全意为党工作的精神永远在我们心里活着……"

追悼大会后，我陪姨妈一家将姨父的骨灰送往八宝山革命公墓。

整个追悼大会的气氛让我沉痛、震惊，党和人民对姨父艾思奇的评价这么高，那么多党和国家的领导人、高级干部来悼念他，那么多的唁电唁函发来，追忆他的崇高伟大。而在生前，他是多么平易近人，看似多么平凡的人哪！

（本文选自《缅怀与探索——纪念艾思奇文选（1981—2008）》，中共中央党校出版社 2010 年版）

附　录

附录一　艾思奇主要著译年谱

叶佐英

一　在上海时期

（1933—1937 年）

艾思奇原名李生萱，1910 年 3 月诞生于云南省腾冲县。1931 年"九·一八"事变发生，他和许多留日学生一起，毅然弃学回国，先在昆明老家稍住，次年便只身到了革命发源地上海，在上海泉漳中学任理化教员，并加入党的外围组织"上海反帝大同盟"。此后，他就走上了研究和宣传马克思主义哲学的道路。

1933 年（23 岁）

5 月，哲学处女作《抽象作用与辩证法》写成。本文运用马克思主义哲学的基本原理，结合中国哲学史，在理论上阐明了"抽象作用"的意义。指出"抽象作用有两面的效果，即一面是对于某一群的多种多样的个体给以概括的关联的综合作用，一面是将这关联中的个体群和别的世界事物分离开来的分离作用"。公孙龙子的"白马非马论"，"不过是在这里弄点巧辩而已"。只有马克思在《资本论》中关于经济学的研究方面所利用的"抽象力"——这种抽象力不同于形式论理学的抽象作用——把抽象作用和具体事物联系起来，才是真正的科学的研究。这篇文章在党的刊物《正路》杂志创刊号上一发表，即引起杜国庠、许涤新等同志的重视，并很快吸收了他参加

"社会科学家联盟"。

月底，作《进化论与真凭实据》，刊《正路》杂志一卷二期。文中对科学界某些人捡起早已破产的"生物自然发生说"攻击达尔文的进化论的行为，进行了无情的揭露和批判。指出伪科学家们举出所谓"真凭实据"不过是一种臆想和骗术，是唯心论在生物界的沉渣泛起。这种伪科学可以在刊物上大肆张扬而不受到指斥，就"好象在军事上被无理横蛮的帝国主义节节进攻没有一点办法一样，学术界也常常受那些强词夺理没有一点头脑者的欺凌"。"人类固然希望着真理，科学固然要求着真理，而在社会里，支配阶级却不一定爱真理！"

6月，作《现代自然科学的危机》，载上海《中华月报》一卷四期，开始使用"艾思奇"等笔名。

9月，作《直观主义与理知主义》，载上海《中华月报》一卷七期。12月，作《理知和直观之矛盾》，刊《中华月报》一卷十期。以上二文集中地讨论了理知主义和直观主义的分野，指出"理知主义现在正作为最高发展了的唯物论而健在着了"。批判了直观主义所派生出来的"生命哲学"，这种哲学正在被法西斯奉为一种"生活态度"。"其结果，纵然能横行一时，终于难免驼鸟似的走到末路，这不是见得明白的必然性么？"

9月，作《文艺的永久性和政治性》，载上海读者书房1936年版《新哲学论集》。本文针对文艺界所谓"自由人"和"第三种人"否认文学的阶级性，系统地论述了文艺和政治的关系，指出艺术的永久性并不属于"自由人"的东西。文艺的政治性，从广义上来说，可以当作一种"教化"即宣传作用，而永久性是文艺之为文艺不可缺少的特征。（他在这方面的论文计有几十篇。现已由出版社选编出版单行本）

11月，作《诗人自己的道路》，见《新哲学论集》。文中借助谈论马克思和海涅的关系，论述了文艺反映真实的问题。说如果把文艺仅仅当作唯物史观的理论的解释工具（即仅仅当作狭义的宣传品），结果自然不会有文艺，但是自身中内藏着唯物史观的本质，却是文艺所不可缺少的。"文艺价值的决定者是真实性的深度。"

11月,作《形而上学与现代科学》,载《新哲学论集》。

12月,作《二十二年来之中国哲学思潮》,载上海《中华月报》二卷一期。作者系统地研究了辛亥革命以来哲学战线上的几次大的论战,对几种影响较大的唯心主义派别做了剖析抨击,指出唯心主义,形而上学统治哲学的时代应当结束,而标志着中国哲学新时代的将来,必然是马克思主义的唯物辩证法。文章说,当前最危险的敌人是新康德主义者和"披着辩证法外装的另一种唯心论",即叶青之流的伪哲学。"新哲学一面反对观念论,一面和机械主义作战,要在这两条战线的夹攻中,打出一条血路来。"艾思奇坚定地站在马克思主义的立场上,对形形色色的伪哲学做不调和的斗争。

1934 年(24 岁)

这一年,党指派艾思奇到上海"申报流通图书馆读书指导部"工作,和李公朴先生以及柳湜、夏征农同志一起,专门以为读者解答疑难问题的方式宣传革命道理,并在《申报》的"读书问答"专栏上公开答复读者来信,扩大宣传效果。艾思奇在这里勤奋地工作着,为了满足广大读者的要求,他写过大量的回信。

5月,作《论文学的鉴赏》,载《新哲学论集》。文中写道,艺术能把人带到作者的生活里,跟着他呼吸同样的空气,看见他血肉的感情和思想的跃动。凡好的艺术品,给人的印象总是逼真的,这就是艺术永久性的来源。二千年前的哲学理论,在我们看来是幼稚而且错误,要不是二千年前的人,决不会把它当作真理。但二千年前的艺术珍品到现在仍然生动活跃。那艺术的特有的感人的力量,决不会像哲学的真理一样,会被时间之流冲洗了去。

7月,发表《海涅的政治诗》,载上海《中华月报》二卷七期。说海涅并不扭扭捏捏地腐心献媚于至上的女神,他宁可把纯洁的两手掘入污秽的现实中,暴露出没落阶级的丑恶。艾思奇对海涅的政治抒情诗有浓厚的兴趣,他从 1931 年开始,就一边研究一边翻译海涅的长诗《德国——一个冬天的童话》。

8月，科学小品《月蚀》发表于上海《新语林》第四期。艾思奇对科学小品的写作是十分认真的，他运用自己所掌握的丰富的哲学知识，娴熟地驾驭某些自然科学知识，在他的笔下介绍出来的新科学、新知识，变得饶有兴味。他不是就科学谈科学，而是借题发挥，抨击黑暗势力、针砭时弊，因而具有鲜明的思想性和强热的战斗性。此后，他发表的科学小品有《神话化的自然科学》（《太白》一卷三期）、《谈佛》（《新语林》六期）、《孔子也莫名其妙的事》、《由爬虫说到人类》（《太白》一卷九、十期）、《谈毒瓦斯》《谈潜水艇》《火星中的生物》《火箭》《太阳黑点和人心》《由蝗虫说到鸡生蛋的问题》《中疯症与黄河》《斑马》等。（以上均见上海《读书生活》杂志一卷各期）

10月，发表《中庸观念的分析》，刊于上海《申报月刊》三卷十期。本文从哲学角度上对"中庸"做了深刻的解剖，指出它历来是中国人眼中至高的教义，中庸主义所标榜的善恶界限不过是一种表面现象。这是一种神圣化了的观念论，骨子里教人怎样"有礼教，如何守本分，行正道"，充满着"十足的封建主义的位阶主义的臭味"。它"之主张不偏不易，只证明它是保守的意识形态而已"。

11月，由于《申报》"读者问答专栏"的影响日益扩大，李公朴等人为了适应广大青年的需要，筹办了《读书生活》杂志。艾思奇是这家杂志的主要编辑之一，专门处理哲学方面的文章，并负责刊物的编务工作。

艾思奇的成名作《大众哲学》开始在《读书生活》杂志创刊号上连载，每期发表一篇，至1935年11月全部发完。1936年1月由上海读书生活出版社出版单行本。这本书虽然遭到国民党反动派的查禁，但仍然不胫而走，成为一本畅销书，新中国成立前短短的十余年里，发行了三十多版。中间作者曾作过几次大的修改，其中1950年的修订稿因故长期未能出版，直到作者去世后的1978年才始得和读者见面。

在《读书生活》创刊号这一期，还发表了《怎样养成判断力》与《形式和内容》等文。作者用读书问答的方式，参与当时理论界关于形式和内容的争论，指出利用旧形式的目的，决不是要与旧形式妥协，而是要促进旧形式自身的崩溃，而是要钻进旧形式的心窝里去制它的命脉，我们利用旧形式，始终要抱着斗争的态度，始终要为着打破它而利用它。

艾思奇在《读书生活》杂志上每一期都要发表名词编释，浅显地为读者解答有关哲学的问题。

月底，《读书和创造兴趣》、《两个科学问题》发表，刊《读书生活》一卷二期。

12月，发表《生死问题和返老还童术》《关于提倡写别字》，载《读书生活》一卷三期。

1935年（25岁）

这一年，随着《大众哲学》的写作和部分发表，艾思奇的名字深深地印入读者的心中。他写作劲头更大，不断地把自己的精神产品贡献给广大的读者。

1月，发表《生产要素问题》，刊《读书生活》一卷五期。

月底，作《客观的东西是什么?》《人和机械》，刊《读书生活》一卷六期。

2月，发表《从新哲学所见的人生观》，载上海《新中华》杂志三卷三期。本文批评十年前科学与人生观论战中对人生观问题的曲解，指出新哲学既要反对观念论，又要反对机械主义。文章接着对主观和客观、意志自由与因果性以及目的性等做了辩证的分析，说人的"目的是意志活动的中心"，这一点正"是人类生活所以不同于自然现象的特征"。

同月，还作《意志自由问题》，载《读书生活》一卷七期。

3月，作《论文学的素材题材和主题》，载《新哲学论集》。

4月，发表《客观主义的真面目》，刊《读书生活》一卷十二期。本文指出唯物论承认客观世界的存在，这和客观主义完全是两回事。客观主义的实质就是对环境的完全屈服，是一种无抵抗主义。这种把主观看作毫无能力的东西，将使人不断地消沉下去，是十分有害的。

5月，开始写作《如何研究哲学》，这是一本专供一般读者学习哲学的工具书。本书连载于《读书生活》二卷一、五、六、十、十二期，1936年8月，上海读书出版社以单行本出版。

月底，作《怎样活用书本知识》，载《读书生活》二卷二期。

6月，《生产力是什么》《为什么写作不能忽视技巧》《各科问题八则》发表，载《读书生活》二卷三、四期。

7月，发表《受不住热也受不住寒》，载《读书生活》二卷五期。《怎样读自然科学》，载《读书生活》二卷六期。同期还刊登了《生产力和生产关系的交互作用》。

8月，作《抽象名词和事实》，载《读书生活》二卷七期。本文批判了胡适的"少谈些主义，多谈些问题"的谬说，指出陶希圣用抽象名词用得太空洞是错误的，而胡适因此以为名词可以废弃，则是他的实用主义的表现。

同月，书评《政治经济学方法论》在《读书生活》二卷七、八期连载。并作《教育的反作用在哪里》。

月底，作《物质享受与人类存在》，载上海《通俗文化》杂志二卷四期。

9月，《通俗文的真义》载《通俗文化》二卷五期。《读经吗？读外国书吗？》载《读书生活》二卷十期。本文批判了胡适妄图把青年引向故纸堆啃经书的险恶用心，同时尖锐地批判了叶青主张青年读死书的极端。指出"读书是要针对着现实社会的问题上的需要，因此对于外国书我们选择着读，对于中国本身今日的出版物，也可以从其中选取很好的粮食"。

10月，艾思奇由周扬，周立波介绍加入中国共产党。

同月，发表《怎样使思想正确》，载《读书生活》二卷十一期。《观念论的要点》《什么是机械唯物论》，载《生活知识》杂志一卷一、二期。《你连自己的一切都不了解吗》载《通俗文化》二卷七期。

同月，译作苏联 A. 蒲格达诺夫著《火星》，开始在《通俗文化》

杂志第二、三卷中连载。

11月，作《谈谈新唯物论》，载《生活知识》一卷三期。

同月，《论黑格尔哲学的颠倒》发表于《新中华》三卷二十一期。针对叶青诬蔑马克思只不过是辩证法的检证者，而创立者应该是黑格尔的谬论，指出马克思主义哲学是在对黑格尔哲学的批判、改造后建立起来的划时代的新哲学。"马克思不仅仅是取消了黑格尔辩证法的'理性'、'观念'等形容词，而且改正了被压歪的公式，将辩证法归纳成矛盾统一、质量互变、否定之否定等三大定律，把黑格尔认为是低级的质量互变提高为根本法则之一，使矛盾统一律、否定之否定律和质量互变律不能彼此孤立而存在。"揭露叶青"表面上装出批判黑格尔，而骨子里却偷割了黑格尔的肉来出卖"的市侩嘴脸。

同月，发表《吃了亏的人的哲学》《经验还是实践》《哲学问题四则》《人生的三大真理》等，载《读书生活》三卷一、二期。

12月，作《思想上的官样文章》，载《生活知识》一卷五期。《各式各样的生活》，载《读书生活》三卷三期，《恋爱的本质是性行为吗?》载上书。《失业闹乱子》《全国学生都活跃起来了》，载《通俗文化》二卷十一、十二期。《有冤无处诉》《非常时对宗教的态度》，载《读书生活》三卷四期。

1936 年（26 岁）

1月，发表《非常时期的观念形态》，载《读书生活》三卷五期。文章指出："在民族敌人得寸进尺的加紧侵略……的非常时期，民族的解放和民族统一的武装抗争思想，应该是我们共同的最主要的观念形态。一切的观念形态，都得要依属在这最大的原则之下。"又作《生活难、汉奸、民族道德及其他》，载《通俗文化》三卷一期。

同月，《大众哲学》出版。

2月，发表《民族解放运动的镜子》，载《读书生活》三卷七期。《何必悲观》，刊《通俗文化》三卷三期。

3月，读书问答专集《知识的应用》一书出版。本书收入作者近年写的十七篇文章，分作五类问题。书前有李公朴先生作的序。

同月，作《世道不同了——经济结构和政治制度》《我们不是野兽》，载《通俗文化》三卷五、六期。又作《关于理论的批判工作》，刊《读书生活》三卷十期。

4月，发表《什么叫做进步》《马达救国论的错误》，载《通俗文化》三卷七、八期。

5月，发表《阿比西尼亚失败的教训》，载《读书生活》四卷一期。又作《救国决不是不要科学》《斯达汉诺夫为什么工作得很好》，刊《通俗文化》三卷九、十期。

同月，作《关于形式逻辑和辩证逻辑》，刊《读书生活》四卷二期。本文通过答读者问的形式，回击了《研究与批判》杂志叶青等人对《大众哲学》的诬蔑歪曲，论述马克思主义哲学家对形式逻辑和辩证逻辑的理解。文中读到差别的东西，只要懂得推移和变化的原理，就应当看到在一定的条件下可以转化为矛盾，倘若这两件东西是同时同地在一起而且发生互相排斥的作用。同期，又作《真理的问题》《宪法和国民大会》。

同月，《新哲学论集》在上海出版。本书收入作者近三年中写的重要论文十五篇，分哲学、文学、自然科学三个部分。书前刊有作者的自序。

6月，译作《新哲学大纲》在上海出版。该书是苏联哲学家米丁等的著作。艾思奇译第一部分，郑易里译第二部分。全书译出后，由艾思奇统校，并作译者序。该书出版，对在中国介绍马克思主义哲学原理方面起过积极的作用。

同月，发表《哲学研究大纲》《诚恳的忠告》《恋爱能阻止人们前进吗?》《认识论上的问题》，载《读书生活》四卷三期。又作《敌人自身的矛盾》，刊《通俗文化》三卷十一期。

月底，发表《关于内因论和外因论》，载《读书生活》四卷四期，本文尖锐批判叶青的"外烁论"，即认为中国历史的发展是全然由于外来的原因。指出外力是一方面，但还有更重要的一面，那就是中国发展的内在规律性，从而批判了外因论，坚持内因是事物变化的根据，坚持以内因做基础的内外因统一论。

此时，艾思奇在上海参加文艺家协会，并在《光明》杂志一卷二期发表《文艺家协会成立之日的感想》。又作《文学争论中得到的结果》，阐述作者在文学界关于两个口号论战的立场，认为这场争论是革命文艺阵线内部的事情，争论结果对发展革命文化事业将是有益的。

7月，发表《新的形势和文学的任务》，载上海《文学界》杂志一卷二期。文章说，文学必须跟着时代的变化，每个时代的新的形势必然会给文学提出新的任务。文学能担负起时代赋予的任务，就在于它是现实的反映，文学的生命就是现实主义。又作《抗战的前途》，刊《通俗文化》四卷一期。

8月，发表《目前中国文化界的动向》，载上海《现世界》杂志创刊号。作者指出，中国近代史证实，在帝国主义侵略之下，人们都在选择自己的道路。甘做奴隶者在文化上所走的道路是开倒车的路，是毁灭文化的路，只有反抗，才是前进的促进文化的路。如果真心要在中国文化界留一点功绩的话，就应该站到国防文化的联合战线上来，明白地揭出战斗的旗帜，忠实地斗争下去。

同月，作《职业界的救国自由》《关于国防文学的论战》《关于〈哲学讲话〉》《〈哲学讲话〉批评的反批评》等，载《读书生活》四卷七、八期。

9月，作《青年与战争》，载《现世界》一卷二期。又作《纪念九·一八》《到学校去和到民间去》，载《读书生活》四卷九期。

同月，发表《历史的内因论的具体问题》《科学的国防动员》，载《读书生活》四卷十期。

10月，《思想方法论》在上海出版。本书是张仲实编的"青年自学丛书"之一种，共六章，着重讲解方法论、物质论、认识论和思想方法论的关系，并且论述了形而上学和辩证法的区别以及唯物辩证法的诸法则和应用要点。

同月，作《证明自己的统治》《怎样做读书笔记》，载《读书生活》四卷十一期。

11月，发表《从新哲学谈到爱国青年的自杀》，载《现世界》

一卷四期。又作《胡适也挑拨离间》，载《改造月刊》一卷一期。

1937 年（27 岁）

《读书生活》杂志出到第四卷，由于它宣传抗日，被国民党反动派定为"反动"刊物，背景是"左倾分子"，因而被迫停刊。艾思奇等人重整旗鼓，改名《读书生活》半月刊出版。

2月，发表《除去着色眼镜》《旧戏不够反映生活》《相对和绝对》，载《读书生活》半月刊创刊号。《相对和绝对》一文用通俗浅显的语言分析了相对和绝对的辩证关系，说"绝对主义是和事物的真实情形不符合的，因为事物都会变动，黑暗的社会也会发展成光明，不是绝对的黑暗。光明的东西也是从黑暗中孵化出来的，不是天上掉下来的绝对的光明"。"相对主义就是一种怀疑主义。"通篇文章都用抗日救国的事例解释"相对和绝对"的真义。

同月，《民族解放与哲学》出版。本书被列为杨东莼主编的《大众文化丛书》第一辑第二十四种。作者批驳了把抗战联合战线诬蔑为某种党派（即共产党人）少数人的运动，是少数人利用多数人。这种论调无视民族危机日益沉重的事实，因而不能解释爱国运动高涨、民族意识不断强化的根本原因，违背了社会存在决定社会意识的历史唯物论原则。书中说，历史绝非少数人所能左右得了的，只是因为他们最敏感、最先意识到民众所要意识的东西。如果没有全国民众本身的要求做基础，任何英雄豪杰甚至神明都无法去推动一个大的运动。作者在哲学上精辟地论证了抗战的兴起是大势所趋，绝非偶然。

3月，《读书生活》半月刊杂志被查封，艾思奇等继办《生活学校》杂志。

同月，作《文明又输入到中国来了》《赛金花的风波》，载《生活学校》一期。文章说，帝国主义输入到中国的"文明是死亡，是破坏，而被破坏的地方和人民里面却因此激起了新的真正的文明的要求，就是要为生存而抗争"。《赛》文说，赛金花是一个事实上的汉奸，但能怪她么？王公大臣、太后娘娘都向侵略者低头乞和，却叫一个女子施点美人计就想万事如意是不可能的。因此不要靠赛金花保持部分地方的安全，只有决定全国规模的抗敌政策，中国的自由解放才有希望。

同月起，艾思奇在《生活学校》一至六期共发表哲学问题解答六十五则。

4月，《哲学与生活》出版。本书是作者近年写的读书问答专辑。1980年6月，云南人民出版社重印了这本书的节本。书前刊入毛泽东同志的《给艾思奇同志的一封信》和《艾著〈哲学与生活〉摘录》19页的手稿，毛泽东同志的信中说："你的《哲学与生活》是你的著作中更深刻的书，我读了得益很多，抄录了一些，送请一看，是否有抄错的。其中有一个问题略有疑点（不是基本的不同），请你考虑一下，详情当面告诉。"这里提的"疑点"，即指艾思奇在《关于"形式逻辑和辩证逻辑"》一文中谈论差异和矛盾的一段话。

5月，发表《老虎打架和人类打仗》《关于思想方法论的问答》，载《生活学校》二期。

6月，发表《从二加二等于四说起》，载《生活学校》三期。又作《河为什么向前流》等。作者准备写一本历史唯物主义的通俗哲学，以上二文就是其中的一部分，可惜由于各种原因而未写完，已写就的十一篇后来被收集在《实践与理论》一书的《哲学讲话》中。

同月，作《民族的思想上的战士——鲁迅先生》，载夏征农主编《鲁迅研究》一书。文章说，鲁迅"很少谈抽象的理论，却最善于分析事实，他甚至没入到最日常的琐事里。他不用理论的公式去套住事实，却爱从事实中找出具体的活的理论。……他没有有意地在讲辩证法，但事实上却有意无意地在随时应用。从来天才的思想家都常常要跳出形而上学方法的禁锢，而对于辩证法的发展多少贡献一些东西。这在鲁迅先生，情形也是一样的——他深化了民族的反抗思想，同时也就给世界的哲学增添了色彩"。

同月，艾思奇主编的大型理论刊物《认识月刊》在上海出版。他在创刊号上发表了四篇文章，《论思想文化问题》《从哲学的用处说到爱国的自由》《身边琐事与伟大远景》《论批判》。他说，目前正在进行的中国新文化运动是对封建传统的反抗，它诞生在民族资本主义始终是幼弱无力和外力侵略的半殖民地半封建的基础之上。中国不同于欧洲，我们虽然需要民权，但民族问题却是首位的。至于社会的前途是另一回事。总之，新哲学的担当者不能孤独地走自己的路，如果走到极端上去，就要被否定。

同月，作《民族问题及其他》，刊《生活学校》四期。《什么是新启蒙运动》，载《国民周刊》八期。

7月，作《命运的时代》，载《生活学校》五期。《辩证唯物论梗概》，载《中国农村》三卷七期。《启蒙运动和中国的自觉运动》，载《文化食粮》一卷一期。

同月，作《再论批判》，文中说我们的批判绝不是简单的否定，正如"主张打倒孔家店的人，在实际上并不是把孔子一笔抹杀，只是把孔子作了一个新的评价"。"前进的批判是以前进的思想为依据，批评的本身，就是在于要建立和充实前进的思想。"

8月，发表《思想的自由和共同的路向》，载《中华言论》一卷二期。

9月，作《不要放松思想的岗位》，载上海《文化战线》一期。又作《论信任政府》，载上海《抗战三日刊》七期。

同月，作《文化在抗战中》，载《抗战三日刊》六期。文章说，敌人的炮火炸毁了我们的文化，破坏了文化人的工作，使得许多人闲下来，彷徨、苦闷，不知所措。文化人应当面对现实，在抗战中为提高民众的认识，清除个人主义的动摇，打破逃避苟安的幻想。现在大家都以到内地去相号召，这是对的。但与其集中在一个高峰上让四面八方当作特殊人物来仰望，倒不如变成一个平凡的人，变成农民、难民、商人……

"七·七"事变以后，抗战形势日趋严重，党根据当时延安理论工作的迫切需要，决定调艾思奇到延安工作。9月间，艾思奇和周扬，何干之、李初梨等同志离开上海，取道西安，于10月上旬顺利到达革命圣地延安。从此，艾思奇的著述活动又翻开了新的一页。

二 在延安时期

（1938—1948 年）

艾思奇到延安以后，曾在抗日军政大学、陕北公学，马克思列宁学院任教，并参加延安新哲学会、边区文委、文抗的组织领导工作，先后担任过中央文委秘书长、中央研究院文化思想研究室主任、《解放日报》副刊部长、副总编辑、总编辑等职。在此期间，艾思奇继续孜孜不倦地研究和宣传马列主义，特别是在宣传毛泽东思想方面，在理论联系实际方面，成绩日见卓著，为党的理论建设做出了重要贡献。

1938 年（28 岁）

3 月，作通讯《两年来延安的文艺运动》，载《群众》杂志三卷八期。

同月，为武汉《战地》创刊号作《文艺创作三要素》。

4 月，作通讯《谈谈边区文化》，刊《战地》二期。文章说，提高的工作要和深入群众的工作相配合。民众中间现在还保存着许多有地方特色，然而为俗流低级趣味所腐蚀了的文化生活。文化工作者应该走到他们中间去给予指导、教育，改造一些低级的东西，发扬他们的特色。

同月，发表《哲学的现状和任务》，载武汉《自由中国》创刊号。文章说，由于战事日紧，专门化的哲学研究空气是淡薄了，正因为如此，伪哲学便乘虚而入，出现一些空理论的以及滥用公式的哲学。指出在这种情况下，我们应当大力提倡哲学研究的中国化、现实化，因为"石头是没有人要吃的，不适合中国目前人们消化的需要的太专门的哲学，要被人理会，自然是不可能的"。

同月，作《孙中山先生的哲学思想》，载延安《解放》三十三期。文章论述了孙中山先生为革命而战斗的哲学思想，提出"行易知难"学说中的唯物论要素。又说孙中山在物质和精神关系中，过分强调精神作用，有点唯心论倾向，但他的整个哲学思想在基本上仍可以说是唯物论的。我们要接受他精神上的遗产，接受他的理论的精华和他的一切革命斗争经验，打退敌人，建立一个独立自由幸福的新中国。

5月，发表《批评不是诡辩》，载《自由中国》一卷二期。

9月，作《共产主义者与道德》，载《解放》五十一期。本文针对反动派大肆诬蔑曲解唯物论、谩骂共产党人"只知道争取物质利益，不顾一切道德信谊的叛徒"，从理论和实践上论证唯物论者常常是社会发展的先锋，人类生活向上的推动者，而他们本身常常就是进步的高尚道德的模范。文章深刻地阐述了共产主义道德是进步的发展的，并且考察了共产主义者与民族道德之间的密切关系。

1939 年（29 岁）

2月，作《抗战文艺的动向》，载延安《文艺战线》创刊号。文章说，文艺和文艺家是和抗战的发展前途分不开的，文艺家们都被卷进抗战的旋涡，除非绝无良心的作家。抗战的千变万化，为艺术创作提供了非常丰富的养料，是作者寻找创作的出路和方向。中国人再没有比现在对于科学理论知识的要求和对于文学艺术的普遍热爱了，一个民族文艺的向上发展程度，表现出这个民族的精神和生命的进步前途。

3月，《哲学选辑》在延安出版。这是艾思奇受党的委托，根据当时延安各界学习哲学的迫切需要而编辑的。全书分绪论和正文四章，书后附录博古译的《辩证唯物论和历史唯物论》以及编者。自拟的《哲学研究提纲》，提纲共有六节，每节末了均列有若干思考题和参考书目。

月底，作《关于形式论理学和辩证法》，对有人歪曲说他完全排斥形式逻辑的谣言，作了驳斥和澄清，重申他对形式逻辑和辩证逻辑的基本态度。

4月，作《旧形式运用的基本原则》，载《文艺战线》一卷三期。文中把旧形式运用问题归结为对中国民族文艺传统的继承和发

展。运用旧形式并非停止于旧形式，而是为了创造新的民族的文艺，
"没有鲜明的民族特色的东西，在世界上是站不住脚的"。旧形式和
新形式可以互相渗透，互相发展，真正的民族新文艺应当能够在广大
民众中发生力量。他在《新中华报》座谈会上说，报纸要尽量发挥
它反映现实和教育民众的两种作用，主张文艺方面如旧的优秀艺术形
式不妨碍新内容的，可以尽量采用。

同月，在延安《新中华报》发表《五四文化运动在今日的意
义》。

6月，作《正确的工作态度和工作方法就是辩证法》，载延安
《中国青年》一卷三期。同月，《科学历史观教程》在延安出版。当
时，中宣部决定在党内外进行一次关于世界观和人生观的教育，艾思
奇、吴黎平受组织的委托，共同编写了这本系统阐述历史唯物主义基
本原理的通俗教材。本书在延安用《唯物史观》，在国民党统治区用
《科学历史观教程》书名出版。

同月，《实践与理论》在上海出版。本书收入作者在上海和初到
延安工作时期写的文章三十八篇以及翻译的列宁《关于辩证法的笔
记》。

8月，发表《形式论理学和辩证法》，载《理论和现实》一卷二
期。这篇专文详细地论述了辩证法和形式逻辑的关系，辩证法内部怎
样把形式逻辑中的合理因素作为一个有机的要素保存下来。比如说，
"辩证法是不论在任何时候，任何场所，当把握着事物本身同一性的
肯定的方面时，同时就要去把握它的否定性，自身对立的方面"。因
此辩证法不能简单地抛弃形式逻辑，不能离开这些要素而悬空地依
存着。

月底，发表《怎样研究辩证法唯物论》，载《解放》八十二期。
文章说，研究辩证法要反对"书呆子式的专门从名词公式上推敲的
倾向"，也要反对"事务主义或实际主义"的"哲学无用论"。研究
的步骤，第一要掌握唯物辩证法本身的基本观点，第二要暂时丢开哲
学公式，对现实事物做具体的考察，第三要在唯物辩证法的指导下分
析事实的各方面，把握这一切方面的联系，即把握唯物辩证法法则的

具体表现。

10 月，发表《统一和斗争》，载《解放》八十七期。

11 月，发表《社会主义革命与知识分子》，载《解放》八十九期。本文详细地援引苏联的知识分子政策和列宁、斯大林对知识分子的态度，阐述知识分子在革命事业中的重要性。马克思主义者反对任何看轻革命知识分子的思想，同时也反对把知识分子的作用估计过高的倾向。

同月，又作《关于三民主义的认识》，载《中国青年》二卷一期。

1940 年（30 岁）

2 月，延安大型理论刊物《中国文化》出版。艾思奇担任主编。在创刊号上，他发表了《论中国的特殊性》。文章运用唯物辩证法的锐利武器，痛斥无耻的托派分子叶青之流。他们开口闭口强调中国的"特殊性"，仇视马克思主义在中国的传播和发展。这种思潮是和近代中国一切反动思想——闭关自守主义一脉相承的。"叶青现在狂叫着的所谓'把握特殊性'，表面上抬着三民主义旗帜来反对马克思主义和辩证法唯物论的吠声，不外是和敌人汉奸的反共嘈杂声相呼应，想在实际上来反对三民主义纲领的实现，反对新的民主主义革命任务的完成罢了。"

4 月，发表《抗战中的陕甘宁边区文化运动》，载《中国文化》一卷二期。又作《〈日出〉在延安上演》。

5 月，发表《五四文化运动的特点》，载《中国文化》一卷三期。

6 月，《哲学讲座》在《中国文化》一卷四期开始连载。这个讲座是作者根据延安新哲学会学哲学的需要编写的，第一部分为"哲学是什么"，第二部分"什么是辩证法"，共连载了九期。

8 月，发表《当前文化运动的任务》，载《中国文化》一卷六期。

9 月，作《文学上的才能是从那里来的》，载《中国青年》二卷十期。又作《弄文艺的人要注意宪政运动》。

11 月,发表《民主与集中的关系》,载《中国青年》三卷一期。

1940 年 （31 岁）

2 月,发表《关于辩证法唯物论认识论的一致性》,载《解放》一二四期。作者系统地论述了自己对列宁提出的关于"辩证法、论理学、认识论的一致性"这个命题的理解,是他更深入地研究马克思主义哲学的成果之一。

3 月,发表《辩证唯物论怎样应用于社会历史的研究》,载《解放》一二六期。

4 月,发表《关于研究哲学应注意的问题》,载《解放》一二七期。文章针对广大干部特别是青年在学哲学过程中容易产生从书本到书本的倾向,指出学哲学应当注意:"第一,一切要从具体的客观事实出发,第二,要能够善于找出客观事实发展的规律,第三,要能够善于使一般的规律与特殊的规律联系起来,善于把一般的指导原则具体化起来。"因此,研究哲学的目的不在于熟读书本或名词公式,而在于解决实际问题的时候,能保持正确的态度和方法。

5 月,作《光明》,载《中国文化》二卷六期。

8 月,发表《抗战以来的几种重要哲学思想评述》,载《中国文化》三卷二期。本文是作者根据马克思主义关于哲学的阶级性和党派性原理,分析中国哲学的几个流派的特点以及其表现形式,指出四年紧张的抗战并没有使哲学战线沉寂,在政治军事上的激烈斗争中,仍然包含着思想战线上的战斗。文章着重评价了辩证唯物论的发展,最突出的成果就是马克思主义更加中国化。此外,对陈立夫的唯生论、阎锡山的"中"的哲学也做了解剖和鞭笞。

9 月,发表《反对主观主义》,载延安《解放日报》9 月 19 日、20 日。文章说,学习上"只善于空原则的辩驳和空理论的清淡,而对于任何问题的具体了解,对于一切事实的具体调查研究都没有兴趣。于是对于任何问题的解决判断,对于任何行动的指导,都不从客观的事实出发,而从主观的推想出发,不依据具体的事实情况找出具体的正确办法，而只凭主观的感想来判断一切，这就是主观主义唯心论的整套作风。"

10月，发表《谈主观主义及其来源》，载《解放日报》10月14日。

又作《鲁迅先生早期对于哲学的贡献》，载延安解放社《鲁迅研究丛刊》第一辑。文章指出，鲁迅在进化论的科学思想基础上面，综合着他对于中国和西欧的历史文化的研究，天才地引申出了辩证法的思想方法，锻炼出了这一个思想斗争的最锐利的武器。

1942 年（32 岁）

4月，作《不要误解实事求是》，载《解放日报》4月22日。

5月，发表《五四文化运动中的一个重要争论》，载《解放日报》5月4日。文章综述了1919年7月到12月关于"问题与主义"这场争论的实质，赞扬了以李大钊同志为首的革命先驱第一次在中国思想界展开了科学历史唯物主义的观点，同时批判了胡适贩卖杜威实用主义的丑恶伎俩。

同月，作《"有的放矢"及其他》，载《解放日报）5月5日。文章说："不能解决革命问题的理论，即使用极其丰富的例子来说明，仍然是死教条。"又说："充实的政治意识决不是党八股，相反地，在反党八股的旗帜下，向琐末的小事堆里爬行，并离开了政治原则的，倒是走向党八股去的另一极端。"又作《学习观念的革新》，载《解放日报》5月21日。

9月，作《关于唯物论的几段杂记》，载《解放日报》9月17日。

12月，发表《怎样改造了我们的学习》，载《解放日报》12月26日。作者说：在教条主义的毒害下，"我们事实上是把外国的名著里所抽出来的原则公式看做唯一的理论，而把其他只看做应用。因此，对于中国的理论，对于毛泽东同志的著作、报告，对于党的文件，就不当做理论而加以重视……我们现在是真正懂得了，我们的理论必须是'与实际密切联系着的理论'，'是从实际中抽出来，又在实际中得到证明＇的理论”。

1943 年（33 岁）

1 月，作《哲学战线上的列宁时代》，载《解放日报》21 日。文章叙述苏联党向马克思主义营垒内部的唯心论进行斗争的历史以后，指出“马克思主义者再一次对自己营垒内部隐蔽的唯心论的大战役，是毛泽东同志所领导的中国党内的今天的整顿三风运动。这一次斗争，现在还只是开始不久，但从它的发展前途看来，它的深入和广泛的程度，是难以计量的”。“整顿三风运动，在今后中国的革命发展前途上是一个非常重要的关键。这一次思想战争的胜利，必能加速推进中国革命的胜利。中国革命任务是极其复杂而且艰巨的，没有正确的马克思主义的指导，要完成这任务是不可能的。”

3 月，发表《共产党的本领在那里》《社会科学要研究什么》《两个相反的传统》《谈起》，载《解放日报》3 月 20 日、23 日、29 日、30 日。

又作《旧的恶习惯应该抛弃》，载《解放日报》3 月 27 日。说教条主义不仅在某些理论和实际工作者中存在，在文艺工作者中也不仅见。书本是需要的，但以为离开书本就无法提高写作情绪倒不见得，情绪应该从对人民大众生活的观察和研究中去取得。

4 月，作《建立新的劳动观念》，载《解放日报》4 月 8 日。

同月 25 日，为《解放日报》撰写社论《从春节宣传看文艺的新方向》。社论说，文艺应当是革命运动的一个战斗部门，同时对文艺和政治的密切结合，文艺面向群众和文艺工作者到群众中去，给予热情的支持和赞扬。

6 月，发表《关于知识分子的人生观问题》，载《解放日报》6 月 5 日。

8 月，发表《〈中国之命运〉——极端唯心论的愚民哲学》，载《解放日报》8 月 11 日。文章揭露《中国之命运》里的哲学思想，是一种极端不合理的唯心论，和孙中山先生的哲学思想相距很远，是绝缘的。“铁的事实已经证明，只有毛泽东同志根据中国的实际情况发展了的和具体化了的辩证法唯物论和历史唯物论，才是能够把中国之命运引到光明前途去的科学的哲学，才是人民的革命哲学。"

1944 年（34 岁）

1 月，作《逼上梁山》《群众需要精神食粮》，载《解放日报》1 月 8 日、20 日。

2 月，发表《劳动就是整风》，载《解放日报》2 月 19 日。

3 月，作《群众自己的秧歌队》，载《解放日报》3 月 17 日。

4 月，作《前方文艺运动的新范例》，载《解放日报》4 月 23 日。

5 月，发表剧评《惯匪周予山》，载《解放日报》5 月 15 日。

8 月，发表《美术工作者与群众的进一步结合》，载《解放日报》8 月 28 日。文章指出农村群众喜爱综合艺术。秧歌剧之所以为群众喜闻乐见，就由于它把歌舞音乐戏剧熔为一炉。美术是依靠静止的有限的画面来表现现实，因此必须借助其他文艺形式和宣传形式的帮助，效果才会更好。

11 月，作《改变面目改变脑筋》，载《解放日报》11 月 6 日。作者说，几千年来，老百姓都在黑暗愚昧中过日子，统治者不容许把文化的光辉射到他们的身上。边区文化工作者在极困难条件之下，一点一滴努力，才慢慢凿穿几千年封建社会囚禁老百姓的黑暗的牢墙，让知识的光辉一线一线地放射到老百姓的眼前。愚昧的黑夜渐渐地淡薄下去，昏睡的人们觉醒了，这正是边区群众"文化翻身"的景象。又作《中国大众的立场》《谈面子》，载《解放日报》11 月 11 日、22 日。

12 月，发表《再谈面子》，载《解放日报》12 月 16 日。文章说，"怕批评，怕丢脸，喜欢把缺点当宝贝一样深藏起来的人，在我们中间也还不是没有"。沾上这种习气，"就难于保持我们的血液的完全健康，难于发扬我们脸上真正的光彩"。

1945 年（35 岁）

6 月，发表《人类科学文化的胜利》，载《解放日报》6 月 26 日。

7 月，作《血肉相联》，载《解放日报》7 月 24 日。

8 月，发表《一往无前》，载《解放日报》8 月 17 日。

9 月，作《反面文章》，载《解放日报》9 月 25 日。

10 月，作《一个声援》，载《解放日报》10 月 15 日。

1946 年（36 岁）

4 月 20 日为悼念博古遇难在《解放日报》发表《从理论工作看博古同志》。

5 月，《论中国特殊性及其他》出版。本书收入作者在上海和延安工作时期写的四十篇文章，分四个部分，其中大多数论文紧密联系当时抗日战争实际，阐述自己鲜明的立场和见解。

9 月，作《谁是杀人的凶手》，载《解放日报》9 月 15 日。

1947 年（37 岁）

国民党反动派大举进犯延安，党中央作战略转移，撤出延安。这期间，艾思奇由于各种客观原因，暂时较少从事理论著述，而较多地去做实际工作和教学工作。

1948 年（38 岁）

7 月 17 日，在《人民日报》发表《反对经验主义》。这篇文章曾被列为当时全体革命干部学习的一个文件。作者论述了经验主义在各个时期不同的表现形式，指出经验主义是主观主义的一种，是和马克思主义唯物辩证法完全背道而驰的。要反对经验主义，我们的领导干部应该做到，一，利用各种可能，学习马列主义，学习哲学和政治经济学。二，认真研究党的纲领、路线和政策。三，提倡正确的调查研究，分析情况，分析经验，随时地养成具体分析问题的习惯。只要学会使用这个武器，就会使我们既能解脱教条主义，也能解脱经验主义。艾思奇在延安期间，特别是整风运动以后的著作，明显地注意到努力阐述党在每个时期提出的中心任务，努力阐述毛泽东思想，努力贯彻理论联系实际的原则。

三　在北京时期

（1949—1966 年）

新中国成立后，马列学院迁入北京，艾思奇一直在这所党的最高学府（后来改为中共中央党校）工作。在这里，他曾担任过哲学教研室主任、副校长和中国科学院哲学社会科学学部委员，并且是党的"七大"、"八大"代表和第一、第二、第三届全国人大代表。艾思奇为党的理论教育事业、为中国现代哲学的繁荣，呕心沥血，尽了最大的努力。

1949 年（39 岁）

解放初期，各地展开了学习马列主义毛泽东思想的热潮，迫切需要深入浅出的辅导读物。年初，艾思奇写了《历史唯物论——社会发展史讲授提纲》。这门课程，他曾在全国总工会和人民广播电台做过讲座，在使用过程中不断地充实提高，并由工人出版社出版。1955年，经作者进行大的修改后，北京三联书店以《历史唯物论·社会发展史》的书名印行。

7 月 27 日，在《人民日报》发表《评关于社会发展问题的若干非历史观点》，10 月 15 日又在《学习》杂志一卷二期发表《再评关于社会发展问题的若干非历史观点》。文章批评兰沙、叶逸民等人在解释人类社会发展史上的唯心主义观点，体现了作者严肃的治学作风和对读者极端负责的精神。

9 月，作《从头学起》，载北京《学习》杂志创刊号。文章指出，新中国成立后为广大干部群众学习和掌握马列主义创造了条件，而且在全国人民面前，还有更多的复杂艰巨的任务要完成，因此进行马列主义的基本观点教育，从头学习"劳动创造世界的思想""阶级斗争的思想""马克思主义国家学说"等基本知识，是十分必要的。

11月，发表《学习马列主义的国家学说》，载《学习》一卷三期。

1950年（40岁）

2月，发表《反驳唯心论》，载《学习》一卷六期。本文是作者对天津市干部的讲演稿，着重解答在历史唯物主义普及教育运动中提出的疑难问题，并对种种唯心史观进行了批驳。

3月，作《学习——思想领域的解放战争》，载《学习》二卷一期。

7月，作《学习的目的与基本方法》，载《展望》丛刊第一辑。

同月，《从头学起》出版。本书收入作者关于历史唯物论社会发展史教育的论文七篇。

10月，作《前进一步》，载《学习》三卷一期。文章说经过一年的学习，在读者的头脑中，多少有系统地树立起了一些新的观点，但"还不是学习马列主义理论的最主要的目标"。学习还必须前进一步，即要理论联系实际。学习马列主义理论，不仅要记忆原则原理，而主要是学会应用马列主义的立场、观点和方法来研究和解决实际问题。那种"喜欢从书本上找现成药方的坏习惯，就会成为学习的严重障碍，如果不是经常警觉地压制和克服这种坏倾向，那就不可能前进一步"。

1951年（41岁）

1月，发表《论思想改造问题》，载《学习》三卷七期。本文是作者为《学习》杂志写的"问题讨论"总结。文章针对讨论中出现的各种否定思想改造的可能性和必要性的糊涂认识，论述"存在决定意识"原理和"思想改造"的一致性，它们之间并不是互相矛盾的。作者运用马列主义毛泽东思想的阶级分析方法，对各阶级、阶层的历史和现状作了深刻的解剖，指出"思想改造"对于人们是完全必要的。文章谈到各阶级人民的自我教育和改造的方式时，说"人民中的思想改造的工作是一个复杂、细致和长期的工作，不能希望在几天或几星期把各阶级人民的思想中的一切落后消极的方面完全肃清，甚至于对反动派思想在人民中的影响，也要进行长期的不断的改造，而不是几天或几星期就能完全解决的问题"。文章说，"思想总结"本是延安整风创造的学习方式之一，它对于提高认识仍然是必要的和有益的。

3月2日，在《人民日报》发表《毛泽东同志发展了真理论》。本文是作者研究《实践论》关于真理问题的专论。文章精辟地阐述了真理问题对于革命成败的关系、实践之作为真理标准的原理、接近客观真理的辩证法道路、真理的相对性和绝对性等重要问题。认为《实践论》的重新发表，将推动人们"更善于担当认识世界和改造世界的任务，使中国人民的革命运动和中国的学术界在不久的将来获得更光辉更伟大的胜利"。

同月，《"有的放矢"及其他》在北京海燕书店出版。本书收入作者1941年后在延安写的哲学、文艺、随感录共三十八篇及"自序"一篇。1979年，北京三联书店重印了该书的节本。

6月，发表《关于〈实践论〉和学习方法的一些问题》，载《学习》四卷四期。艾思奇曾在中国新哲学研究会关于学习《实践论》的两次专题座谈会上任主席，他系统地发表了自己对《实践论》的理解。本文着重论述如何了解实践、感性认识和理性认识的关系，在实践中检验理论和发展理论问题以及改造自己和改造世界的关系问题。

同月，发表他撰写的《学习》杂志的讨论总结《为什么要批判和克服"功臣"思想》。文章指出"功臣"思想中包含着的一系列对于革命的错误看法，同工人阶级、马克思主义的历史唯物论和为人民服务的思想完全相反，它混合着表现小资产阶级的、资产阶级的个人主义和自私自利的思想。应该坚决地肃清这种思想，不容忍它保留在自己的头脑中。

9月，发表《〈实践论〉与关于哲学史的研究》，载《新建设》

四卷六期。

同月，发表《读〈关于纠正党内的错误思想〉》，载《学习》四卷十一期。文章说，"这个文件的重要意义，在于它在中国破天荒第一次系统完整地按照马克思列宁主义的原理，解决了如何使军队成为革命的人民军队的问题，同时也解决了如何建立一个能够领导革命斗争使之走向胜利前途的布尔什维克化的共产党的问题"。

1952 年（42 岁）

3 月，在《学习》杂志五卷三期发表了《认清资产阶级的反动性》。这是一篇带有明显错误的文章。它把中国资产阶级思想简单地看成是完全反动的，从而否认了中国资产阶级思想在某种特定的历史条件下具有两面性。显然，这是不符合当时党的政策的。尽管发表本文有客观原因，但作者仍然作了多次的严肃的自我批评。

同月 3 日在上海《文汇报》发表《关于教育工作者的思想改造问题》。本文是作者在安徽宿县参加土改运动期间，对宿县第四届文教行政扩大会上的报告的记录稿。

4 月 19 日在《人民日报》发表《学习〈矛盾论〉，学习具体分析事物的科学方法》。文章说，《矛盾论》重新发表，对于全党、对于全国革命工作和理论研究工作干部的马克思主义和辩证唯物论的学习，是一个伟大的推动力。我们应该借此学习的机会，进一步提高自己的马列主义水平，进一步锻炼我们应用唯物辩证法来提出问题，分析问题和解决问题的能力，使我们在今后的革命实际工作中和理论工作中获得更大的胜利。

6 月，发表《从〈矛盾论〉看辩证法的理解和应用》，载《新建设》第六期。文章说：毛泽东同志的《矛盾论》在我们面前展开了唯物辩证法——对事物矛盾运动给予正确的观察、分析和解决的科学方法——的全部丰富内容。很明白，如果我们的确学会对于这个科学方法的理解并运用它来研究一定的事物，就有可能正确地认识这客观事物的规律性，就有能力预见有关事件发展的趋势，并且依据这样的预见来正确指导我们的实践行动，正确指导我们的科学实验、生产运动和革命斗争。

1953 年（43 岁）

9 月 11 日，在《中国青年报》发表《机关青年应当怎样对待工作和学习》。

1954 年（44 岁）

3 月，作《学习斯大林的学说，为在我国建成社会主义而奋斗》，载《学习》第三期。

5 月，为《中国青年》杂志第九期撰《怎样正确认识和争取我们的远大前途》。次年 3 月，作者对本文加以改写扩充，由中国青年出版社用《什么是我们的远大前途》为名出单行本。

10 月，作《人民民主专政的重要职能是组织社会主义经济》，载《学习》第十期。文章运用历史唯物主义的一个基本原理，即上层建筑和经济基础的辩证关系，论述政权工作和经济建设，文化建设工作的密切联系，"人民政权的重要职能，正是在于组织社会主义经济"。

11 月 25 日，为《中国青年报》作《如何对待自己的生活》。

同年，海涅的长诗《德国——一个冬天的童话》中译本由作家出版社重版。艾思奇从 1931 年开始，陆续翻译，直到 1945 年夏译完，次年由读书生活社出版。1951 年，北京人民文学出版社根据译者的修订稿再版。书末的"译者后记"大略介绍了该书翻译过程。

1955 年（45 岁）

1 月，《批判胡适的实用主义》在《学习》杂志第一期发表，同年由人民出版社出版单行本。作者系统地揭露了实用主义思想的反动本质，指出胡适贩卖的实用主义是美国资本主义土壤里生长起来的一种最反动最腐朽的唯心主义哲学。如果我们跟着实用主义指引走一步，我们的研究就会脱离事物本身的矛盾运动，脱离历史发展的现实，脱离实践，我们的研究就会失去方向。

同月 22 日，在《人民日报》发表《胡适实用主义哲学的反革命性和反科学性》。

4月，作《什么是唯物论什么是唯心论》，载《学习》第四期。

同月22日，在《人民日报》发表《在列宁战斗唯物主义旗帜下前进》。

8月5日，为纪念恩格斯逝世六十周年，艾思奇在《人民日报》发表《以辩证唯物主义武装自然科学》，介绍恩格斯的名著《自然辩证法》。文章强调唯物辩证法的理论思维对于自然科学家是多么重要，"自然科学在自己的发展过程中，是如何愈来愈迫切地需要用辩证唯物主义哲学作为思想武器。"

12月，作《批判梁漱溟的哲学思想》，载《哲学研究》第四期。次年，人民出版社据此出版单行本。1977年，该社把本书和《批判胡适的实用主义》一书合在一起，用《胡适梁漱溟哲学思想批判》为名重印发行。

1956年（46岁）

3月，发表《从毛泽东同志〈关于农业合作化问题〉中学习和掌握马列主义哲学武器》，载《哲学研究》第一期。

4月，《马克思恩格斯关于历史唯物主义的信》中译本再版。艾思奇在延安曾节译过其中的九封信，刊于《解放周刊》五十三、五十四、五十六期上。1951年出版单行本。1956年，除原有九封信外，又新译了十二封，共二十一封。艾思奇根据自己的译本，在中央高级党校做过该书的辅导报告。

7月25日，在《光明日报》发表《唯物辩证法范畴简论》。

8月，《社会历史首先是生产者的历史》由北京三联书店出版。本书原是作者在中国文学艺术界联合会主办的哲学讲座的讲稿，共分四章，即社会存在和社会意识，生产力和生产关系，阶级和阶级斗争，以及人民群众和个人在历史上的作用。艾思奇联系文艺界的实际，系统地阐述了历史唯物主义的几个基本原理。

1957 年 (47 岁)

2 月 6 日，在《光明日报》发表《否定之否定简论》。

3 月，《辩证唯物主义讲课提纲》由人民出版社出版。本书原是作者在中央高级党校的讲课稿，曾在校内印行。1959 年，作者作了修订补充，改用《辩证唯物主义纲要》再版。作者在"前言"中说，学习辩证唯物主义哲学，应以马列主义哲学经典著作作为正式教材，这本书只供研究参考之用。实际上，该书是艾思奇多年研究马克思主义哲学的成果，也是多年教学实践的结晶，它的体例和内容，在中国诸多哲学专著中已独具一格，因此流传广、影响大。

1958 年 (48 岁)

4 月 11 日，在《人民日报》发表《哲学要为实际工作服务》。

6 月，作《生产关系和生产力的矛盾与人民内部矛盾》，载《哲学研究》第三期。

7 月 13 日，在天津工人学习会上作关于工人学习哲学的报告。白大方同志根据这个报告整理成《工人和哲学》一文。9 月间被收入中国青年出版社出版的《破迷信大家学哲学》一书中。

同月，发表《哪里找根据》，载《红旗》第四期。文章赞颂过"大跃进"，但作者下放河南以后，又写了《破迷信，立科学，无往而不胜》(1959 年 1 月《中州评论》)，说"作为科学的共产主义者，是不应该仅仅凭着空想和热情来指导行动的"。"破迷信后一定要立科学，而一点也不能离开科学，冲天的干劲一定要与实事求是的精神结合起来。这是我们胜利的保证，也是我们一条重要经验。"

8 月，发表《改革规章制度，充分发挥人民群众的创造力》，载《哲学研究》第四期。

10 月，发表《关于民主与专政问题》，载《争鸣》杂志第十期。

11 月，作《努力研究社会主义社会的矛盾规律》，载《哲学研究》第七期。

1959 年（49 岁）

1958 年 10 月至本年夏天，艾思奇下放到河南登封，兼任开封地委副书记和登封县委第二书记。他一边做实际工作，一边坚持理论研究和写作。

1 月，发表《破迷信，立科学，无往而不胜》《学习哲学的群众运动》，载《中州评论》第一、二期。

同月 31 日，在《人民日报》发表《认识客观规律鼓足革命干劲》。

2 月，作《无限和有限的辩证法》，载《红旗》第四期。文章指出，"无限和有限的相互联系，两者之间对立的统一，这是辩证法的普遍规律之一"。又说"人民群众的力量是无穷无尽的，依靠群众，没有克服不了的困难，没有完成不了的任务。三十多年来中国人民在共产党的领导下，打败了多少比自己强大得多的敌人"！但是，"必须同时防止陷入另一个片面的观点，仅仅一般地相信人民力量的无穷无尽，而看不见在一定具体工作中人民力量的有穷有尽的方面，或者把这些有穷有尽的力量误认为无穷无尽。这种片面观点也会造成工作中的错误或缺点，在规定任务时，主观地提出超过现实可能性的过高的指标，在使用人民力量的时候，不注意精打细算，合理分配，适当安排改进技术，改善操作，一句话，不会节约劳动力，不会使有限的劳动发挥它可能发挥的最大的潜力"。

7 月，发表《关于社会主义制度和哲学问题》，载《史学月刊》第八期。

11 月，作《我们要歌颂风雷》，载《新建设》第十一期。

12 月 21 日，在《人民日报》发表《纪念斯大林诞生八十周年》。

1960 年（50 岁）

4 月，发表《两种世界观的斗争》，载《八一》第七期。

同月，为纪念列宁诞辰九十周年而作《学习列宁，保卫和发展辩证唯物主义》，载《哲学研究》第四期。

7月21日，在《人民日报》发表《恩格斯肯定了思维与存在的同一性》。文章说："马克思列宁主义者是彻底的辩证论者，相信辩证规律存在于一切事物之中，因此，辩证法意义上的同一性，应该毫无例外地运用于任何事物，包括思维与存在的关系在内。"

同年，艾思奇在中央党校作《党史引育报告》。艾思奇文稿整理小组根据这个报告的速记稿整理的《在党史学习中掌握毛泽东思想》，载铁道部党校《理论研究》1981年试刊号。

1961年（51岁）

3月，在《哲学研究》第二期发表读《毛泽东选集》第四卷的长篇笔记《进一步学习掌握无产阶级世界观》，说："学习了《毛泽东选集》第四卷，不能不亲切地感受到一种锐不可当的改造世界的力量。""毛泽东同志的著作把马克思列宁主义的普遍真理和中国革命的具体实践密切结合起来，并使它成为掌握在中国人民群众手中的武器。马克思列宁主义理论一旦被人民群众所掌握，就变成能战胜一切困难的强大物质力量，那怕在当时是不可一世的美帝国主义者，那怕是受这个帝国主义者全力支持的国民党反动势力，在这个力量的打击下面，毕竟不能不归于'一败涂地'。"

11月，艾思奇主编的《辩证唯物主义历史唯物主义》由人民出版社出版。1962年修订再版。1978年重印第三版。1979年战士出版社翻印在军内发行。这本教科书条理清晰，持论平稳，尽管它还存在某些不足，但从总的说，经得起时间考验，直到现在仍不失为一本有很高价值的教学用书。

1962年（52岁）

9月，发表《再论恩格斯肯定了思维与存在的同一性》，载《哲学研究》第五期。文章说，马克思主义者依据自己的观点对思维与存在的同一性的问题给予肯定的答复，绝不会混淆唯物主义和唯心主义的界限，更不是要用"唯心主义的思维与存在的同一性"来代替唯物主义的认识论。唯物主义的认识论是反映论，辩证唯物主义的认识论是能动的反映论。马克思主义是科学，科学必须有自己严格的专门的术语，当然不能用"思维与存在同一论"来代替反映论或能动的反映论。马克思主义是科学，科学必须有自己严格的专业术语，当然不能用"思维与存在同一论"来代替反映论或能动的反映论。在辩证唯物主义的意义上肯定"思维与存在的同一性"，只是说对于"我们的思维能不能认识现实世界"这个问题给予辩证唯物主义的肯定的解答，也都是从能动的反映论的观点上来给予解答，这决不等于要改变马克思主义认识论的专门术语。如果因为历史上唯心主义者曾使用过"思维与存在的同一性"这个问题，就把它看成辩证唯物主义者在任何条件下也不能涉足的绝对的"禁地"，这完全是书呆子气十足的形而上学。

10 月，发表《关于哲学教科书的一些问题》，载《教学与研究》第五期。又作《曲折前进是宇宙发展的普遍规律》，载 1979 年《昆明师院学报》第四期。

1963 年（53 岁）

9 月，作《辩证唯物主义的认识路线》，载 1979 年江苏《群众论丛》创刊号。此文是作者在青岛疗养时写的。文章论述了认识上存在两条路线是客观事实，一条是以主观和客观、精神和物质、认识和实践密切结合和互相转化为特征的掌握客观真理的正确的认识路线——辩证唯物主义的认识路线；另一条则是以主观和客观、精神和物质、认识和实践的互相分裂为特征的唯心主义主观主义的认识路线。

1964 年（54 岁）

11 月 1 日，在《人民日报》发表《驳杨献珍同志的"综合经济基础论"》。

1965 年（55 岁）

5 月 2 日，在《人民日报》发表《不容许用矛盾调和论和阶级调和论来偷换革命的辩证法》。文章详细地阐发了作者的学术观点，但把"合二而一"观点指责为"修正主义"。这显然是错误的。由于当时实际存在着的整个"左"的指导思想的影响，反映在艾思奇一些文章中的"左"的痕迹，确是明显的。正因为这样，我们可以通过研究他的哲学思想及其得失而从中受到有益的启发。

8 月，发表《唯物辩证法是探索自然界秘密的理论武器》，载《红旗》第九期。

五十年代至六十年代初，艾思奇曾在中央高级党校及许多单位作过多次学习毛泽东哲学著作的辅导报告。艾思奇文稿整理小组根据他 1965 年的讲课速记稿，从中整理出《学习〈实践论〉》一文，发表于《学术研究》1982 年第 4 期。

1966 年

正当艾思奇同志有为之年，理应为党为人民做出更大贡献的时候，却因积劳成疾，身染沉疴，不幸于 3 月 22 日晚 9 点 15 分在北京逝世，终年 56 岁。

3 月 23 日，《人民日报》刊登了著名的马克思主义哲学家艾思奇的遗像和他逝世的消息，其中写道："艾思奇同志是党在理论战线上的忠诚战士。他从青年时期起，毕生勤勤恳恳，在党的领导下，积极参加马克思列宁主义哲学的宣传教育工作……"并于 3 月 25 日举行公祭，治丧委员会主任委员彭真同志等出席了艾思奇的追悼会。

为了纪念艾思奇同志，保存和发扬他留下的丰富的精神财富，人民出版社于 1981 年出版了《艾思奇文集》第一卷，另卷不久也和读者见面。他的其余著作，正在整理中，不久也可陆续出版。

（原载《学术探索》1986 年第 1、3、6 期）

附录二　国内艾思奇研究的
相关文献目录

一　专著

［1］《一个哲学家的道路——回忆艾思奇同志》，云南人民出版社
1985 年版。

［2］《马克思主义哲学家艾思奇——纪念艾思奇同志逝世二十周年》，
中共中央党校出版社 1987 年版。

［3］《人民的哲学家——艾思奇纪念文集》，云南人民出版社 1997
年版。

［4］谢本书：《战士学者——艾思奇》，贵州人民出版社 2000 年版。

［5］李今山主编：《常青的〈大众哲学〉》，红旗出版社 2002 年版。

［6］马汉儒主编：《哲学大众化第一人——艾思奇哲学思想研究》，
云南人民出版社 2002 年版。

［7］杨苏：《艾思奇传》，云南教育出版社 2002 年版。

［8］李振霞：《中国当代十哲》，华夏出版社 1991 年版。

［9］李振霞、傅云龙主编：《中国现代哲学人物评传》，中共中央党
校出版社 1990—1991 年版。

［10］汝信主编：《中国当代社科精华》（哲学卷），黑龙江教育出版
社 2001 年版。

［11］孟庆仁编：《著名马克思主义哲学家评传》，山东人民出版社
1991 年版。

[12] 李景源、孙伟平主编：《怀念与思考：艾思奇与马克思主义哲学中国化》，中共中央党校出版社 2008 年版。

[13] 向翔：《哲学大众化第一人——艾思奇》，云南教育出版社 2012 年版。

[14] 卢国英：《智慧之路——一代哲人艾思奇》，人民出版社 2006 年版。

[15] 康振海：《艾思奇前期哲学思想述评》，中共中央党校出版社 1990 年版。

[16] 冯波：《艾思奇哲学道路初探》，北京师范大学出版社 1988 年版。

[17] 李今山主编：《缅怀与探索——纪念艾思奇文选（1981—2008）》，中共中央党校出版社 2010 年版。

[18] 李金山主编：《大众哲学家——纪念艾思奇诞辰百年论集》，中共党史出版社 2011 年版。

二 论文

[1] 苏英：《哲学家艾思奇的文化艺术活动》，《新文学史料》1983 年第 3 期。

[2] 丁玲：《回忆艾思奇同志——〈论文化和艺术〉前言》，《新文学史料》1983 年第 3 期。

[3] 沈少周：《评艾思奇的〈辩证唯物主义纲要〉》，《读书》1959 年第 24 期。

[4] 师维：《艾思奇同志的〈胡适实用主义批判〉和〈批判梁漱溟的哲学思想〉两篇论文再版重印》，《哲学研究》1978 年第 4 期。

[5] 任哲：《艾思奇同志主编的〈辩证唯物主义 历史唯物主义〉一书重新出版》，《哲学研究》1978 年第 6 期。

[6] 郑易里：《艾思奇和他的〈大众哲学〉》，《出版工作》1978 年第 15 期。

[7] 卢国英、叶佐英：《〈艾思奇文集〉第一卷编辑工作已经完成》，

《哲学研究》1979 年第 12 期。

[8] 李凡夫：《怀念艾思奇同志》，《哲学研究》1980 年第 4 期。

[9] 刘惠之：《忆艾思奇同志》，《社会科学辑刊》1980 年第 5 期。

[10] 张天放：《勤奋的学者坚韧的战士——回忆艾思奇二三事》，《思想战线》1980 年第 5 期。

[11] 雷雨平：《能导致取消无产阶级专政吗？——评艾思奇同志的一段话》，《学术论坛》1980 年第 1 期。

[12] 林默涵：《忆艾思奇同志》，《读书》1980 年第 10 期。

[13] 吴秉元：《忆艾思奇同志》，《社会科学研究》1981 年第 1 期。

[14] 毛泽东：《毛泽东同志给艾思奇同志的信》，《教学与研究》1981 年第 6 期。

[15] 叶佐英、卢国英：《艾思奇同志三十年代在上海的哲学活动》，《云南社会科学》1982 年第 1 期。

[16] 梁唐、谭恩晋：《哲学要面向群众、面向实际——读〈艾思奇文集〉》第 1 卷，《哲学研究》1982 年第 3 期。

[17] 《社会科学》编辑部：《振奋精神，撰写八十年代的〈大众哲学〉——从〈艾思奇文集〉说起》，《社会科学》1982 年第 3 期。

[18] 李培南：《哲学工作者要发扬艾思奇同志的精神》，《社会科学》1982 年第 3 期。

[19] 陈珪如：《学习艾思奇撰写新的〈大众哲学〉》，《社会科学》1982 年第 3 期。

[20] 金顺尧：《学习艾思奇的忠诚》，《社会科学》1982 年第 4 期。

[21] 李成蹊：《与艾思奇的一次会见》，《社会科学》1982 年第 4 期。

[22] 梁唐：《怀念老师艾思奇同志》，《晋阳学刊》1982 年第 6 期。

[23] 吴秉元：《热情普及哲学反对主观主义——艾思奇同志在河》，《中州学刊》1983 年第 4 期。

[24] 毛泽东：《毛泽东同志给艾思奇同志的信（手迹）》，《哲学研究》1983 年第 12 期。

[25] 卢国英、叶佐英：《毛泽东同志对哲学的卓越贡献——读艾思

奇同志的〈毛泽东哲学思想研究〉》，《哲学研究》1983 年第
12 期。

[26] 毛泽东：《致艾思奇》，《毛泽东思想研究》1983 年第 1 期。

[27] 陆万美：《艾思奇与民众日报副刊》，《新闻研究资料》1983 年
第 1 期。

[28] 叶佐英：《艾思奇主要著译年谱》，《学术研究》1983 年第
1 期。

[29] 叶佐英：《艾思奇主要著译年谱》，《学术研究》1983 年第
3 期。

[30] 叶佐英：《艾思奇主要著译年谱（续）》，《学术研究》1983 年
第 6 期。

[31] 姜忠：《治学严谨虚怀若谷——读毛泽东一九三八年致艾思奇
的信》，《毛泽东思想研究》1984 年第 2 期。

[32] 刘子正：《忆艾思奇同志》，《浙江学刊》1984 年第 1 期。

[33] 马积华：《艾思奇在哲学现实化上的杰出贡献》，《毛泽东邓小
平理论研究》1986 年第 3 期。

[34] 张弓长、刘建国：《艾思奇同志对马克思主义哲学中国化的重
大贡献——纪念艾思奇同志逝世二十周年》，《长白学刊》1986 年
第 2 期。

[35]《对艾思奇哲学教科书的批评》，《渤海学刊》1986 年第 Z1 期。

[36] 邢贲思：《艾思奇同志留给我们什么精神遗产——纪念艾思奇
同志逝世二十周年》，《哲学研究》1986 年第 4 期。

[37] 赵凤岐：《对一般与个别辩证法的深刻阐发——艾思奇对唯物
辩证法的研究》，《现代哲学》1986 年第 4 期。

[38] 马兴煜：《论艾思奇在中国现代哲学史中的地位和作用》，《广
西社会科学》1986 年第 2 期。

[39] 侯树栋、袁训忠：《哲学大众化的拓荒者——艾思奇》，《国内
哲学动态》1986 年第 5 期。

[40] 温济泽：《艾思奇在哲学上的杰出贡献》，《理论月刊》1986 年
第 3 期。

[41] 肖前、郭湛：《哲学理论研究方法的启迪——读艾思奇同志抗战前期一组文章随笔》，《教学与研究》1986 年第 3 期。

[42] 胡曲园、陈珪如：《艾思奇论哲学的通俗化、中国化和现实化——纪念艾思奇同志逝世廿周年》，《探索与争鸣》1986 年第 3 期。

[43] 李君如：《艾思奇概括了毛泽东哲学思想的新贡献》，《探索与争鸣》1986 年第 3 期。

[44] 马积华：《艾思奇对马克思主义哲学的介绍和发展》，《探索与争鸣》1986 年第 3 期。

[45] 李海平：《学习艾思奇坚持哲学为现实服务》，《探索与争鸣》1986 年第 3 期。

[46] 忻剑飞、方松华：《中国现代哲学家传略——艾思奇》，《探索与争鸣》1986 年第 3 期。

[47] 郑淑芳、郁水苗：《从艾思奇生活历程探索其大众化民族化哲学思想的形成》，《西南民族学院学报》（哲学社会科学版）1987 年第 4 期。

[48] 黎永泰：《抗战时期艾思奇哲学活动的时代特征》，《四川大学学报》（哲学社会科学版）1991 年第 2 期。

[49] 薛世平：《艾思奇论科普创作》，《福建师大福清分校学报》1992 年第 3 期。

[50] 康振海：《论艾思奇的马克思主义中国化现实化思想》，《河北学刊》1992 年第 1 期。

[51]《毛泽东同志给艾思奇同志的两封信》，《保山师专学报》1994 年第 2 期。

[52] 黄平、马曜、张文勋、杨春洲、马啸原、良振、成志、张毓吉、李丛中、李缵绪、张永权、张福三、何耀华：《笔底春秋哲人风采——〈艾思奇传〉笔谈》，《保山师专学报》1994 年第 2 期。

[53] 沙平：《彪炳千秋烛照现实——读〈艾思奇传〉随感》，《保山师专学报》1994 年第 2 期。

[54] 王玉周：《真理的追求——艾思奇早期的哲学探索》，《保山师

专学报》1994 年第 2 期。

［55］张瑞才：《简论艾思奇对马克思主义哲学的贡献》，《保山师专学报》1994 年第 2 期。

［56］李生葳：《理论战线上的忠诚战士——艾思奇二哥的生平略述》，《保山师专学报》1994 年第 2 期。

［57］尹文和：《纪念艾思奇的杂感》，《保山师专学报》1994 年第 2 期。

［58］何启君：《〈大众哲学〉的开拓者——青年时期的艾思奇》，《党史纵横》1994 年第 7 期。

［59］彭八生：《浅论艾思奇早期的主要哲学活动及思想》，《湘潭师范学院学报》（社会科学版）1994 年第 2 期。

［60］张永权：《一位学者、战士的人生轨迹——读杨苏著〈艾思奇传〉》，《文艺理论与批评》1995 年第 1 期。

［61］欧炯明：《艾思奇对马克思主义哲学通俗化大众化中国化现实化的贡献》，《创造》1995 年第 2 期。

［62］马汉儒：《怀念艾思奇》，《创造》1995 年第 2 期。

［63］韩树英：《哲学要走向大众，走向实践——纪念艾思奇同志逝世 30 周年》，《求是》1996 年第 6 期。

［64］赵仲英：《哲学联系实际，哲学与群众结合——纪念艾思奇同志逝世 30 周年》，《云南社会科学》1996 年第 1 期。

［65］徐素华：《艾思奇研究在国外》，《哲学动态》1996 年第 6 期。

［66］王展飞：《深入研究艾思奇哲学思想》，《创造》1996 年第 5 期。

［67］徐荣仁：《生命之树常青——纪念艾思奇同志逝世 30 周年》，《昆明师专学报》1996 年第 3 期。

［68］柴毅龙：《人民哲学家艾思奇——纪念艾思奇同志逝世 30 周年》，《昆明师专学报》1996 年第 3 期。

［69］温济泽：《我所认识的艾思奇——纪念艾思奇逝世三十周年》，《炎黄春秋》1996 年第 3 期。

［70］谢本书：《"学者、战士、真诚的人"——纪念艾思奇逝世 30

周年》，《云南学术探索》1996 年第 3 期。

[71] 宋平：《极其可贵的精神——在艾思奇哲学思想研讨会上的讲话》，《燧石》1996 年第 5 期。

[72] 刘萍：《大众哲学家艾思奇》，《民族团结》1997 年第 6 期。

[73] 谢本书：《艾思奇的〈大众哲学〉》，《文史杂志》1998 年第 5 期。

[74] 高山：《50 年代杨献珍与艾思奇哲学思想之比较》，《理论学习》1998 年第 6 期。

[75] 吕希晨：《艾思奇文化哲学思想论析——为纪念五四新文化运动八十周年而作》，《中共天津市委党校学报》1999 年第 2 期。

[76] 沙平：《艾思奇与毛泽东的哲学情》，《党史文苑》2000 年第 6 期。

[77] 谢本书：《〈大众哲学〉奠定了艾思奇的历史地位——纪念艾思奇诞辰 90 周年》，《云南民族学院学报》（哲学社会科学版）2000 年第 3 期。

[78] 廖盖隆：《我的哲学启蒙老师艾思奇》，《炎黄春秋》2001 年第 1 期。

[79] 吴介民：《喜看〈大众哲学〉再版——缅怀艾思奇同志》，《真理的追求》2001 年第 1 期。

[80] 吴介民：《纪念〈大众哲学〉再版，缅怀艾思奇同志》，《中共石家庄市委党校学报》2001 年第 1 期。

[81] 陈涌：《有关艾思奇同志的二三事》，《文艺理论与批评》2002 年第 3 期。

[82] 李祖品：《读毛泽东同志对艾思奇哲学专著的批注的思考》，《保山师专学报》2002 年第 6 期。

[83] 沙平：《艾思奇与毛泽东的"哲学情"》，《云南档案》2002 年第 2 期。

[84] 马汉儒：《"哲学大众化第一人"——〈艾思奇哲学思想研究〉评介》，《求是》2003 年第 4 期。

[85] 闫晓勇、颜华东：《艾思奇逻辑思想述评》，《兰州铁道学院学

报》2003 年第 2 期。

［86］毕国明：《艾思奇的〈大众哲学〉与马克思主义哲学中国化》，《学术探索》2003 年第 1 期。

［87］杨立鑫：《马克思主义哲学家——艾思奇》，《保山师专学报》2003 年第 6 期。

［88］王念临：《从上海走向延安的艾思奇》，《世纪》2003 年第 4 期。

［89］唐月民：《艾思奇的文化哲学思想与马克思主义哲学中国化》，《齐鲁艺苑》2004 年第 1 期。

［90］余玮：《"大众哲学家"艾思奇》，《中国人才》2005 年第 23 期。

［91］沙平：《艾思奇与毛泽东》，《广东党史》2006 年第 1 期。

［92］余玮：《王丹一忆谈艾思奇》，《党史文汇》2006 年第 5 期。

［93］龚先庆：《艾思奇与马克思主义哲学中国化》，《武汉大学学报》（人文科版）2006 年第 3 期。

［94］陈占安：《真理的问题是对于革命成败攸关的重要问题——学习艾思奇的真理观》，《学术论坛》2006 年第 6 期。

［95］耿彦君：《论艾思奇〈哲学讲话〉在唯物辩证法论战中的地位——纪念艾思奇同志诞辰 96 周年（上）》，《锦州医学院学报》（社会科学版）2006 年第 3 期。

［96］苏富强：《艾思奇对马克思主义哲学中国化的贡献——纪念艾思奇诞辰 96 周年》，《甘肃农业》2006 年第 10 期。

［97］任阿娟、张仲华：《马克思主义哲学与中国社会变革——纪念艾思奇〈大众哲学〉发表 70 周年》，《昆明理工大学学报》（社会科学版）2006 年第 3 期。

［98］尼克·奈特、王桂花：《中国共产主义运动中的哲学家——艾思奇、毛泽东和中国马克思主义哲学》，《现代哲学》2006 年第 3 期。

［99］胡正鹏：《弘扬〈大众哲学〉精神牢固树立科学发展观——纪念艾思奇〈大众哲学〉发表 70 周年》，《云南民族大学学报》（哲

学社会科学版）2006 年第 5 期。

[100] 卢国英：《一代哲人艾思奇》，《云南民族大学学报》（哲学社会科学版）2006 年第 5 期。

[101] 苏富强：《论艾思奇传播和研究马克思主义哲学的主要特点——纪念艾思奇诞辰 96 周年》，《甘肃农业》2006 年第 11 期。

[102] 李以国：《论艾思奇实现哲学创新的缘由》，《云南师范大学学报》（哲学社会科学版）2006 年第 6 期。

[103] 耿彦君：《论艾思奇〈哲学讲话〉在唯物辩证法论战中的地位——纪念艾思奇同志诞辰 96 周年（下）》，《锦州医学院学报（社会科学版）》2006 年第 4 期。

[104] 程伟：《艾思奇与延安整风时期的理论教育》，《北华大学学报》（社会科学版）2007 年第 1 期。

[105] 张仲华、杨碧霄、李西泽：《马克思主义哲学走出课堂的先驱者——艾思奇和他的〈大众哲学〉》，《昆明理工大学学报》（社会科学版）2007 年第 1 期。

[106] 沙平：《艾思奇与毛泽东的"哲学情"》，《党史博采（纪实）》2007 年第 7 期。

[107] 谢俊、陆浴晓：《艾思奇〈大众哲学〉历史意义及学术价值》，《湖北社会科学》2007 年第 7 期。

[108] 九生：《人民哲学家艾思奇》，《党史博采（纪实）》2007 年第 8 期。

[109] 欧阳小松：《对艾思奇等人阐释马克思主义中国化问题的若干解读——以发表在〈中国文化〉上的相关文章为解读文本》，《党史研究与教学》2007 年第 6 期。

[110] 刘绍彬：《哲学家·晨曦·歌者——艾思奇、李生庄给彭桂萼复函评点》，《广西民族大学学报》（哲学社会科学版）2007 年第 S2 期。

[111] 徐素华：《艾思奇、毛泽东与马克思主义中国化》，《江苏行政学院学报》2008 年第 1 期。

[112] 庄福龄：《艾思奇对马克思主义哲学中国化的突出贡献》，《现

代哲学》2008 年第 6 期。

［113］刘静芳：《艾思奇与张岱年：马克思主义哲学中国化过程中的内部分歧》，《毛泽东邓小平理论研究》2008 年第 12 期。

［114］韩树英：《艾思奇与第一本中国化马克思主义哲学教科书》，《理论视野》2008 年第 2 期。

［115］秦廷国：《马克思主义哲学中国化的理论之镜与实践创新——"艾思奇与马克思主义哲学中国化"学术研讨会侧记》，《哲学动态》2008 年第 2 期。

［116］高瑞泉：《艾思奇对中国化马克思主义自由观的贡献》，《毛泽东邓小平理论研究》2008 年第 4 期。

［117］张宏辉、汪涵：《延安时期艾思奇对马克思主义中国化的探索与贡献》，《中国延安干部学院学报》2008 年第 3 期。

［118］胡玉荣：《让哲学亲近现实——艾思奇〈大众哲学〉及其现实意义》，《昆明师范高等专科学校学报》2008 年第 1 期。

［119］杨奎：《坚持马克思主义哲学的大众化、通俗化路向——"艾思奇与马克思主义哲学中国化研讨会"述要》，《思想理论教育导刊》2008 年第 4 期。

［120］袁吉富：《艾思奇马克思主义哲学中国化观述评》，《中国特色社会主义研究》2008 年第 3 期。

［121］石仲泉：《延安时期的艾思奇哲学与毛泽东哲学》，《理论视野》2008 年第 6 期。

［122］李捷：《艾思奇：毕生推动马克思主义中国化和大众化的典范》，《新湘评论》2008 年第 7 期。

［123］郭建宁：《马克思主义的大众化、通俗化、现实化与中国化——纪念艾思奇诞辰 100 周年》，《湘潭大学学报》（哲学社会科学版）2008 年第 4 期。

［124］王伟光：《论艾思奇对马克思主义哲学中国化的重要贡献》，《哲学研究》2008 年第 7 期。

［125］许全兴：《与〈延安时期的艾思奇哲学与毛泽东哲学〉的商榷》，《理论视野》2008 年第 8 期。

［126］雍涛：《试论艾思奇对马克思主义哲学中国化的主要贡献》，《毛泽东思想研究》2008 年第 4 期。

［127］卢国英：《从艾思奇著作中体会马克思主义中国化的基本经验》，《学术探索》2008 年第 3 期。

［128］陈章亮：《走在马克思主义哲学中国化路上的艾思奇及其启示》，《学术探索》2008 年第 3 期。

［129］李朝清：《艾思奇哲学的基本方向及当代启示》，《中共云南省委党校学报》2009 年第 1 期。

［130］散木：《哲学家艾思奇的风雨人生》，《文史精华》2009 年第 3 期。

［131］李兵：《让哲学亲近生活——艾思奇〈大众哲学〉给我们的启示》，《昆明学院学报》2009 年第 1 期。

［132］李贵梅：《重读经典：艾思奇〈大众哲学〉的启示》，《经济研究导刊》2009 年第 10 期。

［133］彭继红、周怀平：《从大众化到中国化：艾思奇哲学贡献新论》，《湖南科技大学学报》（社会科学版）2009 年第 4 期。

［134］王伟光：《艾思奇与马克思主义哲学中国化》，《学术探索》2009 年第 3 期。

［135］卢国英：《一代哲人艾思奇》，《高校理论战线》2009 年第 6 期。

［136］李萍：《简论艾思奇对毛泽东哲学思想的影响》，《延安职业技术学院学报》2009 年第 4 期。

［137］王伟光：《艾思奇与马克思主义哲学中国化》，《理论参考》2009 年第 11 期。

［138］石仲泉：《中国应当有成千个艾思奇式的大众哲学家》，《理论视野》2010 年第 3 期。

［139］梁涛：《艾思奇与杨献珍之间的几次哲学论战》，《重庆科技学院学报》（社会科学版）2010 年第 1 期。

［140］李青：《艾思奇与马克思主义哲学的中国化、时代化、大众化》，《东岳论丛》2010 年第 2 期。

［141］吴志菲：《还原真实的艾思奇》，《文史精华》2010 年第 5 期。

［142］阳作华：《从"大文化"视角探究艾思奇的理论创新精神——为纪念艾思奇诞辰一百周年而作》，《湖北社会科学》2010 年第 4 期。

［143］王寿林：《艾思奇与两次理论学习运动——纪念艾思奇诞辰 100 周年》，《党史研究与教学》2010 年第 2 期。

［144］李振霞：《哲人艾思奇》，《同舟共进》2010 年第 6 期。

［145］王先俊：《"新启蒙运动"期间艾思奇对"马克思主义中国化"的阐释》，《学术界》2010 年第 5 期。

［146］孔陆泉：《马克思主义大众化的当务之急——由艾思奇遭批判引发的若干思考》，《唯实》2010 年第 7 期。

［147］王先俊：《"新启蒙运动"期间艾思奇对"马克思主义中国化"的阐释》，《党史研究与教学》2010 年第 3 期。

［148］罗永剑：《艾思奇关于马克思主义哲学中国化的"系统构想"》，《北京大学学报》（哲学社会科学版）2010 年第 4 期。

［149］鲁国超：《艾思奇对马克思主义群众观的实践及启示》，《保山学院学报》2010 年第 3 期。

［150］袁芬：《艾思奇对马克思主义哲学的通俗化、大众化及其哲学精神》，《保山学院学报》2010 年第 3 期。

［151］柴毅龙、袁实勇：《中国化、时代化、大众化语境中的艾思奇前期思想及其当代意义》，《昆明学院学报》2010 年第 4 期。

［152］徐振华：《艾思奇"干烧大饼"的启示》，《红广角》2010 年第 9 期。

［153］曹爱琴：《艾思奇与延安时期的马克思主义中国化运动——纪念艾思奇诞辰 100 周年》，《毛泽东思想研究》2010 年第 5 期。

［154］柴毅龙：《艾思奇早期思想的三种生命姿态》，《云南社会科学》2010 年第 5 期。

［155］田福宁：《抗战时期艾思奇与叶青在马克思主义中国化问题上的论争、影响及启示》，《湖北社会科学》2010 年第 10 期。

［156］李景源：《学习艾思奇推进马克思主义哲学中国化》，《哲学动

态》2010 年第 8 期。

［157］刘悦笛：《艾思奇与"哲学中国化"》，《哲学动态》2010 年第
8 期。

［158］银福禄：《著名的马克思主义哲学家——艾思奇》，《理论研
究》2010 年第 5 期。

［159］余炳武：《推进马克思主义大众化——纪念艾思奇同志诞辰
100 周年》，《红旗文稿》2010 年第 19 期。

［160］高树群：《人民的呼声大众的哲学——艾思奇哲学大众化特点
探析》，《红河学院学报》2010 年第 5 期。

［161］李兰、崔卫峰：《从〈大众哲学〉看艾思奇认识论思想的深化
与发展》，《乌鲁木齐职业大学学报》2010 年第 3 期。

［162］周本贞、钱润光、魏建功：《多元文化视野下的马克思主义哲
学大众化——艾思奇〈大众哲学〉的思维向度及当代启示》，《曲
靖师范学院学报》2010 年第 5 期。

［163］李乾夫：《艾思奇关于马克思主义哲学中国化的哲学理路》，
《大理学院学报》2010 年第 9 期。

［164］王锡林：《让马克思主义的真理之花在中国的土地上盛开——
纪念艾思奇诞生一百周年》，《楚雄师范学院学报》2010 年第
10 期。

［165］李家珉：《心系大众的人民教员传播真理的时代先声——上海
学术界纪念艾思奇诞辰百年学术研讨会综述》，《中共宁波市委党
校学报》2010 年第 6 期。

［166］胡为雄、赵文丹：《20 世纪 30 - 40 年代马克思主义哲学的大
众化——以艾思奇、胡绳、陈唯实为例》，《中共浙江省委党校学
报》2010 年第 6 期。

［167］张法：《试论共和国前期哲学的话语方式——以艾思奇〈辩证
唯物主义和历史唯物主义〉为例》，《东吴学术》2011 年第 2 期。

［168］郭小香：《论艾思奇对马克思主义中国化的哲学把握》，《广西
社会科学》2011 年第 4 期。

［169］吴汉全、宿士颖：《近 10 年来艾思奇哲学思想研究综述——

纪念艾思奇诞辰 100 周年》,《淮阴师范学院学报》(哲学社会科学版) 2011 年第 3 期。

[170] 单继刚:《新民主主义社会:从"社会形态"到"过渡时期"——兼评杨献珍与艾思奇关于过渡时期经济基础的争论》,《哲学动态》2011 年第 6 期。

[171] 赵中秋:《试论艾思奇与马克思主义中国化》,《现代交际》2011 年第 8 期。

[172] 王亚琪、邓小林:《近十年来艾思奇的哲学思想研究综述》,《社科纵横》2011 年第 9 期。

[173] 肖琴:《艾思奇对马克思主义哲学的创造性解释》,《湖南行政学院学报》2011 年第 5 期。

[174] 于海江:《对"艾本"哲学教科书的评价与撰写新版哲学教科书之我见——为纪念艾思奇同志诞辰 101 周年而发》,《文化学刊》2011 年第 5 期。

[175] 林合华:《20 世纪三四十年代中国马克思主义者论直觉方法——以艾思奇与张氏兄弟为中心》,《河北师范大学学报》(哲学社会科学版) 2011 年第 5 期。

[176] 李维武:《从唯物辩证法论战到马克思主义哲学大众化——对艾思奇〈大众哲学〉的解读》,《吉林大学社会科学学报》2011 年第 6 期。

[177] 王红梅:《由艾思奇的〈大众哲学〉论当前马克思主义哲学大众化的困境及解决路径》,《学术探索》2011 年第 6 期。

[178] 单传友:《艾思奇与马克思主义伦理价值中国化》,《青岛大学师范学院学报》2011 年第 4 期。

[179] 黄禹康:《毛泽东与艾思奇的"哲学情"》,《世纪桥》2011 年第 20 期。

[180] 黄琳庆:《艾思奇对马克思主义哲学中国化、时代化、大众化的重要贡献》,《广西社会科学》2011 年第 11 期。

[181] 黄瑞:《从艾思奇看马克思主义大众化传播》,《改革与开放》2011 年第 24 期。

[182] 隋保禄：《艾思奇马克思主义哲学中国化思考》，《枣庄学院学报》2011 年第 6 期。

[183] 何娟：《艾思奇〈大众哲学〉的当代启示——如何推动马克思主义哲学大众化、中国化》，《成功（教育）》2011 年第 23 期。

[184] 汤超：《让哲学走近大众——艾思奇〈大众哲学〉成功探因》，《理论界》2012 年第 4 期。

[185] 唐城：《浅析李达艾思奇对"两论"的研究》，《党史文苑》2012 年第 6 期。

[186] 唐宗礼：《像艾思奇那样写文章》，《中国党政干部论坛》2012 年第 8 期。

[187] 苏红斌、石婧：《艾思奇〈大众哲学〉的历史意义和现实意义》，《临沧师范高等专科学校学报》2012 年第 2 期。

[188] 肖霜：《马克思主义哲学大众化的思考——读艾思奇〈大众哲学〉》，《内蒙古电大学刊》2012 年第 4 期。

[189] 冯波、郭晶婧：《解放后艾思奇对马克思主义哲学中国化大众化的贡献及其启示》，《思想政治教育研究》2012 年第 3 期。

[190] 陈艳、陈德玺：《开辟马克思主义大众化的新路径——艾思奇〈大众哲学〉带来的启示》，《中共珠海市委党校珠海市行政学院学报》2012 年第 4 期。

[191] 兰夕雨：《抗日战争时期的马克思主义中国化——以艾思奇与叶青论战为例》，《福建党史月刊》2012 年第 12 期。

[192] 朱莎：《论艾思奇哲学的中国化、时代化、大众化》，《知识经济》2012 年第 17 期。

[193] 郭小香：《艾思奇马克思主义中国化思想探析》，《青海社会科学》2012 年第 5 期。

[194] 张昌山、施海涛：《艾思奇的哲学道路》，《云南大学学报》（社会科学版）2012 年第 6 期。

[195] 李兵：《艾思奇哲学观和哲学研究方法的当代意义》，《社会科学辑刊》2012 年第 6 期。

[196] 王红梅：《国内外艾思奇马克思主义中国化、大众化思想研

究》,《学术探索》2012 年第 12 期。

[197] 王梅清:《上海时期艾思奇对马克思主义大众化的贡献及其启示》,《江西社会科学》2012 年第 12 期。

[198] 田野:《艾思奇大众哲学思想探源》,《鸡西大学学报》2013 年第 2 期。

[199] 欧阳奇:《毛泽东与艾思奇的哲学互动》,《党的文献》2013 年第 1 期。

[200] 欧阳军喜:《哲学与革命:艾思奇〈大众哲学〉的政治意义探析》,《中共党史研究》2013 年第 1 期。

[201] 梁文冒:《艾思奇早期传统文化观》,《理论月刊》2013 年第 5 期。

[202] 刘素娟:《论述艾思奇对毛泽东哲学思想的主要贡献》,《学理论》2013 年第 11 期。

[203] 李大棚、蔡静:《从艾思奇的〈大众哲学〉看马克思主义哲学如何"化"大众》,《延边党校学报》2013 年第 4 期。

[204] 王雪梅:《艾思奇哲学著作的出版及其影响》,《出版发行研究》2013 年第 8 期。

[205] 亓静:《艾思奇与马克思主义中国化研究述评》,《廊坊师范学院学报》(社会科学版) 2013 年第 4 期。

[206] 张尚成:《艾思奇与马克思主义中国化》,《思想战线》2013 年第 1 期。

[207] 王轲:《走近生活:推进马克思哲学中国化的有效路径——对艾思奇〈大众哲学〉的思考》,《改革与开放》2013 年第 24 期。

[208] 沙平:《艾思奇与毛泽东的"哲学情"》,《百年潮》2013 年第 12 期。

[209] 姜喜咏:《艾思奇"文学笔法"的大众哲学构想》,《马克思主义研究》2013 年第 12 期。

[210] 黄甲:《艾思奇〈大众哲学〉成功原因探析》,《宿州学院学报》2014 年第 1 期。

[211] 窦春芳、苗体君:《试析艾思奇马克思主义大众哲学思想的形

成》,《江西广播电视大学学报》2014 年第 1 期。

［212］常永青、张丹、杨颖:《艾思奇对马克思主义哲学中国化的主要贡献》,《兰台世界》2014 年第 4 期。

［213］殷红:《试论艾思奇的哲学思想及其贡献》,《兰台世界》2014年第 4 期。

［214］梁文冒:《论民主革命时期艾思奇对文化民族性的重建》,《湖北民族学院学报》(哲学社会科学版) 2014 年第 1 期。

［215］高九江、韩琳: 《延安时期艾思奇与毛泽东的哲学交往探析——兼论艾思奇对马克思主义哲学中国化的贡献》,《广西社会科学》2014 年第 7 期。

［216］李翠翠:《艾思奇在上海时期对马克思主义哲学中国化的初步探索》,《河南商业高等专科学校学报》2014 年第 3 期。

［217］周昭成:《艾思奇与马克思主义哲学大众化的若干问题研究评析》,《山西档案》2014 年第 2 期。

［218］孙楠:《受众体视域下马克思主义哲学大众化读物的话语体系构建——以艾思奇〈大众哲学〉为例》,《现代经济信息》2014 年第 14 期。

［219］布小继、马建荣:《楚图南与艾思奇抗战文艺思想比较谈》,《楚雄师范学院学报》2014 年第 5 期。

［220］冯飞龙、王红梅:《延安时期艾思奇与毛泽东推进马克思主义中国化之比较研究》,《理论导刊》2014 年第 7 期。

［221］张华:《艾思奇的"哲学讲话"对马克思主义哲学大众化的贡献》,《中共云南省委党校学报》2014 年第 4 期。

［222］黄贞:《艾思奇的马克思主义理论教育方法探析》,《学校党建与思想教育》2014 年第 17 期。

［223］王福山:《马克思主义原理的家庭历史观研究——评艾思奇〈辩证唯物主义 历史唯物主义〉家庭历史观成果与缺失》,《电子科技大学学报》(社科版) 2014 年第 4 期。

［224］唐银丹:《艾思奇的大众哲学及其现实意义》,《理论前沿》2014 年第 9 期。

［225］姚宏志：《〈艾思奇全书〉中〈抗战文艺的动向〉一文若干史
　　　实考辨》，《抗日战争研究》2014 年第 2 期。

［226］刁艳明、姜喜咏：《艾思奇对辩证唯物论的大众化阐释及其价
　　　值——从〈大众哲学〉看艾思奇对马克思主义中国化的贡献》，
　　　《长春师范大学学报》2015 年第 5 期。

［227］张文然：《艾思奇与马克思主义大众化研究》，《湘潮》（下半
　　　月）2015 年第 6 期。

（马修文、杨潇、由佳琳等整理）